高等职业教育铁道信号自动控制专业系列教材

铁路信号设计与施工

张建平　宋玉鼎◎主　编
刘豪克◎副主编
袁俊喜◎主　审

中国铁道出版社有限公司

2024年·北　京

内容简介

本书为高等职业教育铁道信号自动控制专业系列教材之一。全书按照项目教学方法系统地介绍了铁路信号设计与施工，包括计算机联锁工程设计、自动闭塞工程设计、计算机联锁工程施工和自动闭塞工程施工等内容。

本书主要作为高等职业院校铁道信号自动控制专业学历教材使用，也可作为成人继续教育或现场工程技术人员和铁道信号设备维护、施工人员的培训教材或参考资料。

图书在版编目(CIP)数据

铁路信号设计与施工/张建平，宋玉鼎主编.—3版.—北京：中国铁道出版社有限公司，2022.8(2024.1重印)
高等职业教育铁道信号自动控制专业系列教材
ISBN 978-7-113-29174-7

Ⅰ.①铁… Ⅱ.①张… ②宋… Ⅲ.①铁路信号-信号设计-高等职业教育-教材 ②铁路信号-工程施工-高等职业教育-教材 Ⅳ.①U282

中国版本图书馆CIP数据核字(2022)第090127号

书　　名：铁路信号设计与施工
作　　者：张建平　宋玉鼎

策　　划：吕继函
责任编辑：吕继函　　**编辑部电话：**(010)51873205　　**电子邮箱：**312705696@qq.com
封面设计：郑春鹏
责任校对：孙　玫
责任印制：高春晓

出版发行：中国铁道出版社有限公司(100054，北京市西城区右安门西街8号)
网　　址：http://www.tdpress.com
印　　刷：三河市兴达印务有限公司
版　　次：2008年7月第1版　2022年8月第3版　2024年1月第3次印刷
开　　本：787 mm×1 092 mm 1/16　**印张：**17.75　**字数：**437千
书　　号：ISBN 978-7-113-29174-7
定　　价：50.00元

第三版前言

本书为高等职业教育铁道信号自动控制专业系列教材之一，是根据教育部《国家职业教育改革实施方案》和《关于推动现代职业教育高质量发展的意见》等文件精神，突出以“能力为本位”的职业教育思想而编写的。

随着铁路信号技术的快速发展，新技术、新设备、新工艺层出不穷，而且与铁路信号相关的设计规范有了新的变化。本书设计部分主要参照了《铁路信号设计规范》(TB 10007—2017)，并与《计算机联锁图册第三版》(978-7-113-29755-8)、《自动闭塞图册第三版》(978-7-113-29754-1)配合使用；施工部分增加了电缆接续部分内容，为了便于描述施工流程，更加直接地掌握施工过程，编写团队制作了施工视频素材，以二维码形式置于书中相应位置。书中继续沿用由南京铁道职业技术学院王若昆制作完成的“全国职业教育铁道信号类专业优秀微课”获奖作品——组合排列表设计。

全书主要含设计与施工两大部分，共有4个项目的内容，分别是：计算机联锁工程设计、自动闭塞工程设计、计算机联锁工程施工和自动闭塞工程施工。

本书由洛阳铁路信息工程学校团队编写，张建平、宋玉鼎任主编，刘豪克任副主编，中铁第一勘察设计研究院集团有限公司袁俊喜任主审。其中，宋玉鼎编写了项目1、项目3的典型工作任务1和典型工作任务2；张建平编写了项目2、项目3的典型工作任务3、项目4；刘豪克编写了项目3的典型工作任务4至典型工作任务7。

本书在编写过程中，得到了安徽交通职业技术学院李泽军、湖南高速铁路职业技术学院刘昌录、陕西铁路工程职业技术学院李小民的大力协助，中铁第一勘察设计研究院集团有限公司袁娟、中铁建电气化局集团第一工程有限公司朱勇对本书提出了很多有宝贵意见，在此表示衷心感谢。

由于编者资料收集和编写水平有限，书中难免有一定的疏漏及不妥之处，恳请广大读者提出宝贵意见，以求不断提高教材质量。

编　者
2022 年 2 月

第一版前言

本书由铁道部教材开发小组统一规划，为铁路职业教育规划教材。本书是根据铁路高职教育铁道信号专业教学计划“铁路信号设计与施工”课程教学大纲编写的，由铁路职业教育铁道信号专业教学指导委员会组织，并经铁路职业教育铁道信号专业教材编审组审定。

随着铁路大提速和客运专线的加快建设，铁路运输迅速向高速、高密、重载方向发展。铁路信号技术的升级换代也进入了一个新阶段，在数字化、网络化、智能化、综合化方面实现了快速发展。

为了适应铁路信号技术进步对高技能人才需求增长的要求，我们编写了《铁路信号设计与施工》教材。本教材与 2003 年出版的《电气集中工程设计与施工》相比，在内容上进行了较大修改。教材中举例站场邻接区间采用四显示、双线双方向运行的 ZPW-2000 系列无绝缘自动闭塞；站内正线道岔采用高可靠、高安全、少维修的三相交流转辙机；站内联锁采用了继电联锁和计算机联锁两种制式，以适应两种制式还将长期共存的需要；站内采用了闭环电码化技术，以满足主体化机车信号的要求，为列车超速防护系统创造条件。

本教材分设计和施工两篇，全书共六章。洛阳铁路信息工程学校阮振铎主编，柳州铁道职业技术学院丁森鹏主审。阮振铎编写了第一、二、五、六章。南京铁道职业技术学院林瑜筠、薄宜勇编写了第三章，林瑜筠、余彩霞编写了第四章。参与审稿的有南京铁道职业技术学院林瑜筠，兰州交通大学谭丽，华东交通大学职业技术学院涂序跃，天津铁道职业技术学院李学智，湖南高速铁路职业技术学院刘湘国、刘孝凡，武汉铁路职业技术学院杜光新，内江铁路机械学校向军，重庆铁路高级技工学校袁方。

编写过程中，得到了北京全路通信信号研究设计院安海君、谭长水、张德良及北京铁路工程分公司隋树平的大力协助，南京铁道职业技术学院林瑜筠提出了很多宝贵建议，在此表示衷心感谢。

由于编者水平所限，资料搜集难免不全，教材中不可避免地存在疏漏、不妥之处。恳请各院校师生及其他读者提出批评和改进意见，以求不断提高教材质量，为铁路信号的建设服务。

编　者
2008 年 3 月

目录

项目 1　计算机联锁工程设计

项目描述

对于计算机联锁工程设计，设计者无须考虑联锁关系的实现，但要向厂家提供车站信号设备平面布置图、联锁表和其他相关技术要求，由厂家实现联锁软件的编制、操作和表示设备的制造。设计者主要进行驱动电路、采集电路、执行电路和相关结合电路的设计，以及配线图表的设计。

图 1.1 显示了计算机联锁工程设计的工作程序和主要图纸间的流程关系。车站信号设备平面布置图是整个设计工作的纲领性图纸，它决定着整个计算机联锁工程的组成和规模，也把握着工程设计的质量和效益。

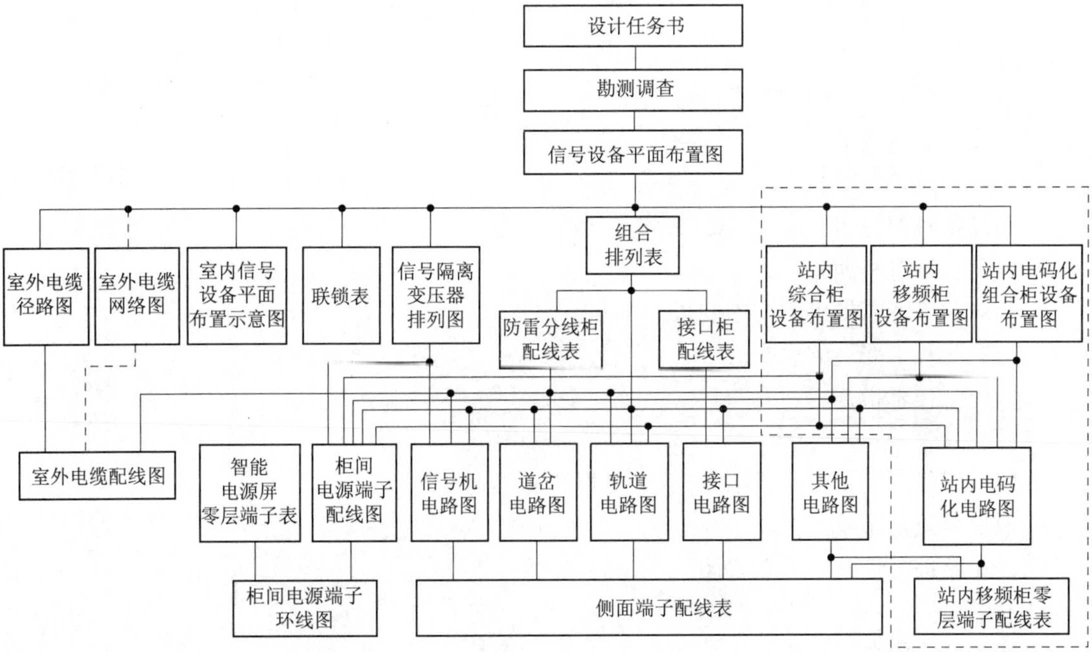

图 1.1　计算机联锁工程设计流程图

多年的设计工作实践，积累了丰富的经验，形成了各种定型电路图表。设计者需在设备布置、组合排列、分线柜、接口柜等图纸设计中，赋予各种设备、器材、器件、端子以位置号。然后，将这些数据填记在定型电路图表的指定位置，最后再进行配线图表的制作。

学习目标

通过学习，了解计算机联锁设备的组成、布置，通晓图纸的设计原则、步骤、方法，掌握配线图表的绘制，熟悉各种线缆的走向和接线端子的名称、用途、连接顺序，为从事计算机联锁设备的安装、维护奠定基础。

典型工作任务1 勘测调查

1.1.1 工作任务

了解勘测调查的依据、内容和要求。

1.1.2 知识链接

1. 设计任务书和初步设计文件

铁路建设单位下达的设计任务书是开展设计的依据，也是勘测调查的依据和前提。设计任务书一般包括设计范围、设计类型、投资数额、建设年限、牵引类型、站场与线路状况、利旧原则、设计分工及推广新技术要求等内容。

设计者在初步设计阶段，要到现场搜集资料和实地调查。在技术先进、方案合理、充分发挥投资效益的前提下，满足建设单位对提高运能的要求，提出初步设计文件。

初步设计文件包括：

1)说明书

(1)设计依据、设计范围、设计分工。

(2)采用的新技术。

(3)主要技术方案。

(4)设备利旧说明。

(5)工区设置和划分。

(6)向相关专业提出的技术要求。

(7)对任务书变更的说明。

(8)经济技术指标。

2)图表

(1)枢纽信号设备总布置示意图(不是枢纽的不附)。

(2)信号显示联系图。

(3)车站信号设备平面布置图。

3)概算

(1)总概算汇总表。

(2)总概算表。

(3)综合概算表。

(4)建筑安装工程单项概算表。

(5)设备单项概算表。

2. 搜集资料

搜集资料时应注意资料的年代及其是否符合当前的实际情况，同时对设计任务书提供的资料进行调查核实，力求资料全面、准确。

1)站场平面和纵断面图(1∶1 000或1∶2 000比例图)

收集车站的近、远期发展规划，避免所建车站的信号楼与将来站场改建相冲突。还应注意是否有新线引入，若为单线区段，是否有改为双线区段的可能；若为非电气化区段，是否有采用电力牵引的可能等。铁路设计年度的近期为交付运营后第十年，远期为交付运营后第二十年。信号楼的位置和建筑面积应按远期工程设计；电源屏及组合柜可按远期工程预留；站内干线电缆（指信号楼至出站信号机附近）按近期发展预留。

2）线路上部建筑资料

线路上部建筑资料包括道岔类型、轨枕状态、钢轨类型。

（1）根据道岔类型确定道岔安装装置和道岔绝缘类型。

（2）应注意混凝土轨枕使用年限，绝缘是否良好。若需更换，应估计更换的数量。

（3）根据钢轨类型确定钢轨绝缘的类型和数量。当遇有异型轨缝处需安装绝缘时，应考虑调整轨型，并请工务部门协助。

3）区间线路的线路纵断面资料

接近车站的区间线路向站内方向如果有大于6‰（进站信号机外方列车制动距离内平均换算坡度）的下坡道，应收集该段线路的纵断面图。考虑接车股道末端是否设计延续进路。

4）土壤资料

收集土壤类别、冻结深度及站内上、下水道，风管，电力、通信电缆等埋设物的径路图和埋设深度，以便选择电缆类型、埋设深度和电缆径路。

5）行车组织、运量及作业情况

新建工程时，该资料由站场总体设计提供；旧线改造时，由铁路局集团公司提供。内容有：

（1）行车指挥组织系统。收集原有行车组织状况和有关工种定员情况，作为设计方案时经济技术方案比较的依据。

（2）现有和将来的列车运量及流向，包括旅客列车、改编的货物列车、直达货物列车等。目的在于：

①根据作业的需要，考虑设置信号机；必要时，考虑采用何种手段满足作业的需要，如设计“非进路调车”“平面调车区集中联锁”等。

②根据作业繁忙程度及对站场股道数量、咽喉道岔设置和通过能力的分析，看站场是否有扩建的必要性和可能性；并对某些线路配置不够合理的部分提出建议。如取、送车作业对正线的干扰、接发列车与调车的干扰、道岔的配置是否满足最大平行作业的要求等。

③根据站场布置（车场布置）及作业性质、任务繁简，计算信号楼间业务联系的次数，作为选择信号楼数量时的参考。

（3）制订接发列车和调车工作细则。

（4）根据站内调车作业情况、调车区的划分、作业特点、作业性质及车站调车作业的主要任务，合理地布置调车信号机。

6）现有设备和人员编制

收集现有信号设备的质量情况，特别是电缆、信号机等，便于设计中考虑利旧和选择合理的施工方案。了解现有设备的联锁关系和闭塞方式，作为电路设计时参考。调查现有信号工区数量和工区定员情况，作为编制工程概算时确定增加维修定员和新建工区数量的依据。

3. 现场勘测

为了核实委托设计的单位提供的资料及进一步收集有关资料，设计人员还应去现场进行实地勘测调查。勘测调查方式包括：现场勘测，召开车站值班员、调车员的座谈会，以及观察作业情况等。勘测调查过程也是设计过程，通过方案讨论、征求意见及修改方案，在勘测调查结束时，初步设计方案基本就定下来了。勘测调查过程中需要调查和研究的项目如下：

1)线路方面

(1)设计人员首先应对设计任务书中提供的站场、区间线路平面图进行实地勘测，核实是否与实际站场配线一致(非集中区除外)。

(2)检查集中区内线路的配线及道岔配置情况，并结合站内列车、调车作业，分析线路、道岔的配置是否有不当之处，若有，应向有关部门提出改进建议。

(3)查清是否有钢制桥，若有，应了解其宽度和坐标。

2)车站作业方面

(1)应查明到发线接、发车方向，双线是否双方向运行。

(2)查明各种站线及尽头线的用途。

(3)了解列车通过线路、超限货物列车走行线路的情况。

(4)详细了解站内调车作业情况，站内专用调车机车台数及其分布使用情况，最繁忙的调车作业区及其担负的调车作业的性质(解体、编组、增减轴摘挂、转场取送等)，以及完成这些作业所采取的方式(到发线溜放、坐编、牵出线平面溜放等)。这些情况将作为确定调车信号机及决定采用哪种特殊联锁方式满足调车作业要求的主要依据。例如，对于某些经常性的往返作业或牵出线平面溜放作业，可以采用非进路调车方式或是平面溜放方式来解决。无论采用哪一种方式，都应与使用部门协商确定。

(5)了解机车出、入库的作业方式和机务段闸楼地点，以便设置机务段同意按钮盘。

(6)查明岔线、段管线等线路调车作业的联络方法。如有必要设置同意按钮盘时，应确定该盘的设置地点。

3)信号机方面

根据站内列、调车作业的要求及设置信号机有关规定，初步布置了各种用途的信号机以后，设计人员应在现场勘测过程中，结合现地瞭望，调查信号显示距离及建筑限界等条件，研究确定信号机的数量和设置位置，以便使信号机的布置能满足运营的要求。

(1)对有超限货物列车通过的线路，当发现有信号机侵入限界时，应会同现场有关部门确定解决办法。例如：采用矮型信号机，设置信号托架或信号桥等。另外，在梯形道岔或连续交分道岔紧密排列处设置调车信号机，若侵入限界，可以提出改变道岔配置或采取将信号机设于右侧的措施(须经铁路局集团公司批准)。

(2)查明进站线路的坡道和弯道情况、周围地形地貌、环境条件，将进站信号机设在比较合理的地点。下列几种地点不宜设置进站信号机：地势险峻地点、列车停车后启动困难的地点，以及在列车(最大长度)停车后，列车不能全部出清桥梁和隧道的停车地点。

(3)在勘测预告信号机的设置地点时，同时确定有关电缆径路。

(4)应查明到发线弯曲情况。在发车时，如果对发车指示信号辨认有困难，而中转信号又延长停站时间，应考虑在便于司机瞭望的地点，装设发车表示器，并在适当地点装设车站值班员按钮柱。

(5)对于需要安装线群出站信号机的编组线群，同时考虑确定各编组线上发车进路表示器的位置。

(6)如果站内有指示救援列车直接发往区间的出站信号机时，应确定该信号机的设置位置；如果有后部补机折返的车站，应确定折返信号机的设置地点。

4)道岔方面

(1)确定转辙机的安装位置时，应尽量考虑维修人员工作的方便、安全，将转辙机设在空旷一侧或线间距离较宽的一侧。在牵出线地带，为了方便调车作业，应尽量设于调车人员跑道的另一侧。

(2)对有中间出岔的到发线的作业情况，要着重了解，以便考虑该道岔的控制方式。

(3)对于安装内锁闭转辙机的道岔，应了解其连接杆是否有绝缘。

5)轨道电路方面

(1)对设计轨道电路的道床情况应进行调查。根据具体情况确定道床是否要清筛和增加站场的排水工程。

(2)为了安装绝缘，应了解钢轨情况，确定换轨和锯轨的地点和数量。核实警冲标的位置及需要移动的警冲标数量。这些工作都应会同工务部门共同确定。

(3)调查现有轨距杆，分别统计出带绝缘和不带绝缘的轨距杆，确定需要更换和增加的轨距杆的数量。

6)电缆径路方面

选择和确定电缆径路时，应注意：

(1)在正线与正线间应避免铺设电缆。

(2)在隧道内或桥梁上必须敷设电缆时，应收集桥梁和隧道的纵断面，以确定电缆的敷设方法。

(3)电缆经过非路用地时，应与有关单位商量并取得协议书。

7)信号楼方面

选择信号楼的合适位置，一般考虑：

(1)便于瞭望，使用电缆最少。

(2)有利于车站运转部门与其他部门联系。

(3)有利的地形及较好的环境，便于信号、通信、电力各种电缆或架空线引入。

(4)靠近接发列车股道和集中区。

(5)具有坚实地基的地点，尽量避开新填方的场地。

(6)信号楼的外墙至最近线路中心距离为距到发线不少于 5 m，距站内正线不少于 7 m。

8)其他方面

(1)查明有无迷流及矿坑。

(2)查明高压线路能以多大电量供给信号设备使用。

(3)选定施工的工作场地。

(4)了解就近取得建筑材料和物资储运方法。

(5)在电力牵引区段要遵照有关规定，保证与接触网邻近的有关设备和人身安全。

典型工作任务2 车站信号设备平面布置图设计

1.2.1 工作任务

掌握车站信号设备平面布置图设计的原则、步骤和方法。

1.2.2 知识链接

1. 车站信号设备平面布置图显示内容

车站信号设备平面布置图是车站信号工程设计的基础性图纸。当一个车站由多个信号楼分别控制几个车场信号设备时，应按信号楼的控制范围，分别绘制车站(场)信号设备平面布置图。

依照规定，北京方面绘制在图纸的左侧，按方位要求将信号楼的图形代号绘制在图纸上方或下方。

车站信号设备平面布置图应表明：

(1)集中范围的线路，以及与集中范围有密切联系的非集中线路，正线应以粗线标出。

(2)车站线路应以箭头表示其接车方向，双线双向运行时，实心箭头指示正方向，空心箭头指示反方向。

(3)所有集中范围内的道岔定位状态，并应标出每组道岔岔尖的坐标——距信号楼中心的距离。

(4)信号机的灯光配列及其坐标。

(5)轨道区段的划分，对不与信号机并置和不是渡线上的绝缘节，应标出其坐标，侵限绝缘节应用圆圈标出。

(6)集中道岔、股道、信号机和无岔区段的编号、名称。

(7)与信号机位置有关的及侵入限界绝缘节处的警冲标坐标。

(8)站台的位置、宽度及线路间距。

(9)桥梁、涵洞的坐标和宽度。

(10)机务段闸楼的坐标。

(11)信号楼设置位置，并标出其距该线路起点站的公里标和百尺标数。

(12)信号楼外墙至最近线路中心的距离。

(13)进站信号机外方制动距离内接车方向平均换算坡度超过6‰的线路下坡道示意图。

(14)道岔类型和股道有效长的统计表。

2. 集中区的划分

划分集中区就是确定站(场)内哪些道岔由信号楼集中控制。一般原则是：

(1)接、发车和转场进路上的道岔，以及与这些作业有联系的调车进路上的道岔。

(2)防止机车车辆由其他线路进入接、发车和转场进路的防护道岔，如图1.2(a)中的3号道岔。当1号道岔和3号道岔相距较近，两者之间不能设置调车信号机时，显然要把3号道岔划入集中区，把防护的调车信号机设于3号道岔尖轨前方；当1号和3号道岔相距较远，两者之间能设置调车信号机，为了防止机车车辆由非集中区闯入集中区，也要将3号道岔划入集中区。这时，1号与3号构成双动道岔。

(3)难以划开集中区和非集中区的个别道岔,如图1.2(b)中的3号道岔。由于3号道岔与7号道岔距离较近,两者之间无法设置调车信号机加以防护,把3号道岔划入集中区更为有利。

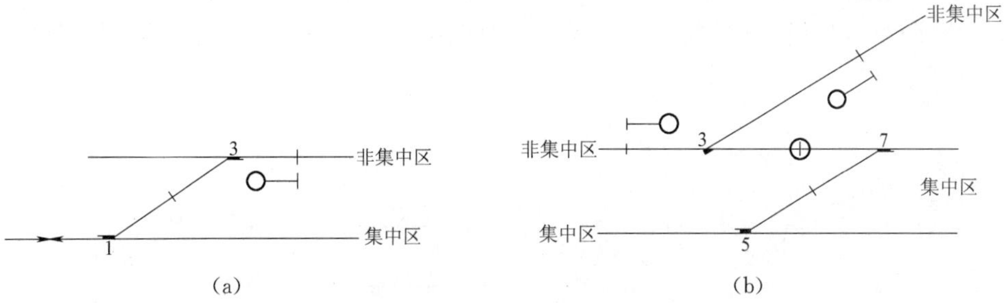

图1.2 防护道岔

(4)两个集中区道岔之间,距离它们较近的道岔,如图1.3中的13号道岔。该道岔不划入集中区时,利用牵出线向货场调车的进路,势必经集中区(17DG)——非集中区(13号道岔)——集中区(9DG),这对保证运行安全不利。从经济方面考虑,将13号道岔划入集中区,虽增加了一组集中道岔,但能节省一架调车信号机(如图中虚线所示)。

(5)一个咽喉区内的个别道岔,不划为集中道岔时,在办理上有困难,而设专人办理又不经济,当投资不多时,可以划为集中道岔。

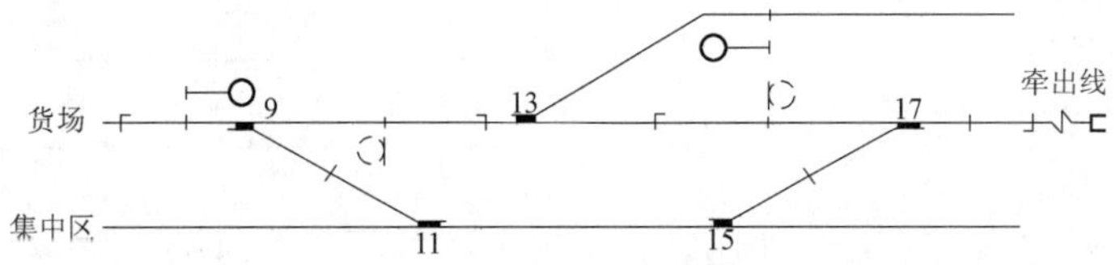

图1.3 集中区的划分

3. 信号机的设置

集中区范围确定后,要给线路、道岔编号,并确定道岔定位位置,然后,设置信号机。这里着重介绍调车信号机的设置。

调车信号机是在集中区内指示调车作业的信号机。由于各个站场线路布置情况和调车作业复杂程度不同,布置调车信号机的灵活性很大。一般来说,布置调车信号机的原则是最大限度地满足调车作业的需要,但又不能单纯地追求调车信号机数量和过多地划分轨道区段,因为这不但将增加工程投资,而且造成设备复杂,给长期的维修工作带来不便。

布置调车信号机的顺序是:首先布置集中区边界处的防护信号机和转线作业用的信号机;再将满足平行作业起阻挡作用的信号机及减少调车车列走行距离的折返用的信号机布置好;最后再考虑有无特殊情况需要设置的调车信号机。布置调车信号机时,应去现场勘测调查,熟悉调车作业情况,收集调车作业资料,广泛听取现场调车员、连结员、调车机车司机等有关人员对于设置调车信号机的意见,对初步设置的调车信号机进行必要的调整,以便使信号机的布置既方便运输又经济合理。

下面结合调车信号机在调车作业中的作用,说明布置调车信号机应考虑的几种情况。

(1)在尽头线、机车出库线、机待线、岔线、牵出线及编组线等通向集中区入口处,都应设调车信号机进行防护,如图 1.4 中的 D_2。

(2)在咽喉区接车方向对向道岔岔尖处,为了满足转线作业需要,应设置调车信号机。图 1.5中的 D_{10} 就能指示调车车列在 3G、4G、5G 之间进行转线作业。但也不是在每个对向道岔处,都设置调车信号机,要根据作业需要。一般做法是满足不少于三条线路间的转线作业设置一架调车信号机。

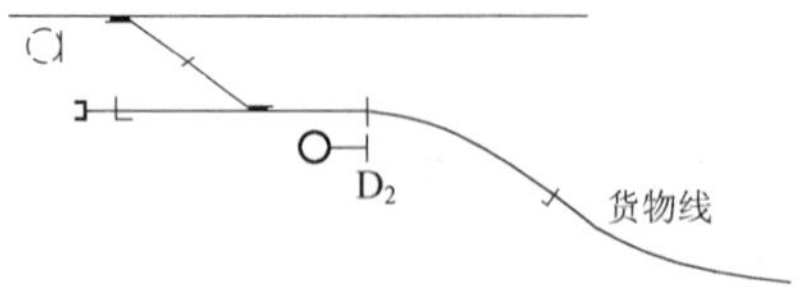

图 1.4 集中区入口处调车信号机

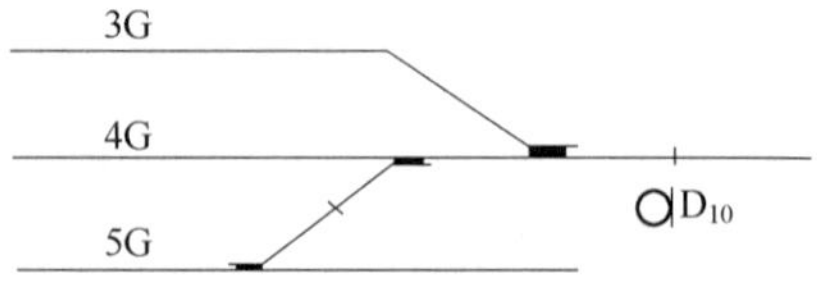

图 1.5 转线作业用调车信号机

(3)为减少调车车列走行距离可设置图 1.6 中的 D_8 信号机。当调车车列进ⅡG 进行摘挂车作业时,有了 D_8,调车车列不需全部进入股道(有时,由于ⅡG 上停的车列已很长,不允许调车车列全部进入股道),机车便可根据 D_8 信号机的开放,中途返回了。

(4)为了满足平行作业,可设置起阻挡作用的调车信号机。图 1.7 所示,当 5G 和 6G 之间利用 D_8 进行转线作业时,设置 D_6 信号机起到了阻挡作用。这时,仍可以排列由 D_4 至 D_{10} 的平行作业进路。

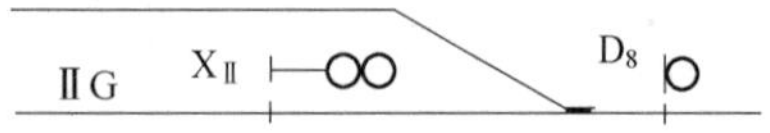

图 1.6 减少走行距离的调车信号机

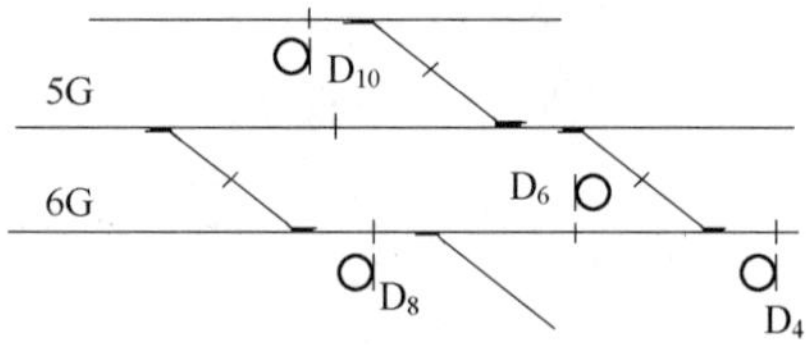

图 1.7 阻挡调车信号机

(5)在两个背向道岔之间可以构成不短于50 m 的无岔区段时,应设置差置调车信号机,如图 1.8中的 D_4 与 D_6。设置了差置信号机就可以利用无岔区段进行增减轴、机车待避和机车转头等作业。

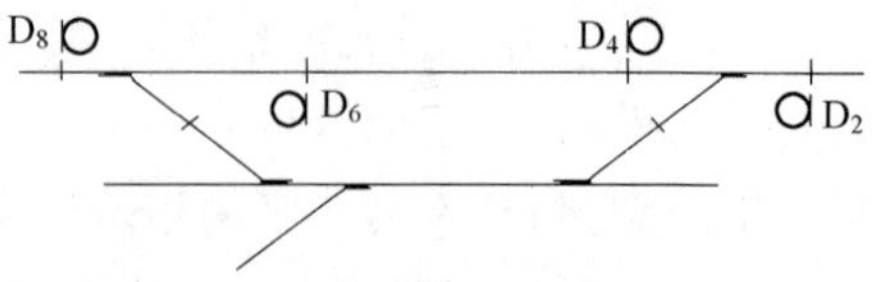

图 1.8 差置调车信号机

(6)在双线单方向运行区段出口处有调车作业或有补机折返时,应在此处设置调车信号机,如图 1.9中 D_1。

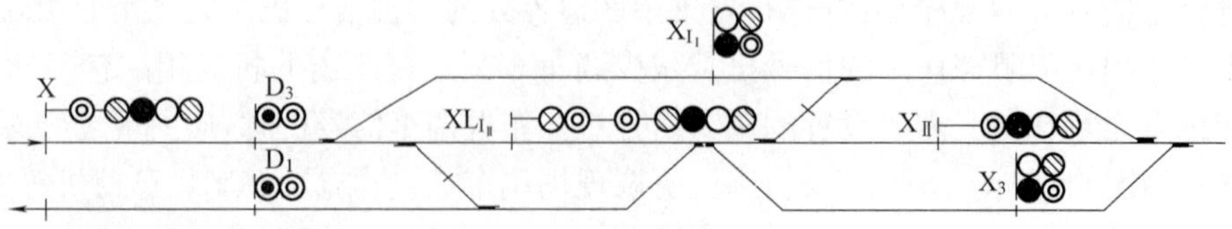

图 1.9 运行区段出口处的调车信号机

(7)股道中间的道岔应设调车信号机进行防护。根据需要,设双动道岔时的调车信号机的布置如图 1.10所示。

(8)当机车连挂着其他车辆进货物线取送车时,如果货物线短而调车车列较长,调车车列不能出清道岔区段,使得由货物线进入集中区的调车信号机不能开放。为了折返,应适当增设调车信号机,如图 1.4 中虚线所示。

(9)正线上有调车作业时,为利用进站信号机内方无岔区段进行调车,相应设置调车车列返回运行的调车信号机,如图 1.9 中的 D_3。

(10)出站及接、发车进路信号机均应设有调车信号显示,以满足调车作业需要,如图 1.9 所示。

举例站场信号设备平面布置图见《计算机联锁图册》中图Ⅰ-01。

在无闭塞联系的岔线,应以调车方式进站,在进站口设置高柱调车信号机。根据需要,可以用红灯代替蓝灯,以增加显示距离和提高作业的安全程度。当达不到规定的显示距离 200 m时,可设置调车复示信号机。

道岔区内的调车信号机一般采用矮型。在牵出线、场间联络线及专用线上的调车信号机多采用高柱,可以有较远的显示距离。若因受曲线、建筑物或其他影响,调车机车司机不能清晰瞭望调车人员发出的手信号时,应考虑在适当地点设置调车表示器,如图 1.11 所示。

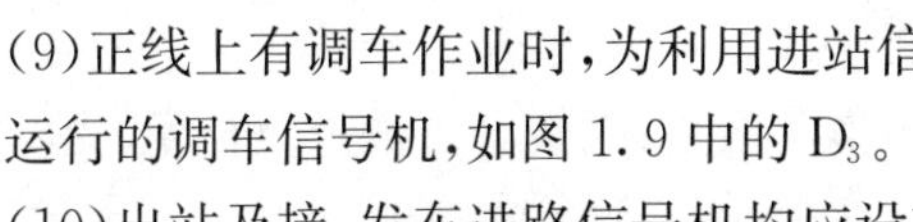

图 1.10　股道中间出岔处的调车信号机

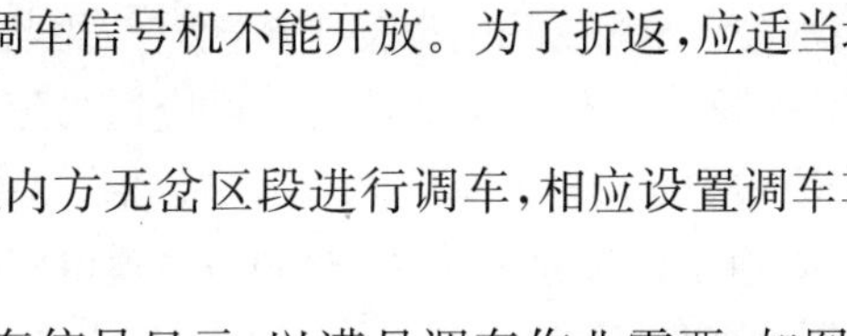

图 1.11　调车表示器

双线单方向运行区段出口处一般设矮型调车信号机,如图 1.9 中的 D_1。在该线上如果有补机或工务车折返作业时,应考虑采用高柱,其显示是否要做特殊处理,应会同铁路局集团公司机务、电务和车务部门共同商定,并在设计文件上说明,报中国国家铁路集团有限公司(以下简称"国铁集团")批准。

各种信号机设置都应符合建筑安装限界的要求,各种信号设备安装限界参看图 1.17。如果受接近限界的限制,安装信号机有困难,可以考虑设信号托架或信号桥。由于信号托架和信号桥结构复杂、笨重,所以只在通过挪动道岔或整理线路等办法仍然达不到规定的建筑限界,或者整理线路工程量大、费用大大超过设信号托架和信号桥的费用时,才采用信号托架或信号桥。

4. 划分轨道区段和确定绝缘节位置

集中区内所有列车和调车进路均应装设轨道电路。轨道区段的划分是根据车站作业情况和轨道电路技术特性进行的。

1)轨道区段划分

(1)集中联锁车站内凡设置信号机的地方,都要用钢轨绝缘把信号机前、后方线路划分成不同的轨道区段。

(2)集中区内的股道两端，不论是否装置出站信号机，均应装设钢轨绝缘，以便股道上停留车辆时，不致锁闭咽喉区道岔。

(3)牵出线、机待线、出库线、专用线或尽头线入口处的调车信号机外方应设一段轨道电路，其长度不小于25 m，以便了解上述线路状态。若条件允许或对节省电缆有利时，可延长轨道区段长度。牵出线上的轨道区段应适当延长，以免车列占用线路时在控制台上无占用表示，但轨道区段的长度应为12.5 m的整数倍，以免锯轨。

(4)道岔区段轨道电路，对同一轨道电路范围内道岔数量、钢轨分支数量及长度、受电端的设置限制各有不同，应符合轨道电路制式的要求。

(5)计算机联锁的进路采用逐段解锁制，为了提高线路运用效率和咽喉区通过能力，可以将轨道区段适当划短。举例站场信号设备平面布置图中642 m坐标处的绝缘节就起到了这个作用。

(6)凡能够构成平行进路的两条线路之间，应设置钢轨绝缘将它们隔开。渡线间的绝缘节的设置，就满足了渡线道岔处于定位时，分别经渡线两道岔定位的平行进路的建立。举例站场信号设备平面布置图中 3 号与 5 号道岔间及 21 号与 25 号道岔间的绝缘节，也是为了满足平行作业的需要。有了这两组绝缘节，就可以同时建立 1/3 号道岔与 5/7 号道岔反位及 21 号与 23/25 号道岔反位的平行进路。

(7)在有连续交叉渡线布置时，如图 1.12 所示，为满足 1/3 号道岔反位与 17/19 号道岔反位平行作业，须在 1 号与 19 号道岔间(在 9 号道岔岔前基本轨缝处)设置钢轨绝缘。这时，11/15 号与 17/19 号交叉渡线上的绝缘节应设在叉挡近侧。

(8)遇有如图 1.13 所示的道岔布置时，应将 1 号与 7 号道岔划分在两个轨道电路区段。

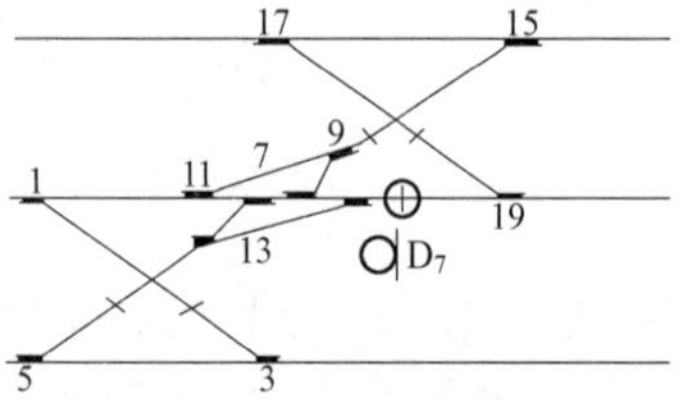

图 1.12　连续交叉渡线处的钢轨绝缘

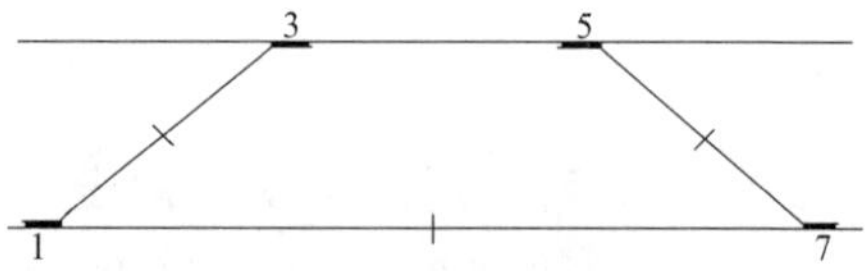

图 1.13　八字进路处的钢轨绝缘

(9)在双线单方向运行区段，若在出口最外方道岔处设调车信号机时，信号机与站界间应划一轨道区段，其长度不小于50 m，以便利用该调车信号机进行调车作业时，不致占用区间线路。如图1.9中 D_1 信号机外方就设有无岔区段。

2)钢轨绝缘位置的确定

(1)信号机处的两钢轨绝缘，原则上应当和信号机并列。

(2)道岔区段的钢轨绝缘，在岔尖一端的设在基本轨的接缝处；在辙叉一端的设在距警冲标大于 3.5 m 处。渡线上钢轨绝缘不受此限制。

(3)安全线、避难线上的钢轨绝缘，应尽可能设在尽头处。

(4)为了需要，在道岔辙叉后设置的钢轨绝缘距警冲标的距离少于3.5 m时，称为侵限绝缘。在平面图上以绝缘外加一圆圈表示。如举例站场信号设备平面布置图中 3 号与 5 号道岔之间的钢轨绝缘为侵限绝缘，作联锁表和电路图时需进行条件检查，严格考虑“侵限绝缘”的防护问题。

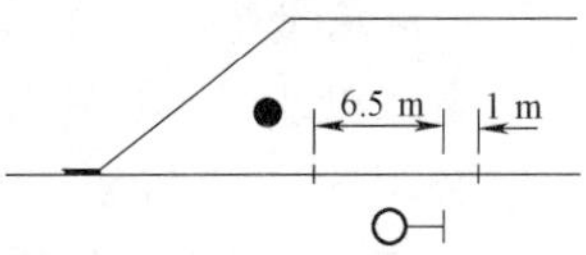

图 1.14 出站信号机与钢轨绝缘

(5)为了减少换轨、锯轨工作量，实际安装信号机处的钢轨绝缘允许有如下变动范围：进站、接车进路、调车信号机处的钢轨绝缘允许安装在信号机前方或后方各1 m的范围内；出站（包括出站兼调车）或发车进路信号机处的钢轨绝缘可装在信号机前方1 m或后方6.5 m的范围内，如图 1.14 所示。由于机车的最外轮对中心距车钩端部距离不小于1 m，当机车车钩与信号机并齐时，机车最外方轮对不应压入道岔区段，这就是规定信号机前方1 m范围的原因。至于信号机后方，特别是出站信号机后方6.5 m范围的规定，是为了方便工务配置短轨，又避免了太多的损失另一方向股道有效长。

当警冲标与布置的钢轨绝缘距离大于4 m时，应移动警冲标，使其与钢轨绝缘相距 3.5～4 m。

(6)在非自动闭塞区间，预告信号机处的钢轨绝缘，应安装在预告信号机外方不小于100 m处。如果将钢轨绝缘置于预告信号机同一坐标上，列车在远处看到预告信号机显示绿色灯光，以规定速度驶来，当行至预告信号机前约100 m处，司机已处于信号灯光显示的死角区，这时，站内改变计划，预告信号机改点黄色灯光，司机已不能看到，以为还是绿灯，然而此时的接车进路已由于列车尚未进入接近区段被不限时解锁了，这对于仍以规定速度行驶的列车来讲是危险的。当进站信号机显示距离较近时，情况更糟。将钢轨绝缘设在预告信号机前方100 m处，司机看不见预告信号机灯光时，列车已进入进站的接近区段，构成了接近锁闭，接车进路不会马上解锁，避免了上述危险性。

(7)两根钢轨的绝缘应尽量设在同一坐标，当不能设于同一坐标时，其错开距离(死区段)最大不能超过2.5 m。这一规定避免了小车占用死区段时，电路检查不出来，如图 1.15 所示。

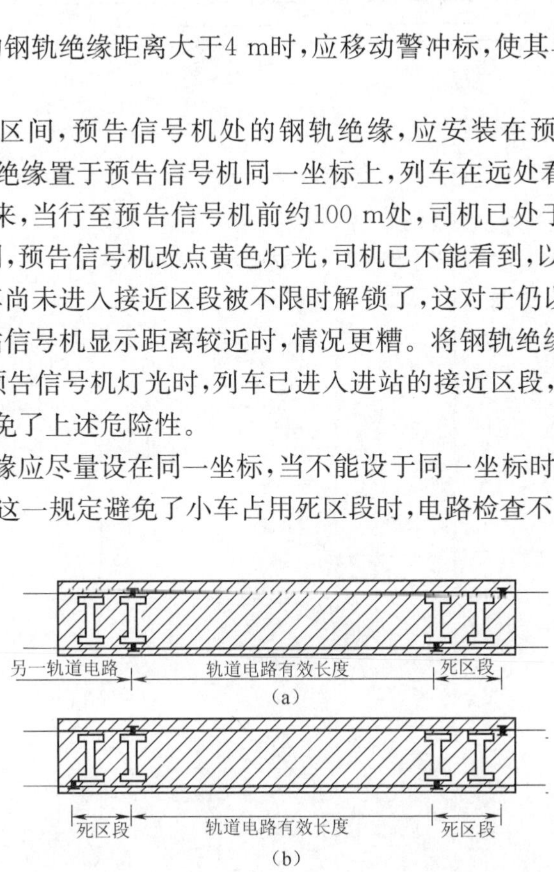

图 1.15 邻接死区段的轨道电路有效长度

(8)考虑到最长车辆第二至第三轴之间距离为16 300 mm，为了防止大轴距车辆分别跨入两死区段内或前半部车辆跨越相邻轨道区段，后半部车轮在死区段内，出现错误的无车表示，所以规定：两相邻死区段的间隔或与死区段相邻的轨道电路的间隔，一般不小于18 m。

(9)异型钢轨接头处，不得安装钢轨绝缘。

(10)钢轨绝缘应避免设在桥梁上、道口内。

5. 坐标计算

信号平面图中道岔、信号机、警冲标等的坐标，是指这些设备至信号楼中心的距离。计算各种设备的坐标为计算电缆长度提供了依据。

1)道岔坐标

由基建部门提供的车站缩尺平面图上，给出的道岔坐标是道岔中心距车站中心的距离。施工时，电动转辙机要安装在道岔尖轨尖端，因此需要得到道岔岔尖的坐标。

一般车站常用的单开、交叉渡线和复式交分道岔的主要尺寸分别见表 1.1、表 1.2 和表 1.3。单渡线道岔尺寸可由单开道岔尺寸表查到。

表 1.1 单开道岔主要尺寸表

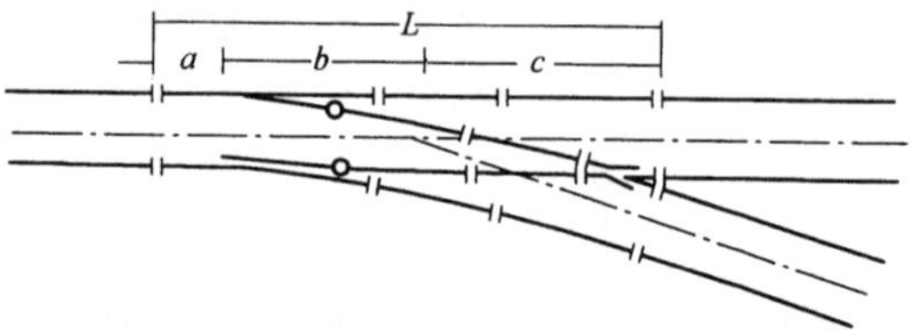

道岔辙叉号	钢轨类型	图号	沿线路中心导曲线半径 R(mm)	尖轨尖端至基本轨轨缝 a(mm)	尖轨尖端至岔心 b(mm)	岔心至辙叉跟距 c(mm)	道岔全长 L(mm)	岔枕类型	附注	
18	60	专线 4223	800 000	3 520	19 224	37 256	60 000	混凝土	可动心轨	
		专线 4121		3 878	18 867	33 802	56 547	木		
	50	专线 4155				31 255	54 000	木	固定辙叉	
12	75	专线 4214	350 000	3 195	12 197	21 208	36 600	混凝土		
		专线 4247						混凝土	设钢岔枕	
	60	专线 4228		4 395			37 800	混凝土		
		铁联线 001		2 920	13 672	26 608	43 200	木	可动心轨	提速道岔
		铁联线 002						混凝土	可动心轨	
		铁联线 003				21 208	37 800	木	固定辙叉	
		专线 4249		4 395	12 197			混凝土	固定辙叉	
		专线 4190		2 850	14 003	21 054	37 907	木		
	50	专线 4147						木		
		专线 4198						混凝土		
		专线 4144	330 000	2 650	14 203	19 962	36 815	木		
	43	TB 399—1975						木		
9	60	专线 4194	180 000	2 650	11 189	15 730	29 569	木		
		专线 4204						混凝土		
	50	专线 4141				15 009	28 848	木		
		专线 4151						混凝土		
	43	TB 399—1975						木		

表 1.2 交叉渡线道岔主要尺寸表

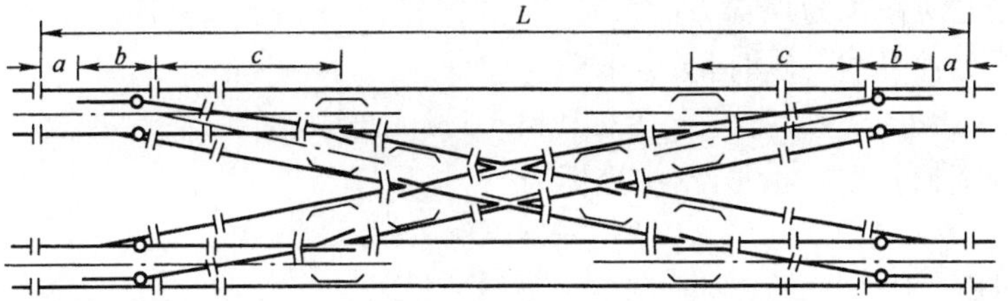

道岔辙叉号	钢轨类型(kg/m)	图　号	股道间距 S(mm)	沿线路中心导曲线半径 R(mm)	尖轨尖端至基本轨轨缝 a(mm)	尖轨尖端至岔心 b(mm)	岔心至辙叉心 c(mm)	道岔全长 L(mm)
12	50	叁标线 7404	5 000	330 000	2 650	14 203	17 250	97 306
	43	叁标线 7078						
	50	叁标线 7411	5 300	330 000	2 650	14 203	17 250	97 306
	43	叁标线 7085						
	60	专线 7503	6 500	330 000	2 850	14 003	17 250	111 706
	50	叁标线 7416	6 500	330 000	2 650	14 203	17 250	
	43	叁标线 7090						
9	50	叁标线 7091	5 000	180 000	2 650	11 166	12 978	72 632
	43	叁标线 7065				11 189	12 955	72 678
	50	叁标线 7098	5 300	180 000	2 650	11 166	12 978	75 332
	43	叁标线 7072				11 189	12 955	75 378
	50	叁标线 7403	6 500	180 000	2 650	11 189	12 955	86 178
	43	叁标线 7077				11 189	12 955	86 178

表 1.3 复式交分道岔各部主要尺寸表

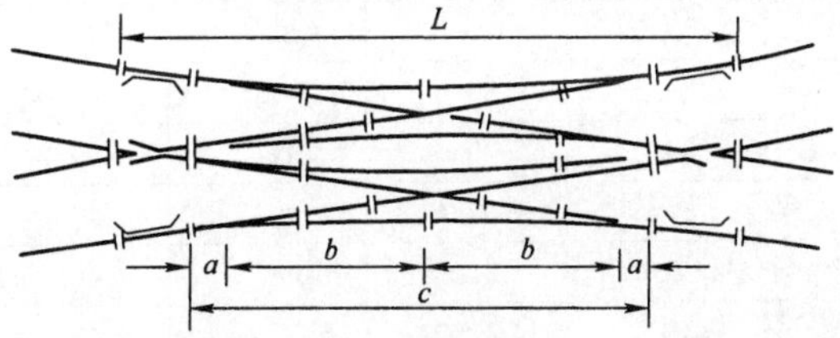

道岔辙叉号	钢轨类型(kg/m)	图　号	沿线路中心导曲线半径 R(mm)	尖轨尖端至基本轨轨缝 a(mm)	尖轨尖端至岔心 b(mm)	道岔两基本轨缝间距 c(mm)	道岔全长 L(mm)
12	50	叁标线 6019	380 000	1 173	12 739	27 824	39 950
	43	叁标线 6025	380 000	1 173	12 739	27 824	39 950
9	50	叁标线 6016	220 000	763	9 636	20 798	30 050
	43	叁标线 6022	220 000	763	9 636	20 798	30 050

根据道岔尺寸表可以查出道岔尖轨尖端(岔尖)至道岔中心(岔心)的距离 b,就可以把岔心坐标换算成岔尖坐标了。如果岔尖较岔心靠近站中心,则岔心坐标减去长度 b,就是岔尖坐标;如果岔尖较岔心远离站中心,则将岔心坐标加上长度 b,就是岔尖坐标。

例如:一辙叉号为 12 号、钢轨类型为 50 kg/m 的道岔岔心距信号楼832 m。查表 1.1,可知该道岔岔心至岔尖距离为14 m。那么:

当岔尖在靠近信号楼一侧时,岔尖坐标为

$$832-14=818(\mathrm{m})$$

当岔尖在远离信号楼一侧时,岔尖坐标为

$$832+14=846(\mathrm{m})$$

2)警冲标坐标

警冲标设在两分歧线路中心线相距4 m的中间,即警冲标至两线路中心线距离均为2 m。警冲标设在弯股曲线部分时,其距弯股线路中心线距离还应再加上曲线上建筑限界加宽值,如图 1.16 所示。线路中心线相距4 m,是根据机车车辆限界 3.4 m再加上一定安全数值而确定的。

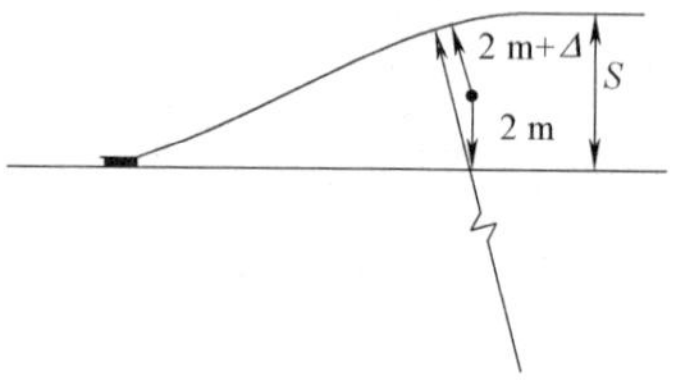

图 1.16 警冲标的理论位置

如果车站缩尺平面图上没有标出警冲标位置,可以先从表 1.4 查出警冲标至岔心的距离,再由岔心坐标计算出警冲标坐标。表 1.4 表明警冲标距岔心距离与辙叉号、连接曲线半径和线间距离三个参数有关。

例如:举例站场的 27 号道岔的辙叉号为 12 号,连接曲线半径400 m,线间距离5 m,采用 60 kg/m 可动心轨,查表 1.4 知警冲标距岔心50 m,从表 1.1 又知岔尖距岔心13.7 m。

表 1.4 警冲标至道岔中心距离表

道岔辙叉号		9				12		
辙叉角度(α)		6°20′25″				4°45′49″		
连接曲线半径(m)		200	300	400	500	350	400	500
警冲标位置(m)		L				L		
线间距离S(m)	4.6	40.0	41.5	44.0	46.5	51.5	52.0	53.5
	4.7	39.5	41.0	43.0	45.5	51.0	51.5	52.5
	4.8	38.5	40.0	42.0	44.5	50.5	51.0	52.0
	5.0	38.0	39.0	40.5	42.5	49.5	50.0	51.0
	5.2	37.5	38.5	39.5	41.5	49.0	49.5	50.0
	5.3	37.5	38.0	39.0	41.0	49.0	49.0	49.5
	5.5	37.0	37.5	38.5	40.0	49.0	49.0	49.0
	6.0	36.5	37.0	37.5	38.5	48.5	48.5	48.5
	6.45	36.5	36.5	37.0	37.5	48.5	48.5	48.5
	6.5	36.5	36.5	37.0	37.5	48.5	48.5	48.5
	7.0	36.5	36.5	36.5	37.0	48.5	48.5	48.5
	7.45	36.5	36.5	36.5	36.5	48.5	48.5	48.5
	8.0	36.5	36.5	36.5	36.5	48.5	48.5	48.5

举例站场信号设备平面布置图标明 27 号道岔岔尖坐标是547 m。这样,警冲标坐标为

$$547-(13.7+50)\approx 483(\mathrm{m})$$

3)信号机坐标

(1)设在辙叉后所连接两线路中间的矮型信号机坐标

铁路直线建筑限界示意如图 1.17 所示。凡高度距离轨面在1 100 mm以内,而边缘距线

路中心距离在1 875 mm以上的设备将不会侵入限界。各种矮型信号机的安装尺寸如图 1.17 所示。其中，最大的矮型三显示带进路表示器信号机构顶端离轨面距离最大值为976＋100＝1 076 mm，小于1 100 mm。所以，只要保证矮型信号机机构边缘离线路中心距离不少于1 875 mm，就不会侵入限界。

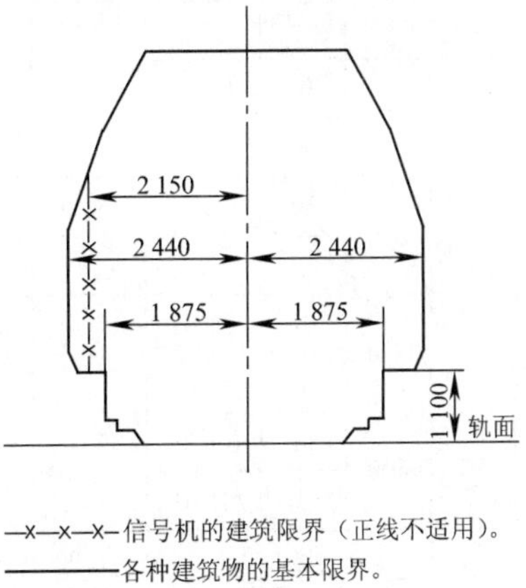

图 1.17 铁路直线建筑限界示意图(单位:mm)

计算表明，矮型不带进路表示器的信号机，在警冲标内方不少于3.5 m处，按安装标准安装，不会侵入限界。并且，车体轮对在信号机前方，该车体还不会影响邻线车辆安全通过。当然，又不能离警冲标太远，否则，会过多影响线路有效长。一般设在警冲标内方 3.5～4 m的地方。在实际安装时，还需要考虑信号机处的钢轨绝缘应与信号机处在同一坐标。而从道岔跟端算起到信号机处的距离往往不是标准轨长12.5 m的整数倍，要在信号机坐标处设置钢轨绝缘，就要配置短轨。标准短轨的长度只有4.5 m、6.25 m和8.0 m三种。显然，配置短轨后，设置钢轨绝缘的轨缝至道岔跟端的距离不得小于道岔跟端至信号机的距离，应该是最接近值。此时，设置钢轨绝缘轨缝的坐标，就是最后确定的信号机的坐标。为了设计方便，已经将矮型一机构、二机构信号机至岔心距离编制成表，分别见表 1.5和表 1.6。

表 1.5 矮型一机构色灯信号机至岔心距离表 单位:m

c_9——15.009 c_{12}——19.962 c_{18}——31.255												
类型	N	R	L	S								
				4.6	4.8	5.0	5.2	5.3	5.5	6.0	6.5	7.0及以上
无进路表示器	9	200	信	44.53	44.53	44.53	44.53	44.53	44.53	40.02	40.02	40.02
			f	4.50	4.50	4.50	4.50	4.50	4.50	0	0	0
		300	信	46.28	44.53	44.53	44.53	44.53	44.53	44.53	40.02	40.02
			f	6.25	4.50	4.50	4.50	4.50	4.50	4.50	0	0
	12	350	信	57.48	57.48	57.48	52.98	52.98	52.98	52.98	52.98	52.98
			f	0	0	0	8.00	8.00	8.00	8.00	8.00	8.00
		400	信	57.48	57.48	57.48	52.98	52.98	52.98	52.98	52.98	52.98
			f	0	0	0	8.00	8.00	8.00	8.00	8.00	8.00
		500	信	57.48	57.48	57.48	57.48	57.48	52.98	52.98	52.98	52.98
			f	0	0	0	0	0	8.00	8.00	8.00	8.00
		600	信	61.99	57.48	57.48	57.48	57.48	57.48	52.98	52.98	52.98
			f	4.50	0	0	0	0	0	8.00	8.00	8.00
	18	800	信	—	—	76.78	76.78	76.78	76.78	76.78	76.78	76.78
			f	—	—	8.00	8.00	8.00	8.00	8.00	8.00	8.00

续上表

c_9——15.009　c_{12}——19.962　c_{18}——31.255												
类型	N	R	L	S								
				4.6	4.8	5.0	5.2	5.3	5.5	6.0	6.5	7.0及以上
有进路表示器	9	200	信	48.03	44.53	44.53	44.53	44.53	44.53	40.02	40.02	40.02
			f	8.00	4.50	4.50	4.50	4.50	4.50	0	0	0
		300	信	52.53	46.28	44.53	44.53	44.53	44.53	44.53	40.02	40.02
			f	0	6.25	4.50	4.50	4.50	4.50	4.50	0	0
	12	350	信	61.99	57.48	57.48	57.48	57.48	57.48	52.98	52.98	52.98
			f	4.50	0	0	0	0	0	8.00	8.00	8.00
		400	信	61.99	57.48	57.48	57.48	57.48	57.48	52.98	52.98	52.98
			f	4.50	0	0	0	0	0	8.00	8.00	8.00
		500	信	63.74	61.99	57.48	57.48	57.48	57.48	52.98	52.98	52.98
			f	6.25	4.50	0	0	0	0	8.00	8.00	8.00
		600	信	65.49	61.99	61.99	57.48	57.48	57.48	57.48	52.98	52.98
			f	8.00	4.50	4.50	0	0	0	0	8.00	8.00
	18	800	信	—	—	81.28	81.28	81.28	81.28	81.28	81.28	81.28
			f	—	—	0	0	0	0	0	0	0

注：表中 f 为配轨长度，下同。

表 1.6　矮型二机构色灯信号机至岔心距离表　　单位：m

c_9——15.009　c_{12}——19.962　c_{18}——31.255													
类型	N	R	L	S									
				4.6	4.8	5.0	5.2	5.3	5.5	6.0	6.5	7.0	7.5及以上
无进路表示器	9	200	信	52.53	46.28	44.53	44.53	44.53	44.53	44.53	40.02	40.02	40.02
			f	0	6.25	4.50	4.50	4.50	4.50	4.50	0	0	0
		300	信	52.53	48.03	46.28	44.53	44.53	44.53	44.53	44.53	40.02	40.02
			f	0	8.00	6.25	4.50	4.50	4.50	4.50	4.50	0	0
	12	350	信	61.99	61.99	57.48	57.48	57.48	57.48	57.48	52.98	52.98	52.98
			f	4.50	4.50	0	0	0	0	0	8.00	8.00	8.00
		400	信	63.74	61.99	57.48	57.48	57.48	57.48	57.48	52.98	52.98	52.98
			f	6.25	4.50	0	0	0	0	0	8.00	8.00	8.00
		500	信	65.49	61.99	61.99	57.48	57.48	57.48	57.48	57.48	52.98	52.98
			f	8.00	4.50	4.50	0	0	0	0	0	8.00	8.00
		600	信	69.99	63.74	61.99	61.99	57.48	57.48	57.48	57.48	57.48	52.98
			f	0	6.25	4.50	4.50	0	0	0	0	0	8.00
	18	800	信			85.79	81.28	81.28	81.28	81.28	81.28	81.28	81.28
			f			4.50	0	0	0	0	0	0	0

续上表

c_9——15.009　c_{12}——19.962　c_{18}——31.255													
类型	N	R	L	S									
				4.6	4.8	5.0	5.2	5.3	5.5	6.0	6.5	7.0	7.5及以上
有进路表示器	9	200	信	57.04	52.53	46.28	44.53	44.53	44.53	44.53	44.53	44.53	44.53
			f	4.50	0	6.25	4.50	4.50	4.50	4.50	4.50	4.50	4.50
		300	信	60.54	52.53	48.03	46.28	46.28	44.53	44.53	44.53	44.53	44.53
			f	8.00	0	8.00	6.25	6.25	4.50	4.50	4.50	4.50	4.50
	12	350	信	69.99	61.99	61.99	57.48	57.48	57.48	57.48	57.48	57.48	57.48
			f	0	4.50	4.50	0	0	0	0	0	0	0
		400	信	74.50	63.74	61.99	61.99	57.48	57.48	57.48	57.48	57.48	57.48
			f	4.50	6.25	4.50	4.50	0	0	0	0	0	0
		500	信	74.50	65.49	61.99	61.99	61.99	57.48	57.48	57.48	57.48	57.48
			f	4.50	8.00	4.50	4.50	4.50	0	0	0	0	0
		600	信	78.00	69.99	63.74	61.99	61.99	61.99	57.48	57.48	57.48	57.48
			f	8.00	0	6.25	4.50	4.50	4.50	0	0	0	0
	18	800	信			87.54	85.79	85.79	85.79	85.79	85.79	85.79	85.79
			f			6.25	4.50	4.50	4.50	4.50	4.50	4.50	4.50

例如，举例站场信号设备平面布置图中21号道岔的坐标为626 m，其辙叉号N为12号，连接曲线半径R为400 m，ⅢG和5G之间间距S为5.0 m。查表1.6，知S_5矮型带进路表示器出站信号机至岔心距离为61.99 m。又从表1.1知21号道岔岔心至岔尖距离为13.7 m。这样，S_5出站信号机坐标为

$$626-(13.7+61.99)\approx 550(\text{m})$$

在S_5出站信号机位置确定后，21号道岔的警冲标也相应向内方移动，坐标为554 m，仍保持两者之间距离在3.5～4 m。

(2)设在辙叉后所连接两线路外侧的矮型信号机坐标

这类信号机设在辙叉后警冲标内方3.5～4 m处。例如：23号道岔警冲标坐标为549 m，S_{I}信号机坐标为

$$549-4=545(\text{m})$$

(3)设在辙叉后所连接两线路中间的高柱信号机坐标

若将高柱信号机设在警冲标内方3.5～4 m处，其机柱必然侵入限界，因此，必须将高柱信号机向警冲标内方移动，其位置也是查表获得，分别见表1.7(a)、表1.7(b)和表1.7(c)。查表时，除了依据辙叉号、连接曲线半径、线间距离外，还要考虑两线路走行超限货物列车的情况。

例如：27号道岔辙叉号N为12号，连接曲线半径R为400 m，线间距离S为5 m，ⅡG走行超限列车，4G不走行超限列车。由表1.7(b)，S_{II}出站信号机至岔心距离为82.5 m，而27号道岔岔心至岔尖距离为13.7 m。举例站场信号设备平面布置图标出27号道岔岔尖坐标为547 m。S_{II}信号机的坐标为

$$547-(13.7+82.5)\approx 450(\text{m})$$

表 1.7(a)　**高柱色灯信号机、警冲标至岔心距离表**　　单位:m

两股道均超限 c_9——15.009　c_{12}——19.962　c_{18}——31.255									
N	R	L	S						
			5.3	5.5	6.0	6.5	7.0	7.5	8.0 及以上
9	200	信	65.04	57.04	52.53	52.53	48.03	48.03	48.03
		警	61.54	53.54	49.03	49.03	44.53	44.53	44.53
		f	0	4.50	0	0	8.00	8.00	8.00
	300	信	69.54	58.79	52.53	52.53	52.53	48.03	48.03
		警	66.04	55.29	49.03	49.03	49.03	44.53	44.53
		f	4.50	6.25	0	0	0	8.00	8.00
	400	信	73.04	65.04	57.04	52.53	52.53	52.53	48.03
		警	69.54	61.54	53.54	49.03	49.03	49.03	44.53
		f	8.00	0	4.50	0	0	0	8.00
12	350	信	82.50	74.50	69.99	65.49	63.74	63.74	63.74
		警	79.00	71.0	66.49	61.99	60.24	60.24	60.24
		f	0	4.50	0	8.00	6.25	6.25	6.25
	400	信	87.01	74.50	69.99	65.49	63.74	63.74	63.74
		警	83.51	71.00	66.49	61.99	60.24	60.24	60.24
		f	4.50	4.50	0	8.00	6.25	6.25	6.25
	500	信	87.01	74.50	69.99	65.49	65.49	63.74	63.74
		警	83.51	71.00	66.49	61.99	61.99	60.24	60.24
		f	4.50	4.50	0	8.00	8.00	6.25	6.25
	600	信	88.76	78.00	69.99	69.99	65.49	63.74	63.74
		警	85.26	74.50	66.49	66.49	61.99	60.24	60.24
		f	6.25	8.00	0	0	8.00	6.25	6.25
18	800	信	118.81	106.30	98.30	98.30	98.30	98.30	98.30
		警	115.31	102.80	94.80	94.80	94.80	94.80	94.80
		f	0	0	4.50	4.50	4.50	4.50	4.50

注:1. 信号机及警冲标位置已考虑用12.5 m长标准轨及一节 f 配轨调整轨道绝缘缝。

2. f 值等于4.5 m时,仅适用于站线,若用于正线上,f 值应改为6.25 m,其相应的 $L_{信}$、$L_{警}$ 均应增加1.75 m。

3. 采用表 1.7(a)时,相应的道岔中心至辙叉跟端距离 c_N 必须与表上所注一致。

表 1.7(b)　**高柱色灯信号机、警冲标至岔心距离表**　　单位:m

一股道超限,另一股道不超限 c_9——15.009　c_{12}——19.962　c_{18}——31.255									
N	R	L	S						
			5.0	5.2	5.3	5.5	6.0	6.5	7.0 及以上
9	200	信	65.04	57.04	52.53	52.53	48.03	46.28	46.28
		警	61.54	53.54	49.03	49.03	44.53	42.78	42.78
		f	0	4.50	0	0	8.00	6.25	6.25

续上表

一股道超限，另一股道不超限 c_9——15.009 c_{12}——19.962 c_{18}——31.255									
N	R	L	S						
			5.0	5.2	5.3	5.5	6.0	6.5	7.0及以上
9	300	信	69.54	57.04	57.04	52.53	48.03	46.28	46.28
		警	66.04	53.54	53.54	49.03	44.53	42.78	42.78
		f	4.50	4.50	4.50	0	8.00	6.25	6.25
	400	信	71.29	60.54	57.04	57.04	52.53	48.03	46.28
		警	67.79	57.04	53.54	53.54	49.03	44.53	42.78
		f	6.25	8.00	4.50	4.50	0	8.00	6.25
12	350	信	82.50	69.99	69.99	63.74	61.99	61.99	61.99
		警	79.00	66.49	66.49	60.24	58.49	58.49	58.49
		f	0	0	0	6.25	4.50	4.50	4.50
	400	信	82.50	69.99	69.99	65.49	61.99	61.99	61.99
		警	79.00	66.49	66.49	61.99	58.49	58.49	58.49
		f	0	0	0	8.00	4.50	4.50	4.50
	500	信	87.01	74.50	69.99	69.99	63.74	61.99	61.99
		警	83.51	71.00	66.49	66.49	60.24	58.49	58.49
		f	4.50	4.50	0	0	6.25	4.50	4.50
	600	信	87.01	74.50	74.50	69.99	63.74	61.99	61.99
		警	83.51	71.00	71.00	66.49	60.24	58.49	58.49
		f	4.50	4.50	4.50	0	6.25	4.50	4.50
18	800	信	112.56	100.05	98.30	93.79	93.79	93.79	93.79
		警	109.06	96.55	94.80	90.29	90.29	90.29	90.29
		f	6.25	6.25	4.50	0	0	0	0

注：1. 信号机及警冲标位置已考虑用12.5 m长标准轨及一节 f 配轨调整轨道绝缘缝。

2. f 值等于4.5 m时，仅适用于站线，若用于正线上，f 值应改为6.25 m，其相应的 $L_{信}$、$L_{警}$ 均应增加1.75 m。

3. 采用表1.7(b)时，相应的道岔中心至辙叉跟端距离 c_N 必须与表上所注一致。

4. 表1.7(b)中距离系按直股超限或侧股超限两者中较大值计列，故适用于两股中任一股超限的情况。

表1.7(c) 高柱色灯信号机、警冲标至岔心距离表 单位：m

两股道均不超限 c_9——15.009 c_{12}——19.962 c_{18}——31.255										
N	R	L	S							
			4.7	4.8	5.0	5.2	5.3	5.5	6.0	6.5及以上
9	200	信	65.04	57.04	52.53	48.03	46.28	46.28	44.53	44.53
		警	61.54	53.54	49.03	44.53	42.78	42.78	41.03	41.03
		f	0	4.50	0	8.00	6.25	6.25	4.50	4.50

续上表

两股道均不超限 c_9——15.009 c_{12}——19.962 c_{18}——31.255										
N	R	L	S							
			4.7	4.8	5.0	5.2	5.3	5.5	6.0	6.5 及以上
9	300	信	69.54	58.79	52.53	52.53	48.03	46.28	44.53	44.53
		警	66.04	55.29	49.03	49.03	44.53	42.78	41.03	41.03
		f	4.50	6.25	0	0	8.00	6.25	4.50	4.50
	400	信	71.29	65.04	57.04	52.53	52.53	48.03	46.28	44.53
		警	67.79	61.54	53.54	49.03	49.03	44.53	42.78	41.03
		f	6.25	0	4.50	0	0	8.00	6.25	4.50
12	350	信	78.00	69.99	63.74	61.99	61.99	61.99	57.48	57.48
		警	74.50	66.49	60.24	58.49	58.49	58.49	53.98	53.98
		f	8.00	0	6.25	4.50	4.50	4.50	0	0
	400	信	82.50	69.99	63.74	61.99	61.99	61.99	57.48	57.48
		警	79.00	66.49	60.24	58.49	58.49	58.49	53.98	53.98
		f	0	0	6.25	4.50	4.50	4.50	0	0
	500	信	82.50	74.50	65.49	63.74	61.99	61.99	61.99	57.48
		警	79.00	71.00	61.99	60.24	58.49	58.49	58.49	53.98
		f	0	4.50	8.00	6.25	4.50	4.50	4.50	0
	600	信	87.01	76.25	69.99	65.49	63.74	61.99	61.99	57.48
		警	83.51	72.75	66.49	61.99	60.24	58.49	58.49	53.98
		f	4.50	6.25	0	8.00	6.25	4.50	4.50	0
18	800	信			93.79	89.29	87.54	87.54	85.79	85.79
		警			90.29	85.79	84.04	84.04	82.29	82.29
		f			0	8.00	6.25	6.25	4.50	4.50

注：1. 信号机及警冲标位置已考虑用12.5 m长标准轨及一节 f 配轨调整轨道绝缘缝。

2. f 值等于4.5 m时，仅适用于站线，若用于正线上，f 值应改为6.25 m，其相应的 $L_{信}$、$L_{警}$ 均应增加1.75 m。

3. 采用表 1.7(c)时，相应的道岔中心至辙叉跟端距离 c_N 必须与表上所注一致。

由前面警冲标坐标的计算实例知 27 号道岔的警冲标坐标为483 m，$S_{Ⅱ}$ 信号机离警冲标距离为33 m，远远超过4 m。当下行列车或调车车列进入ⅡG，尾部车钩越过警冲标，即其最后一轮对已进入警冲标内方4 m，按行车要求，车停下来不会影响 4G 的作业。但是，$S_{Ⅱ}$ 处的钢轨绝缘是与 $S_{Ⅱ}$ 信号机在同一坐标上，就是说车此时尚未出清 19-27DG，27 号道岔仍处于锁闭状态，不能变换位置，4G 的作业实际上仍不能进行。为避免这种情况，应将 27 号道岔警冲标移至距 $S_{Ⅱ}$ 信号机 3.5～4 m的地方。其实，表 1.7(b)中已列出警冲标距岔心距离为79 m，27 号道岔警冲标坐标应为

$$547-(13.7+79)\approx454(\text{m})$$

(4)设在辙叉后所连接两线路外侧的高柱信号机坐标

图1.18中的S_{II}出站信号机,设在3号道岔辙叉后1G与ⅡG的外侧。这时,若ⅡG与3G间距离满足高柱信号机安装限界要求,S_{II}信号机就设在3号道岔警冲标内方3.5～4 m的地方。

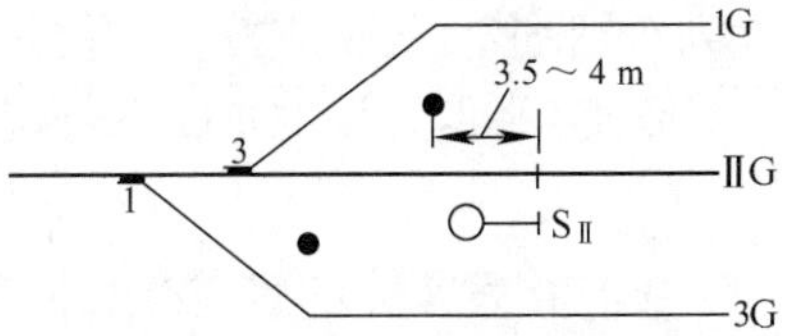

图1.18 设在辙叉后两线路外侧的高柱信号机

两线路线间距离与线路使用情况有关,见表1.8。当线间距离不能满足设置高柱信号机要求时,则应设信号托架或信号桥,把信号机设在所属线路中心线上方或线路左侧上空。

表1.8 线间距离与线路使用关系表

牵引方式	线间距离(m)		
	均不通行	一条线路通行	两条线路通行
非电力牵引区段	≥4.7	≥5.0	≥5.3
电力牵引区段		≥5.3	≥5.53

(5)设在岔尖前的信号机坐标

此类信号机一般并列在道岔前的基本轨缝处。由表1.1和表1.2可查得岔尖至基本轨缝的距离,再由岔尖坐标很容易计算出信号机的坐标。

例如:举例站场信号设备平面图中1号道岔岔尖坐标是846 m,由表1.1查得辙叉号为12号道岔岔尖至基本轨缝距离为2.92 m。D_1信号机坐标为

$$846+2.92\approx849(\text{m})$$

(6)设在渡线或直梯形线群道岔附近的警冲标或信号机的坐标

这类警冲标或信号机的坐标,也是查上述警冲标或信号机距岔心距离表确定的,这时应将道岔导曲线半径按最接近数值的连接曲线半径使用。导曲线半径与连接曲线半径对照表见表1.9。

例如,图1.19的9号与11号道岔为直梯形线群道岔,两道岔辙叉号均为12号,导曲线半径为330 m,确定9号道岔警冲标位置时,根据表1.9,接近的连接曲线半径为350 m,再查表1.4,可确定9号道岔警冲标距岔心距离为49.5 m。

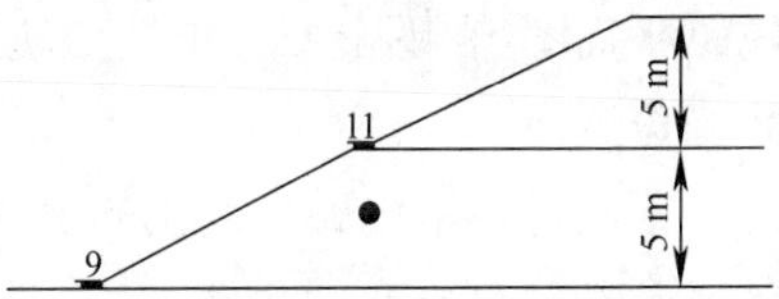

图1.19 直梯形线群道岔处的警冲标

表1.9 导曲线半径与连接曲线半径对照表

道岔号	导曲线半径(m)	连接曲线半径(m)	道岔号	导曲线半径(m)	连接曲线半径(m)
9	180	200	12	330	350

道岔、信号机的坐标应标在车站信号设备平面布置图的上方,与信号机、侵限绝缘位置相关的警冲标坐标值则标注在所属道岔的示意位置上。

6. 股道有效长计算

股道有效长是股道内可以停留列车,而不至于妨碍邻线行车的部分线路长度,它是自股道一端出站信号机起至另一端警冲标(对向道岔为绝缘节)为止。同一股道,如果上、下行都可接

发列车，股道有效长应按上、下行分别计算。

例如：举例站场的ⅢG下行接发车时，股道有效长为

$$532+524=1\ 056(\mathrm{m})$$

上行接发车时的股道有效长为

$$524+536=1\ 060(\mathrm{m})$$

各股道有效长计算出来后，列表标明在车站信号设备平面布置图的适当位置。

典型工作任务3 电缆径路图设计

1.3.1 工作任务

掌握电缆径路图的设计方法。

1.3.2 知识链接

电缆径路图的设计是初步设计的重要内容，要完成：

(1)轨道电路极性的配置。

(2)轨道电路送、受电端的布置。

(3)室外电缆网络连接设备类型和位置的确定。

(4)室外信号设备的串接顺序和电缆径路的确定。

(5)每根电缆类型、长度和芯数的确定。

举例站场下行咽喉电缆径路图见《计算机联锁图册》中图Ⅰ-36。

1. 轨道电路极性的配置

检查站内轨道电路能否极性交叉，可以利用封闭回路图。方法是以单线条绘出站内轨道电路平面图，在图上要标出划分轨道区段的钢轨绝缘位置，还要标出道岔区段内的道岔（钢轨）绝缘位置。

不实行轨道电路电码化的道岔区段，可先把道岔绝缘布设在直股上，这样道岔绝缘受力均匀，使用寿命会长一些。

实行轨道电路电码化的道岔区段的道岔绝缘应布设在弯股上。如果道岔绝缘设在直股上（图1.20），当列车对着岔尖行驶时，在机车导轮通过岔尖后（图中的A点），除在一段距离（从A点到B点）内，有一个接收线圈L_2接收到信息外，在很长一段距离内（从B点到C点），另一个接收线圈L_1都接收不到信息，只有当列车的导轮驶出绝缘节C点后，才开始正常接收信息。机车信号在此段时间内，很可能无码，造成混乱，给行车带来不良影响。

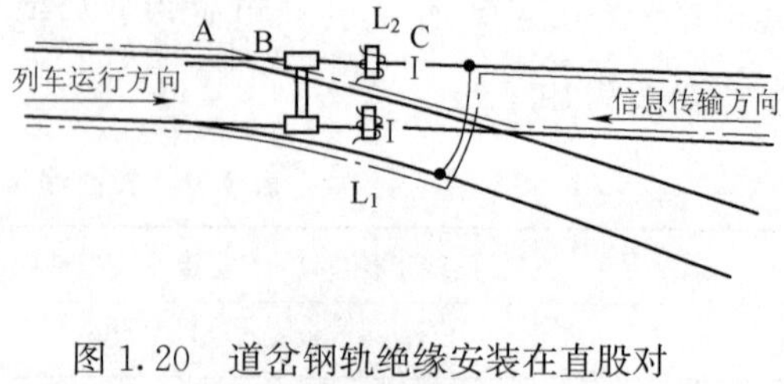

图1.20 道岔钢轨绝缘安装在直股对机车信号的影响

为便于介绍调整道岔绝缘的原则和方法，先将举例站场下行咽喉北京方面上、下行正线上道岔的道岔绝缘布设在直股上，而将东郊方面正线直股接车进路上道岔的道岔绝缘布设在弯

股上。举例站场下行咽喉的单线条轨道平面图如图 1.21 所示。

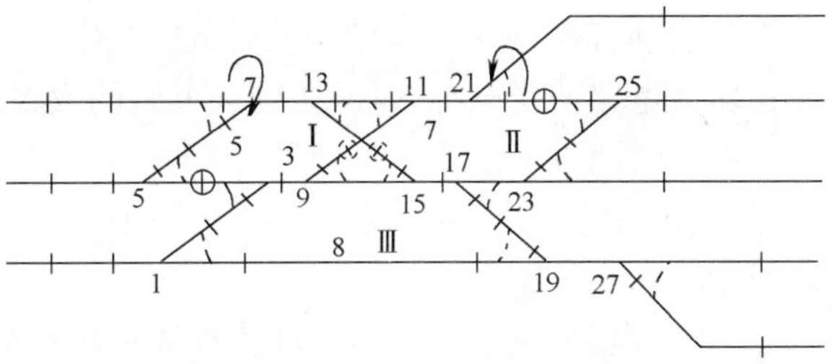

图 1.21　检查极性交叉的单线轨道平面图

图中有三个封闭回路(交叉渡线形成的小回路已经做到了极性交叉)。在检查极性交叉前,先在相当于道岔辙叉处用虚线圆弧将道岔绝缘圈于封闭回路外面,再用虚线小圆把交叉渡线间的钢轨绝缘圈住,表示这些绝缘节都不影响封闭回路的极性交叉。然后,分别统计三个封闭回路的绝缘节数量。结果是:回路Ⅰ有 5 个绝缘节,回路Ⅱ有 7 个绝缘节,回路Ⅲ有 8 个绝缘节。绝缘节数量是偶数的回路Ⅲ可以做到极性交叉,是奇数的回路Ⅰ和Ⅱ就做不到极性交叉,需要通过移设道岔绝缘来解决。可以将计算在回路内的道岔绝缘设法移到回路外。比如,将 21 号道岔的道岔绝缘移设到弯股,回路Ⅱ的绝缘节数量就变成了偶数,也可以将一些道岔绝缘移设到弯股,增加回路绝缘节数量。比如,将 7 号道岔的道岔绝缘移到弯股,使回路Ⅰ具有 6 个绝缘节,做到了极性交叉。

事实上,东郊正线接车进路也要实现电码化,为了避免信息接收的中断,所以也要避免道岔绝缘直股切割。要将 25 号道岔绝缘由直股移设到弯股。11 号和 13 号两道岔绝缘已不便移设,可采用调整跳线的敷设方式克服接收信息的盲区问题。详细的需参看项目 3 典型工作任务 6“轨道电路施工”中电码化区段钢轨接续线的有关内容。

通过移设道岔钢轨绝缘,一般是能够实现极性交叉的。当这样做后还达不到极性交叉时,可在线路上加设一对钢轨绝缘,采用“人工交叉法”。如图 1.22(a)所示,在交叉渡线的叉挡设置有一侵限的钢轨绝缘,该钢轨绝缘两侧钢轨极性相同。在工务允许锯轨或已有轨缝的情况下,可以加装一对“极性绝缘”,在“极性绝缘”的两侧用跳线将两钢轨交叉连接,来满足极性交叉,如图 1.22(b)所示。如果不能锯轨也无现成轨缝装“极性绝缘”,布置轨道电路送、受电端时,应在叉挡侵限绝缘两侧布置送电端,以防钢轨绝缘破损造成轨道继电器错误动作。

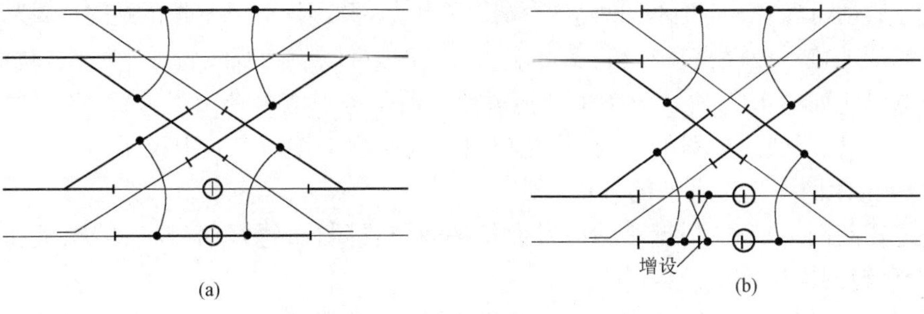

图 1.22　人工极性交叉

2. 轨道电路送、受电端布置

(1)双线自动闭塞区段，一般选择正线正向接车、发车进路的每个轨道区段的运行方向，近端为送电端，远端为受电端。侧线股道可随同方向正线设置送、受电端。站内实行电码化，正向接车电码的发送端就设在轨道电路的受电端，而反向接车电码的发送端就设在轨道电路的送电端，如图 1.23 中北京方面和天津方面正线正向接车、发车进路的各轨道电路及正向接车的侧线股道的轨道电路的送、受电端布置。图中东郊方面正线正向接车进路的送、受电端布置同北京方面下行正线正向接车进路布置。

(2)站内不实行电码化的轨道电路，可考虑相邻两轨道电路分界绝缘两侧都设送电端或都设受电端(简称"双送"或"双受")，这样布置对绝缘节破损时防止轨道继电器误动有利。另外也对电缆网络串接有利，因为轨道电路送、受电电缆芯线不允许合用一根电缆，所以分界绝缘两侧"一送一受"的布置，就需向该分界绝缘处引两根电缆；若是"双送"或"双受"的布置，向该分界绝缘处就只需引一根电缆，节省了投资。至于做成"双送"形式，不仅两个送电电缆芯线可合用一根电缆，而且在送电电缆网络电压降未超过许可值时，两个轨道电路送电电缆芯线也可以合并〔将在本工作任务第 7 条的第(4)款中予以说明〕，造价会进一步降低。图 1.23 中，5G 至牵出线直向进路中各区段的送、受电端，都做成了"双送""双受"形式。

(3)不实行电码化的股道轨道电路送电端 I 次侧电流较小，采用干线供电方式；用二芯电缆可供几个区段，而每个受电端至少用二芯电缆引进信号楼。因此，不实行电码化的股道轨道电路受电端应设于距信号楼较近的一端，可以节省电缆。

(4)布置一送一受轨道电路送、受电端时，最好使轨道电路电流流经道岔跳线，以便检查道岔跳线是否折断。当道岔钢轨绝缘与送、受电端设在同一线路上时，跳线的状态能得到电流检查，可以只设一根跳线(简称单跳线)；当道岔钢轨绝缘与送、受电端没有设在同一线路上，跳线的状态得不到检查，为保险起见，应设两根跳线(简称双跳线)。图 1.23 的 25 号道岔采用单跳线，7 号道岔应采用双跳线。交叉渡线的叉挡处无侵限绝缘，道岔钢轨绝缘设在弯股上时，也可不设双跳线，因为两道岔的跳线已经并联使用。

(5)与到发线(包括场间联络线、外包线)相衔接的分支末端应增设受电端。如举例站场中 21DG 和 19-27DG。另外，所有列车进路上的道岔区段，其分支长度超过65 m(自并联起点的道岔岔心算起)时，在该分支末端应增设受电端。个别分支小于65 m的分支线末端，当分路不良，危及行车安全时，亦应增设受电端。

(6)一送多受轨道电路，最多不应超过三个受电端。否则，维修调整困难。

(7)到发线中间出岔轨道电路按一送两受轨道电路设计。

(8)邻接自动闭塞第三接近区段的站内一端为送电端，邻接第一离去区段的站内一端为受电端。

为了清楚地显示极性交叉和送、受电端布置情况，可以绘制双线轨道平面图，轨道电路送、受电端与电码化如图 1.23所示。图中的扼流变压器是考虑电力牵引设置的，各道岔均采用双跳线，是电气化区段轨道电路的需要，将在项目 3 的典型工作任务 6 中说明。

3. 室外电缆网络连接设备的选用

在电缆径路图上，还应根据车站信号设备平面布置图，布置好信号机、转辙机和轨道电路送、受电端电缆网络的连接设备。

不考虑串接其他室外信号设备时，信号机、转辙机及轨道电路送、受电端所需的电缆网络连接设备类型，见表 1.10。

注：●：25 Hz相敏轨道电路送电端；$\overline{\uparrow}$：电码化正向接车发码端。

+：25 Hz相敏轨道电路受电端；$\overline{\downarrow}$：电码化正向接车非发码端。

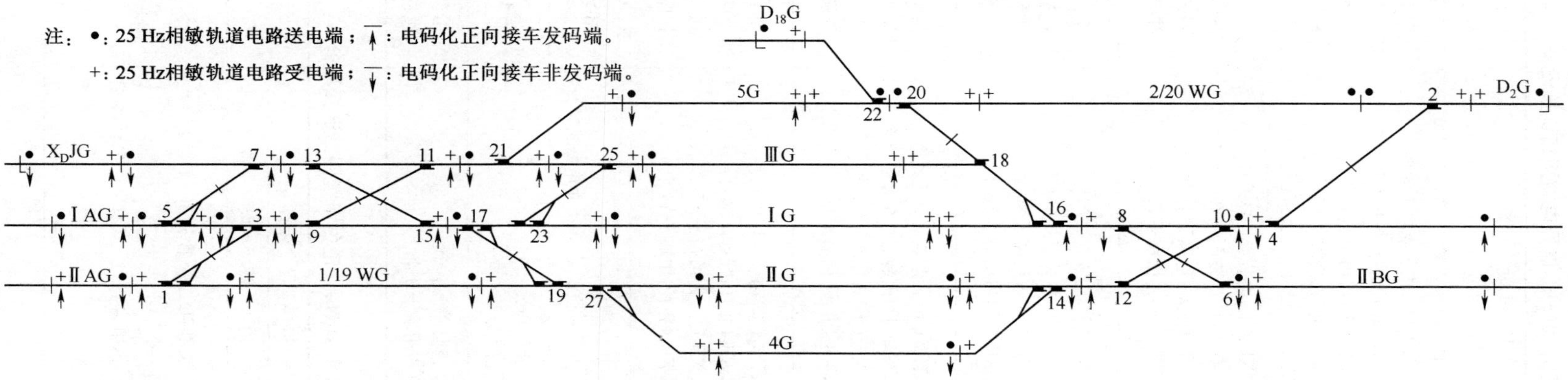

图 1.23　轨道电路送、受电端与电码化

表 1.10(a) 信号电缆网络连接设备

符　　号	连接设备		备　　注
	类　型	内装设备	
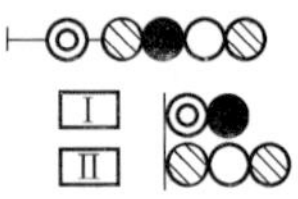	XB_1	1. $1XB_1$(Ⅰ)内装点灯单元各 2 个 2. XB_1(Ⅱ)内装点灯单元各 3 个 3. XB_1(Ⅰ)占用端子 19 个 4. XB_1(Ⅱ)占用端子 22 个	用于信号机并附双灯丝转换设备和主灯丝断丝报警电路 列车信号机均有电话线端子且用同一二柱端子
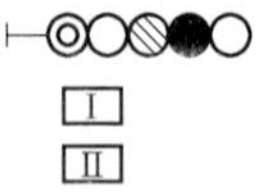	XB_1	1. XB_1(Ⅰ)内装点灯单元各 2 个 2. XB_1(Ⅱ)内装点灯单元各 3 个 3. XB_1(Ⅰ)占用端子 19 个 4. XB_1(Ⅱ)占用端子 22 个	用于信号机并附双灯丝转换设备和主灯丝断丝报警电路 列车信号机均有电话线端子且用同一二柱端子
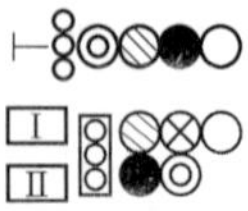	XB_2	1. XB_2(Ⅰ)内装点灯单元各 3 个 2. XB_2(Ⅱ)内装点灯单元各 4 个 3. XB_2(Ⅰ)占用端子 25 个 4. XB_2(Ⅱ)占用端子 30 个	用于信号机并附双灯丝转换设备和主灯丝断丝报警电路 列车信号机均有电话线端子且用同一二柱端子
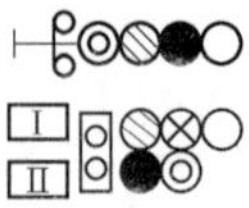	XB_2	1. XB_2(Ⅰ)内装点灯单元各 2 个 2. XB_2(Ⅱ)内装点灯单元各 4 个 3. XB_2(Ⅰ)占用端子 21 个 4. XB_2(Ⅱ)占用端子 27 个	用于信号机并附双灯丝转换设备和主灯丝断丝报警电路 列车信号机均有电话线端子且用同一二柱端子
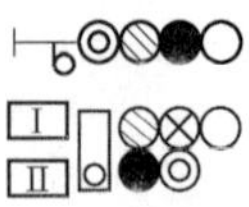	XB_2	1. XB_2(Ⅰ)内装点灯单元各 2 个 2. XB_2(Ⅱ)内装点灯单元各 4 个 3. XB_2(Ⅰ)占用端子 17 个 4. XB_2(Ⅱ)占用端子 24 个	用于信号机并附双灯丝转换设备和主灯丝断丝报警电路 列车信号机均有电话线端子且用同一二柱端子
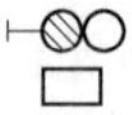	XB_1	1. 点灯单元 2 个 2. 占用端子 12 个(有 2 个电话线端子)	用于半自动闭塞区段预告信号机
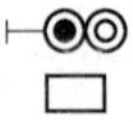	XB_1	1. 点灯单元 2 个 2. 占用端子 9 个	用于高柱调车信号机
	HZ_{12}	1. 点灯单元 2 个 2. 占用端子 3 个	用于矮型调车信号机 设备放在机箱门内

表 1.10(b) 道岔电缆网络连接设备

符　　号	连接设备		备　　注
	类　型	内装设备	
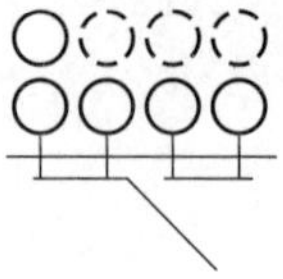	HZ_{24}	1. 2CZ57D 二极管和 300 Ω、50 W 电阻各一个 2. 占用端子 11 个(有 2 个电话线端子)	用于五线制交流电动转辙机

续上表

符　号	连　接　设　备		备　注
	类　型	内　装　设　备	
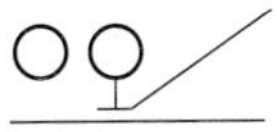	HZ_{12}	1. 二极管一只 2. 占用端子 8 个(有 2 个电话线端子)	用于四线制单动道岔和多动道岔的非提速道岔直流转辙机
	HZ_{24}	占用端子 10 个(有 2 个电话线端子)	用于四线制多动道岔除末动外的几动处直流转辙机
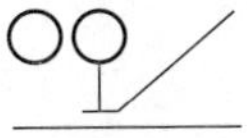	HZ_{12}	1. 二极管一只 2. 占用端子 9 个(有 2 个电话线端子)	用于四线制多动道岔末动处直流转辙机
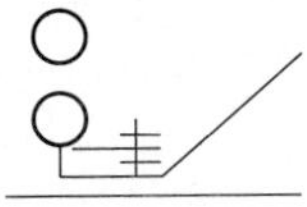	HZ_{24}	占用端子 15 个(有 2 个电话线端子)	用于五线制交流电液转辙机
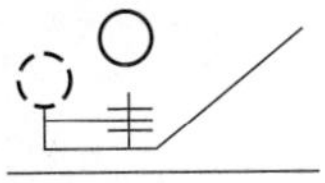	HZ_{12}	1. 二极管一只 2. 占用端子 12 个(有 2 个电话线端子)	用于五线制交流电液转辙机副机处转换锁闭器

表 1.10(c)　轨道电路电缆网络的连接设备

符　号	连　接　设　备		备　注
	类　型	内　装　设　备	
	XB_1	1. BG_2-130/25 型变压器 1 个 2. R_1-4.4/440 电阻器 1 个 3. 1 A 断路器 2 个 4. 10 A 断路器 1 个 5. 占用端子 7 个	用于电力牵引区段 25 Hz 相敏轨道电路(内装送电端 1 组)
	XB_1	1. BG_2-130/25 型变压器 1 个 2. 10 A 断路器 1 个 3. 占用端子 5 个	用于电力牵引区段 25 Hz 相敏轨道电路(内装单受电端 1 组)
	XB_1	1. BG_2-130/25 型变压器 1 个 2. R_1-4.4/440 电阻器 1 个 3. 10 A 断路器 1 个 4. 占用端子 5 个	用于电力牵引区段 25 Hz 相敏轨道电路(内装多受电端 1 组)
	XB_1	1. BG_2-130/25 型变压器 1 个 2. BCQ 1 个 3. 1 A 断路器 1 个 4. 占用端子 3 个	用于电力牵引区段 25 Hz 相敏轨道电路(内装空扼流 1 组)

续上表

符　　号	连　　接　　设　　备		备　　注
	类　　型	内　　装　　设　　备	
	XB_1	1. BG_2-130/25 型变压器 1 个 2. R_1-0.9/440 电阻器 1 个(一送一受)或 R_1-1.6/440 电阻器 1 个(一送多受) 3. 1 A 断路器 2 个 4. 占用端子 5 个	用于非电力牵引区段 25 Hz 相敏轨道电路(内装送电端 1 组)
	XB_1	1. BG_2-130/25 型变压器 1 个 2. 占用端子 4 个	用于非电力牵引区段 25 Hz 相敏轨道电路(内装单受电端 1 组)
	XB_1	1. BG_2-130/25 型变压器 1 个 2. R_1-4.4/440 电阻器 1 个 3. 占用端子 4 个	用于非电力牵引区段 25 Hz 相敏轨道电路(内装多受电端 1 组)
	XB_1	1. WGL-T 型室外隔离器 1 个 2. BG_2-130/25 型变压器 1 个 3. R_1-4.4/440 变阻器 1 个 4. 1 A 断路器 2 个 5. 10 A 断路器 1 个 6. 占用端子 7 个	用于电力牵引区段 25 Hz 轨道电路二线制电码化发码送电端
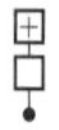	XB_1	1. WGL-T 型室外隔离器 1 个 2. BG_2-130/25 型变压器 1 个 3. 10 A 断路器 1 个 4. 占用端子 5 个	用于电力牵引区段 25 Hz 轨道电路二线制电码化单受区段发码受电端
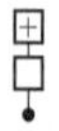	XB_1	1. WGFH 型室外隔离盒 1 个 2. BG_2-130/25 型变压器 1 个 3. 10 A 断路器 1 个 4. 占用端子 5 个	用于电力牵引区段 25 Hz 轨道电路二线制电码化单受区段非发码受电端
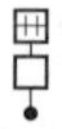	XB_1	1. WGL-T 型室外隔离器 1 个 2. BG_2-130/25 型变压器 1 个 3. R_1-4.4/440 电阻器 1 个 4. 10 A 断路器 1 个 5. 占用端子 5 个	用于电力牵引区段 25 Hz 轨道电路二线制电码化多受区段发码受电端
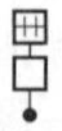	XB_1	1. WGFH 型室外隔离盒 1 个 2. BG_2-130/25 型变压器 1 个 3. R_1-4.4/440 电阻器 1 个 4. 10 A 断路器 1 个 5. 占用端子 5 个	用于电力牵引区段 25 Hz 轨道电路二线制电码化多受区段非发码受电端
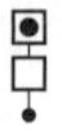	XB_1	1. WGFH 型室外隔离盒 1 个 2. BG_2-130/25 型变压器 1 个 3. R_1-4.4/440 电阻器 1 个 4. 1 A 断路器 2 个 5. 10 A 断路器 1 个 6. 占用端子 7 个	用于电力牵引区段 25 Hz 轨道电路二线制电码化非发码送电端

当需要串接其他室外信号设备时，连接设备的类型可能要改变，主要考虑电缆盒、变压器箱的电缆引入孔和接线端子的容量是否满足要求。变压器箱、电缆盒的电缆引入孔和接线端子容量分别见表 3.8 和表 3.9。

4. 电缆径路的选择

选择电缆径路应考虑节省电缆和便于施工、维修。

(1)电缆径路应尽量选择在线路的外侧或在间距不少于4.5 m的线路之间。

(2)电缆径路应选择在通过线路及障碍物最少、两设备间距离最短的地方。还应考虑不妨碍线路及其他建筑物的扩建。

(3)电缆径路必须穿越线路时，应避开道岔的岔尖、辙叉心和钢轨接头处。

(4)电缆径路应避开下列地点：

①砾石堵塞的地方。

②土壤松软、可能发生塌陷的地方。

③有酸、碱、盐性等化学腐蚀物质的地带。

④坚石、池沼和污水坑地带。

⑤热力、煤气、液体燃料等管道的正上方和正下方。

⑥接触网的杆塔基础和其他建筑物。

(5)在一般情况下，信号电缆和通信电缆、高、低压电力电缆应分设两个沟槽布放；特殊情况下，在加装隔离措施后，信号电缆和高、低压电力电缆可以在同一沟、槽内分别布放。施工时，尽量安排所有电缆一次同沟埋设。

5. 电缆网络的构成

1)对电缆网络的几点要求

(1)信号电缆网络

①每架信号机的点灯用导线数，可参看《计算机联锁图册》中图Ⅰ-08。

②为了方便维修，列车信号机和半自动闭塞区段的预告信号机的变压器箱内均应引入一对电话线。

③每架列车信号机的主灯丝断丝报警用的两根导线可以并接后进信号楼。

④列车信号机用的信号变压器和灯丝转换继电器或点灯单元均放置在变压器箱内，占用端子较多。串接其他设备时，应注意箱盒内端子容量，见《计算机联锁图册》中图Ⅰ-35(1)和表 1.10(a)。

⑤矮型调车信号机的信号变压器和灯丝转换继电器或点灯单元可放置在信号机构内，占用电缆盒端子较少。见《计算机联锁图册》中图Ⅰ-35(1)和表 1.10(a)。

(2)道岔电缆网络

①每台直流转辙机用电缆盒需引入的导线数，要根据该道岔是单动或是多动的第几动而定，参看《计算机联锁图册》中图Ⅰ-09(2)和图Ⅰ-09(3)。每台交流转辙机用终端电缆盒需引入控制导线 5 根，见《计算机联锁图册》中图Ⅰ-09(9)和图Ⅰ-09(10)。

②为了方便维修，在每台转辙机用的电缆盒内设的电话线并接后引入信号楼内。

(3)轨道电路送、受电网络

①25 Hz 相敏轨道电路送、受电端。无论是否电码化，在二线制电路中，均使用 2 根导线与室内连接。

②25 Hz 相敏轨道电路送、受电端均使用 XB_1 变压器箱，箱内放置设备与是否电码化、是否是多受电端有关，见《计算机联锁图册》中图Ⅰ-35(2)和表1.10(c)。

2)电缆网络构成

(1)为防止相互干扰，室外信号机、转辙机、非电码化区段轨道电路送、受电及电码化区段的发送、非发送轨道电缆芯线，要分别单独构成电缆网络。在室外信号设备不太多的车站，室外信号机和非电码化区段的送电，或是转辙机和非电码化区段的受电，或是非电码化的送电和电码化的发送，或是非电码化的受电和电码化的非发送可以共用一根电缆的芯线。但非电码化区段的送电和受电，或是电码化区段的发送和非发送不能共用一根电缆的芯线。

(2)根据连接室外信号设备所用的导线数量，分别统计各种室外信号设备所用的导线总数。对于非音频信号设备所用导线，以40～42根导线合用一根干线电缆，初步规划一个咽喉需要几根干线电缆。因为48芯的电缆外径正好满足HF-7型分向电缆盒的电缆引入孔孔径要求。对于音频信号设备所用导线，以20～22根导线合用一根干线电缆，因为音频信号设备要用数字信号电缆连接，而数字信号电缆内的每个屏蔽四芯组有实现电磁屏蔽的复合铜带纵包外层，整个电缆外径较粗，最多采用28芯B电缆，才能满足HF-7型分向电缆盒的电缆引入孔孔径要求。

举例站场下行咽喉有采用ZD6型电动转辙机的非提速道岔5组，每组道岔采用四线制道岔控制电路，不考虑加芯时(未进行电缆网络允许压降计算之前，先不考虑加芯，下同)，需电缆20芯。采用S700K型交流电动转辙机的提速道岔又分固定辙叉和可动心轨两种。交叉渡线的提速道岔为固定辙叉，下行咽喉有2组，这种道岔的尖轨用两台转辙机牵引。其他提速道岔为可动心轨，这种道岔的尖轨和心轨，各用两台转辙机牵引，全咽喉共有7组。交流电动转辙机采用五线制道岔控制电路，共需电缆芯数为 $5\times2\times2+5\times4\times7=160$ 芯。直、交流电动转辙机共需电缆180芯，考虑到电话用芯线及备用芯线，下行咽喉电动转辙机网络初步确定用5根40芯干线电缆，分别在坐标811 m(C_1)、754 m(C_9)、639 m(C_{17})、586 m(C_{19x})、512 m(C_{27})处引出，见《计算联锁图册》中图Ⅰ-36。

下行咽喉有进站信号机3架、预告信号机1架，其中 X_D 进站信号机被封闭了绿灯，每架进站信号机需电缆8芯(各种信号机用导线数见《计算机联锁图册》中图Ⅰ-08)，共需24芯。出站兼调车带进路表示器信号机有5架，每架需电缆9芯，共需45芯。列车信号机要考虑主灯丝断丝报警，由室内引出电缆2芯。调车信号机共有9架，每架需3芯，共需27芯。全咽喉信号机用电缆共98芯，考虑列车信号机用电话芯线，以及备用芯线，可确定3根40芯干线电缆，分别在坐标849 m(X_1)、547 m(X_7)、450 m(X_9)处引出，见《计算机联锁图册》中图Ⅰ-36。

下行咽喉有一送一受轨道区段12个，一送双受轨道区段2个，股道送电端3个，股道受电端2个。下行咽喉的三条直向接车进路、两条直向发车进路和股道均考虑电码化，确定受电端为电码化发送端，送电端为电码化的非发送端，发送端共有18个，非发送端共有17个。工程设计中，为防止干扰造成设备误动，同频率的发送线和非发送线不能采用同一根电缆，而不同频率的发送线和发送线或不同频率的非发送线和非发送线可以采用同一根电缆。一般来说，一个咽喉的所有发送端用电缆可以合用一根电缆，所有非发送端用电缆合用另一根电缆。下行咽喉的发送端用电缆共36芯，非发送端用电缆共34芯，正好各用一根40芯干线电缆。但由于数字信号电缆外径较粗，铝护套铠装型 42 芯 B 电缆外径42 mm，而 HF-7 的主管电缆引入孔孔径只有 32 mm。因此，发送和非发送用干线电缆最多用 28 芯 B 数字信号电缆。举例站场下行咽喉的发送和非发送各用 2 根 SPTYWPA23 型干线电缆，分别从坐标 621 m(G_5、S_5)、450 m(19-27DGF、S_7)处引出，见《计算机联锁图册》中图Ⅰ-36。

(3)从干线电缆出来要经过分支电缆、末端电缆，最后才用终端电缆盒和变压器箱与终端设备连接。干线电缆与分支电缆、分支电缆与末端电缆连接时要通过分向电缆盒，《计算机联锁图册》中图Ⅰ-36 的$\frac{X_1}{849}$、$\frac{C_1}{811}$、$\frac{S_3}{757}$、$\frac{G_5}{621}$。其中"X""C""S""G"表示信号、道岔、发送、轨道电缆网络用分向电缆盒。下角数字"1""3""5"是每种分向电缆盒的序号，X、G、S 分向电缆盒的编号与道岔编号相同，都是从站外向站内依次编，下行编单数，上行编双数，而 C 分向电缆盒用道岔编号做下角数字，C_1 表示 1 号道岔用分向电缆盒。分母的"849""811""757""621"标注了分向电缆盒的坐标。在尖轨第一牵引点处的 C 分向电缆盒坐标与道岔相同，就不再标注。

19 号道岔用了 C_{19J} 和 C_{19X} 两个分向电缆盒，原因是 C_{19X} 分向盒除了 19 号道岔心轨两转辙机用 10 根芯线外，还串接了 21 号和 23 号两道岔的控制电缆，一共 37 芯，如果再将 19 号道岔尖轨两转辙机用 10 根芯线并入，只用一个 C_{19} 分向电缆盒，则干线电缆实用 47 芯，加上备用芯线，总芯数将达 50 多芯，超过了 48 芯的规格，所以增设了 C_{19J} 分向电缆盒，将尖轨用电缆引入 C_{27} 分向电缆盒，引入 C_{27} 的干线电缆也用了 37 芯。

(4)电缆终端连接设备要安装在便于维修的线路一侧。信号机用电缆盒、变压器箱要通过法兰盘、电缆保护管直接与信号机基础、机柱相连，所以必须安装在信号机一侧，没有选择余地。转辙机用电缆盒和转辙机，应该选择安装在没有其他线路的一侧，如《计算机联锁图册》中图Ⅰ-36 的 7、11、13、21 及 1、19、27 号道岔的电动转辙机和相关电缆盒。若两侧都有线路，那就要避免放在行车繁忙的两正线之间，如 3、5、9、15、17 和 23 号道岔电动转辙机和电缆盒。25 号道岔的转辙机和电缆盒则放在 5G 和ⅢG 间，远离下行正线ⅠG。轨道电路用变压器箱的安装位置选择与此相同，见《计算机联锁图册》中图Ⅰ-36。

(5)选择分支电缆、末端电缆径路应避免迂回。图 1.24 中电码化区段的送电端即非发送端是顺序串接后进入 G_1 分向盒的，其中 X_DJG 和 7DG 的送电线从864 m处向899 m处起了个"U"字迂回，才串接 5DG 的送电箱，多出了近80 m电缆芯线。若改按图 1.25 的顺序串接，便避免了迂回。另外，图 1.24 中送电电缆从 5DG 送电箱出来，穿越下行和上行两条正线后，串接了ⅡAG 送电箱，而没有直接进入 G_1 分向盒，也出现了迂回。从后面的电缆长度计算就会知道，穿越两条正线后，电缆直接进入 G_1 分向盒与串接ⅡAG 送电箱的芯数和长度都是一样的。但是，直接进入 G_1 盒，从ⅡAG 送电箱到 G_1 盒的电缆芯数可从 10 芯减为 2 芯。同样，从ⅠAG 受电箱出来的电缆穿越两条正线后，没有直接进 S_1 分向盒，反而去串接 1DG 受电箱，也多出了近6 m的迂回。正确的串接顺序如图 1.25 所示。

(6)穿越线路时，电缆要集中，以减少打过道的次数。图 1.24 中，穿越下行和上行两条正线有三处，分别是899 m、864 m和849 m，过道要打 6 个。若按图 1.25 所示，将电缆集中在849 m处穿越，电缆长度没有变化，却省去了 4 个过道。另外图 1.24 中穿越 X_D 正线也有864 m和849 m两处，按图 1.25 所示集中在849 m处穿越，也减少了过道。

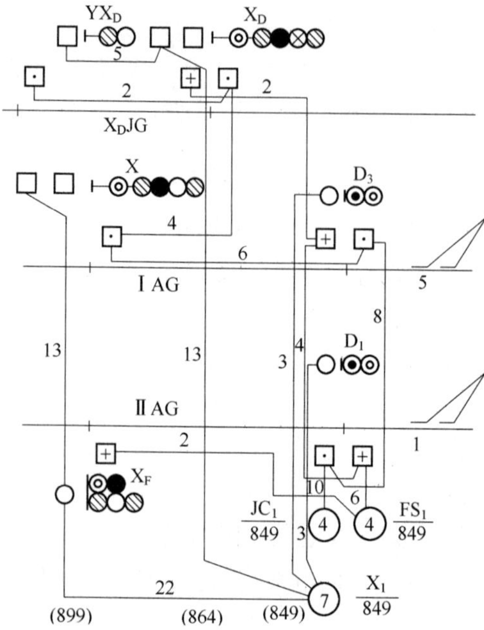

图 1.24　分支电缆的迂回

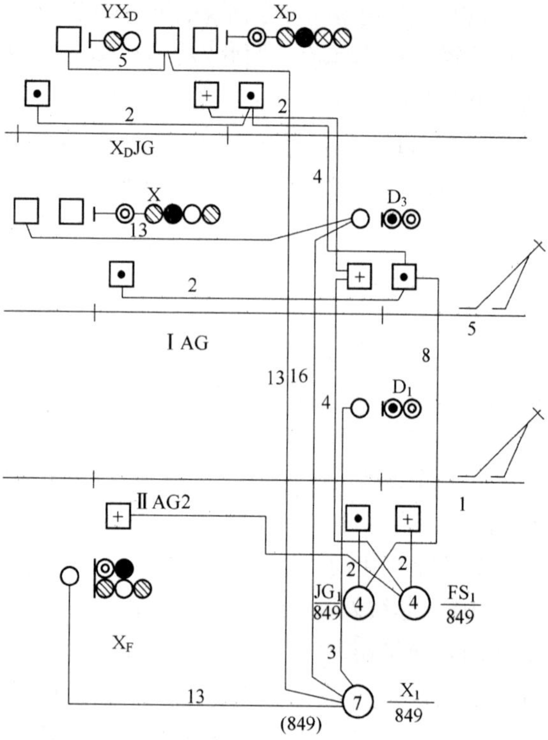

图 1.25　减少迂回和打过道次数的径路

(7)串接箱、盒时，只要箱、盒端子和电缆引入孔容量允许，尽量使同种电缆芯线合股，用芯数较多电缆代替芯数较少电缆，以降低造价。图 1.26 中 7、3 号道岔和 13、9 号道岔盒分别串接，穿越上、下行两条正线后，再一起进入 C_3 道岔分向盒，穿越两正线是两根 26 芯的电缆。按图 1.27顺序串接，穿越两正线的是一根 40 芯电缆，降低了成本。图中短横线前的数字表示长度(m)，短横线后的数字表示电缆芯数。按图 1.27 计算的电缆总芯米数较图 1.26 少了将近 50 m，并且还可以省去一个分向盒。

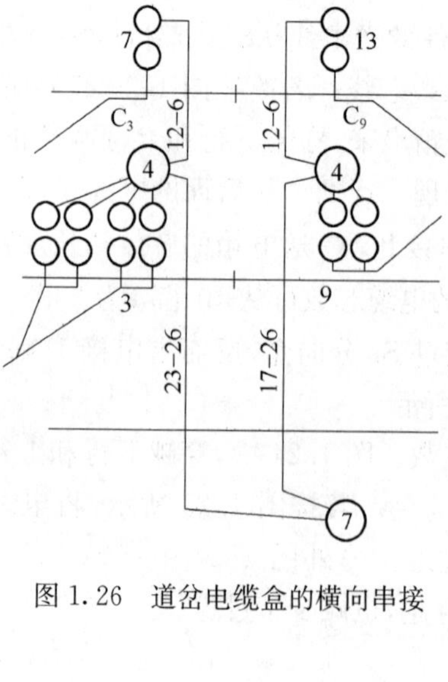

图 1.26　道岔电缆盒的横向串接

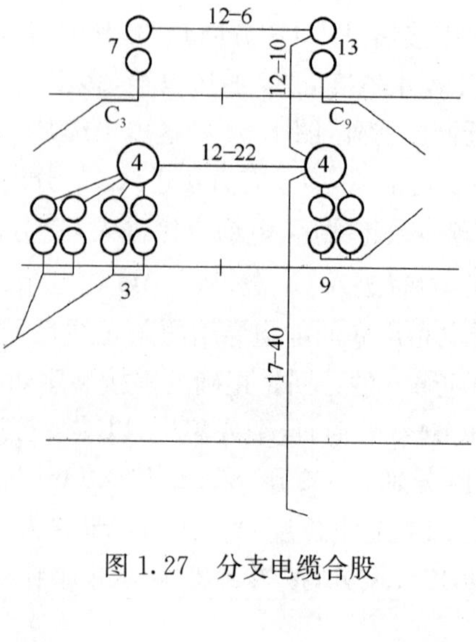

图 1.27　分支电缆合股

(8)提速道岔的分向电缆盒应靠近信号楼安装。提速道岔每个牵引点的电动转辙机都需要有一个HZ_{24}电缆盒与之连接,而多达四个终端电缆盒又需要有一个分向电缆盒将 20 多芯的电缆汇总。图 1.28(a)将分向电缆盒安装在 27 号道岔尖轨第一牵引点坐标处,图 1.28(b)将分向电缆盒安装在 27 号道岔心轨第二牵引点坐标处,靠近了信号楼。两图中去 4 个终端电缆盒的电缆长度和芯数都没有多大变化,但图 1.28(b)的干线电缆却节省了36 m。

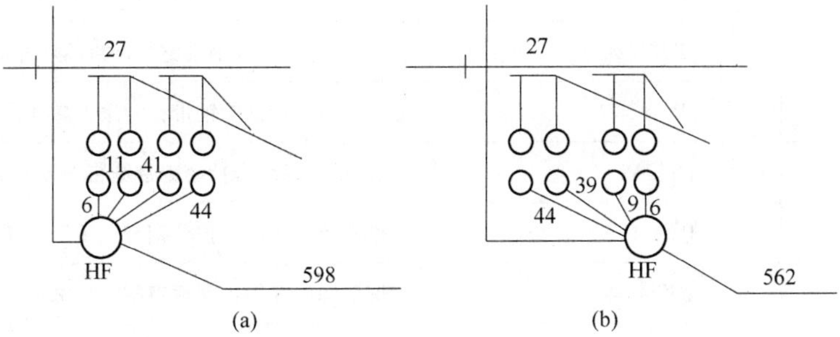

图 1.28 提速道岔的电缆直接

6. 电缆网络计算

1)电缆类型选择

铁路信号所用电缆分为铁路普通信号电缆和铁路数字信号电缆。

(1)铁路普通信号电缆

信号电缆从芯线扭绞方式分为普通型和综合扭绞型两种;从护套类型分为塑料护套、综合护套和铝护套三种,其中又分为带铠装和不带铠装两类;从绝缘上分为聚氯乙烯绝缘和聚乙烯绝缘两种。

普通型电缆成缆时,用成缆机将芯线分层顺一个方向扭绞制成的。综合扭绞型电缆是把芯线分成若干四芯星绞组、二芯对绞组,再分层按一定要求扭绞制成的。综合扭绞减少了芯线间电磁场干扰,优化了电气参数。普通型电缆仅用于非音频制设备,现已较少使用。综合扭绞型电缆既适用于非音频制,也适用于音频制设备,如移频信号的接收或发送。塑料护套电缆用于楼内。综合护套由聚乙烯薄膜和铝箔粘接制成,为半密闭型护套,带铠装的用于室外可直埋;不带铠装的用于室外需有电缆槽、管的有效防护。铝护套为密闭型护套,无论是否带铠装,均可用于室外直埋。《铁路信号设计规范》规定信号工程的室外电缆一律使用铝护套或综合护套电缆。聚氯乙烯透湿率高于聚乙烯,用于室外时,聚乙烯护套优于聚氯乙烯护套。

信号电缆型号由汉语拼音字母和阿拉伯数字组成,其含义见表 1.11。

表 1.11 信号电缆代号含义

序 号	代 号	含 义	序 号	代 号	含 义
1	P	信号电缆	5	A	综合护套
2	T	铁路	6	L	铝护套
3	Y	聚乙烯绝缘(护套)	7	22	钢带铠装聚氯乙烯外护套
4	V	聚氯乙烯护套	8	23	钢带铠装聚乙烯外护套

现有普通信号电缆类型见表1.12。

表1.12 普通信号电缆类型

护套类型	电缆型号	含　义
塑料护套	PTYV	聚乙烯绝缘聚氯乙烯护套
	PTYY	聚乙烯绝缘聚乙烯护套
	PTY22	聚乙烯绝缘钢带铠装聚氯乙烯外护套
	PTY23	聚乙烯绝缘钢带铠装聚乙烯外护套
综合护套	PTYA22	聚乙烯绝缘综合护套钢带铠装聚氯乙烯外护套
	PTYA23	聚乙烯绝缘综合护套钢带铠装聚乙烯外护套
铝护套	PTYL22	聚乙烯绝缘铝护套钢带铠装聚氯乙烯外护套
	PTYL23	聚乙烯绝缘铝护套钢带铠装聚乙烯外护套

(2)铁路数字信号电缆

铁路普通信号电缆虽基本满足铁路信号系统的要求,但其传输性能和可靠性不能适应铁路信号技术进步和发展的需求。普通信号电缆没有规定通信技术指标,不能满足计算机联锁、信号集中监测、调度集中和TDCS的传输要求。普通信号电缆电容指标偏大,无法与载频较高的轨道电路配套使用,而大功率交流转辙机需进一步提高电缆传输强电的安全性能。普通信号电缆没有串音防护指标,用它同缆传输信号点灯、道岔控制、移频信息、计轴信息和工作电话时存在相互间的干扰影响,故需研制新型信号电缆替代现有信号电缆,可同缆传输信号集中监测、TDCS系统底层信息,实现电磁兼容,强电、弱电共缆传输。

铁路内屏蔽数字信号电缆内有绝缘单线、四线组绞合、内屏蔽通信四线组单元组合。绝缘单线采用内皮层、中间发泡层、外皮层三层一次共挤包在铜导体上。四线组采用高速精密星绞综合工艺,电容耦合系数达到最小值。通信四线组单元用复合铜带纵包实现电磁屏蔽,并在成缆工序中合理设计各四线组绞合节距的匹配,降低组间直接系统性耦合,以减小串音。

与铁路普通信号电缆相比,铁路数字信号电缆通过以上结构设计和工艺措施,工作电容指标由50 nF/km降低到29 nF/km,电容耦合系数 K_1 平均值由141 pF/km降低为81 pF/km,等同于长途对称通信电缆指标,其他指标也基本达到通信电缆指标。

铁路内屏蔽数字信号电缆代号含义见表1.13,型号见表1.14。

表1.13 铁路内屏蔽数字信号电缆代号含义

序　号	代　号	含　义	序　号	代　号	含　义
1	SP	数字信号电缆	5	L	铝护套
2	T	铁　路		A	综合护套
3	YW	物理发泡聚乙烯绝缘(皮-泡-皮绝缘结构)	6	23	双钢带铠装聚乙烯外护套
4	P	内屏蔽		03	聚乙烯外护套

表 1.14 铁路内屏蔽数字信号电缆型号

型 号	名 称
SPTYWP03	皮-泡-皮物理发泡聚乙烯绝缘聚乙烯外护套铁路内屏蔽数字信号电缆
SPTYWP23	皮-泡-皮物理发泡聚乙烯绝缘钢带铠装聚乙烯外护套铁路内屏蔽数字信号电缆
SPTYWPA03	皮-泡-皮物理发泡聚乙烯绝缘综合护层聚乙烯外护套铁路内屏蔽数字信号电缆
SPTWPA23	皮-泡-皮物理发泡聚乙烯绝缘综合护层钢带铠装聚乙烯外护套铁路内屏蔽数字信号电缆
SPTYWPL03	皮-泡-皮物理发泡聚乙烯绝缘铝护层聚乙烯外护套铁路内屏蔽数字信号电缆
SPTYWPL23	皮-泡-皮物理发泡聚乙烯绝缘铝护层钢带铠装聚乙烯外护套铁路内屏蔽数字信号电缆

铁路内屏蔽数字信号电缆成品参考外径见表 1.15。

表 1.15 铁路内屏蔽数字信号电缆成品参考外径

序号	芯数	屏蔽四线组数	非屏蔽四线组数	加芯数	参考外径(mm)					
					塑料护套		综合护套		铝护套	
					非铠装型	铠装型	非铠装型	铠装型	非铠装型	铠装型
1	12B	3×4	—	—	18	21	23	26	24	29
2	16A	2×4	2×4	—	20	23	25	28	26	31
3	16B	4×4	—	—	20	23	25	28	26	31
4	24B	6×4	—	—	22	25	27	30	28	33
5	28A	3×4	4×4	—	23	26	28	31	29	34
6	28B	7×4	—	—	24	27	29	32	30	35
7	33A	3×4	5×4	1	25	28	30	33	33	38
8	33B	8×4	—	1	27	30	32	35	35	40
9	37A	3×4	6×4	1	28	31	34	37	35	40
10	37B	9×4	—	1	30	33	36	39	37	42
11	42A	4×4	6×4	2	28	31	34	37	35	40
12	42B	10×4	—	2	30	33	36	39	37	42

(3)铁路内屏蔽数字信号电缆使用原则

为避免干扰造成的设备误动,内屏蔽数字信号电缆的使用原则如下:

①两个频率相同的发送与非发送不能合用同一根电缆。

②两个频率相同的发送可以合用同一根电缆,但不能合用同一屏蔽四线组。

③两个频率相同的非发送可以合用同一根电缆,但不能合用同一屏蔽四线组。

④有两个及以上相同频率的发送或有两个及以上相同频率的非发送,需采用内屏蔽数字电缆。

⑤发送或非发送的频率各不相同,可采用非内屏蔽数字信号电缆,但线对必须按四线组对角线成对使用。

上述原则可简述为:同频的发送与非发送线对不同缆;同频的发送或非发送线对不同组。

比如,1700-1 发送与 1700-1 非发送为同频,不能同缆;1700-1 发送与 1700-2 非发送为不同频,可以同缆。1700-1 发送与 1700-1 发送为同频,不能同四线组,但可在不同四线组内设置;1700-1 非发送与 1700-1 非发送为同频,不能同四线组,但可在不同四线组内设置。1700-1 发送与 1700-2 非发送为不同频,可以在同一四线组内设置。其他频率亦然。

2)电缆长度的计算

在此之前,均未考虑电缆加芯的问题,本节开始对电缆的长度及线路压降进行计算,考虑是否需要加芯。

电缆长度按下列公式计算:

$$L=(l+X\times G+\alpha)\times 1.02 \tag{1.1}$$

式中 L——电缆总长度,m;

l——电缆沟长度,m;

X——股道间距离(最小值取5.5),m;

G——电缆穿越线路数;

α——电缆附加长度,包括:室内储备量为5 m,室外每端"~、S"状储备量为2 m(20 m以下为1 m),每端出入土及做头为2 m;

1.02——敷设电缆的自然弯曲系数。

【例 1】 求 X_D 信号变压器箱至 X_1 分向电缆盒之间的电缆长度。

【解】 由《计算机联锁图册》中图 Ⅰ-36 知 X_D 信号机和 X_1 分向电缆盒的坐标分别为 864 m和849 m,两者之间电缆穿越线路 3 次。由公式(1.1)得

$$L=[(864-849)+5.5\times 3+4+4]\times 1.02\approx 41(\text{m})$$

【例 2】 求信号楼至 C_9 分向电缆盒的电缆计算长度。

【解】 C_9 分向电缆盒坐标为754 m,信号楼至最近线路中心为10 m。在楼内走行按18 m计,楼内储备量5 m,分线盘作线头2 m,共25 m。

$$L=(754+5.5\times 2+4+10+25)\times 1.02\approx 820(\text{m})$$

【例 3】 计算 C_{19X} 至 C_{23} 的分支电缆长度。

【解】 C_{23} 坐标为613 m,C_{19X} 坐标为586 m。但为了穿越线路,电缆径路不可避免地要在553 m处绕行,所以要分段计算:

$$L=[(613-553)+(586-553)+4+4+5.5\times 2]\times 1.02\approx 115(\text{m})$$

计算出来的电缆长度标在电缆径路图中示意电缆的细线上方。

3)电缆芯线分配原则

在一条电缆中包括几根芯线称为芯线数。相同数量的电缆芯线,分配在去线和回线中的方式不同,回路上的压降也不同。为了使电缆回路的压降最小,电缆芯线分配有一定原则。

图 1.29 的双线电缆回路总芯数设为 Z,去线芯数为 Z_Q,回线芯数为 Z_H,单芯每米电缆电阻为 r($r=0.0235\ \Omega/\text{m}$),长度为 L,回路的电阻为 R。它们有如下关系:

$$R=\frac{Lr}{Z_Q}+\frac{Lr}{Z_H}=\frac{Lr(Z_Q+Z_H)}{Z_Q\cdot Z_H}=\frac{LrZ}{Z_Q\cdot(Z-Z_Q)} \tag{1.2}$$

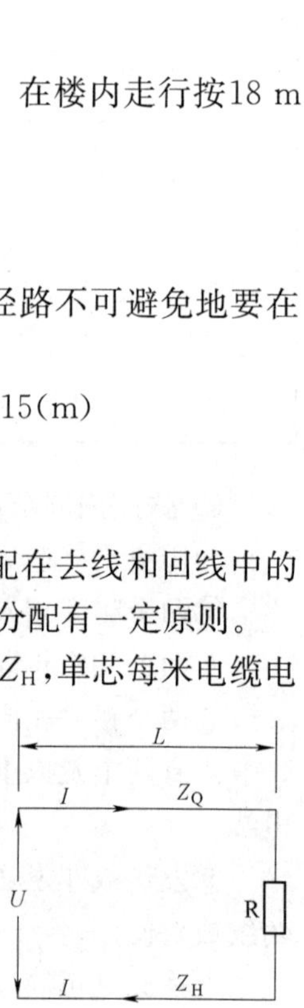

图 1.29 双线回路

理论证明,双线回路电缆芯数最经济的分配原则为:当总芯数为偶数时,去线芯数与回线芯数相等,即 Z_Q 与 Z_H 相等:

$$Z_Q=Z_H=\frac{Z}{2}$$

当总芯数为奇数，去线和回线的芯数不可能相等时，去线和回线芯数按相差 1 芯分配为最经济分配方式。一般按回线芯数多 1 芯分配：

$$Z_Q=\frac{Z-1}{2} \qquad Z_H=\frac{Z+1}{2}$$

4)几个计算公式

(1)电缆最大控制长度计算

将 $R=\frac{\Delta U}{I}$ 代入式(1.2)，得出双线电缆回路最大控制长度计算公式：

$$L_{max}=\frac{R}{r}\cdot\frac{Z_Q\cdot Z_H}{Z_Q+Z_H}=\frac{\Delta U}{rI}\cdot\frac{Z_Q\cdot Z_H}{Z_Q+Z_H} \tag{1.3}$$

图 1.30(a)所示的多线回路可以化成双线回路计算。由于多线回路控制对象都是一样的(比如都是25 W灯泡)，取一个控制对象进行计算，一个控制对象的回线芯数将是多线回路回线芯数的 $1/n$，即 Z_H/n。一个控制对象的双线回路如图 1.30(b)所示。按照公式(1.3)计算可得：

$$L_{max}=\frac{\Delta U}{rI}\cdot\frac{Z_Q\cdot Z_H/n}{Z_Q+Z_H/n}=\frac{\Delta U}{rI}\cdot\frac{Z_Q\cdot Z_H}{nZ_Q+Z_H} \tag{1.4}$$

(2)电缆回路压降计算

已知电缆回路的去线和回线芯数、工作电流和电缆计算长度，不难求出电缆回路压降。

双线回路：

$$\Delta U=rLI\frac{Z_Q+Z_H}{Z_Q\cdot Z_H} \tag{1.5}$$

多线回路：

$$\Delta U=rLI\frac{nZ_Q+Z_H}{Z_Q\cdot Z_H} \tag{1.6}$$

7. 各种电缆网络芯线数的确定

1)信号电缆芯线数的确定

计算机联锁车站采用集中供电式透镜式色灯信号机，其电路结构基本属于多线式电缆网络，如图 1.30 所示。电流经不同的去线输送到各个信号变压器的Ⅰ次侧，然后由共用的回线流回电源。由于信号机点灯数是变数，比如进站信号机，有时点一个黄灯，有时点两个黄灯或者同时点一个黄灯和一个绿灯。因此，电缆网络应满足点灯数最多时，电缆回路中的电压损耗不超过允许值。

电压损耗可分为两部分，一部分为电缆芯线内的损耗，另一部分为连接线、继电器接点等的损耗，可表示为

$$\Delta U=U-U_{B_{\mathrm{I}}}-\Delta U_{DJ}-IR=220-180-5-0.158\times0.5=34.921(\mathrm{V})$$

式中 ΔU——电缆回路的允许电压损耗；

U——信号机点灯电源电压，220 V；

$U_{B_{\mathrm{I}}}$——点灯变压器Ⅰ次侧额定电压，180 V；

ΔU_{DJ}——灯丝继电器线圈通过额定工作电流时，继电器的电压损失，按5 V计(试验数据)；

I——点灯变压器Ⅱ次侧接有负载情况下，Ⅰ次侧加额定电压时的电流值，按0.158 A计(试验数据)；

R——连接线、继电器接点等的电阻值,按0.5 Ω计。

电缆芯线数一定时的电缆最大控制长度可按公式(1.4)计算。

【例 4】 自动闭塞区段车站的进站信号机点两个黄灯时,计算 $Z_1=Z_H=1$ 芯的最大控制长度。

【解】 将允许电压损耗 ΔU、额定电流 I 和 Z_Q、Z_H 的值代入公式(1.4)。

$$L_{max}=\frac{\Delta U}{rI}\cdot\frac{Z_Q\cdot Z_H}{nZ_Q+Z_H}=\frac{34.921}{0.023\ 5\times 0.158}\times\frac{1\times 1}{2\times 1+1}=3\ 135(\text{m})$$

在非自动闭塞区段,进站信号机及其外方的预告信号机都由信号楼集中供电,而且两者的点灯回线是共用的[参见《计算机联锁图册》中图Ⅰ-08(1)]。进站信号机点两个黄灯时,计算用的等效电路如图 1.31所示。

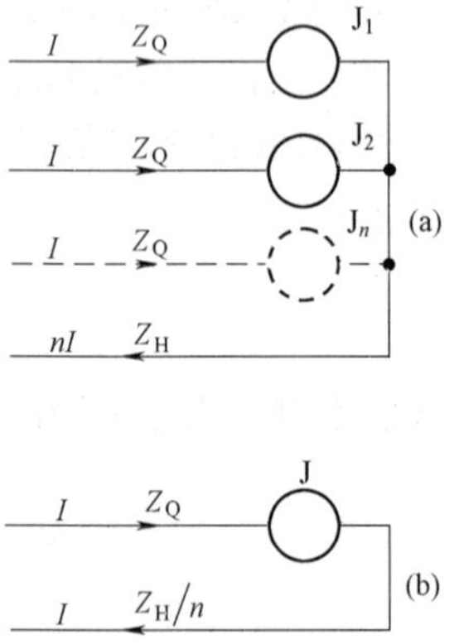

图 1.30 多线回路

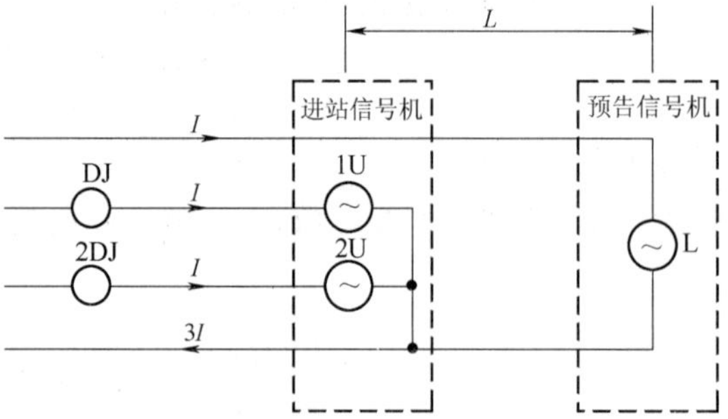

图 1.31 非自动闭塞区段进站信号机点灯示意图

这是个 $n=3$ 的多线回路。预告信号机的点灯回路内没有设灯丝继电器,但较进站信号机的点灯回路增加了进站与预告信号机间的回路的电压损失。

预告距进站间的电缆长度 $L=850$ m时,这个电压损失为

$$\Delta U_{y_1}=IrL\times 2=0.158\times 0.023\ 5\times 850\times 2=6.31(\text{V})$$

当 $L=1\ 050$ m时:

$$\Delta U_{y_2}=0.158\times 0.025\times 1\ 050\times 2=7.8(\text{V})$$

当 $L=1\ 250$ m时:

$$\Delta U_{y_3}=0.158\times 0.023\ 5\times 1\ 250\times 2=9.28(\text{V})$$

它们均大于灯丝继电器的电压损失 $\Delta U_{DJ}=5$ V。信号电缆的最大控制距离,应按点灯数最多、回路上电压损失最大的条件进行计算。因此,计算进站信号机用信号电缆的最大控制距离,应以预告信号机点灯回路的电压损失作为计算条件。ΔU 的数值如下:

$L=850$ m时:

$$\begin{aligned}\Delta U&=U-U_{B_{\text{I}}}-\Delta U_{y_1}-IR\\&=220-180-6.31-0.158\times 0.5=33.61(\text{V})\end{aligned}$$

$L=1\ 050$ m时:

$$\begin{aligned}\Delta U&=U-U_{B_{\text{I}}}-\Delta U_{y_2}-IR\\&=220-180-7.8-0.158\times 0.5=32.12(\text{V})\end{aligned}$$

$L=1\ 250$ m时：

$$\Delta U=U-U_{B_I}-\Delta U_{y_3}-IR$$
$$=220-180-7.8-0.158\times 0.5=30.64(\text{V})$$

【例 5】 在非自动闭塞区段，预告信号机距进站信号机800 m，计算进站信号机点两个黄灯时，$Z_Q=Z_H=1$ 芯的最大控制长度。

【解】 进站信号机至预告信号机之间的电缆长度为850 m，点灯回路允许电压损耗为33.61 V。

$$L_{max}=\frac{\Delta U}{rI}\cdot\frac{Z_Q\cdot Z_H}{nZ_Q+Z_H}=\frac{33.61}{0.023\ 5\times 0.158}\times\frac{1\times 1}{3\times 1+1}=2\ 262.9(\text{m})$$

计算结果中不足1 m数值均舍去，而不是四舍五入。根据不同条件计算出来的信号电缆最大控制长度见表 1.16。

表 1.16 信号机电缆最大控制长度表

灯泡功率	同时点灯数	U (V)	U_{B_I} (V)	ΔU_{DJ} (V)	共用回线电流(A)	最大控制长度(m)		
						$Z_Q=1$ $Z_H=1$	$Z_Q=1$ $Z_H=2$	$Z_Q=1$ $Z_H=3$
25 W(12 V)	1	220	180	5	0.158	4 702	6 270	
25 W(12 V)	2	220	180	5	0.316	3 135	4 702	
25 W(12 V) $L=1\ 250$ m	2	220	180	5	0.316	2 750	4 126	
25 W(12 V) $L=1\ 050$ m	2	220	180	5	0.316	2 883	4 325	
25 W(12 V) $L=850$ m	2	220	180	5	0.316	3 017	4 525	
25 W(12 V) $L=1\ 250$ m	3	220	180	5	0.474	2 063	3 300	4 126
25 W(12 V) $L=1\ 050$ m	3	220	180	5	0.474	2 162	3 460	
25 W(12 V) $L=850$ m	3	220	180	5	0.474	2 262	3 620	4 525

工程设计中，根据计算的信号机至信号楼的电缆长度，查表 1.16，确定信号电缆网络的芯线数。

【例 6】 确定东郊方面进站信号机用的电缆芯线数。

【解】 根据《计算机联锁图册》中图Ⅰ-36，将东郊方面进站信号机至信号楼之间各电缆长度累加：

$$L=41+906=947(\text{m})$$

东郊方面预告信号机与进站信号机之间距离为1 210 m。查表 1.16 的第六行，选 $Z_Q=1$，$Z_H=1$ 芯，最大控制长度为2 063 m，满足要求。

东郊方面进站信号机点灯电路有去线 4 根(封闭了绿灯)、回线 3 根,另加预告信号机点灯的 YX-LUH 电源线,共 8 根,每根用 1 芯,所以需电缆 8 芯。考虑主灯丝断丝报警电路,需引 2 根报警用导线,每根导线也用 1 芯。另外,还需 2 芯电话线。进站信号机总共需电缆 12 芯。

举例站场下行咽喉其他信号机的信号电缆网络也都不需要加芯,电路导线数就是电缆芯线数。

2)道岔电缆芯线数的确定

(1)直流转辙机控制的道岔电缆芯线的确定

ZD6 型电动转辙机,其额定工作电压为 160 V,工作电流为 2 A。采用四线制集中供电道岔控制电路,其中 X_3 线为表示线,采用单芯就可满足要求;另有两根为动作去线,X_1 为正转去线,X_2 为反转去线;X_4 线为动作共用回线。对于动作电缆回路,仍可按双线式回路计算。先计算出去线和回线均采用 1 芯时的电缆最大控制长度 L_{max},若 L_{max} 值大于道岔电缆盒至信号楼的电缆计算长度,表明去线和回线都采用 1 芯满足要求。否则,应增加电缆芯线,先在回线上加 1 芯,按去线采用 1 芯,回线采用 2 芯进行计算。此时 L_{max} 若还不大于电缆计算长度,再在回线上加 1 芯,按去线 1 芯,回线 3 芯进行计算(不给去线加 1 芯,是由于动作去线是两根)。如果 L_{max} 仍然小于电缆计算长度,那么将回线改用 2 芯,给去线加 1 芯,按去线 2 芯,回线 2 芯进行计算。因为动作去线是两根,给去线加 1 芯,相当于总电缆芯数加了 2 芯。如此反复,直到 L_{max} 大于电缆计算长度时为止。

连接线、端子、接点电阻按1.6 Ω计,将数据代入式(1.3)。

$$L_{max}=\frac{\Delta U}{rI}\cdot\frac{Z_Q\cdot Z_H}{Z_Q+Z_H}=\frac{220-160-1.6\times2}{0.023\ 5\times2}\cdot\frac{Z_Q\cdot Z_H}{Z_Q+Z_H}=\frac{56.8}{0.023\ 5\times2}\cdot\frac{Z_Q\cdot Z_H}{Z_Q+Z_H}$$

$$=1\ 208.5\frac{Z_Q\cdot Z_H}{Z_Q+Z_H}$$

根据不同的 Z_Q 和 Z_H 值计算出来的电缆最大控制长度见表 1.17。

表 1.17 直流转辙机道岔电缆最大控制长度表

电缆最大控制长度(m)	至电动转辙机电缆芯数									
	至单动、多动第一动					多动道岔间				
	去线	去线	回线	表示	合计	去线	去线	回线	表示	合计
604	1	1	1	1	4	1	1	1	2	5
805	1	1	2	1	5	1	1	2	2	6
906	1	1	3	1	6	1	1	3	2	7
1 208	2	2	2	1	7	2	2	2	2	8
1 450	2	2	3	1	8	2	2	3	2	9
1 611	2	2	4	1	9	2	2	4	2	10
1 812	3	3	3	1	10	3	3	3	2	11
2 071	3	3	4	1	11	3	3	4	2	12
2 265	3	3	5	1	12	3	3	5	2	13

续上表

电缆最大控制长度(m)	至电动转辙机电缆芯数									
	至单动、多动第一动					多动道岔间				
	去线	去线	回线	表示	合计	去线	去线	回线	表示	合计
2 417	4	4	4	1	13	4	4	4	2	14
2 685	4	4	5	1	14	4	4	5	2	15
2 900	4	4	6	1	15	4	4	6	2	16
3 021	5	5	5	1	16	5	5	5	2	17
3 296	5	5	6	1	17	5	5	6	2	18

【例 7】 确定举例站场 7 号道岔电缆芯线数。

【解】 7 号和 5 号道岔虽是双动，但 7 号由 ZD6 型电动转辙机控制，从室内单独引出控制电缆芯线。《计算机联锁图册》中图Ⅰ-36 将 7 号道岔电缆盒至信号楼的各段电缆计算长度相加。

$$L=12+12+820=844(\mathrm{m})$$

查表 1.17，需在回线加 2 芯，合计 6 芯，另加 2 芯电话线，共用 8 芯。

【例 8】 确定 25 号道岔用电缆芯数。

【解】 25 号道岔与 7 号道岔情况相同。将 25 号道岔电缆盒至信号楼的各段电缆长度相加：

$$L=82+562=644(\mathrm{m})$$

查表 1.17，需在回线加 1 芯，考虑电话线后，共需 7 芯。

(2)交流转辙机控制的道岔电缆芯线的确定

交流电动转辙机常用 S700K 型电动转辙机，经过计算，交流电动转辙机一相绕组回路电阻不得超过100 Ω，否则线路压降过大，影响电动转辙机正常工作。根据式(1.3)可得：

$$L_{\max}=\frac{R}{r}\cdot\frac{Z_Q\cdot Z_H}{Z_Q+Z_H}=\frac{100}{0.023\ 5}\cdot\frac{Z_Q\cdot Z_H}{Z_Q+Z_H}=4\ 255\cdot\frac{Z_Q\cdot Z_H}{Z_Q+Z_H}$$

根据不同的 Z_Q 和 Z_H 值计算出 S700K 型电动转辙机道岔电缆控制距离见表 1.18。

表 1.18　交流转辙机电缆芯数最大控制距离表

电缆芯数	$Z_Q=1;Z_H=1$	$Z_Q=2;Z_H=1$	$Z_Q=3;Z_H=1$
控制距离(m)	2 127	2 836	3 191

【例 9】 确定 5 号道岔用电缆芯数。

【解】 将 5 号道岔可动心轨第二牵引点终端电缆盒至信号楼间各电缆长度相加：

$$L=44+17+867=928(\mathrm{m})$$

由表 1.18 可知，5 号道岔心轨第二牵引点 5 线制控制电路每根导线采用 1 芯电缆，满足要求。该转辙机是离信号楼控制距离最远的，所以，举例站场下行咽喉所有 S700K 型交流转辙机控制电路每根导线都可以采用 1 芯。

5 号道岔每个牵引点控制电路用 5 芯加上 2 芯电话线，都需 7 芯。4 个牵引点电缆并入

C_5 分向盒后，电话线予以并接，从 C_5 到 C_1 的分支电缆只需 22 芯。

(3)轨道电路受电电缆芯数的确定

根据轨道电路的理论计算 25 Hz 相敏轨道电路受电端变压器至轨道继电器间电缆回路的电阻不得超过150 Ω。根据式(1.3)可得：

$$L_{max}=\frac{R}{r}\cdot\frac{Z_Q\cdot Z_H}{Z_Q+Z_H}=\frac{150}{0.0235}\cdot\frac{Z_Q\cdot Z_H}{Z_Q+Z_H}=6\ 382\cdot\frac{Z_Q\cdot Z_H}{Z_Q+Z_H}$$

根据不同的 Z_Q 和 Z_H 值计算出轨道电路受电电缆最大控制长度见表 1.19。

表 1.19　25 Hz相敏轨道电路受电电缆最大控制长度表

电缆芯数	$Z_Q=1;Z_H=1$	$Z_Q=1;Z_H=2$	$Z_Q=2;Z_H=2$	$Z_Q=2;Z_H=3$
控制距离(m)	3 191	4 255	6 382	7 659

【例 10】 确定举例站场 X_DJG 受电变压器箱的电缆芯数。

【解】 举例站场采用 25 Hz 相敏轨道电路。据《计算机联锁图册》中图 Ⅰ-36，将 X_DJG 受电箱至信号楼的各段电缆长度相加。

$$L=30+17+102+147+673=969(\text{m})$$

查表 1.19 可知，当 $Z_Q=Z_H=1$ 芯时，控制距离为3 191 m，远远满足要求，该咽喉轨道电路受电端都可采用 $Z_Q=Z_H=1$ 芯的电缆。

(4)轨道电路送电电缆芯线数的确定

根据式(1.5)，可以看出，双线回路电压降 ΔU 是电流矩 LI 和电缆芯数 $Z(Z_Q+Z_H)$ 的函数，给出不同的 LI 和 Z 值，便可计算出相应的 ΔU，据此可得表 1.20。可以用查表的方法确定轨道送电电缆芯线。表中只列出了10 A·m的 1～10 整数倍的 LI 数值，当 LI 值大于或小于这些数时，需要将查得的 ΔU 值以 10 的倍数乘或除之。

表 1.20　双线路供电电缆芯线使用表

电缆芯数	LI(A·m)									
	10	20	30	40	50	60	70	80	90	100
2	0.470	0.940	1.410	1.880	2.350	2.820	3.290	3.760	4.230	4.700
3	0.353	0.705	1.058	1.410	1.763	2.115	2.468	2.820	3.173	3.525
4	0.235	0.470	0.705	0.940	1.175	1.410	1.645	1.880	2.115	2.350
5	0.196	0.392	0.588	0.783	0.979	1.175	1.371	1.567	1.763	1.958
6	0.157	0.313	0.470	0.627	0.783	0.940	1.097	1.280	1.410	1.567
7	0.137	0.274	0.411	0.548	0.685	0.823	0.959	1.097	1.234	1.371
8	0.118	0.235	0.353	0.470	0.588	0.705	0.823	0.940	1.058	1.175
9	0.106	0.212	0.317	0.423	0.529	0.635	0.740	0.846	0.952	1.058
10	0.094	0.188	0.288	0.376	0.470	0.564	0.658	0.752	0.846	0.940
11	0.086	0.172	0.259	0.345	0.431	0.517	0.603	0.689	0.775	0.862
12	0.078	0.157	0.235	0.313	0.392	0.470	0.548	0.627	0.705	0.783
13	0.073	0.145	0.218	0.291	0.364	0.436	0.509	0.582	0.654	0.727
14	0.067	0.134	0.201	0.269	0.336	0.403	0.470	0.537	0.604	0.671

25 Hz 相敏轨道电路电源屏至送电端轨道变压器Ⅰ次侧的允许压降为 30 V,计算干线供电的电缆芯线时,每段轨道电路的电流按 0.07 A 考虑。

【例 11】 $LI=346$ A·m,$Z=2$,查表确定 ΔU。

【解】 因为

$$LI=346(\text{A}\cdot\text{m})=30\times10+40+60\div10$$

查表 1.20,将 LI 等于 30 A·m、40 A·m、60 A·m 且 Z 等于 2 的 ΔU 值,分别乘以 10、1、1/10,再相加。

$$\Delta U=1.41\times10+1.88+2.82\div10=16.26(\text{V})$$

【例 12】 确定 X_DJG 送电电缆芯数。

【解】 X_DJG 区段Ⅰ次侧电流为 0.07 A。将从 X_DJG 送电变压器箱至信号楼的各段电缆长度相加:

$$L=1\ 344+30+17+102+147+673=2\ 313(\text{m})$$

电流矩:

$$LI=2\ 313\times0.07=162(\text{A}\cdot\text{m})=100+60+20\times0.1$$

取 $Z=2$ 时:

$$\Delta U=4.7+2.82+0.94\times0.1=7.614(\text{V})$$

远小于允许压降 30 V,所以 $Z_Q=Z_H=1$ 芯。该咽喉所有送电端都选 $Z_Q=Z_H=1$ 芯。

【例 13】 $\Delta U=30$ V,轨道送电负载图如图 1.32 所示,确定各段电缆芯线数。

【解】 以 $\sum LI$ 最大的 OD 支作为计算依据,根据式(1.5),可得:

$$\Delta U_{OA}=rL_{OA}I_{OA}\frac{Z_{QOA}+Z_{HOA}}{Z_{QOA}\cdot Z_{HOA}}\quad \Delta U_{AB}=rL_{AB}I_{AB}\frac{Z_{QAB}+Z_{HAB}}{Z_{QAB}\cdot Z_{HAB}}\quad \cdots\Delta U_{CD}=rL_{CD}I_{CD}\frac{Z_{QCD}+Z_{HCD}}{Z_{QCD}\cdot Z_{HCD}}$$

假设从 O 点到 D 点各段电缆采用相同芯线:

$$Z_{QOA}=Z_{QAB}=\cdots=Z_{QCD}\qquad Z_{HOA}=Z_{HAB}=\cdots=Z_{HCD}$$

则

$$\begin{aligned}\Delta U_{OD}&=\Delta U_{OA}+\Delta U_{AB}+\cdots+\Delta U_{CD}\\&=r\frac{Z_{QOA}+Z_{HOA}}{Z_{QOA}\cdot Z_{HOA}}(L_{OA}\cdot I_{OA}+L_{AB}I_{AB}+\cdots+L_{CD}\cdot I_{CD})\\&=r\frac{Z_{QOA}+Z_{HOA}}{Z_{QOA}\cdot Z_{HOA}}\sum_{OD}LI\end{aligned}$$

式中 ΔU_{OD}——对于25 Hz相敏轨道电路为30 V。

根据 ΔU_{OD} 和 $\sum_{OD}LI$,查表 1.20 可确定 Z_{OA}。再根据 $L_{OA}I_{OA}$ 和确定的 Z_{OA},查表 1.20,可得出 ΔU_{OA}。AD 段允许压降

$$\Delta U_{AD}=\Delta U_{OD}-\Delta U_{OA}$$

按照类似步骤,就可求出各段电缆芯线。

$$\begin{aligned}\sum_{OD}LI&=1\ 000\times0.7+1\ 000\times0.35+300\times0.21+100\times0.07\\&=700+350+63+7\\&=1\ 120\ (\text{A}\cdot\text{m})\end{aligned}$$

①确定 OA 段电缆芯线数

当 $Z=4$,查表得

$$\Delta U=2.350\times11+0.470\times1=26.32(\text{V})<30(\text{V})$$

满足要求，选 $Z_{OA}=4$ 芯。

OA 段实际压降：

$$\sum_{OA} LI = 700, \text{查表得 } \Delta U_{OA} = 1.645 \times 10 = 16.45(\text{V})$$

AD 段允许压降：

$$\Delta U_{AD}=30-16.45=13.55(\text{V})$$

②确定 AB 段电缆芯线数

$$\sum_{AD} LI = 420, \text{当 } Z = 4, \text{查表得 } \Delta U=0.940\times10+0.470\times1=9.87(\text{V})<13.55(\text{V})$$

满足要求，选 $Z_{AB}=4$ 芯。

AB 段实际压降：

$$\sum_{AB} LI = 350, \text{查表得 } \Delta U_{AB}=0.705\times10+1.175\times1=8.225(\text{V})$$

BD 段允许压降：

$$\Delta U_{BD}=13.55-8.225=5.325(\text{V})$$

③确定 BC 段电缆芯线数

$$\sum_{BD} LI = 70, \text{当 } Z = 2, \text{查表得 } \Delta U=3.290(\text{V})<5.325(\text{V})$$

满足要求，选 $Z_{BC}=2$ 芯。

BC 段实际压降：

$$\sum_{BC} LI = 63, \text{查表得 } \Delta U_{BC}=2.820\times1+1.410\times0.1=2.961(\text{V})$$

CD 段允许压降：

$$\Delta U_{CD}=5.325-2.961=2.364(\text{V})$$

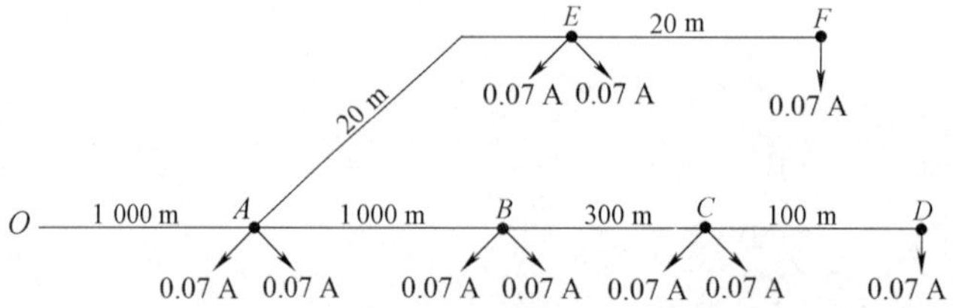

图 1.32 轨道送电负载图

④确定 CD 段电缆芯线数

$$\sum_{CD} LI = 7, \text{当 } Z = 2, \text{查表得 } \Delta U=3.290\div10=0.329(\text{V})$$

满足要求，选 $Z_{CD}=2$ 芯。

⑤验算

OD 段总压降：

$$\Delta U_{OD}=16.45+8.225+2.961+0.329=27.965(\text{V})<30(\text{V})$$

满足要求。

⑥确定 AE、EF 段电缆芯线数

$$\sum_{AF} LI = 20 \times 0.21 + 20 \times 0.07 = 5.6(\text{V})$$

因 AF 段的 LI 值小于 CD 段 LI 值，而 AF 段允许电压降却大于 CD 段允许电压降，所以 AF 段可不再计算，均采用 2 芯。

(5)电码化发送和非发送电缆芯数的确定

根据理论和实验确定：ZPW-2000 系列无绝缘轨道电路的轨道区段长度为1 200 m时，电码发送端的电缆长度为3 000 m，$Z_Q=Z_H=1$ 芯，仍然能够满足机车进入该区段非发送端对入口电流的要求。非发送端采用 $Z_Q=Z_H=1$ 芯时，更能满足要求。

举例站场的 X_DJG 区段长度为1 310 m，送电端的电缆长度也才2 313 m，所以举例站场下行正线电码化的发送和非发送端完全可以与轨道电路受电送电端共用 $Z_Q=Z_H=1$ 芯电缆。

8. 电缆网络芯线数的汇总

各种电缆的芯线数分别确定之后，要根据电缆径路和串接顺序汇总每段电缆的总芯线数。汇总时，要根据规定考虑电缆芯线的备用量，还要根据接线端子和电缆引入孔的容量确定连接设备的类型。综合扭绞电缆芯线的备用量见表 1.21。内屏蔽数字信号电缆的备用量见表 1.22。

表 1.21　综合扭绞电缆芯线备用量

芯数		扭绞形式	备用芯线	非音频信号设备备用芯线
4	1×4	星绞	1 对	1
6	3×2	对绞	1 对	1
8	4×2	对绞	1 对	1
9	4×2+1	对绞+普通	1 对	1
12	3×4	星绞	1 对	2
14	3×4+2	星绞+普通	1 对	2
16	4×4	星绞	1 对	2
19	4×4+3	星绞+普通	2 对	2
21	4×4+5	星绞+普通	2 对	2
24	5×4+1×2+2	星绞+对绞+普通	2 对	3
28	7×4	星绞	2 对	3
30	7×4+2	星绞+普通	2 对	3
33	7×4+5	星绞+普通	2 对	4
37	7×4+3×2+3	星绞+对绞+普通	2 对	4
42	7×4+4×2+6	星绞+对绞+普通	2 对	4
44	7×4+4×2+8	星绞+对绞+普通	2 对	4
48	12×4	星绞	3 对	4
52	12×4+4	星绞+普通	3 对	5
56	14×4	星绞	3 对	5
61	14×4+5	星绞+普通	3 对+1 芯	5

注：表中应备用星绞组线对，如无星绞组线对时，再备用对绞组线对；综合扭绞信号电缆如用于非音频信号设备时，其备用芯数与普通信号电缆相同。

表 1.22 内屏蔽数字信号电缆芯线组成及备用量

芯　数		扭 绞 形 式	备 用 芯 线
8B	2×4P	屏蔽星绞	1 对
12A	2×4P+1×4	屏蔽星绞+星绞	2 对
12B	3×4P	屏蔽星绞	2 对
14A	2×4P+1×4+2	屏蔽星绞+星绞+普通	2 对
14B	3×4P+2	屏蔽星绞+普通	2 对
16A	2×4P+2×4	屏蔽星绞+星绞	2 对
16B	4×4P	屏蔽星绞	2 对
19A	3×4P+1×4+3	屏蔽星绞+星绞+普通	2 对
19B	4×4P+3	屏蔽星绞+普通	2 对
21A	3×4P+2×4+1	屏蔽星绞+星绞+普通	2 对
21B	5×4P+1	屏蔽星绞+普通	2 对
24A	4×4P+2×4	屏蔽星绞+星绞	2 对
24B	6×4P	屏蔽星绞	2 对
28A	4×4P+3×4	屏蔽星绞+星绞	2 对
28B	7×4P	屏蔽星绞	2 对
30A	4×4P+3×4+2	屏蔽星绞+星绞+普通	2 对
30B	7×4P+2	屏蔽星绞+普通	2 对
33A	4×4P+4×4+1	屏蔽星绞+星绞+普通	2 对
37A	4×4P+5×4+1	屏蔽星绞+星绞+普通	2 对
42A	5×4P+5×4+2	屏蔽星绞+星绞+普通	2 对
44A	6×4P+5×4	屏蔽星绞+星绞	2 对
48A	6×4P+6×4	屏蔽星绞+星绞	3 对

注：1. P 表示带屏蔽星绞组；
2. 备用芯线在更换至少一对频率芯线时，仍能满足移频信号设备频率使用的要求；
3. A、B 型内屏蔽数字信号电缆的备用芯线中(除 8 芯电缆)应有一个屏蔽星绞组；
4. 内屏蔽数字信号电缆用于非移频信号设备时，其备用芯线数与综合扭绞信号电缆相同；
5. 内屏蔽数字信号电缆中的非屏蔽星绞组及普通芯线，可用于非移频信号设备及其备用芯线。

举例站场的信号和道岔电缆采用综合扭绞电缆，而电码化发送和非发送(轨道)电缆采用数字信号电缆。

【例 14】 汇总 X_1 分向盒的电缆。

【解】 计算表明，下行咽喉信号点灯电路的导线数就是电缆芯数。

X_D 进站信号机用电缆芯数已在【例 6】中确定，为 1 芯，查表 1.21，采用 14(2)电缆。

X 进站信号机没有预告信号机，但 L 灯没有封闭，所以实用仍是 12 芯，同样采用 14(2)电缆，该电缆进入D_3终端盒，加上D_3点灯的3芯电缆，共用15芯。选用19芯电缆，表1.21表明19芯需备用2对4芯电缆，由于信号机是非音频信号设备，据表1.21下方“注”，可以按表最右列备用2芯，所以采用19(4)电缆。

X_F进站信号机也采用14(2)电缆。

D_1信号机实用3芯，也无须备用1对2芯电缆，采用4(1)电缆。

上面4根分支电缆汇入X_1分向盒后，3架进站点灯用的XDS_1、XDS_2应予并接，可合并4芯；XDH、XDHH也应合并4芯，共实用12×3－4－4＝28芯。加上2架调车点灯用的6芯，应实用34芯。这里，为了节省干线电缆，特地从C_1道岔分向盒敷设一根47-4(2)的2芯电缆进入X_1分向盒，将道岔干线电缆中的电话线转接到X_1分向盒。从信号楼引入X_1分向盒的干线电缆也只实用32芯，采用960-37(5)电缆。

X_1分向盒一共有5根分支电缆引出，干线电缆32芯需32个接线端子，查表3.6，只能采用HF-7型分向电缆盒。

D_3终端电缆盒类型按表1.10应选HZ_{12}型终端电缆盒，但此时已有2根电缆引入，端子也要用15个，要改用HZ_{24}型终端电缆盒。

【例15】 汇总C_9分向盒电缆。

【解】 7号道岔电缆在【例7】中已确定要用8芯，查表1.21，采用9(1)电缆(为什么不备用1对芯线)。

13号道岔也需控制电缆6芯，加上7号道岔控制电缆6芯，另外2芯电话线，共14芯，查表1.21从13号道岔电缆盒引入C_9分向盒电缆采用16(2)电缆。

3号道岔用4台S700K型交流转辙机，据【例9】，实用电缆22芯，查表1.21采用28(6)电缆引入C_9分向盒。

在C_9分向盒内，XDH、XDHH可以合并2芯，加上9号道岔2台交流转辙机控制电缆10芯，共实用44芯，查表1.21，采用48(4)电缆(为什么不备用3对)引入室内。

C_9分向盒虽然只引出4根电缆，但端子要用44个，查表3.6，只能采用HF-7型分向盒。

C_3分向盒引出4根电缆，端子只用了22个，查表3.6，可选用HF-4型分向盒。

【例16】 汇总S_7分向盒电缆。

【解】 19-27DGJ_1受电箱和4GJ受电箱都需2根导线，【例8】计算确定受电端都采用2芯电缆，并且作为电码化发送也都满足要求，所以两受电箱都采用了综合扭绞4(2)电缆引入S_7分向盒。

第3根电缆先后串接了21DGJ_1、21DGJ、25DGJ、17-23DGJ和ⅡGJ受电端，共需10芯，查表1.22，由于都是用于音频信号设备，所以选用14B(4)。

三根电缆汇入S_7分向盒，共7个受电端，实用14芯，查表1.22，采用19B(5)电缆引入信号楼。

S_7分向盒有3个分支电缆，需用端子14个，所以采用了HF-4型分向盒。

G分向盒电缆的汇总与S分向盒汇总相同。

典型工作任务4　室内信号设备布置示意图设计

1.4.1 工作任务

掌握室内信号设备布置图的设计方法。

1.4.2 知识链接

室内信号设备布置示意图应有：

(1)信号设备用房相对位置、尺寸。

(2)各室内信号设备的名称、数量、位置。

举例站场采用计算机联锁的室内信号设备布置示意图，见《计算机联锁图册》中图Ⅰ-02。控制台室(也称车站值班员室或运转室)的前方、左侧和右侧三面有开阔视野，便于工作人员瞭望线路，观察列车或调车车列运行情况。出控制台室，可以便捷地到达室内各信号设备用房，方便工作人员查看、维护室内设备。

1. 控制台室

控制台多采用LCD显示和鼠标操作。LCD显示器的数量与车站规模有关，一般站场采用一屏即可，较大车站采用多屏显示；需要时还可采用前、后台显示方式，即除了LCD显示器和鼠标外，车站值班员也有LCD显示器。

2. 信号计算机房设备布置

信号计算机房与信号机械室之间用玻璃隔断，机房内要求温度保持在15 ℃～30 ℃，湿度保持在10%～75%，有完善的防静电措施、良好的密封防尘设施。

《计算机联锁图册》中图Ⅰ-02以DS6-K5B为例示意了计算机联锁室内设备布置。该型计算机联锁机柜由联锁柜、电子终端柜、监控柜、电源柜组成。联锁柜内可安装2个电子终端架，电子终端柜内最多可安装3个电子终端架，车站规模较大需要的电子终端架超过5个时，应采用2个电子终端柜。举例站场可省去电子终端柜，因为举例站场规模较小，联锁柜内的电子终端已能满足需要。

计算机联锁机柜和信号集中监测机柜、TDCS站机柜或CTC自律机柜、车站列控中心柜(CTCS-2级、3级区段才有)放成一排，正面朝向隔断。

电务维修台包括显示器、键盘、打印机等，为便于工作人员观察联锁机面板的指示灯，维修台一般安放在正对联锁机柜的位置，间距1.2 m。

3. 信号机械室设备布置

信号机械室内安装有组合柜、25 Hz轨道柜、接口柜、站内电码化用移频柜和综合柜、自动闭塞用移频柜和组合柜。

举例站场需要联锁用组合98个，安装在11个组合柜内，组合柜位置见《计算机联锁图册》中图Ⅰ-02。

25 Hz轨道柜用来安放25 Hz相敏轨道电路用轨道继电器、防雷补偿器和防护盒，每个轨道组合可用作3个轨道电路受电端，每个轨道柜最多安放9个轨道组合。举例站场有30个轨道电路，其中4个一送两受，共34个受电端，需要2个25 Hz轨道柜，也便于轨道组合按咽喉分柜置放。轨道柜安排在23、24位置。

接口柜用于联锁机和组合柜的连接，根据驱动和采集的对象数量选择柜数。每柜内最多10层，每层10块36柱（或32柱、40柱）端子。驱动和采集应分层设置。举例站场也仅需1个接口柜，安置在51位置。

站内电码化用移频柜、综合柜和组合柜各需要2柜，安置在54、55、52、53和42、43位置。

区间用移频柜、组合柜及综合柜（在防雷分线室内）的数量要根据所管辖的自动闭塞分区数量确定。参阅本教材项目2。区间柜放置在第6排。

4. 防雷分线室设备布置

用于信号设备防雷、屏蔽接地和室内外联系的防雷分线柜及区间综合柜布置在防雷分线室内。

5. 信号电源室设备布置

车站和区间均采用智能电源屏。电源屏用模块数量要根据车站联锁设备数量和所管辖的闭塞分区数量确定。

典型工作任务5　联锁表设计

1.5.1　工作任务

掌握联锁表设计的步骤、方法和要求。

1.5.2　知识链接

联锁表全面展示了站内联锁关系，是计算机联锁工程初步设计阶段向厂家提供的重要图纸，用作产生车站数据库的依据。在计算机联锁工程交付使用前和日后的维修工作中，联锁表也作为联锁试验的依据。

1. 联锁表格式

联锁表是在车站信号设备平面布置图的基础上，依据联锁图表编制原则编制的，一般将上、下行咽喉分开编制。举例站场下行咽喉联锁表见《计算机联锁图册》中图Ⅰ-03。

联锁表以“进路”为单元，展示了：

（1）进路号码。

（2）进路性质、名称。

（3）排列进路顺序按压的按钮。

（4）防护该进路的信号机名称和显示。

（5）与进路相关的信号机、道岔、轨道电路区段联锁关系。

2. 联锁表的编制

联锁表的格式是固定的。编制时，从上向下按进路依次填记，每条进路又是由左至右顺序填记联锁内容。

进路号码则填记在联锁表最右边的“进路号码”栏内。

1）方向、进路栏

这两栏标明了进路性质、名称。先填记列车进路，后填记调车进路。

(1)列车进路

举例站场下行咽喉有3架进站信号机,每架信号机都设在一个接发车口处,所以,列车进路就有东郊方面接车、东郊方面发车、北京方面正方向接车、北京方面正方向发车、北京方面反方向接车、北京方面反方向发车共6类。列车进路将这“6类”依次填记在“方向”栏内。

①接车进路

按接入股道的编号填记“至×股道”。如北京方面正方向接车进ⅢG,便在“进路”栏内填记“至Ⅲ股道”。见《计算机联锁图册》中图Ⅰ-03的第15、16号进路。

②发车进路

按出发列车占用的股道编号填记“由×股道”。如ⅡG有车向北京方面正方向发车,便在“进路”栏内填记“由Ⅱ股道”。见《计算机联锁图册》中图Ⅰ-03的第24、25号进路。

③通过进路

由北京方面向天津方面有2条通过进路。按列车通过的股道编号填记“经×股道向天津方面通过”。如北京方面经ⅠG向天津方向通过,便在“进路”栏内填记“经Ⅰ股道向天津方面通过”。由于通过进路是由接车进路和发车进路接续形成的,所以通过的进路号码由接车进路的号码和发车进路的号码写成分数形式构成。如《计算机联锁图册》中图Ⅰ-03的第17/87号进路。

(2)调车进路

调车进路按防护进路的调车信号机的编号由小到大顺序填记。在“方向”栏内填记“由$D_{\times}$”。见《计算机联锁图册》中图Ⅰ-03的第43号进路是第1条调车进路,“方向”栏内填记“由D_1”。

“进路”栏内有4种填记:

①至$D_{\times}$

调车进路以同方向的调车信号机为终端,便以该阻拦调车信号机的名称填记“至$D_{\times}$”。如由D_{11}至D_{13}的调车进路,在“方向”栏内填记“由D_{11}”,在“进路”栏内填记“至D_{13}”。见《计算机联锁图册》中图Ⅰ-03的第55号进路。

②至×股道

调车进路为进入股道的进路,便以该股道号码填记“至×股道”。如由D_{11}进入ⅢG的进路,便在“进路”栏内填记“至Ⅲ股道”。见《计算机联锁图册》中图Ⅰ-03的第54号进路。

③向$D_{\times}$

向尽头式或进站内方无岔区段的调车信号机处调车,便以该反向调车信号机的名称填记“向$D_{\times}$”。如由D_5进入ⅡAG的进路,反向调车信号机为D_1,便在“进路”栏内填记“向D_1”。见《计算机联锁图册》中图Ⅰ-03的第47号进路。

④至X_D

由股道向X_D进站信号处调车,便填记“至X_D”。如由5G向X_D进站信号机处调车,在“方向”栏内填记“由S_5D”,在“进路”栏内填记“至X_D”。见《计算机联锁图册》中图Ⅰ-03的第62号进路。

2)排列进路按下按钮

栏内由左至右顺序填记办理进路依次按下按钮的名称,按钮名称间用“、”号隔开。如前述第 15 号进路，在“排列进路按下按钮”栏内依次填记“XLA、$S_{Ⅲ}$ LA”。由于 X 接车至ⅢG有 3 种进路方式，只按压 2 个按钮办理的进路是基本进路。而第 16 号进路是较优的变通进路，在“排列进路按下按钮”栏内，要增加填记变通按钮名称，即填记“XLA、D_{11} A 或 BA、$S_{Ⅲ}$ LA”。

3)进路方式栏

在有多条变通进路情况下，联锁表只需列出其中较优的 1 条，为了区别基本进路，在该栏内，将基本进路和变通进路予以编号。如前述第 15、16 号进路的进路方式栏内分别标记“1”和“2”。

4)确定运行方向道岔栏

为便于查验基本进路和变通进路走向，该栏内填记区分两进路的第一组对向道岔的编号和位置。如第 15、16 号进路的确定运行方向道岔栏内分别填记“(23)”和“(5)”。

5)信号机、进路表示器栏

防护进路的信号机的名称及开放时的显示填记在该栏内。如第 15、16 号进路信号机栏内，填记“X”和“UU”。发车进路还需填记应亮的进路表示器的名称，如由 4G 向北京方面正方向发车，在信号机栏内填记“S_4”和“L 或 LU 或 U”，在表示器栏内填记“B-A”，见《计算机联锁图册》中图Ⅰ-03的第 26、27 号进路。

6)道岔栏

办理进路要求处在规定位置并予以锁闭的道岔号码和位置，由始端向终端依次填记在该栏内，道岔号码间用“、”号隔开。其中防护和被带动的道岔的号码和位置则填记在进路内相关道岔的后面。如由 4G 向东郊方面发车的第 12 号进路，道岔栏内顺序填记“(27)、(17/19)、{23/25}、(13/15)、[9/11]、5/7”，其中被带动道岔 23/25 填记在相关道岔 17/19 的后面，防护道岔 9/11 填记在相关道岔 13/15 的后面。符号“(　)”表示道岔反位；“[　]”表示为防护道岔；“{　}”表示为带动道岔。

7)敌对信号栏

办理进路后，与防护该进路信号敌对的信号名称，应由近端向远端依次填记在该栏内，信号名称间用“、”号隔开。出站兼调车信号机的列车信号(用 $S_{\times}$ L 表示)与调车信号(用 $S_{\times}$ D 表示)互为敌对信号时，一般标记在该栏的最后。如前述第 12 号进路的敌对信号栏内顺序标记“D_{13}、D_{11}、X_D、S_4 D”。

对于调车进路，标记进路与其重叠的敌对列车信号和调车信号，若是有条件敌对，则用“〈　〉”括住该条件，在“〈　〉”内标注进路与其重叠时的关键道岔号码和位置，并将该条件缀在敌对列车信号和调车信号名称的前面。如 D_{13} 至ⅢG 的第 56 号进路，其敌对信号栏内标记“〈9〉X、〈9〉X_F、〈(13)〉X_D、$S_{Ⅲ}$”，表示接车进路要求 9 号道岔处于定位时 X 和 X_F 都是敌对信号；X_D 的接车进路要求 13 号道岔处于反位时，X_D 也是敌对信号；$S_{Ⅲ}$ 的列车和调车信号均是无条件敌对。

8)轨道区段栏

办理进路要求检查空闲和完好状态的轨道区段名称，由始端向终端依次填记在该栏内，名称间用“、”号隔开。进路中若有侵限绝缘，还需将侵限绝缘另一侧轨道区段的名称填记在本侧轨道区段名称的后面，并在其前冠以“〈　〉”，在“〈　〉”内标注侵限状态的道岔号码和位置。如由5G向北京方面正方向发车的第20号进路，其轨道区段栏内顺序填记“21DG、〈23/25〉25DG、11-13DG、9-15DG、3DG、〈5/7〉5DG、1DG、ⅡAG”，标明23/25处于定位时要检查25DG空闲，5/7处于定位时要检查5DG空闲。

9)迎面进路栏

办理接车进路至某股道，在进路的迎面进路栏的“列车”和“调车”空格内，填记该股道的编号，表示另一咽喉向该股道的列车和调车信号与本咽喉的接车进路的进站信号均为敌对信号。如北京方面正方向接车进ⅢG的第15、16号进路，其迎面进路栏内“列车”和“调车”空格内均填记“ⅢG”。

向同一股道的迎面调车信号和调车信号不是敌对信号，所以，办理至股道的调车进路的迎面进路栏的“调车”空格内不做填记，只需在“列车”空格内填记。如D_{13}至ⅢG的第56号进路迎面进路栏的“列车”空格内填记“ⅢG”，而“调车”空格内不做填记。

10)其他联锁栏

除车站联锁外，若还与其他信号设施发生联锁关系，还需在该栏内填记。比如，区间闭塞(BS)、机务段同意(JT)、非进路调车(F)等。凡向区间发车必须满足区间闭塞条件，则需在该栏内填记。如《计算机联锁图册》中图Ⅰ-03的所有发车进路的其他联锁栏内均填记有“BS”。

3. 其他联锁表

站场采用非进路调车、机务段同意、延续进路等联锁的作业方式，还需编制这些方式的联锁。

举例站场上行咽喉牵出线至编组线采用非进路调车方式作业，编制的非进路调车联锁表见表1.23。表中道岔栏填写非进路调车作业时应检查并锁闭的道岔号码及其位置，开放的信号栏内填写作业时一直开放的调车信号机名称。

表1.23　非进路调车联锁表

非进路调车线路	编号	办理时按下按钮	道岔	开放的信号	侵入限界绝缘检查	其他
由牵出线至编组线	F	FA	2/4、18/20、(22)	D_2、D_4、D_{14}、D_{18}、D_{20}		

组合排列表的设计

典型工作任务6　组合排列表设计

1.6.1　工作任务

掌握计算机联锁用组合类型和选用，以及组合排列表的设计方法。

1.6.2　知识链接

1. 组合类型及选用

现以DS6-K5B型计算机联锁为例介绍组合运用。DS6-K5B型计算机联锁所用组合类型、名称和代号见表1.24。

表 1.24　继电器组合类型名称和代号表

组合名称		组合代号	备　注
信号组合	进站信号组合	JZ	
	两方向出站信号组合	CZ_2	
	三方向出站信号组合	CZ_3	
	调车信号组合	DX	
道岔组合	道岔组合	DC-4	四线制
	道岔组合	DC-6	六线制
	提速道岔结合组合	TDC-4	四线制
	提速道岔结合组合	TDC-6	六线制
	提速单动道岔组合	TDD	
	提速双动道岔组合	TSD	
	提速道岔辅助组合	TDF	
	总保护组合	BHZ	
	双端总保护组合	BHZS	
轨道组合		G25	
轨道复示组合		GJF	
轨道停电继电器组合		TDJ	
自动闭塞结合组合		JG/LQ	
改变运行方向组合	改变运行方向主组合	WFZ	
	改变运行方向辅助组合	WFF	
半自动闭塞组合		B_1、B_2	二个组合
报警组合		BJ	

以《计算机联锁图册》中图Ⅰ-01 信号设备平面布置图为例介绍组合的选用。

1)信号组合选用

(1)JZ:每个组合供1架进站信号机用。如 X、X_F、S、S_F、X_D 各用1个JZ组合。

(2)CZ_2:每个组合供1架两方向出站信号机用。如 $X_Ⅰ$～X_5 各用1个 CZ_2 组合。

(3)CZ_3:每个组合供1架三方向出站信号机用。如 $S_Ⅰ$～S_5 各用1个 CZ_3 组合。

(4)DX:每个组合供4架调车信号机用。如 D_1、D_3、D_5、D_7 合用1个DX组合。

2)道岔组合选用

(1)DC-4:每个组合供1组四线制普通单动、双动、三动、四动道岔用。如22号道岔用1个DC-4组合。

(2)DC-6:每个组合供1组双机牵引六线制普通单动、双动、三动、四动道岔用,如21、18/20号道岔各用1个DC-6组合。

(3)TDC-4:每个组合供一端为提速道岔,另一端为普通道岔的双动道岔用。如2/4号道岔中4为提速道岔,2号道岔为普通道岔,选用1个TDC-4组合。

(4)TDC-6:每个组合供一端为提速道岔,另一端为双机牵引普通道岔的双动道岔用。如5/7、9/11、13/15、23/25号道岔中,5、9、15、23为提速道岔,7、11、13、25为非提速道岔,各需1个TDC-6组合。

(5)TDD:每个组合供1组单动提速道岔用。如14、16、27各用1个TDD组合。

(6)TSD:每个组合供1组双动提速道岔用。如1/3、17/19、6/8、10/12号道岔两端均为提速道岔,各需1个TSD组合。

(7)TDF:分采用S700K电动转辙机牵引和采用ZYJ7型电液转辙机。

①采用S700K电动转辙机牵引

每个组合供提速道岔的1个牵引点用。如1、3号道岔均为固定辙叉提速道岔,尖轨有2个牵引点,因此,1/3号道岔双动道岔除TSD组合外,还需4个TDF组合,分别称为$1J_1$、$1J_2$、$3J_1$、$3J_2$。5/7号双动道岔中仅5号道岔为固定辙叉提速道岔,除TDC-6组合外,还需2个TDF组合,分别称为$5J_1$、$5J_2$。2/4号双动道岔中的4号道岔虽是提速道岔,但辙叉是固定的,仅尖轨有2个牵引点,除TDC-4组合外,还需2个TDF组合,分别称为$4J_1$、$4J_2$。27号道岔为固定辙叉提速道岔,除TDD组合外,还需2个TDF组合,分别称为$27J_1$、$27J_2$。

②采用ZYJ7型电液转辙机牵引

ZYJ7型电液转辙机带1台或2台SH6型转换锁闭器,进行2点或3点牵引时,均只需1个TDF组合。ZYJ7型电液转辙机不带SH6型转换锁闭器牵引时,每个牵引点都需1个TDF组合。

(8)BHZ:每个组合供1组单端可动心轨提速道岔用。

(9)BHZS:每个组合供1组双端可动心轨提速道岔1端用。

辙叉号为12号的道岔所需各种类型道岔组合数量见表1.25。

表1.25 辙叉号为12号的道岔所需各种类型道岔组合数量表

道岔类型			不同道岔组合类型的组合数量						
			DC-4	TDD	TDC-4	TSD	TDF	BHZ	BHZS
单动	普通		1						
	提速	固定辙叉		1			2		
		可动心轨		1			4	1	
双动	一端提速	固定辙叉			1		2		
		可动心轨			1		4	1	
	双端提速	固定辙叉				1	4		
		可动心轨				1	8		2

表中提速道岔采用S700K型电动转辙机或不带转换锁闭器的ZYJ7型电液转辙机,带转换锁闭器的ZYJ7型电液转辙机所需TDF减半。

3)轨道组合选用

G25:每个组合供3个25 Hz相敏轨道电路受电端用。如ⅠAG、ⅡAG、1/19WG合用1个G25组合。

4)轨道复示组合选用

GJF:每个组合最多用于7个区段。如ⅠAG、ⅡAG、1DG、3DG、5DG、7DG、1/19WG共7个区段的GJF置于1个GJF组合中。

5)轨道停电继电器组合选用

TDJ:每个组合用于1个车站,称为X/S。

6)自动闭塞结合组合选用

JG/LQ:每个组合供1个咽喉用。车站下行咽喉用1个JG/LQ组合,称为X/S。

7)改变运行方向组合选用

WFZ、WFF:两个组合供1个接发车口用。如车站下行正方向接车口用1个WFZ和1个WFF组合,称为X。

8)半自动闭塞组合选用

B_1、B_2:两个组合供1个单线半自动闭塞区间的接发车口用。如X_D接发车口用1个B_1和1个B_2组合。

9)报警组合选用

BJ:每个组合用于1个车站,称之为BJ。

2. 组合排列表

《计算机联锁图册》中图Ⅰ-04组合排列表示意了计算机联锁组合在组合柜内的排列位置。

一排4个组合柜形成一张表,表的上方标注的是从正面观看组合柜的柜号,表的左侧从下向上标注层号,柜号与层号用短横线相连,即是每个组合的位置号。对应每个组合位置的矩形框被横线划分成两部分,上部标注组合的名称,下部标注组合类型。如11-10位置安放的是X进站信号机的JZ组合。

组合在组合柜内排列的一般原则:

(1)两咽喉的组合分柜置放。如下行咽喉用组合安排在11～22柜,上行咽喉用组合安排在31～41柜。

(2)两咽喉组合柜中间应予以间隔。如25 Hz轨道柜就置于23、24柜;下行咽喉用G25组合置于23柜;上行咽喉用G25组合置于24柜。

(3)信号组合一般置于较高层。如X、X_F、X_D、S、S_F 5个JZ组合可放置在各柜的第10层。

(4)道岔组合置于柜内较低层,方便察看道岔组合的继电器状态,有利于排除道岔故障。并且,两咽喉道岔组合从小号向大号顺序置放。

(5)改变运行方向组合和自动闭塞结合组合置于该咽喉用组合柜的后部。如X、X_F和S/X置于21柜;S、S_F和X/S置于41柜。

(6)轨道测试盘置于本咽喉轨道柜的第4层,便于工作人员选按按钮、读记仪表。

(7)全站用报警继电器组BJ设于33-4,处于第4层;灯丝报警管理主机设于23-5,处于第5层,都方便工作人员查看和工作。

典型工作任务7　接口电路图设计

1.7.1　工作任务

掌握接口电路图的设计方法。

1.7.2　知识链接

1. 信号机接口电路图设计

进站信号机接口电路图见《计算机联锁图册》中图Ⅰ-07(1)。图纸上方左侧是驱动电路,画出了控制进站信号机不同显示的5个信号继电器线圈,标出了线圈两端的端子号;图中画出了接口柜的输出端子，端子号需添注在图下方表格中；图纸上方右侧的采集电路，画出了采集对象的接点，标出了接点的侧面端子号，同样画出了接口柜的输入端子，端子号也需在下方表格中添注。

设计者主要是添注下方表格。表格左侧2列填写进站信号机名称和组合位置号，表格上方分成输出、输入两部分，填写驱动的5个继电器、采集的8组继电器接点的名称。在13个名称下方紧挨的3个长条形框，写有3种端子的名称，分别对应下方的端子空格内的3个端子号，说明了3个端子的归属。从每架进站信号机组合向右延伸，对应每个驱动和采集对象的空格被横线隔成上、中、下3个长条形格，分别填写端子号。上方填写组合侧面端子号，中间填写接口柜端子号，下方填写联锁机柜输出、输入端子号。如X进站信号机11-10组合的输出接口的LXJ端子空格内，表示了从机柜PIO-OUT端子03-1连线经过接口柜JK-703-1端子连接到组合柜侧面端子11-1001-1；11-10组合的输入接口的1DJ端子空格内，示意了XDJ_{12}接点通过组合柜侧面端子11-1002-1连到接口柜端子JK-1002-17，再连接机柜PIO-IN端子02-17。

举例站场反方向按自动站间闭塞运行，不设LUXJ；X_D接车进路是进直出弯，不设TXJ和LUXJ，所以表中相应的驱动和采集对象的端子格俱是空白。

2列回线端子空格的填写，表示所有驱动电路的01-18侧面端子、所有采集电路的01-17侧面端子分别接的是IOF和IDZ电源。

出站信号机和调车信号机接口电路图见《计算机联锁图册》中图Ⅰ-07(2)～图Ⅰ-07(4)，图纸构成和设计方法同进站信号机。由于1个调车信号组合供4架调车信号机用，回线端子列的空格内，处于同一组合的4架调车信号机只需写1个“01-17”和1个“01-18”。

2. 道岔接口电路图设计

道岔接口电路图见《计算机联锁图册》中图Ⅰ-07(5)，图纸构成同信号机接口电路图。

道岔驱动电路的驱动对象是定位操纵继电器DCJ、反位操纵继电器FCJ和允许操纵继电器YCJ，驱动电路图如《计算机联锁图册》中图Ⅰ-07(5)左侧上半部分所示。道岔采集电路是在YCJ落下的情况下采集DBJ和FBJ的前接点，为防止一个YCJ接点支路断线造成电路断线，电路使用2组YCJ后接点并联接通，采集电路图如《计算机联锁图册》中图Ⅰ-07(5)左侧下半部分所示。

3. 轨道电路接口电路图设计

轨道电路接口电路图见《计算机联锁图册》中图Ⅰ-07(7)。轨道电路仅有采集电路且1个轨道复示组合最多可用于7个区段，电路图构成和设计方法同调车信号机接口电路的采集电路部分。

4. 零散接口电路图设计

零散接口电路图见《计算机联锁图册》中图Ⅰ-07(8)。由于电路是独一无二的，便将组合位置号直接标注在接点名称上方或粗实线框内的名称栏内。接口柜和联锁机柜输出、输入端子号则直接标注在示意端子“—●—”的上方和下方。如图纸左上角的$X1LQJ_{32}$接点，表示了机柜输入端子10-1连接接口柜端子1010-1，再接向23-6组合侧面端子01-1。

典型工作任务8 信号机点灯电路图设计

1.8.1 工作任务

掌握计算机联锁执行电路之一的信号机点灯电路图的设计步骤和方法。

1.8.2 知识链接

信号机点灯电路有进站信号机点灯电路、出站信号机点灯电路和调车信号机点灯电路 3 种，每种都有相对固定的定型图。

1. 进站信号机点灯电路图设计

进站信号机按有无站内供电的预告信号机，可分为两种，但信号机点灯电路图仍合用一张，见《计算机联锁图册》中图Ⅰ-08(1)，图中左上方从右数第一个 BXG-35 变压器即是由站内向预告信号机供电的信号隔离变压器；图中部下方的粗线框框住的 2 个点灯单元，即为预告信号机的点灯单元。举例站场的 X_D 就是有 YX_D 这个由站内供电的预告信号机的进站信号机。

设计者要填写图中右上方的表格，标注进站信号组合(JZ)与防雷分线柜(F)和防雷隔离组合(ZFG)连接的端子号。查看《计算机联锁图册》中图Ⅰ-08(1)的电路，JZ 组合与上方的 ZFG 组合间通过 4 组端子相连，与下方的 F 柜用 9 组端子相连，所以表格被画成了 15 列(ZFG 内是 6 个端子，多出 2 列)，中间被细竖线隔开，左侧与分线柜连接，右侧与隔离组合连接。

表的最左一栏填写进站信号机名称，5 架进站信号机共有 5 行方格，每个方格又被分成上、下两部分，竖细线左侧的每个方格上方填写进站信号组合侧面端子号，每个方格下方填写与其连接的分线盘端子号。在每列方格最上方的顶格内的拼音字母标注着下方方格每组端子连接的点灯线用途，字母下方 2 个横格的汉字“组合侧面端子”和“分线盘端子”正是该列每个方格上、下方端子号的“脚注”。如上方对着“H”、左侧对着“X”的方格内的填写，表示 X 进站信号组合侧面端子 11-1005-3 与防雷分线盘端子 1F-501-3 相连，连通了 X 信号机 H 灯去线。

X_D 有 YX_D 预告信号机，所以要填写向室外送 YX-LUH 电源的 1 组端子号，由于 X_D 无 L 灯显示，所以对着“L”的方格不填写。

竖细线右侧共 6 列方格，对应着图纸左侧上方 3 个 BXG-35 变压器输出的 6 个电源端子，电源的名称和电源端子的字母代号填写在每列方格上方的小横格里。下方的每个方格也分成上、下两部分，上方填写防雷隔离组合 ZFG 的侧面端子号，下方填写进站信号组合 JZ 的侧面端子号，表示了每一组端子的连接和用途。如向上对着“A”和向左对着“X”的小方格的填写，表示 XJZ_{220} 电源(A)经过 ZFG 组合侧面端子 GL-1001-1 与 X 的 JZ 组合侧面端子11-1006-17 相连，提供给 X 进站信号机点灯。在每列方格的最上方横格内又一次标注了尽管组合位置不同、但相同侧面的端子号。如“A”的上方又标注了“06-17”。表中 6 个电源端字母中的“B、D、F”用一细实线相连，表示 3 个 XJF_{220} 电源端合并，与左侧图是一致的。X_D 和 YX_D 预告信号机，要多填写 E、F 端的连接端子。

图中左侧电路图中有 2 处虚线连接着 2 组侧面端子，示意 X_D 进站信号机无 L 和 LU 显示，其 JZ 组合不插 LUXJ 和 TXJ。为使 1U 和 2U 正常点亮，配线时要按虚线所指将 2 组侧面端子短接。

图Ⅰ-08(1)的点灯单元与灯泡处于一个粗实线框内，示意是矮型信号机构。高柱信号机构应将灯泡与点灯单元分别用粗实线框“框”住，见《计算机联锁图册》中图Ⅰ-35(1)室外设备配线图。

图Ⅰ-08(1)的右下方示意了电缆芯线接入分线柜时防雷保安器的连接。“注”中规定着连线的类型和规格。

2. 出站信号机点灯电路图设计

举例站场有两方向和三方向 2 种出站信号机，其电路图见《计算机联锁图册》中图Ⅰ-08(2)和图Ⅰ-08(3)。

出站信号组合(CZ_2、CZ_3)与防雷分线柜(F)和防雷隔离组合(ZFG)连接的填写与进站信号机的类同,只是 CZ 与 ZFG 连接的表格中填写端子号的小方格不再分成上、下两部分,如《计算机联锁图册》中图Ⅰ-08(2)和图Ⅰ-08(3)中右侧的小表格所示,其方格只用来填写防雷隔离组合侧面端子号。与其连接的出站信号组合的侧面端子号被分成两部分填写,其组合位置填写在紧挨信号机名称的组合名称栏内,而相同的侧面端子号则填写在每列方格的上方顶部的小横格内。如 X_I 出站信号机用 XJZ_{220}(A)电源,则由防雷隔离组合侧面端子 GL-401-9 与出站信号组合侧面端子"51-8""06-17"连接提供。

另外,两方向出站信号机为点亮 L 和 LU 两种显示,出站信号组合(CZ_2)要与接近离去组合(JG/LQ)中的 2 组 2LQJ 接点和 2 组 3LQJ 接点串接,见《计算机联锁图册》中图Ⅰ-08(2)左侧电路中部用粗线框"框"住的 4 组接点。为此,在图中大表格的竖细线左侧增加 4 列方格,填写 2 组合间4 条连线所需 8 个组合侧面端子号。对应每个出站信号机的 1 行方格分成的上、下两部分,在每列方格上方 2 个横格内汉字标注:方格上方填写出站"组合侧面端子 A(或 B、C、D)";方格下方填写"JG/LQ 组合侧面端子 A′(或 B′、C′、D′)"。8 个字母代表了图中的 8 个端子。如方格上方对着"A、A′"和向左对着"$X_Ⅰ$"的方格内的填写,表示 CZ_2"组合侧面端子 A""31-805-1"与"JG/LQ 组合侧面端子 A′""21-602-1"连接。

不同出站信号机连接的 2LQJ、3LQJ 接点的继电器名称、组号填写在左侧紧挨信号机名称后面 2 列方格内。如 $X_Ⅰ$ 右侧 2 方格内的填写,表示其出站信号机点灯电路连接的是 $2LQJ_1$ 的 1、2 组接点和 $3LQJ_1$ 的 1、2 组接点。

3. 调车信号机点灯电路图设计

调车信号机点灯电路图见《计算机联锁图册》中图Ⅰ-08(4),图中左侧电路显见,调车信号组合(DX)与防雷分线柜(F)有 3 根点灯用连接线,与防雷隔离组合(ZFG)有 2 根电源连接线,5 根线需要 5 对 10 个侧面端子连接。为此,图中的表格除信号机名称一栏外,方格共有 5 列。竖细线左侧填写 DX 与 F 间的连接端子号,竖细线右侧填写 DX 与 ZFG 间的连接端子号。每列方格的上方顶端小横格内用字母、字母串表示了 5 根连接线的名称、用途,见图中左侧电路中相应的标识。每个信号机名称右边横着 1 行的方格,都分成了上、下两部分,和列车信号机一样,上、下部分填写的内容,标注在方格上方字母代号下面的两个横格内。如 D_1 的右边方格内的填写,表示 D_1 所在 DX 组合侧面端子 11-205-1～11-205-3 与防雷分线盘端子 1F-505-1～1F-505-3顺序相连,D_1 所在 DX 组合侧面端子 11-206-11～11-206-12 与 ZFG 隔离柜侧面端子 GL-601-1～GL-601-2 顺序相连。

由于 1 个 DX 组合可供 4 架调车信号机用,按序号使用组合的信号机用侧面端子号是固定的。《计算机联锁图册》中图Ⅰ-08(4)左侧电路中,在 5 根连接线旁,按(1)～(4)序号列出了固定使用的侧面端子号,方便使用时查验。不难看出 D_1 信号机按序号(1)使用了 DX 组合。

为了便于查阅,设计者将上、下行咽喉调车信号机用端子分开 2 个表格予以填写。

典型工作任务 9　道岔控制电路图设计

1.9.1　工作任务

掌握计算机联锁另一执行电路——道岔控制电路图的设计步骤和方法。

1.9.2 知识链接

道岔控制电路按使用电源不同分成交流转辙机控制电路和直流转辙机控制电路；按道岔之间是否联动可分成单动控制电路和双动控制电路。道岔本身又有提速道岔和非提速道岔之分，举例站场的提速道岔采用交流转辙机，非提速道岔采用直流转辙机。提速道岔的辙叉有可动心轨和固定辙叉两种。举例站场的道岔控制电路类型多达7种，具体见表1.26。

表1.26 举例站场道岔控制电路类型表

电别		单动道岔	双动道岔
交流转辙机	可动心轨		
	固定辙叉	14、16、27	1/3、5/、17/19、23/、/4、6/8、9/、10/12、/15
直流转辙机		21、22	2/、/7、/11、13/、18/20、/25

1. 一启动继电器电路图设计

无论哪种道岔控制电路，都设置有一启动继电器电路，见《计算机联锁图册》中图Ⅰ-09(1)。由于该图比较简单，一改信号机点灯电路图中的填表方式，而将每个道岔的一启动继电器电路绘出，直接将继电器线圈、继电器接点所在组合的位置标注在继电器名称的上方，并用细横线“托”住；而相互连接的侧面端子号，则标注在端子图形代号“—•—”的上方。此表格填写简捷、直观，易于设计后期的配线工作，更利于施工和维修时的查阅。

不难看出，单动道岔的1DQJ电路串接1个DGJ前接点，双动道岔的1DQJ电路串接2个DGJ前接点，这是因为双动的2个道岔分处于2个道岔区段。

2. 单动直流转辙机道岔控制电路图设计

表1.26表明举例站场21、22号道岔为单动直流转辙机控制道岔，其电路图见《计算机联锁图册》中图Ⅰ-09(2)。设计者要将两组道岔组合与防雷分线柜处电缆芯线连接用的“组合侧面端子”号和“分线盘端子”号填写在“X_1～X_4”代号下方，与“21、22”右侧横向交汇的方格的上、下方。如22号道岔“组合侧面端子”“34-605-11～34-605-14”与防雷“分线盘端子”“2F-307-1～2F-307-4”一一相连。

设计者还要填写图Ⅰ-09(2)左下方的电动转辙机连接电缆类型表。连接电缆类型与道岔定位时自动开闭器闭合状态和转辙机是单动还是联动道岔的第几动有关。举例站场22号道岔定位是2、4两排接点闭合。设计时，将“22”填写在《计算机联锁图册》中图Ⅰ-09(2)左下方表格的道岔编号一栏下部。

电缆类型还与转辙机是单动(D)，还是联动道岔第一动(Y)、中间动(Z)和末动(M)有关。为此，电缆插头配线定型共8种，见表1.27，表中“1-1”表示电缆盒1号端子与转辙机插接器插头的1号端子连接；“-7、10、11”表示插头的7、10、11号端子互相短接。表中将电缆盒中11、12号端子固定为电话线(DH、DHH)端子，方便维修。设计者在《计算机联锁图册》中图Ⅰ-09(2)的连接电缆类型表的电缆类型栏内，选择填入“D1、3”“D2、4”。

表 1.27　ZD6 型电动转辙机用电缆插头配线定型表

道岔定位时自动开闭器闭合接点组	使用条件／配线代号／固定连接	电缆插头配线及端子使用							
		单　动		多　动					
				第一动		中间动		末　动	
		D1、3(4 芯)		Y1、3(8 芯)		Z1、3(9 芯)		M1、3(5 芯)	
		电缆盒—插头	电缆盒—插头	电缆盒—插头	电缆盒—插头	电缆盒—插头	电缆盒—插头	电缆盒—插头	电缆盒—插头
第一、三组(11-12 13-14 15-16 31-32 33-34 35-36)	电缆盒端子号与连接电动转辙机电缆芯线编号及插头接点编号一致，调整跨线在插头端子上连接	1-1	-7、10、11	1-1	7-7	1-1	7-7	1-1	-7、10、11
		2-2	-8、9、12	2-2	8-8	2-2	8-8	2-2	-8、9、12
		3-3、4	9-	3-3、4	9-9	3-3	9-9	3-3	9-
		4-	10-	4-	10-10	4-4	10-10	4-4	10-
		5-5	11(DH)	5-5	11(DH)	5-5	11(DH)	5-5	11(DH)
		6-	12(DHH)	6-	12(DHH)	6-	12(DHH)	6-	12(DHH)
		D2、4(4 芯)		Y2、4(8 芯)		Z2、4(9 芯)		M2、4(5 芯)	
第二、四组(21-22 23-24 25-26 41-42 43-44 45-46)		1-2	-7、10、12	1-2	7-7	1-1	7-7	1-1	-7、10、12
		2-1	-8、9、11	2-1	8-8	2-2	8-8	2-2	-8、9、11
		3-3、4	9-	3-3、4	9-9	3-3	9-9	3-3	9-
		4-	10-	4-	10-10	4-4	10-10	4-4	10-
		5-5	11(DH)	5-5	11(DH)	5-5	11(DH)	5-5	11(DH)
		6-	12(DHH)	6-	12(DHH)	6-	12(DHH)	6-	12(DHH)

3. 双动直流转辙机道岔控制电路图设计

表 1.26 表明举例站场 18/20 号道岔为双动直流转辙机控制道岔，其电路图见《计算机联锁图册》中图Ⅰ-09(4)，设计步骤、方法与单动相同。20 号道岔离信号楼近，确定为第一动，18 号道岔为末动，再结合开闭器位置判定，18/20 号道岔定位为 2、4 两排接点闭合，在图内左中的电缆类型表的道岔编号栏的下部对应“Y2、4”和“M2、4”方格内分别填入“20”和“18”。

4. 单动交流转辙机道岔控制电路图设计

表 1.26 表明 14、16、27 号道岔为单动固定辙叉交流转辙机控制道岔，其电路图见《计算机联锁图册》中图Ⅰ-09(4)，设计也是填写表格。每组道岔配 2 个 TDF 组合，而每个 TDF 组合从固定号的 5 个侧面端子，连到室外 5 根道岔控制线。为了简化填写，将每个 TDF“完整”的组合侧面端子号“拆”成两部分。将每个组合固定使用的 5 个侧面端子号“05-1～05-5”填写在表格上方，表示 5 根道岔控制线代号“X_1～X_5”的下面横格内，一一对应。而将每个组合的名称和组合位置号填写在表格“TDF 组合位置”一栏内。每组道岔右边 2 行 5 列共 10 个横条方格内，就只填写相应连接的“至分线盘端子”号。该电路图除了 2 个 TDF 组合外，上方还有 TDD 组合电路连接。表格的左起第 2 栏还需填写每组道岔配的 TDD 组合位置。不难看出，14 号道岔 14-J_1 组合侧面端子 33-405-1～33-405-5 与分线盘端子 2F-301-1～2F-301-5 一一对应连接，构成“X_1～X_5”5 条道岔控制线。

填写连接电缆类型表。由于交流转辙机都是并联工作，电缆类型只有“D”型 1 种，进一步判定，可判定 14 号是 D1、3 型，16、27 号是 D2、4 型。将道岔号码填写表中相应位置。

由于交流转辙机供电电路完全相同，所以控制电路图内不再绘出，可见《计算机联锁图册》中图Ⅰ-09(9)和图Ⅰ-09(10)。

5. 两端固定辙叉双动交流转辙机控制电路图设计

表1.26表明1/3、17/19、6/8、10/12号双动道岔是固定辙叉，由交流转辙机控制的，其电路图见《计算机联锁图册》中图Ⅰ-09(6)。设计工作同前，只是将“TDD组合位置”更换成“TSD组合位置”。

6. 一端固定辙叉，另一端非提速道岔双动道岔控制电路图设计

表1.26表明2/4号双动道岔一端是固定辙叉提速道岔，由交流转辙机控制；另一端是非提速道岔，由四线制直流转辙机控制。电路图见《计算机联锁图册》中图Ⅰ-09(7)。设计填表工作同前，只是因为交流转辙机是五线制电路，直流转辙机电路是四线制电路，因此配线表格绘制成两张。另外，道岔组合选用TDC-4组合，填写电缆类型表方法相同。牵引供电系统标称(额定)电压为25 kV；最高持续电压为27.5 kV；最高非持续电压为29 kV；最低持续电压为19 kV；最低非持续电压为17.5 kV。

7. 交流转辙机控制电路图设计

S700K型交流电动转辙机控制电路图见《计算机联锁图册》中图Ⅰ-09(9)；ZYJ7型交流电液转辙机控制电路图见《计算机联锁图册》中图Ⅰ-09(10)。这两张是定型电路，均是按照D1、D3型绘制的；若是D2、D4型转辙机，则要按图中注所列1、2条对电路更改。

典型工作任务10 轨道电路图设计

1.10.1 工作任务

掌握扼流变压器的设置原则、步骤和方法。

1.10.2 知识链接

1. 扼流变压器的设置原则

举例站场实现电气化，其下行咽喉扼流变压器的设置如图1.33所示。

(1)正线是牵引电流的回归通道，应满足牵引电流沿两个方向均能畅通无阻地回归牵引变电所的要求。因此，正线上的道岔区段、无岔区段及股道的轨道电路在正线上的绝缘两侧均需设置扼流变压器，如图1.33中北京方面双线正线上的扼流变压器。

(2)轨道电路送、受电端均需设置扼流变压器，而正线上的绝缘两侧均接有轨道电路设备，所以也应设置扼流变压器。另外，图1.33中19-27DG为一送两受区段，在每个送、受电端均设置扼流变压器。

(3)为了构成双线区段两正线间牵引电流通路，在双线区段进站信号机处，将两正线扼流变压器的中性点相连。图1.33中X进站信号机处的跨越两正线线路的细实线，表示了两扼流变压器中性点相连。

(4)两平行线路之间，为使经渡线道岔反位运行的列车牵引电流回归，应将两线路上扼流变压器中性点连通。为节省连线，一般对同一坐标的两扼流变压器进行连接，如图1.33中坐标757 m处的跨越两线路的细实线，表示了这种连接。

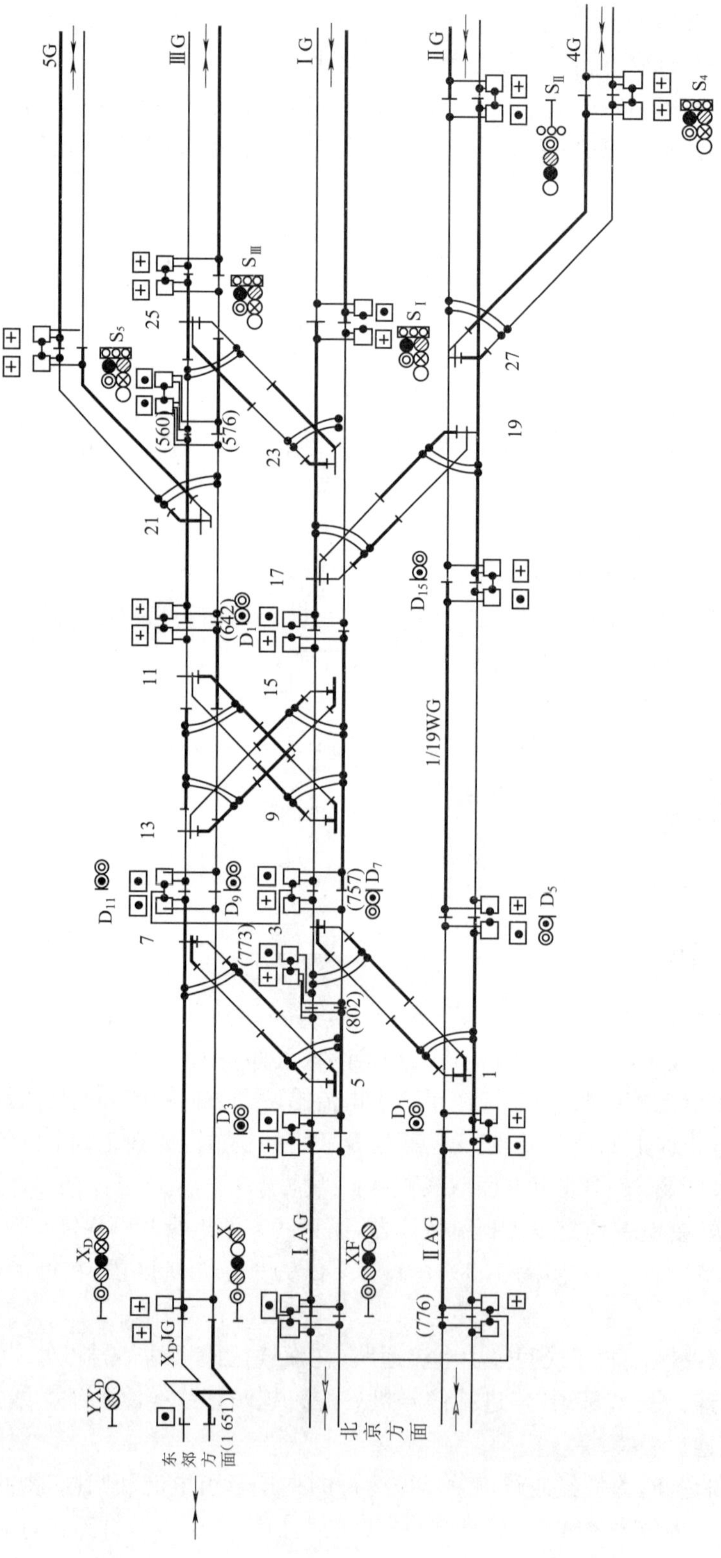

图 1.33　电气化时下行咽喉双线轨道平面图

(5)应考虑侧线上牵引电流回归,必需时应设置无受电端扼流变压器(俗称“空扼流”)。图 1.34中,59 号道岔弯股长度不足 65 m,未设受电端,但为了使 D_{25} 处的牵引电流回归,在该分支末端设置了“空扼流”,将该扼流变压器和邻接绝缘的扼流变压器的两中性点相连。

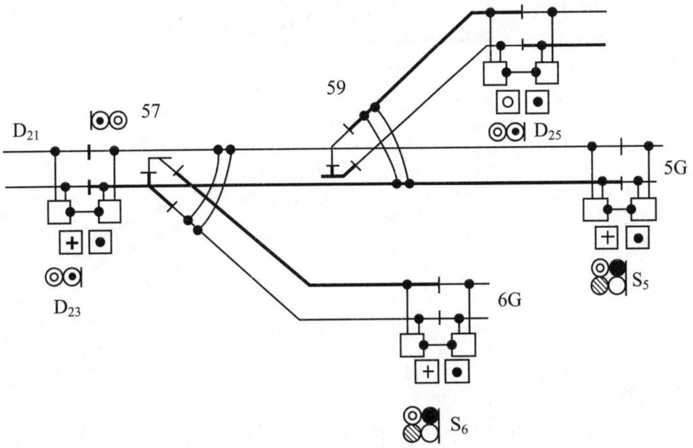

图 1.34 “空扼流”(一)

装“空扼流”处,应对空扼流变压器补偿器 BCQ 进行补偿。BCQ 随机车信号制式不同而不同。

(6)为了沟通线路间回归电流、引接吸上线或引接接触网变压器馈电地线,“空扼流”还可设在一送一受轨道电路中部。图 1.35 为了使 D_8G 的牵引电流回归,从该区段送、受电端扼流变压器中点,引横向连接线至 D_8G 的扼流变压器中点,均显得距离太远,为此在 D_8G 的中部与 D_2 信号机同坐标处设置一“空扼流”。

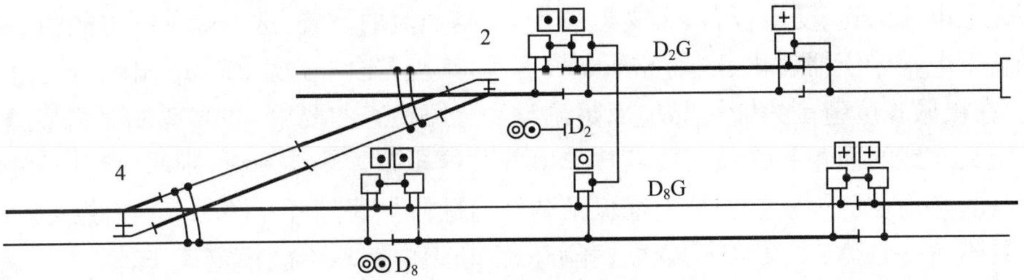

图 1.35 “空扼流”(二)

(7)为了使牵引电流回归,有时会由两空扼流变压器中性点相连。图 1.36 中,D_8G 和 D_6G 的牵引电流无法通过横向连接线沟通,该图在 6/8 号渡线中间及 10 号道岔直股末端设置了三个“空扼流”。

(8)一个轨道电路只能设一个“空扼流”,而包括空扼流变压器在内,每个轨道电路区段最多可设四个扼流变压器。图 1.34 中,其 57-59DG 就用够了四个扼流变压器。

(9)不走行电力机车的轨道电路区段可不设扼流变压器。东郊方面未实现电力牵引,图 1.35的 X_DJG 就未设置扼流变压器。

(10)为了回归走行电力机车的非集中区线路的牵引电流,应在集中区边界绝缘处,将非集中区两根钢轨短路并接向集中区单扼流变压器中点。图 1.35 的 D_2G 受电端的扼流变压器中点就与非集中区两钢轨相连,以实现进入 D_2G 的电力机车牵引电流回归。

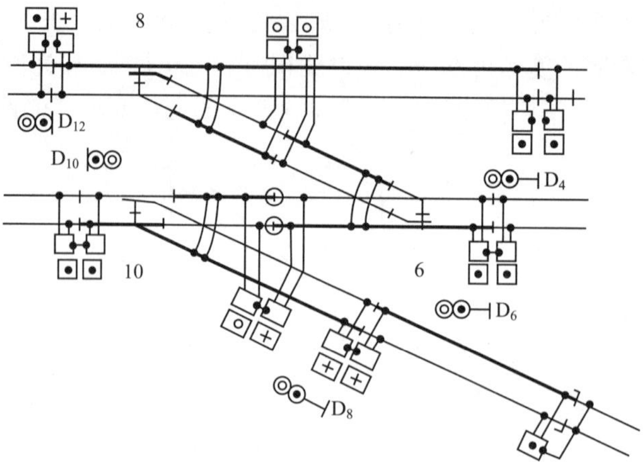

图 1.36 “空扼流”(三)

2. 25 Hz 轨道电路的几点设计原则

(1)适用于牵引总电流不大于 800 A,钢轨内不平衡牵引电流不大于 60 A 的交流电气化区段的站内及预告的轨道电路区段。

(2)在电源频率 50 Hz、电压在 160～260 V 之间、钢轨阻抗不大于 0.62∠42°Ω/km、道砟电阻最小值不小于 0.6 Ω·km 时,不带无受电分支和空扼流的一送一受轨道电路极限长度为 1.5 km;道砟电阻为 1.0 Ω·km 时,极限长度为 2 km;道砟电阻为 1.5 Ω·km 时,极限长度为 2.2 km。

(3)根据扼流变压器、受电分支和空扼流的设置情况,25 Hz 轨道电路可组成一送一受 12 种、一送两受 20 种、一送三受 5 种,共计 37 种轨道电路。具体电路参看有关 97 型 25 Hz 相敏轨道电路的图册。

(4)轨道电路的送、受电设备、无受电分支数、空扼流的设置、送电端限制电阻值、受电端调整电阻值、受电端变压器变化、区段各分支长度等,均应符合“97 型 25 Hz 相敏轨道电路图册”的要求。在极限长度范围内能可靠地满足调整和分路检查的要求,并实现一次调整。

(5)交叉渡线的两相邻轨道区段若按非电气化区段布置轨端绝缘,则两轨道电路区段有一根钢轨相连,必须在此钢轨上加装绝缘保证两轨道区段彻底隔开。图 1.37 在渡线上加装一对绝缘,如果不将 9-15DG 与 11-13DG 彻底隔开,两轨道电路均不能稳定工作。

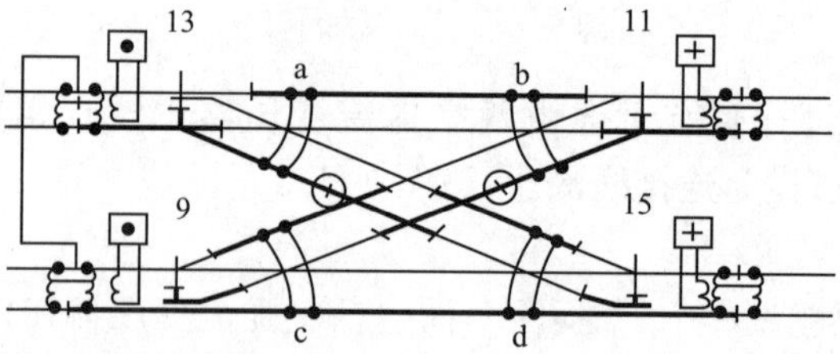

图 1.37 加装在交叉渡线处的绝缘

图中 11-13DG 正极性(粗线)轨条,通过 a、b、c、d 跳线与 9-15DG 的正极性轨条相连。两区段负极性(细线)轨条,通过扼流变压器的 2、3 端子间线圈及横向中点连线也接到一起。致使两区段轨道电路并联起来,两轨道电路的任一送电端都向另一轨道电路受电端供电。维修时,调整任一区段送电端电压,都影响到另一区段轨道继电器轨道线圈电压。当 11-13DG 有车占用，11-13DGJ 落下时，对于 9-15DG，相当于车轮分路电阻 0.06 Ω 再加上两扼流变压器的 2、3 端子间线圈、中点连接线、跳线和粗线轨条，使其分路，由于牵引线圈线径和连接线很粗，也能使 9-15DGJ 落下。

如果将中点连接线移向远处，加长信号电流的迂回电路，轨道电路可以正常工作，但牵引电流的单轨条回流问题无法解决。当电力机车进入 11-13DG，由于跳线和绝缘节的影响，迫使牵引电流按交叉渡线的粗线流过，这时 9-15DG 的粗线轨条有牵引电流流过，这就是单轨回流，如在 9-15DG 受电端轨道连接线上用钳形表测试，一个连接线上为 20 A，另一个只有 1.5 A，造成 5 A 熔丝熔断，使 9-15DGJ 落下。

由于上面两个原因，在交叉渡线间粗线轨条加装一对钢轨绝缘，彻底将两轨道电路隔开。

(6)当邻接股道的道岔区段分支末端均设受电端，并且相邻轨道电路的扼流变压器中点均予以连接时，则相邻两股道的轨道电路易构成迂回电路。为防止这一情况发生，在确保回归牵引电流畅通的前提下，将侧线个别扼流变压器的中性点不予连接，以切断迂回电路。但应注意，正线上扼流变压器中性点必须保持连接。

(7)相邻轨道区段实行极性交叉，能可靠防护绝缘破损。为做到极性交叉，扼流变压器、轨道变压器、交流二元继电器和钢轨，应严格按确保极性交叉的双线轨道平面图进行。扼流变压器、轨道变压器和交流二元继电器要进行同名端子相连。当扼流变压器或轨道变压器与钢轨相连时，其同名端要与双线轨道平面布置图中粗线所示的钢轨连接。

站在线路一侧看扼流变压器的三个输出端子，从右向左依次为 1、3、2 端子。其中 1 端子要与粗线所示的钢轨相连，这样连的结果，在双线轨道平面布置图上，绝缘节两侧的两个扼流变压器及钢轨连接线正好形成关于绝缘节为轴对称图形，如图 1.38 所示。

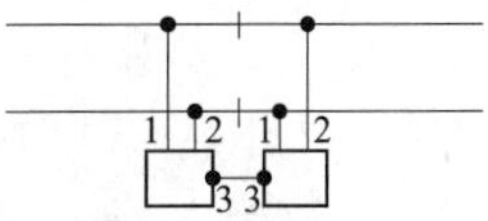

图 1.38　扼流变压器与钢轨的连接

(8)当两个场(站)由独立的 25 Hz 电源屏供电，场(站)间联络线也采用 25 Hz 相敏轨道电路时，或者一个战场的两个咽喉分别由独立的 25 Hz 电源屏供电时，在衔接处的钢轨绝缘两侧，均应设置送电端，防止绝缘破损时造成轨道继电器错误动作。

(9)钢轨接续线应采用截面积不小于 50 mm^2 的多股铜线焊成，条件暂不具备时，应采用一根钢焊接线和一根塞钉式接续线并联使用。

(10)钢轨引接线应采用等阻线与钢轨焊接连接，使不平衡系数控制在 1%以内。

(11)25 Hz 轨道电路用轨道变压器电气特性见《铁路信号基础(第三版)》(978-7-113-26774-2)。固定抽头式电阻器参数见表 1.28。

表 1.28　固定抽头式电阻器参数

型　　号	阻值及轴头(Ω)
R_1-2.2/220	0.2+0.4+0.5+1.1
R_1-4.4/220	0.2+0.4+0.5+1.1+2.2

3. 轨道继电器组合选用

一个 25 Hz 轨道继电器组合内装三个受电端用防雷补偿器、防护盒和交流二元继电器。每个组合仅设一块侧面端子板，用来连接其他设备。

现有的组合架，不加工能安装 9 层轨道继电器组合，若另行钻孔，则可安装 10 层。设计时，两个咽喉的轨道继电器组合一般不装在同一组合柜上，举例站场采用 25 Hz 轨道电路时的轨道继电器组合排列表见《计算机联锁图册》中图Ⅰ-04 的 23、24 柜。

4. 轨道电路图设计

电气化区段发码和不发码的送、受电端单元图见《计算机联锁图册》中图Ⅰ-10(1)的左侧电路图，右侧为轨道复示继电器电路图。

设计工作主要是填记《计算机联锁图册》中图Ⅰ-10(2)的表格，把受电端从防雷分线柜至室内隔离单元、至 RGJ 轨道线圈、至轨道测试盘，以及使 GJ 励磁用的连接端子号等数据填入表内的方格中。表格第 1 栏是轨道区段名称栏，用来填记轨道区段名称，先填下行咽喉，再填上行咽喉。每个咽喉从站外向站内、由小号到大号顺序填写轨道区段名称。从第 2 栏到第 4 栏，相当于受电端 3 处连接，每处又都是 2 根线连接，所以每栏又分成 2 个小栏；每根线连接都是通过 2 个端子进行的，在每个小栏的顶格分成上、下 2 个小格，在格内标注了端子的"代号"。如第 2 栏4 个小格的标注表示分线盘"F"的 2 个端子分别和室内受电隔离单元端"NGL-5、NGL-15"进行连接；第 3 栏 4 个小格标注表示第 2 处的受电隔离单元端"NGL-2、NGL-12"分别与防护盒端"HF_4-1、HF_4-3"也就是轨道继电器线圈端"RGJ-3、RGJ-4"进行连接；第 4 栏表示第 3 处的继电器线圈端"RGJ-3、RGJ-4"与轨道测试盘侧面端子进行连接。而具体的端子号由设计者根据先已分配好的防雷分线柜配线表(F)、站内综合柜侧面端子配线表(ZH)和轨道测试盘(G-4)侧面端子配线表，将具体的端子号填写到轨道区段名称以右对应顶部小栏的每个方格的上、下小格内。如表格的第 1 行ⅠAG 的前 4 个小栏内的填写，表示从防雷分线柜分线盘端子1F-107-1、1F-107-2分别连接到站内综合柜侧面端子 ZH_1-801-4、ZH_1-801-5，再由 ZH_1-801-1、ZH_1-801-2 分别连接到轨道柜侧面端子 G_1-801-7、G_1-801-8[应查阅《计算机联锁图册》中图Ⅰ-22(1)的ⅠAG 受电端电路图进行比对]，并从这 2 个端子再分别连到轨道测试盘端子G_1-401-3、G_1-401-4。

表格的第 5 栏填记的是 GJ 轨道复示继电器电路中线圈、继电器接点之间连接的端子号等数据。第 5 栏被分成 4 个小栏是为了适应一送一受和一送多受的不同轨道电路。若是一送一受则只填记第 1、2 两个小栏；若是一送二受，甚至一送三受则还需填记第 3 小栏和第 4 小栏。每一小栏的顶格被分成上、下两个小格，上方小格填记交流二元继电器接点名称，依次为：RGJ_{11}、RGJ_{12}、RGJ_1-12、RGJ_2-12，表示交流二元轨道电路一受端、二受端，甚至三受端轨道继电器接点名称；下方小格填记这些接点的连接去向。RGJ-11 接点接通 KZ 电源，在其下方小格内标注"KZ"。RGJ-12 接点在一送一受轨道电路中接向 GJ-1，在一送二受轨道电路中接向 RGJ_1-11，若是电码化的一送一受轨道电路则接向 GJF_1-61，所以，第 2 栏顶格标注"RGJ-12"下方小格内标注"GJ-1 或 GJF_1-61 或 RGJ_1-11"。类推，在标注"RGJ_1-12"下方小格内标注"GJ-1 或 GJF_1-61 或 RGJ_2-11"，在标注"RGJ_2-12"下方小格内标注"GJ-1 或 GJF_1-61"。对于电码化区段，GJF_1-61 和 GJF_1-62 接点的连接，在表格最右侧的第 7 栏内予以表示。在标注"GJF_1-62"下方小格内标注"GJ-1"，表示 GJF_1-62 接点直接连接 GJ 继电器线圈 GJ-1。而每个轨道区段 GJ 轨道复示继电器电路中具体连接的端子号，应填记在轨道区段名称以右对应第 5、7 栏的每个小栏的上、下小格内。如ⅠAG 的第 5 栏的填写，表示 KZ 电源经轨道柜侧面端子G_1-801-9接向 RGJ-11 接点，RGJ-12 接点经轨道柜侧面端子 G_1-801-10 连接电码化组合柜侧面端子 Z_1-906-12，接向ⅠAGJF_1-61 接点，ⅠAGJF_1-62 接点再经电码化组合柜侧面端子

Z_1-906-14与组合柜侧面端子 22-1001-1 连接,连通ⅠAGJ 的线圈 GJ-1,而 GJ-4 是固定连通 KF 电源,至此,形成一个电路。再如第 11、12 行的 19-27DG 和 19-27DG_1 是一送二受轨道区段。第 11 行第 5、7 栏的填写,表示 KZ 电源接通 G_1-502-9 端子,送到 19-27DGRGJ-11 接点,从19-27DGRGJ-12接点通过 G_1-502-10 端子连接 G_1-503-9 端子,连向 19-27DGRGJ_1-11 接点,从19-27DGRGJ_1-12接点通过 G_1-503-10 端子连接 Z_2-604-12 端子,连向 19-27DGJF_1-61 接点,再从 19-27DGJF_1-62 接点通过 Z_2-604-14 端子连接 22-904-1 端子,连到 19-27DGJ 复示继电器线圈 1,形成完整电路。

5. 轨道测试盘盘面图设计

轨道测试盘也是一个定型设备,举例站场上、下行咽喉轨道测试盘盘面图见《计算机联锁图册》中图Ⅰ-11(1)和图Ⅰ-11(2)。设计者在图中名称位置栏将名称和组合位置“G_1-4”“G_2-4”填入,并在下方盘面示意图框内“按钮”上方的铭牌内填注轨道区段名称,同时也就分配了组合侧面端子。铭牌的使用顺序是先上行后下行,每行是从左向右,轨道区段名称填注顺序是每个咽喉由站外向站内、编号由小到大,也就是与轨道电路图中表格的名称填写顺序是一样的。

按钮上方铭牌填注完,侧面端子也就被分配了。由图中右上的侧面配线表可知,前 6 列侧面端子,每 4 个端子连向 1 个按钮,按钮功能定了,对应的 4 个端子用途也明确了。如侧面端子 01-1～01-4 连向了按钮 1,而按钮 1 上方铭牌填注决定了这 4 个端子用于ⅠAG、RGJ 的测试。

典型工作任务 11 与区间闭塞结合电路图设计

1.11.1 工作任务

掌握与自动闭塞、半自动闭塞结合电路图的设计方法。

1.11.2 知识链接

1. 与自动闭塞结合电路图设计

与自动闭塞结合电路图见《计算机联锁图册》中图Ⅰ-16,图中未被小粗线框“框”住的继电器 JGJ、LQJ 处在计算机联锁组合内,而在框内的继电器、接点和在框外的 GJ_{52} 接点设置在区间自动闭塞组合内。设计者要在图中组合位置名称框“▭▭”内标注组合名称、位置,还要在 GJ_{52} 接点图形符号上方填注继电器名称和组合位置号,以及填注两类组合间连接用的侧面端子号。由于电路是定型的,许多固定使用的侧面端子已印制出来。

车站两端邻接区间设备布置是对称的,与两端的自动闭塞结合电路也是对称的。

2. 自动闭塞改变运行方向电路图设计

车站两端邻接双线双向自动闭塞区间,自动闭塞改变运行方向电路图共有 4 张,见《计算机联锁图册》中图Ⅰ-17(1)、图Ⅰ-17(2)、图Ⅰ-17(3)和图Ⅰ-17(4)。对比这 4 张图,显见电路的绝大部分是定型的,其侧面端子是固定使用的。设计者的工作是标注计算机改变运行方向主组合 WFZ 和计算机改变运行方向辅助组合 WFF 的继电器和接点的组合位置号。在《计算机联锁图册》中图Ⅰ-17(1)的中下方图形“▭▭”内填写“WFZ、21-10”表示图中未被粗线小框“框”住的多数接点和继电器属于 WFZ 组合。对于少数的 WFF 组合的继电器、接点,则要在名称上方画一横线,并在横线上标注组合位置号。如图中左侧下方的空闲继电器 KXJ 电路,KXJ 在 WFF 组合内,就在线圈名称代号上方画一横线“-”,在横线上标注“21-9”,若横线已自动印出，则直接标注。在电路中的控制继电器接点 KJ_{22}、KJ_{82} 和二方向继电器接点 $FJ_{132\text{-}133}$ 也在 WFF 组合内，在接点名称代号上方也要标注“23-9”。由于两组合间连接的侧面端子是固定使用的，已自动印制，无须做标注，但电路末端接通 KF 电源的接点——$3JGJ_{42}$，则是零散的，继电器名称接点组号和侧面端子号，随邻接区间的轨道区段不同而不同(请对比 4 张图)。要标注相应的继电器接点名称、组号、组合位置号和侧面端子号。

《计算机联锁图册》中图Ⅰ-17(1)右上方粗线框内是改变运行方向接口电路，除填写“WFF、23-9”外，还要标注接口柜端子号、机柜输出/输入端子号。图的左上方粗线框内是 X 进站口邻接区间 4 个轨道区段的继电器和接点，都处在区间组合柜内，由于电路和侧面端子都是定型和固定使用的，只需在名称位置框内填写区间组合名称和位置号。

《计算机联锁图册》中图Ⅰ-17(1)的左上方的 4 条至邻站的电缆连线，经区间综合柜端子引出，要予以标注。

3. 半自动闭塞电路图设计

X_D 方面是半自动闭塞区间，电路图见《计算机联锁图册》中图Ⅰ-18。半自动闭塞电路是定型电路，由 B_1、B_2 两组合构成。设计者要填写图的左侧上方名称栏内组合名称和组合位置号。图中显示两组合的继电器、继电器接点间连线的端子代号只有 1 个，侧面端子号也只有 1 个。这是因为设计 B_1 和 B_2 组合内部配线表时，有意识地使两组合间连接都是同号侧面端子相连。所以 1 个端子和端子号却表示 B_1 和 B_2 组合各 1 个。

《计算机联锁图册》中图Ⅰ-18 的右侧是半自动闭塞接口电路。设计者除填写 B_1、B_2 名称和组合位置号，还要标注接口柜端子号、机柜输出/输入端子号。

《计算机联锁图册》中图Ⅰ-18 的左上方示意 2 根与邻站连接的 X_1、X_2 外线，要标注防雷分线柜用端子号。

典型工作任务 12　站内轨道电路电码化柜设备布置图设计

1.12.1　工作任务

掌握站内电码化用移频柜、综合柜和组合柜设备布置图设计方法。

1.12.2　知识链接

1. 站内移频柜设备布置图设计

1)电码化载频配置

下行正线正向接车、发车进路载频为 1700-2，为防止出站处钢轨绝缘破损，载频与区间轨道电路载频交错配置。

上行正线正向接车、发车进路载频为 2000-2，为防止出站处钢轨绝缘破损，也要与区间轨道电路载频交错配置。

侧线股道按 1700-1/2000-1、2300-1/2600-1 交错配置载频，其 1700-1、2300-1 为下行方向载频；2000-1、2600-1 为上行方向载频。设置时，应考虑与正线股道载频交错。

东郊方面区间是半自动闭塞，ⅢG 是东郊方面下行接车正线股道，上行正线发车股道。东郊方面正线接车至ⅢG 载频选择 2300-2，向东郊方面发车进路载频选择 2600-2。

举例站场电码化载频配置如图 1.39 所示。

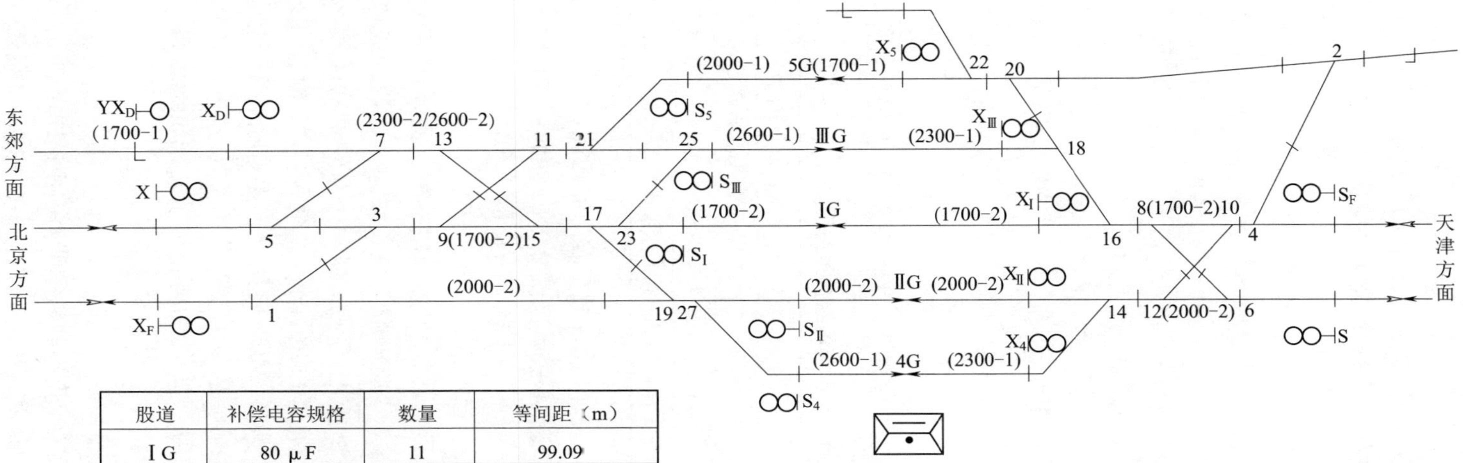

股道	补偿电容规格	数量	等间距（m）
ⅠG	80 μF	11	99.09
ⅡG	80 μF	11	93.09
ⅢG	80 μF	11	96.00
4G	80 μF	11	93.09
5G	80 μF	11	92.36

图1.39　举例站场电码化载频配置

2)站内移频柜设备布置图

下行正方向正线接车进路、正线发车进路均需设发送器，正线ⅠG两端各需1台发送器，共需4台；上行正方向正线接、发车进路也需4台；侧线股道考虑上、下行接车各需2台，共6台；X_D接近轨道区段设1台；另有一台+1FS发送器。举例站场需发送器16台，移频柜2个。举例站场移频柜设备布置图见《计算机联锁图册》中图Ⅰ-20。

从正面看，每个移频柜从左至右安放5个组合，每个组合内放2套发送设备，第1、4层放发送器，第2、3层放相应的检测盒。ZY_1和ZY_2两移频柜统一安排，所有组合的第4层，从左向右安放下行正线上设置的4台发送器，编号为1FS～7FS，然后向右顺序安放ⅢG～5G下行接车时的股道发送器编号为9FS和ZY_2的1FS、3FS。而上行正线和上行侧线股道接车时的发送器，则也是从左至右顺序安放在所有组合的第1层，占据ZY_1柜的2FS～10FS和$2Y_2$柜的2FS、4FS位置。而东郊方面的X_DJM发送器安放在ZY_2的5FS位置上，+1FS安放在ZY_2柜的右下角。这样放置与上、下行正线方位相一致，有利于查验维护。

有了ZY柜号和FS位置号用短横线相连，每台发送器位置就确定了，如XSM发送器位置号是"ZY_1-1"。

2. 站内综合柜设备布置图设计

1)综合柜组合类型

综合柜的内部由下向上可放置10层组合，第11层是零层。综合柜的组合类型见表1.29。

表1.29　综合柜的组合类型表

名　　称	型号	容　　量
匹配防雷调整组合	MFT_1-U	可放6台ZPW·FT_1-U防雷匹配单元
受电端室内隔离组合	MGL-R	可放5台NGL-T室内隔离盒、1个RT-R电阻盒
送电端室内隔离组合	MGL-F	可放3台NGL-T室内隔离盒、3台BMT-50调整变压器、1个RT-F电阻盒

防雷匹配单元是与发送器配套的，所以配置数量与发送器相同，共15个，其名称也与发送器名称一样。但选用组合时，需考虑综合柜设备布置是上、下行咽喉分开。

下行正线和侧线股道共需匹配单元8个，加上东郊方面的1个，共9个，选用2个MFT_1-U组合；上行正线和侧线股道共需匹配单元6个，正好1个MFT_1-U组合。

送、受电端室内隔离单元是与电码化轨道区段送、受电端配套的，所以配置数量与送、受电端相同，其名称也与送、受电端名称一样。下行咽喉2条正线道岔区段和股道共12个轨道区段，12个送电端，需4个MGL-F组合；由于19-27DG是一送双受道岔区段，受电端是13个，需3个MGL-R组合。东郊方面正线道岔区段共4个，需2个MGL-F组合；由于21DG也是一送双受道岔区段，受电端是5个，恰好选1个MGL-R组合。上行咽喉2条正线道岔区段和股道共8个轨道区段，其中14DG和16-18DG是一送双受道岔区段，送电端8个，需3个MGL-F组合；受电端10个，需2个MGL-R组合。

举例站场综合柜组合类型选用见表1.30。

2)站内综合柜设备布置图

举例站场站内综合柜设备布置图见《计算机联锁图册》中图Ⅰ-19。

下、上行咽喉的组合分别放置在ZH_1和ZH_2柜内，考虑到均衡，将东郊方面用送、受电端隔离组合放置在ZH_2柜内。每柜内的底层空着，因为零层在顶层，配线从顶端出入。从第2层向上依次放MGL-F、MGL-R和MFT_1-U组合。为方便施工、维修查验，组合内的单元放置是按接车方向由站外向站内顺序放置单元的，如 ZH_1-10 内，1～4 位置顺序放置北京方面正方向正线接车进路、发车进路的 4 个匹配防雷单元，拐到 ZH_1-9 组合内放 5G 和 X_D 的匹配防雷组合。再如 ZH_1-8 组合内，1～5 位置顺序放置北京方面下行正方向正线接车进路的各轨道区段的受电端隔离单元，送电端隔离组合内单元放置顺序亦然。

表 1.30 举例站场综合柜组合类型选用

方　面	MFT_1-U 数量	MGL-F 数量	MGL-R 数量
北京方面	2	4	3
天津方面	1	3	2
东郊方面		2	1

有了 ZH 柜号、柜内层号和每个组合内的位置号，综合柜内每个单元的位置号就有了，如 17-23DG 的送电端隔离单元的位置号就是 ZH_1-4(2)。

3. 站内电码化组合柜设备布置图设计

1)站内电码化组合类型

电码化组合柜组合类型见表 1.31。

表 1.31 电码化组合柜组合类型表

组合名称	型　号	容　量
正线接车电码化组合	ZJM	*
正线轨道传递组合	ZGC	5 组 GJF_1 和 CJ
正线股道双向电码化组合	ZGS	*
正线发车电码化组合	ZFM	*
侧线股道双向电码化组合	CGS	*
区间离去复示组合	QLF	4 个 LQJ

注：* 见《计算机联锁图册》中图Ⅰ-21。

正方向正线接车需配置 1 个 ZJM、1 个 ZGC(5 个区段以内)和 1 个 ZGS 组合，正方向正线发车与反方向正线接车需 1 个 ZFM 和 1 个 ZGC(5 个区段以内)组合，侧线双方向接车股道需 1 个 CGS。

举例站场需配置 3 个 ZJM、2 个 ZFM、5 个 ZGC、3 个 ZGS(东郊方面稍有改动)、2 个 CGS 和 2 个 QLF 组合，共 17 个组合。

2)站内电码化组合柜设备布置图

举例站场电码化组合柜设备布置图见《计算机联锁图册》中图Ⅰ-21。显而易见，组合柜要空位也是在底层。下、上咽喉的组合分开放置在 Z_1 和 Z_2 两组合柜内，兼顾到均衡，把 X_D 正线接车用组合放在 Z_2 柜的 1～3 层；把 X_DJG 电码化用的 JG 零散组合放在 Z_1 柜的第 3 层，剩下的 14 个定型组合是北京方面和天津方面的正线电码化用组合，下行正方向正线接、发车电码化和下行侧线股道电码化组合放在 Z_1 组合柜，而上行正方向正线接、发车电码化和上行侧线股道电码化组合则放在 Z_2 组合柜。从高层到低层显然是先正线接车、正线发车，后侧线股道的顺序置放组合。

柜号和层号用短横线相连，就构成了组合柜内每个组合的位置号，如 X 正线电码化的 ZJM 和 ZGC 组合位置分别是 Z_1-10 和 Z_1-9。

典型工作任务 13　站内电码化电路图设计

1.13.1　工作任务

掌握站内电码化电路图设计方法。

1.13.2　知识链接

站内电码化电路图有正线接车进路、正线发车进路、正线股道和侧线股道电码化电路图。

1. 正线接车进路电码化电路图设计

X 正线接车进路电码化电路图见《计算机联锁图册》中图 Ⅰ-22(1)。电路图多是定型的，在中间被粗实线分成左、右两部分，左侧的继电器和接点多是(X)ZGC 组合的；右侧的继电器和接点多是(X)ZJM组合的。设计者首先在两部分的中间名称、位置"▭▭"栏内填写两组合名称和位置号"Z_1-9""Z_1-10"(见"典型工作任务12　站内轨道电路电码化柜设备布置图设计")。

左侧图的上方应画出 X 正线接车进ⅠG 的进路上所有轨道区段示意图，并标注轨道区段名称和送、受电端位置。一共 5 个区段(不含正线股道)，受电端均在运行方向远端。所以下方就将 5 个受电端的室内隔离单元及轨道继电器单元排列画在了右边，离图纸右侧的发送器单元近一些。5 个受电端的名称，从左至右与上方示意图从始端向终端的轨道区段名称一一对应。站场不同，接车进路内电码化的轨道区段数目也会不同[可对比图Ⅰ-22(2)和图Ⅰ-22(3)]，送、受电端布置方位也不尽相同，因此这部分图纸和图纸下方的 DGJF_1 电路需要设计者绘制。

单元绘制后，要在每个单元的粗线框的右上角的位置栏"▭▭"内标注单元的位置号。如图纸上方最左端是 17-23DG 送电端室内隔离单元，就在位置栏内标注"ZH_1-4(2)"(见"典型工作任务12　站内轨道电路电码化柜设备布置图设计")。粗实线右侧 3 个粗线小框分别是防雷匹配单元、发送器和编码用的 2 个 LQJ 接点，也要在框内名称栏内标注名称、位置和发送频率，分别是"XJM、ZH_1-10 (1)"(见"典型工作任务 12　站内轨道电路电码化柜设备布置图设计")、"ZY_1-1、XJM、1700-2"和"Z_1-5"。轨道继电器单元和图纸左侧下方的轨道继电器 RGJ 接点均是轨道柜 G_1 内，要填写名称和位置。

设计者还要标注另外一些零散接点名称、侧面端子和组合位置号。如图 Ⅰ-22(1)中 5 个 CJ 继电器是(X)ZGC 组合中的，而右端接通 KZ 电源的 XJMJ_1 的 52 接点是在另一组合的，所以要在该接点名称上方标注"Z_1-10"，17-23DGJF_1 的 11 接点和该接点间的连线上，还要画 2 个端子图形，并标端子号"01-13"和"02-13"(由于是定型固定使用端子，接点组号、侧面端子号，甚至接点名称都已印出，但不会印组合位置号)。最左端的 X3JGJ 的 43 接点也是一个零散接点，也要标注名称、组号、侧面端子号和组合位置号。

5 个 CJ 和 5 个 GJF_1 接点都处在同一组合，但接点和接点间、接点和继电器间却也画有端子图形和标有侧面端子号。这是因为 ZGC 是一个定型组合，它适用 5 个区段接车进路，也要适用 1 ～4 个区段接车进路。5 个区段时，组合内插 5 个 GJF_1 和 5 个 CJ 继电器，1～4 个区段时，则只需插 1～4 个 GJF_1 和 1～4 个 CJ 继电器，为了都能与最左端的 JGJ 接点相连，所以每个 CJ 线圈 1 和 GJF_1 的 12 接点都连到了侧面端子上。

设计者还要标注送、受电端隔离单元与室外电缆芯线在防雷分线柜处连接的分线盘端子号，如图纸最左端 17-23DG 受电端使用 1F-108-3 和 1F-108-4 端子。

S正线接车和 X_D 正线接车电码化电路图设计与此类同，见《计算机联锁图册》中图Ⅰ-22(2)和图Ⅰ-22(3)。

2. 正线发车进路电码化电路图设计

$X_Ⅰ$ 正线发车进路电码化电路见《计算机联锁图册》中图Ⅰ-22(4)，由于 $X_Ⅰ$ 正线发车和 S_F 正线接车合用一个发送器，电码化电路被设计成一张图。图纸中间的粗实线左侧的 Z_1-7 发送器的编码电路，由 $X_Ⅰ FMJ_{32}$ 和 $S_F JMJ_{32}$ 两前接点区分，形成两个编码电路。粗实线右侧的发码电路，由 $X_Ⅰ FMJ_{52}$、$X_Ⅰ FMJ_{62}$ 和 $S_F JMJ_{52}$、$S_F JMJ_{62}$ 两对前接点区分，形成两个发码电路。进路上，移频信息是迎着列车发送的，列车运行方向相反，电码化在轨道区段的叠加端也正好相反。右侧图纸上方，进路上轨道区段的送电端是 $X_Ⅰ$ 正线发车电码化的叠加端，进路上所有轨道区段的受电端便成了 S_F 正线接车电码化的叠加端。显然，移频信息在进路上的传输顺序正好相反。这正是图纸上方从左至右，进路上轨道区段送电端隔离单元绘制排列顺序，与进路上轨道区段受电端隔离单元绘制排列顺序正好相反的理由。

传输继电器动作顺序也要相反，见图纸右侧下方的CJ电路，每个CJ的两个线圈设计两套励磁电路，由 $X_Ⅰ FMJ_{22}$ 前接点接通的是 $X_Ⅰ$ 正线发车CJ电路，其励磁顺序是从左向右；由 $S_F JMJ_{52}$ 接点接通的是 S_F 正线接车CJ电路，励磁顺序是从右向左。图中印出了5个CJ，是因为ZGC定型组合可适用5个区段。$X_Ⅰ$ 正线发车和 S_F 正线接车进路只有3个区段，所以组合中只需插3个 $DGJF_1$ 和3个CJ继电器。电路与左端的 $ⅠGJF_{43}$ 接点连接，从侧面04-13、04-15两端子连接。

关于单元位置、组合位置、继电器名称、接点组号、侧面端子号和分线柜端子号的标注同正线接车进路电码化电路设计。

$S_Ⅱ$ 正线发车进路电码化电路图见《计算机联锁图册》中图Ⅰ-22(5)，设计方法相同。

3. 正线股道电码化电路图设计

ⅠG电码化电路图见《计算机联锁图册》中图Ⅰ-22(6)，正线股道两端向线路发送的移频信息载频虽是相同的，但发送器是分开的，$X_Ⅰ$ 和 $S_Ⅰ$ 发送器分别从 $X_Ⅰ$ 和 $S_Ⅰ$ 出站信号机处的轨道区段送、受电端向股道叠加信息。由于电路是定型的，设计的工作是填写粗实线小框内单元的单元名称、单元位置、侧面端子号，在图纸中下部“▭▭”内填写“(X)ZGS、Z_1-8”，还要标注不在该组合内的其他零散接点的名称、组号、侧面端子号和组合位置号。

ⅡG正线股道电码化电路图见《计算机联锁图册》中图Ⅰ-22(7)，设计方法相同。

4. 侧线股道电码化电路图设计

4G和5G侧线股道电码化电路见《计算机联锁图册》中图Ⅰ-22(9)和图Ⅰ-22(10)，由于上、下行进入侧线股道，载频不同，股道的上、下行用的发送器是分开的。移频信息接通股道的方式与正线股道完全相同，只是发码电路中，由于采用叠加方式，没有了CJ接点，直接用 GJF_{13} 和 GJF_{23} 两组接点接通叠加发码电路。

ⅢG股道电码化电路见《计算机联锁图册》中图Ⅰ-22(8)。对于东郊方面它是正线，对于天津方面它是侧线，因此，X_D 方面接车是按正线股道电码化设计，天津方面接车按侧线股道电码化设计。正线股道电码化采用预叠加，设置了CJ继电器，接通股道的发码电路与正线股道完全相同；上、下行进入ⅢG，股道上叠加的载频不一样，又和侧线股道一样。

设计的工作与正线股道电码化电路的设计工作的完全相同。

5. 站内“$N+1$”电路图设计

站内电码化用发送器和 X_DJG移频轨道电路用发送器采用的“$N+1$”电路图，见《计算机联锁图册》中图Ⅰ-24。该图实际上是前面介绍的所有电码化电路和《计算机联锁图册》中图Ⅰ-23 X_DJG 移频轨道电路图中用粗、细虚线绘制的＋1FS 发送器及其编码和选频电路的汇总。该图将＋1FS 发送器单元用粗线条长方形绘制在图纸最左端，而将 X_DJG 和各电码化电路中虚细线绘制的编码和选频电路排列绘制在图纸中间（＋1FS 单元和编选电路之间插入了＋1FBJ 继电器和它的两组接点），在图中，从左至右顺序排列下列组合：X_DJG、(X)ZJM、(X)ZGS、(X)ZFM、(X)CGS。这里只绘出了 X 方向正线进路和侧线股道的编码和选频电路，与其对称的 S 方向正线进路和侧线股道的编码和选频电路与此完全相同。设计的工作应填写图中右侧的表格。

表格的最左边的设备名称和组合位置栏，用来填写构成电路的单元、组合的名称和组合位置，以此向右的栏目分成 4 类，中间用贯通的细实线隔开。第 1 类是低频编码，在它下面的 15 个小栏内，将各种低频码代号和"公共端""＋1FS"填写在其中；第 2 类载频选择与此雷同；第 3 类组合侧面的下方小栏内"8"，表示编码电路中有不多于 3 处的组合间端子要"短接"；第 4 类功放输出的 2 个小栏内填写"S_1""S_2"是＋1FS 功放输出端子代号。

表格的第 1 行填写设备名称是＋1FS，其组合位置在 ZY_2-10，从此向右，将＋1FS 发送器的低频编码、载频选择和功放输出的端子号一一对应填写在端子代号的下方方格内。第 2 行填写设备名称＋1FBJ，所在组合位置是 33-2，在表格的最右端 S_1、S_2 栏下方格内，填写"03-11、03-13""03-12、03-14"，表示功放输出线上串有＋$1FBJ_{52}$ 和＋$1FBJ_{62}$ 两组接点（对照图纸左端下方两组接点）。从第 3 行开始向下的设备名称、组合位置栏内填写参与电路连接的组合名称和位置，共 11 个（不妨翻阅数一下！），然后，向右顺序填写构成电路、连接用的侧面端子号。其中，第 7、8、9 行的上行电码化＋1FS 电路完全是第 4、5、6 行下行电码化＋1FS 电路的"翻版"。

右边表格的填写完全是左边电路图的"再现"。如第 4 行 XJM 一行，公共端栏内"04-3/04-4"表示＋1FS 的＋24-1 公共端通过 ZY_2-1002-17 端子与 XJM 组合侧面 Z_1-1004-3 端子连接，串接 $XJMFBJ_{72}$ 接点[对照左侧(X)ZJM 低频编码电路，下同]，再经侧面 Z_1-1004-4 端子与侧面 Z_1-804-3 端子连接，再串接(X)ZGS 组合的 X_IFBJ_{72} 和 S_IFBJ_{72} 的串联接点，其他以此类推（此处，从 ZY_2-10 过来先串 Z_1-10 组合接点，跨过了表中第 4 行的 X_DJM 组合，因 X_DJM 组合位置是 Z_1-3，在 Z_1 柜的下面，由 ZY_2-10→Z_1-10→Z_1-8→Z_1-7→Z_1-4→Z_1-3，比较省线）。凡是表中的方格被分成上、下两格，填入 2 个端子表示插入接点予以串接，如载频选择栏中的公共端栏和功放输出栏。再如 HU 栏内"802-13"表示 ZY_2-1001-3 端子与 Z_1-802-13 端子连接，从而使＋1FS 的 F_3 端与(X)ZGS 组合中的 X_ILXJF_{43} 接点连接。凡方格中填写 1 个端子号，表示编码端、选频端的并联。在对应"组合侧面"的 1 个栏内填写"02-5、802-11"2 个端子号，表示 Z_1-1002-5与 Z_1-802-112 个端子短接，即 XJM 组合中的 $XJMJ_{42}$ 接点与(X)ZGS 组合中的 X_ILXJF_{61} 接点连接。凡表中方格内填写 2 个端子号，但并未被隔开，表示这 2 个端子短接。

典型工作任务 14　报警电路图设计

1.14.1　工作任务

掌握各种监督报警电路图设计方法。

1.14.2　知识链接

1. 主灯丝断丝报警电路图设计

全站一张主灯丝断丝报警电路图，见《计算机联锁图册》中图Ⅰ-13。设计者要标注灯丝报警主机所在组合位置"21-5"，以及连向外界用侧面端子号，并标注连接室外电缆芯线用的防雷分线柜分线盘端子号。还要标注上、下行咽喉灯丝继电器 XDSJ、SDSJ 的组合位置号“33-2”和连接用侧面端子号。

在图的左、右上方表格内分别填写下、上行咽喉列车信号机名称、地址编号，还可根据室外设备配线图填写变压器箱内 DS_1、DS_2 芯线用端子号。

2. 断路器报警电路图设计

断路器报警电路图见《计算机联锁图册》中图Ⅰ-14，该图示意了组合柜断路报警器、组合排柜报警指示器和熔丝报警继电器 RSBJ 的连接。设计者在 RSBJ 所在粗线框内填写组合位置号和连接用侧面端子号。

3. 轨道停电监督报警电路图设计

为监督轨道电源供电，在 G_1-9 位置专门放置了 1 个停电监督组合 TDJ，内设 2 个监督继电器 JDJ。举例站场的轨道停电监督报警电路见《计算机联锁图册》中图Ⅰ-12。设计者要在电路的名称位置栏内填写“TDJ”和“G_1-9”，标注侧面端子号“01-1～01-6、02-1～02-6”。其中“01-6、02-6”2 端子连向计算机联锁报警继电器组合 BJ，动作轨道停电继电器 GDJ。设计者要在该继电器所在粗线框的名称位置栏内填写“BJ、33-2”和侧面端子号“05-3、05-4”。

4. 输入电源监督报警电路图设计

《计算机联锁图册》中图Ⅰ-12 的上方是电源报警继电器 DYBJ 电路图，要在其名称位置栏内填写“BJ、33-2”和侧面端子“05-11”，并在示意智能电源屏的粗线框内标注检测汇总继电器 $JCHJ_{12}$ 接点用的端子号。

5. 主、副电源监督报警电路图设计

《计算机联锁图册》中图Ⅰ-12 右侧中部绘制了主电源继电器 ZDYJ 和副电源继电器 FDYJ 电路，它们由电源屏内 1、2 线路接触器 1XLC 和 2XLC 的 22 前接点控制。设计者标注连接用侧面端子“05-1、05-2”和电源屏内的端子号。

6. 移频报警电路图设计

移频报警电路图见《计算机联锁图册》中图Ⅰ-15，计算机联锁在报警继电器组合 BJ 内设置一台移频报警继电器 YPBJ。设计时，填注 YPBJ 所在组合位置号“33-2”及连接用侧面端子号“05-9、05-10”，并标注区间移频柜内顺序串接的衰耗器的位置号“QY_1-1～QY_2-10”和连接用端子号“03-13、03-14”，标注站内移频柜内串接的检测盘的位置号“ZY_1-1～ZY_2-5”和连接用端子号“03-13、03-14”，还要标注 QY_1-1 衰耗器的“03-15～03-18”侧面端子。

典型工作任务 15　室内配线图表设计

1.15.1　工作任务

掌握室内配线图表的构成和设计方法。

1.15.2　知识链接

计算机联锁的室内配线图表见《计算机联锁图册》中图Ⅰ-25～图Ⅰ-34。室内配线图表包括各种机柜：接口柜、防雷分线柜、隔离变压器柜、组合柜、轨道柜和站内电码化机柜(站内综合柜、站内移频柜、站内组合柜)等的侧面(零层)端子配线表，还有各种机柜间的电源端子环线图和室内电源电缆配线图。

1. 接口柜配线表设计

接口柜是计算机联锁特有的设备，是联锁机与继电器组合接口之处，所有采集的继电器接点条件和驱动继电器的条件都在此处，通过计算机用电缆与联锁机的采集板和驱动板相连。

接口柜简称 JK，最多安置 10 层，自上向下编为 JK-1～JK-10，每层安装 01～14 共 14 块 36 柱端子板(DS 系列计算机为 36 柱，JD 系列、TYJL 系列为 32 柱，iLOCK 为 40 柱)。从接口柜背面看，从左向右顺序编板号。每块端子板有 2 列端子，左列端子从上向下依次编为 1～18，右列端子从上向下依次编为 19～36。端子板正面是 36 芯插座，用来安插计算机用电缆的 36 芯插头，端子板的背面是压线端子，用来接入组合柜引来的导线及采集板、驱动板的 DC 24 V电源线。采集和驱动用每块端子板的 32 个端子，每块端子板的 33-36 端子用来转接联锁机的电源。详细地可参看《计算机联锁图册》中图 Ⅰ-27。

设计步骤如下：

(1)绘制端子板

粗实线绘出示意端子板的长方形框，长方形框顶部标注每块端子板的名称，即编号。中间 2 列阿拉伯数字示意 36 个端子，每个数字旁绘出 3 个横置的小长方形格。

(2)采集和驱动用端子板应置于不同层

《计算机联锁图册》中图Ⅰ-27(1)为采集用端子板配线表，从端子板编号可见在第 10 层，《计算机联锁图册》中图Ⅰ-27(2)为驱动用端子板配线表，对应第 7 层。中间间隔 2 层，便于区分。

端子号旁的中间横向小长方形内填写端子对应连接的采集板、驱动板的端子号。如《计算机联锁图册》中图 Ⅰ-27(1)最左侧示意 JK-1001 端子板的 1～32 端子旁的中间小长方形格内对应填写 PIO-I01-1～PIO-I01-32。《计算机联锁图册》中图 Ⅰ-27(2)最左侧示意 JK-701 端子板的 1～32 端子旁的中间长方形格内对应填写 PIO-O01-1～PIO-O01-32。

(3)顺序分配端子板用途

采集用端子板按轨道电路、道岔、进站信号机、出站信号机、调车信号机、改变运行方向、半自动闭塞、零散采集的顺序分配端子板。不同类型分配时，又按先下行咽喉后上行咽喉进行。如《计算机联锁图册》中图 Ⅰ-27(1)最左侧示意 JK-1001 端子板用于轨道电路采集，在 1～17 端子旁的第 1 个小长方形格内填写下行咽喉从进站口到股道的各轨道区段名称，而 19～32 端子旁的第 1 个格内填写上行咽喉从进站口到股道的各轨道区段名称。端子旁的第 3 个小长方形格内填写采集的轨道继电器接点条件的组合柜侧面端子号。

驱动用端子板按道岔、半自动闭塞、进站信号机、出站信号机、调车信号机、改变运行方向、零散驱动顺序分配端子板。不同类型分配时，也按先下行咽喉后上行咽喉顺序进行。如《计算机联锁图册》中图 Ⅰ-27(2)中，示意 JK-703 端子板用于进站和出站信号机驱动，在示意 1～18 端子旁的第 1 个格内顺序填写 X、X_F、S、S_F 4 架进站信号机的共 18 个驱动对象名称，19～32 端子旁的第 1 个格内顺序填写 $S_{Ⅰ}$、$S_{Ⅱ}$ 两架出站信号机的共 14 个驱动对象名称。相应的第 3 个格内填写驱动对象的组合柜侧面端子号。

2. 防雷分线柜配线表设计

引入室内的电缆芯线都要先接入防雷分线柜，予以防雷保护后，再接向室内设备。防雷方式分类和防护原理参看《计算机联锁图册》中图 Ⅰ-28(1)。

防雷分线柜可安装 10 层分线盘，从下向上顺序编为 1F～10F，从室内配线侧即分线柜正面看，每层端子板从左向右顺序编为 01～13。端子板有 6 柱和 18 柱两种，举例站场采取 6 柱的。分线柜配线表见《计算机联锁图册》中图 Ⅰ-28(2)～图 Ⅰ-28(7)。

设计步骤如下：

(1)绘制分线盘

用粗线绘制示意端子板的长方形，长方形横向排成1行共13个，长方形上方标注01～13的端子板编号，在"07"字样上方标注柜号和层号。如1F-2表示第1分线柜的第2层。

长方形框内左侧由上向下画出6个小矩形示意6柱端子，小矩形内填写端子号。每个"端子"右侧横画2个长方形框。在粗线框最上面长方形内标注该端子板配置的电缆芯线名称，下面紧贴着画的2个长方形内填注"室外电缆"和"组合端子"，指明每个端子号右侧2个长方形框内各填写的内容。

(2)分层使用分线柜

1F用于下行咽喉，2F用于上行咽喉，第1层用于轨道电路送电、受电，第2、3层用于道岔，第4、5层用于信号机。如《计算机联锁图册》中图Ⅰ-28(2)示意1F-1的01～06端子板的名称栏内应填写"轨道电路送电"，在示意1F-1的07～12端子板的名称栏内均填写"轨道电路受电"，而1F-2的各名称栏内填写"道岔"。

(3)填注电缆芯线名称和室内引线的组合侧面端子

如1F-201用于下行咽喉1号道岔的尖轨1转辙机，则在示意1～5号端子的右侧上方的长方形框内分别填注1号道岔的尖轨1转辙机的电缆芯线名称：$1(J_1)$-X_1～$1(J_1)$-X_5；而在端子号右侧下方的长方形框内填注室内引自1-J_1 TDF组合侧面的5个端子号：12-905-1～12-905-5。

轨道电路的送、受电电缆芯线连至1F-1分线盘端子后，需经过站内综合柜的室内隔离器和防雷单元，才能连接室内设备，所以在示意1F-1分线盘各端子右侧下方的长方形框内填写综合柜侧面端子号。如1F-101的1、2端子号在侧下方的长方形框内填注：ZH_1-501-4、ZH_1-501-5。表明分线盘正面的室内导线连至综合柜。

3. 组合柜侧面端子配线表设计

组合柜侧面端子配线表见《计算机联锁图册》中图Ⅰ-29(1)～图Ⅰ-29(11)，共11张，与组合柜柜数相同。每个组合柜安放10个组合，每个组合通过2块3×18柱端子板与其他设备进行连接，每张侧面端子配线表有10个侧面端子表，排成上、下两排。

设计步骤如下：

(1)绘制侧面端子配线表

用粗线绘制方形框示意每个组合的侧面端子板，框内用细线画出6列18行小长方形格示意2块3×18柱端子。在长方形格的顶部从右向左标出"01～06"的列号，在长方形格的左侧从上向下依次标出"1～18"的行号。列号和行号之间用短横线"-"连接，便成了每个侧面端子的编号，比如"01-3"便指的是01列第3个端子。在列号的上方有一贯通的长方形，其内部从左至右标注了组合位置号、组合名称和组合类型。如《计算机联锁图册》中图Ⅰ-29(1)最左端上边的侧面端子表的"标注"，表示该表是11柜1层、用于D_9、D_{11}、D_{13}、D_{15}四架调车信号机的DX组合。侧面端子号前再续写上组合位置号，就构成了一个完整的组合侧面端子号。如"11-101-3"就是11-1组合的01-3侧面端子的完整编号。

(2)填写端子的连线

组合柜侧面端子配线表采用双向填写方式。

①一般端子连线填写

《计算机联锁图册》中图Ⅰ-09(6)的左侧接线图上方的1DQJ电路图，框住该电路的粗线框的左上角标注"具体见一启动继电器电路图"，查看该图右上方表格，可知"12-10"组合即1/3号道岔所用的TSD组合。框内05-2接DGJ和YCJ条件，可查看《计算机联锁图册》中图Ⅰ-09(1)左上角第一条电路，电路中YCJ和1DQJ位于12-10组合，1DGJ和3DGJ位于22-10组合，12-10组合的03-18端子与22-10组合的04-10端子连接，12-10组合的05-2端子与22-10组合的05-9端子连接。在《计算机联锁图册》中图Ⅰ-29(2)的12-10的侧面端子配线表的03-18的长方形格内填注“22-1004-10”，在《计算机联锁图册》中图Ⅰ-29(6)对应的22-10的侧面端子配线表的04-10的长方形格内填注“12-1003-18”。不同组合柜间端子连接的填写都需要填“完整”的端子号。

《计算机联锁图册》中图Ⅰ-09(6)的表格，显示12-6组合的05-1～05-5侧面端子，分别连向防雷分线柜端子1F-204-1～1F-204-5。这属于不同类型柜间连接，在《计算机联锁图册》中图Ⅰ-29(2)的12-6组合侧面05-1～05-5的长方形格内填写“1F-204-1～1F-204-5”。

②同柜侧面端子连接

《计算机联锁图册》中图Ⅰ-09(6)12-6组合的DBJ_{32}、DBJ_{42}、FBJ_{32}、FBJ_{42}共4组接点，分别与12-7组合和11-8组合中的DBJ_{32}、DBJ_{42}、FBJ_{32}、FBJ_{42}串接，其侧面端子01-4～01-7分别连接12-7组合的02-4～02-7端子；在《计算机联锁图册》中图Ⅰ-29(2)的12-6组合侧面端子表中相应01-4～01-7的长方形格内，应填写“12-702-4～12-702-7”，但因是同柜内侧面端子连接，可省去“柜号”“12”，只需填写“702-4～702-7”。KZ、KF电源依次向上串接二动TDF(J_2)、二动TDF(J_1)、一动TDF(J_2)、一动TDF(J_1)四个组合中的DBJ_{32}、DBJ_{42}、FBJ_{32}、FBJ_{42}，最后接通TSD组合的DBJ、FBJ。

③同组合侧面端子连接

侧面端子接通电源时，先在端子的长方形格内标注电源名称，如在12-602-4、12-602-5长方形格内标注“KZ”，在12-602-6、12-602-7长方形格内标注“KF”。等到本侧面的所有端子的连线都填写完毕，再对本侧面内的同名电源端子进行环连。如12-6的侧面内，尚有06-4端子接KF，06-2、01-18端子接KZ。设计规定：侧面内有不少于3个端子是同名电源，就要进行环连，如图1.40所示，使得侧面的该电源端子成“环状”供电。如KF电源环连，侧面端子06-4长方形格内连向侧面端子，就省去“层号”“1”，只需填写“02-6”。在02-6长方形格内要填写“06-4”，还要连向02-7，但由于是同列端子之间连接，还可省去“列号”“02”，只填写“7”。在02-7长方形格内，要填写“5”，还需填写“06-4”，在06-4长方形格内，也填写了“02-7”，正好形成一个“环”。同样，KZ电源端子连接也是“环状”的。

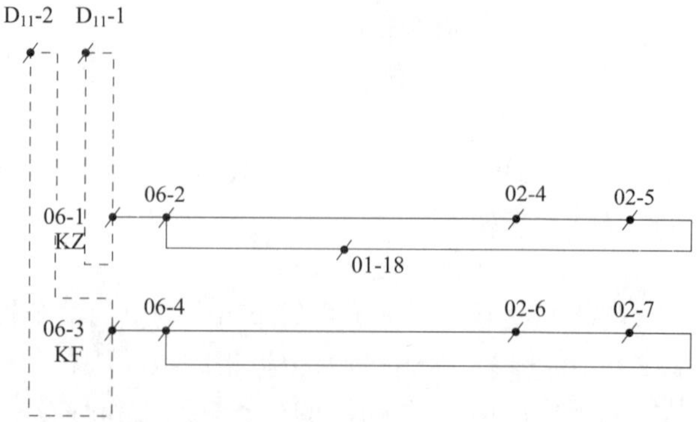

图1.40　侧面电源端子环连

06-1和06-3两端子在组合柜内各层侧面的06-1和06-3之间也形成了KZ和KF的“环状”连接，都连接到组合柜零层端子D_{11}-1和D_{11}-2。06-1和06-2之间及06-3和06-4之间肯定要连接，图1.40中已有了表示，但《计算机联锁图册》中图Ⅰ-29(1)中却没有在12-106-1～12-106-4的长方形格内看到1与2、3与4的连接，原因是在组合内部已实现了它们之间的连接。

④组合侧面端子固定分配

为了方便施工、维修，设计定型组合时，将同类侧面端子固定分配。

a. 侧面电源端子

设计定型组合时，已将侧面电源端子统一做了分配，而且多固定在侧面的06列，见表1.32。

表 1.32 组合侧面电源端子固定使用分配表

侧面	组合																				灯丝报警主机
	JZ	CZ_2	CZ_3	DX	TDC-4	DC-4	TDD	TSD	TDF	BHZ	BHZS	G25	GJF	JG/LQ	WFZ	WFF	B_1	B_2	TDJ	BJ	
06-1	KZ	KZ	KZ	KZ	KZ	KZ	KZ	KZ	KZ	KZ	KZ	03-1 KZ	KZ	KZ	KZ	KZ	KZ	KZ	03-1 KZ	KZ	KZ
06-2									KZ			03-2 KZ				KZ					
06-3	KF	KF	KF	KF	KF	KF	KF	KF	KF	KF	KF	03-3 KF	KF	KF	KF	KF	KF	KF	03-3 KF	KF	KF
06-4	KF	KF	KF		KF				KF			03-4 KF		KF						KF	
06-7															FZ	FZ	BZ				
06-8									380-A						FF	FF	BF				
06-9															JQZ	JQZ					
06-10									380-B						JQF	JQF					
06-11																QKZ				RSZ	03-1 RSZ
06-12									380-C											RSF	03-2 RSF
06-15					DZ_{220}	DZ_{220}															
06-16					DF_{220}	DF_{220}															
06-17					DJZ_{220}	DJZ_{220}			DJZ_{220}							JZ_{220}	JZ_{220}				
06-18					DJF_{220}	DJF_{220}			DJF_{220}							JF_{220}	JF_{220}				
01-17	IOZ	IOZ	IOZ	IOZ	IOZ	IOZ	IOZ	IOZ					IOZ	IOZ						IOZ	
01-18	IOF	IOF	IOF	IOF	IOF	IOF	IOF	IOF		IOF	IOF										
02-17															IOZ	IOZ					
02-18																IOF					
03-17												JJZ_{220}									JZ_{220}
03-18												JJG_{110}									JF_{220}
04-17																	IOZ	IOZ			
04-18																	IOF	IOF			

b. 去分线柜、隔离柜侧面端子

为了便于查验去分线柜和隔离柜的端子，设计定型组合时，已将侧面端子做了固定分配，大多选定了侧面的05列和06列，前者去分线柜，后者去隔离柜，见表1.33。

表1.33 定型组合侧面端子去分线柜、隔离柜固定使用分配表

组合	05														06							
	1	2	3	4	5	6	7	8	9	10	11	12	13	14	11	12	13	14	15	16	17	18
JZ	1U	L	H	2U	YB	LUH	HH	YBH	YX-LUH													
CZ_2	(A)	(B)	(C)L	(D)	H	B	LUH	HBH	FB											C	A	D
CZ_3	L	H	U	B	LUH	HBH	AB	BB	CB										E	C	A	F
DX	(1)B	(1)A	(1)BAH	(2)B	(2)A	(2)BAH	(3)B	(3)A	(3)BAH	(4)B	(4)A	(4)BAH			(1)A′	(1)B′	(2)A′	(2)B′	(3)A′	(3)B′	(4)A′	(4)B′
DC-4											X_1	X_2	X_3	X_4								
TDC-4											X_1	X_2	X_3	X_4								
TDF	X_1	X_2	X_3	X_4	X_5																	

c. 去接口柜侧面端子

为了便于查验定型组合去接口柜的侧面端子，设计定型组合时，将驱动电路和采集电路与接口柜连接用侧面端子固定分配，前者集中在01列，后者集中在02列，也有少数在03、04和05列的。定型组合侧面端子去接口柜固定使用分配见表1.34。

表的最上面1行和最下面1行标注的是侧面端子的列号01～05。表中用双细线将表格隔开，双细线上方端子用最上面1行的列号编号，双细线下方端子用最下面1行的列号编号。在表上方的列号下方分隔出若干栏，在小格内标出了每一栏示意端子的方格的端子号。这个端子号是双细线上、下方示意端子的方格通用的。列号和端子号相结合便是表中每1个方格示意的端子编号。

表的最左侧一栏是定型组合名称，在名称右侧一行方格内填写着相应端子的用途。显然，信号和道岔用定型组合的驱动电路用侧面端子固定分配在01列，而采集电路用侧面端子固定分配在02列。只是BHZ和BHZS两组合的驱动电路用了03列的端子，JG/LQ组合的采集电路用了01列的端子。与闭塞结合电路和报警电路去接口柜的侧面端子多集中在04列和05列，只是半自动闭塞的表示灯采集电路用了03列的端子。

4. 隔离变压器柜侧面端子配线表设计

隔离变压器柜用来安放10层隔离变压器组合，从下向上依次编为GL-1～GL-10。每个组合内安放6个隔离变压器，为了与其他设备连接，每个组合配置一块3×18柱端子板。隔离变压器柜侧面端子配线表见《计算机联锁图册》中图Ⅰ-31。

设计步骤如下：

(1)绘制侧面端子板

用粗线绘制长方形框示意侧面端子板，框内用细线画出3列、18行小长方形示意3×18柱端子，在小长方形的上方，由右向左顺序标出01～03的列号；在小长方形的左侧，由上向下顺序标出1～18的行号。列号与行号用短横线相连，方便为每个端子编了号，如01-15表示第1列第15个端子。

(2)填写端子的连线

信号工程配线多采用表格双向填写方式；在示意本端子的方格内填写连接的对方的端子号，而在示意对方端子的方格内填写本端子的端子号。

①一般端子连接的填写

查看《计算机联锁图册》中图Ⅰ-08(4)调车信号机点灯电路图，表中显示D_{10}、D_{12}、D_{14}、D_{16}共4架调车信号机的A′、B′端子共8个端子，即31-206-11～31-206-18，顺序连接GL-101-1～GL-101-8。在《计算机联锁图册》中图Ⅰ-31的左侧上方示意GL-1端子板的01-1～01-8的表格内，填写31-206-11～31-206-18。

②同柜侧面端子连接的填写

每个ZFG组合需要的XJZ、XJF电源统一接到组合侧面端子01-17、01-18。先在示意这两端子的空格内填写XJZ、XJF，不同咽喉再后缀(S)或(X)。如《计算机联锁图册》中图Ⅰ-31所示的GL-1～GL-4组合需XJZ(S)、XJF(S)，这4个组合的同名电源端子串接后，再从首末两端引至隔离变压器柜零层同名电源端子D_4-1、D_4-2。在01-17端子空格内填写DL_2-4和201-17，表示01-17端子与GL-DL_2-4和GL-201-17两端子连接。为了区别，规定同一柜间不同层侧面端子间连接，省去“GL”柜号。

③同一组合侧面端子连接的填写

假若GL-102-17与GL-103-1两端子连接，在示意GL-102-7端子空格内填写03-1，而在示意GL-103-1端子空格内填写02-7，省去柜号、层号。

④同列端子连接的填写

如示意GL-401-2端子的空格内填写“4”，而在示意GL-401-4端子的空格内填写“2”，表示该2端了连接，由于是同列端子连接，既省去柜号、层号，也省去了列号。

5. 轨道柜侧面端子配线表设计

轨道柜侧面端子配线表见《计算机联锁图册》中图Ⅰ-30(1)～图Ⅰ-30(2)，共2张，与轨道柜数相同。每个轨道柜内安放轨道组合最多9层，每个组合只有1块3×18的端子板，另外，轨道停电组合TDJ也置于轨道柜内，也只用1块3×18的端子板。但一般多用组合柜侧面端子配线表替代，所以《计算机联锁图册》中图Ⅰ-30与《计算机联锁图册》中图Ⅰ-29格式完全相同。每张配线表空出右下角的第10个侧面端子配线表，除了第4层的轨道测试盘使用2块3×18端子板外，其他的侧面配线表都空出了04～06列。

每个侧面端子表上方贯通的横向长方形格内填写柜号、层号、组合名称和组合类型。如《计算机联锁图册》中图Ⅰ-30(1)上方左数第2个侧面端子表上方标注“G_1-2、ⅠG、ⅢG、5G、G25”表示：第1个轨道柜第2层放置G25轨道组合，适用于ⅠG、ⅢG和5G共3个轨道区段。

轨道柜侧面端子表的填写与组合柜侧面端子表填写要求完全相同。不同柜之间端子的连接，填写的端子号要“完整”。如G_1-2侧面端子表的“01-7～01-8”两方格内填写“ZH_1-601-1～ZH_1-601-2”，表示01-7和01-8这两个端子分别连接综合柜ZH_1的第6层01列的1和2端子。翻阅《计算机联锁图册》中图Ⅰ-22(6)右端，粗线框G_1-2(1)的ⅠGRGJ的受电端与ZH_1-6(1)的ⅠG受电端室内隔离器的连接，正是这样。G_1-4轨道测试盘的01列～04列的方格内填写的都是本柜内的轨道组合的侧面端子号，无须“完整”，省去了柜号“G_1”。

表 1.34 定型组合侧面端子去接口柜固定使用分配表

组合	01												02											03						
	1	2	3	4	5	6	7	8	9	16	17	18	1	2	3	4	5	6	7	8	9	10	11	1	2	12	14	15	16	17
JZ	LXJ	ZXJ	TXJ	WYXJ	LUXJ								1DJ$_{12}$	2DJ$_{12}$	LXJ$_{12}$	ZXJ$_{12}$	TXJ$_{12}$	LUXJ$_{12}$		LXJ$_{13}$		ZXJ$_{13}$								
CZ$_2$	LXJ	DXJ	ZXJ	FXJ																										
CZ$_3$	LXJ	DXJ	LJ	LUJ	AFJ	BFJ		CFJ					DJ$_{12}$	LXJ$_{12}$	DXJ$_{12}$	LJ$_{12}$	LUJ$_{12}$	AFJ$_{12}$		LXJ$_{13}$		BFJ$_{12}$	GFJ$_{12}$							
DX	(1) DXJ	(2) DXJ	(3) DXJ	(4) DXJ									(1) DJ$_{12}$	(1) DXJ$_{12}$	(2) DJ$_{12}$	(2) DXJ$_{12}$			(3) DJ$_{12}$	(3) DXJ$_{12}$	(4) DJ$_{12}$	(4) DXJ$_{12}$								
DC-4	DCJ	FCJ	YCJ										DBJ$_{12}$	FBJ$_{12}$																
TDC-4	DCJ	FCJ	YCJ										DBJ$_{12}$	FBJ$_{12}$																
TDD	DCJ	FCJ	YCJ	SJ									DBJ$_{12}$	FBJ$_{12}$																
TSD	DCJ	FCJ	YCJ	SJ									DBJ$_{12}$	FBJ$_{12}$																
BHZ																								JGAJ	XGAJ					
BHZS																								JGAJ	XGAJ					
JG/LQ	1LQJ$_{32}$	2LQJ$_{32}$	3LQJ$_{32}$	1JGJ$_{32}$	2JGJ$_{32}$	3JGJ$_{32}$																								
WFZ	JD	FD	FZD							JZ	SJZ	KXJ$_{12}$																		
WFF	FAJ	FSJ	CFJ	ZFAJ	JFAJ	FFAJ							FAJ$_{82}$	FSJ$_{83}$	CAJ$_{83}$															
B$_1$													BSAJ	SGAJ	FUAG											JBU	JBL	FBU	FBH	FBL
B$_2$	JSBJ	FSBJ		KTX	ZVJS	BJ$_{62}$	FSBJ$_{63}$																	JBH						
BJ	ZDYJ$_{32}$	FDYJ$_{32}$	XGDJ$_{32}$	SGDJ$_{32}$	XDSBJ$_{33}$	SDSBJ$_{33}$	RSBJ$_{33}$	YPBT$_{33}$	DYBT$_{32}$																					
组合	04												05											03						

6. 站内综合柜侧面端子、站内移频柜零层端子配线表设计

站内综合柜侧面端子配线表见《计算机联锁图册》中图Ⅰ-32(1)和图Ⅰ-32(2)，站内移频柜零层端子配线表见《计算机联锁图册》中图Ⅰ-33(1)和图Ⅰ-33(2)，各有2张，与综合柜、移频柜数相同。站内综合柜每柜可安装10个组合，每个组合有1块3×18侧面端子板；站内移频柜每柜可安装10套发送器，在柜上部零层对应每套发送器有1块3×18柱零层端子板，分别用来与其他设备连接。1个在侧面，1个在零层，位置虽不同，但它们配线表格式与隔离柜侧面端子配线表格式完全一样[见《计算机联锁图册》中图Ⅰ-31]，只不过后者集中使用了01列端子。配线表的填写要求也完全相同。

由于其中一些连接线用于传送移频信息，为了屏蔽防干扰，需采用特殊的屏蔽线进行连接，图中用“*”号予以标注。

7. 站内组合柜侧面端子配线表设计

站内组合柜侧面端子配线表见《计算机联锁图册》中图Ⅰ-34(1)和图Ⅰ-34(2)。站内组合柜内放置站内电码化用继电器组合，因此，它的侧面端子配线表格式和填写要求与计算机联锁用组合柜侧面端子配线表格式和填写要求完全相同。

8. 柜间电源端子环线图设计

1)组合柜零层端子板图设计

《计算机联锁图册》中图Ⅰ-26(1)的左侧用粗实线绘制了12块“端子板”，其中D_1～D_4是4柱端子板；DL_1～DL_5是5块7柱断路器板，每块板上有2个断路器，还标注了断路器的额定电流值。D_{10}～D_{12}是3块18柱端子板，18柱端子分成左、右两列，左侧编为奇数，右侧编为偶数。每块端子板号和端子号用短横线相连，就是该端子的编号，如“D_{11}-1”就是D_{11}端子板的1号端子。在一些奇偶成对的18柱端子旁的横线上，标注着成对的电源名称，表示该端子固定为该电源使用。如D_{11}-1和D_{11}-2两端子的横线上分别标注“KZ”和“KF”，表明组合柜D_{11}-1和D_{11}-2两端子为KZ和KF电源固定使用。D_{10}～D_{12}为组合柜零层电源端子板。柜内10个组合侧面固定的电源端子经过环连，都要连到这3块端子板的同名电源端子上(如图1.40所示的KZ、KF电源环连)。

电源端子板上的电源有3类：第1类是智能电源屏提供的电源：KZ、KF、JZ_{220}、JF_{220}、DJZ_{220}、DJF_{220}、DZ_{220}、DF_{220}、380-A、380-B、380-C、BZ、BF、RSZ和RSF；第2类是自动闭塞电源屏提供的电源：QKZ、QKF；第3类是接口柜的输入与输出电源：IOZ、IOF。其中KZ、KF、QKZ、QKF、JZ_{220}、DJZ_{220}、DZ_{220}、380-A、380-B、380-C电源从4柱端子板引入后要经过断路器，才连到电源端子板。如D_1-1和D_1-2两4柱端子上各画2条横线，示意各连接2根线，左边横线上标注“KZ”和“KF”，既表明两端子所接电源名称，也示意了柜间电源环连；右边横线上写着“DL_1-1”和“DL_1-3”，表示分别有线连到DL_1-1和DL_1-3两端子，从DL_1-2和DL_1-4两端子各引出的横线上除标注“KZ、KF”外，还标注“D_{11}-1”和“D_{11}-2”，表示连接到电源端子板同各端子上。

2)轨道柜零层端子板图设计

轨道柜零层端子板见《计算机联锁图册》中图Ⅰ-26(2)，绘制和标注要求同组合柜零层端子板。显然，KZ、KF、JJZ_{220}(JJG_{110})、JJG_{110}(JJF_{220})、JZ_{220}从智能电源屏引到4柱端子板后，需经过断路器，才连接到轨道柜D_{11}电源端子板，JF_{220}不需经断路器，从4柱端子板直接连到D_{11}端子板。而GJZ_{220}、GJF_{220}是从智能电源屏分咽喉分别连到本咽喉轨道柜的4柱端子板，直接连到D_{11}端子板的。

3)站内综合柜、组合柜、隔离柜零层端子柜图设计

这三种柜的零层端子板图见《计算机联锁图册》中图Ⅰ-26(3)的下方和右端,其绘制和标注要求同组合柜。XJZ_{220}、XJF_{220}从智能电源屏出来,上、下行咽喉各一束送到GL_1柜的D_3和D_4两4柱端子板,在4柱端子板上又各分成2束,其中XJZ_{220}经断路器后,再和XJF_{220}一起进行分咽喉的XJZ_{220}、XJF_{220}电源的环连。每个咽喉分成2束进行环连,一方面因为点灯用电流较大,另外避免了一旦断路影响面较大。如DL_1-2端子上标注"XJZ(X)1001-17",DL_1-4端子上标注"XJZ(X)501-17"表示XJZ(X)电源在GL_1-10~GL_1-5共6层组合的侧面端子01-17间环连,可参看《计算机联锁图册》中图Ⅰ-31所示的侧面端子配线表中电源连接。

4)柜间电源端子环线图设计

柜间电源端子环线图见《计算机联锁图册》中图Ⅰ-26(1)。

(1)填写机柜名称

表的中间上方从左至右按一定顺序填写机柜名称,这个顺序是在信号机械室内,从11柜开始成"S"形巡回所看到的机柜顺序,如图1.41中虚线所示。这样填写易于环连走线,节省导线。

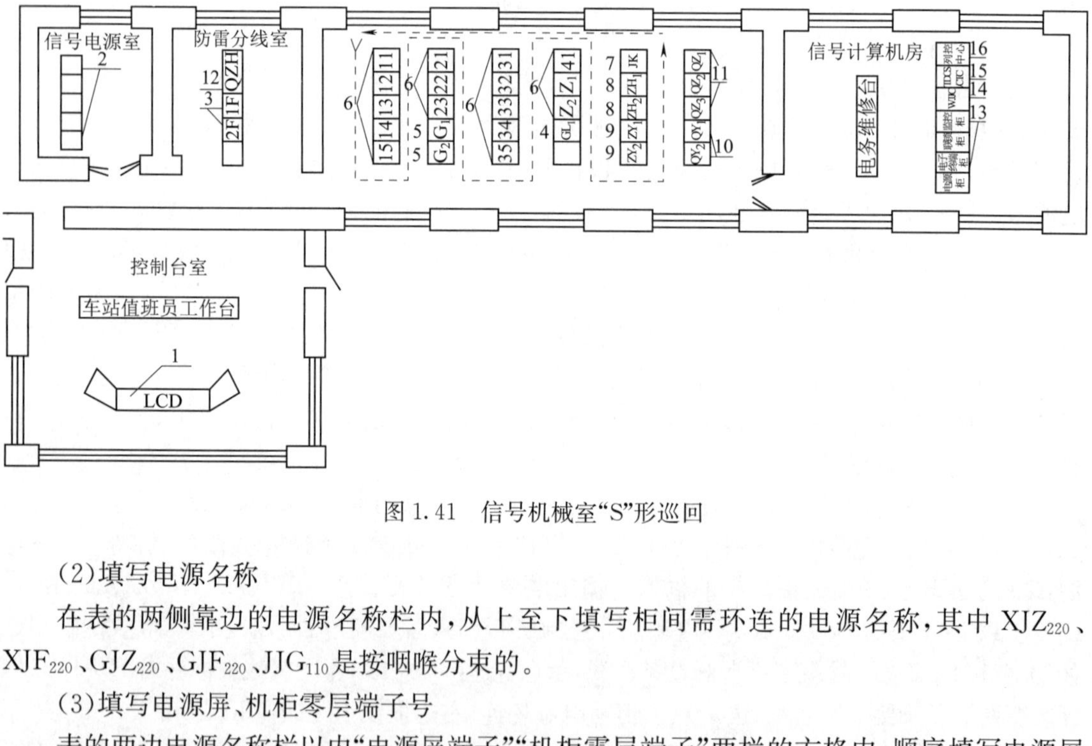

图1.41 信号机械室"S"形巡回

(2)填写电源名称

在表的两侧靠边的电源名称栏内,从上至下填写柜间需环连的电源名称,其中XJZ_{220}、XJF_{220}、GJZ_{220}、GJF_{220}、JJG_{110}是按咽喉分束的。

(3)填写电源屏、机柜零层端子号

表的两边电源名称栏以内"电源屏端子""机柜零层端子"两栏的方格内,顺序填写电源屏输出电源名称栏内电源的零层端子号、机柜串接同名电源的零层端子号。

填写机柜零层端子栏,应查看《计算机联锁图册》中图Ⅰ-26(1)、图Ⅰ-26(2)和图Ⅰ-26(3),在该栏的方格内填写机柜零层4柱端子板的同名电源端子号。如KZ、KF两电源,图Ⅰ-26(1)的组合柜、图Ⅰ-26(2)的轨道柜和图Ⅰ-26(3)的Z组合柜的零层4柱同名电源端子号均是"D_1-1、D_1-2",所以在KZ、KF两电源名称同一行的机柜零层端子栏的方格内填写"D_1-1、D_1-2"。当4柱端子板没有了同名电源端子时,才需在D_{10}、D_{11}、D_{12}的18柱端子板上寻找同名电源端子,将其端子号填入。如BZ、BF电源,在4柱端子板上没有该电源端子,在图Ⅰ-26(1)

的 D_{10} 端子板的 9、10 端子标注有该电源，在该电源的机柜零层端子栏内填写“D_{10}-9、D_{10}-10”。为什么不都填写 D_{10}、D_{11}、D_{12} 端子板的端子号，是因为这 3 块 18 柱端子板的电源端子，绝大多数的双极电源中至少有一极是经过本柜断路器的，而断路器只是为本柜内设备使用该电源予以断路防护的，3 块 18 柱端子用来进行本柜内各层组合间侧面同名电源端子环连（可参看各柜的侧面端子配线表中电源连接）。4 柱端子未经过柜内断路器，才用于进行柜间同各电源端子环连，而电源两极均未经过柜内断路器的电源端子，要么不是电源屏提供的电源，要么是用电设备较少，无须再加断路器防护。

（4）标注电源环连“点”

每种电源“机柜零层端子”方格相对的竖边中点，从左向右贯通画一根细线，示意一根串接的“S”形“导线”，经过某一机柜名称方格，若其中标注有“·”，表示本机柜需串接该电源。如图 1.41 中从 11 柜“S”形巡回到 41 柜，除 GL_1、ZH_1、ZH_2 柜外，所有机柜下方在 KZ、KF 的贯通“导线”上都有“·”，都要串接“KZ、KF”电源。

标注环连点时，需根据组合排列表，查看本机柜内安放几种组合，结合侧面电源端子表（表 1.32），查看每种组合需要哪几种电源，再在表内经过本机柜方格的相应电源“导线”上标注环连点“·”。若此时机柜侧面配线工作已经展开，也可根据本机柜侧面配线表上填写的电源名称，在经过本机柜方格的相应电源“导线”上标注环连点“·”。如《计算机联锁图册》中图Ⅰ-04组合排列表显示 12 柜有 TSD、TDF 2 种组合，查看表 1.32，可知需环连 KZ、KF、DJZ_{220}、DJF_{220}、380-A、380-B、380-C、IOZ、IOF 共 9 种电源，就在 12 栏下方对应这 9 种电源的示意“导线”上分别标注“·”。

当电源环连点标注完，每种电源在柜间环连情况就一清二楚了。如 KZ、KF 电源，从电源屏 DYP_2-XT_4-1、DYP_2-XT_4-3 零层端子引出后，串接 11 柜 D_1-1、D_1-2 零层端子，再串接 12 柜、13 柜……直至 41 柜 D_1-1、D_1-2 零层端子，最后还要连到表的最右侧电源屏端子 DYP_2-XT_4-1、DYP_3-XT_4-3。正好形成“环状”，如图 1.41 所示“S”形环连后，回到起点。

站内移频柜 ZY_1、ZY_2 零层 4 柱端子与电源屏的零层端子的电源环连比较单一，电源屏零层端子号直接标注在 ZY_1、ZY_2 的 D_1 的 4 柱端子的引线上，见《计算机联锁图册》中图Ⅰ-26(3)左上方 ZY 零层配线图。

9. 室内电源电缆配线图设计

室内电源电缆配线图见《计算机联锁图册》中图Ⅰ-25。图册中部用粗线框示意了电源屏，在其左、右两侧用粗线绘出了与电源屏连接的其他设施。在粗线框之间用细线示意设施间连接的电缆线，细线的两头端部标注连接用的端子号，细线上方标注缆线的数据。

将图中部电源屏与右侧组合柜连接的 27 种电源与《计算机联锁图册》中图Ⅰ-26(1)柜间电源端子环线图做比对。后者突出了电源屏与机柜连接用的端子号；前者凸显了电源屏与机柜连接用的长度、型号、芯数和截面积。如电源屏至组合柜示意提供 KZ、KF 电源的细线上方标注：

其中 15 m 是从电源屏至 Z_{11} 柜的连接电缆的长度，25 m 是从电源屏至 Z_{41} 柜的电缆的长度，2 根电缆均是 2 芯 XV 型电力电缆，截面积为 16 mm^2。

再如，电源屏向组合柜示意输送“主电源、副电源”的 2 根细线上方标注：

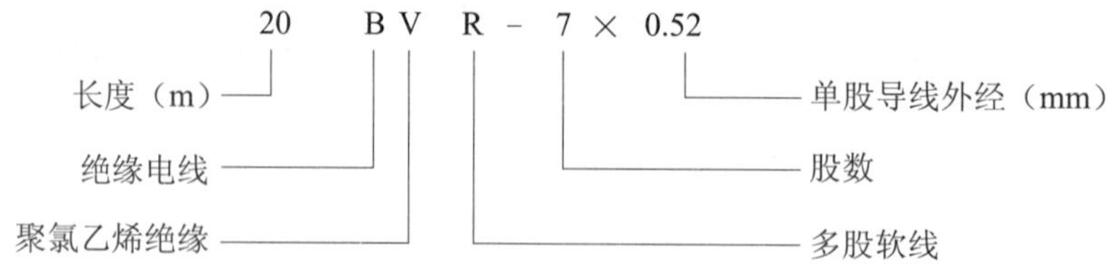

由于只有 33-2 组合需要该“电源”，无须环连，因此每根电线只用 1 根，长度也只有 1 个，表明从电源屏到 33-4 组合，需引 2 根 20 m 长 BVR 聚氯乙烯绝缘、7 股、每股外径为0.52 mm 的软线。

《计算机联锁图册》中图 Ⅰ-25 涵盖了电源屏与组合柜间所有的缆线连接，还图示了电源屏与配电盘、分线柜、计算机房及站内移频柜之间连接用缆线的数据。

典型工作任务 16　室外配线图设计

1.16.1　工作任务

熟悉室外设备配线图构成，掌握室外电缆配线图设计方法。

1.16.2　知识链接

室外信号设备通过电缆与室内相连，在室外信号设备与电缆及电缆与电缆的连接处，需敷设电缆网络连接设备，在电缆网络连接设备内实现信号设备用软线与电缆芯线以及电缆芯线与电缆芯线的连接。

1. 室外设备配线图设计

转辙机配线图绘制在《计算机联锁图册》中图 Ⅰ-19(2)和图 Ⅰ-19(3)单双动四线制电路图和《计算机联锁图册》中图 Ⅰ-09(9)和图 Ⅰ-09(10)电动(液)转辙机控制电路图中，都是定型的。

1)信号机配线图设计

信号机配线图见《计算机联锁图册》中图 Ⅰ-35(1)，该图是定型电路图。左端是进站信号机配线图，在进站信号机处 2 个 XB_1 变压器箱作为电缆终端连接设备。1U、L 和 H 用点灯单元安放在XB_1(Ⅱ)变压器箱内，2U 和 YB 用点灯单元安放在 XB_1(Ⅰ)变压器箱内。图示进站信号机用 12 根电缆芯线先引入 XB_1(Ⅰ)变压器箱，示意每根芯线的细线上方标注着每根芯线的名称、用途。而来自高柱信号机构的 15 根软线均引入 XB_1(Ⅱ)变压器箱，在 2 个变压器箱间就需要通过 1 根 13 芯的短电缆进行过渡连接。图中黑点旁标注着配线连接用的端子号。

该图的中部是三方向出站信号机配线图。由于点灯单元较进站多，使用了 2 个 XB_2 变压器箱作电缆终端连接设备。右边是高柱调车、预告信号机配线图，都只使用了 1 个 XB_1 变压器箱。高柱调车的下方是矮型调车信号机配线图，由于点灯单元置于信号机箱盖内，只需用 HZ 终端电缆盒。另外，灯泡与点灯单元画在了 1 个框内，示意是矮型信号机构。但列车信号机无论高柱还是矮型都需用变压器箱，是因为列车信号较调车信号重要，需要较大的工作空间，方便维修。另外：

(1)电缆引入第1个连接设备，除DH、DHH线外，顺序使用从1开始小序号端子。

(2)列车信号机处要引入DH、DHH线，而且统一使用23、24号端子，方便维修使用。

(3)两个连接设备间的过渡电缆连接，都是同号端子相连，便于维修。

2)轨道电路配线图设计

轨道电路配线图见《计算机联锁图册》中图Ⅰ-35(2)，也是定型电路图。图中竖实线左侧上方是电气化电码化及电码化相邻非电码化区段轨道变压器箱内配线图。其中，发码的送、受电端箱内安装WGL-T室外隔离器，不发码的送、受电端箱内则安装WGFH室外隔离防护盒。

(1)终端电缆连接设备均采用XB_1变压器箱。

(2)送电端与通往室外电缆连接使用1、3号端子，与扼流变压器端连接使用5、7号端子。

2. 室外电缆网络图设计

《计算机联锁图册》中图Ⅰ-37是举例站场下行咽喉电缆网络图，与电缆径路图相比，它摒弃了电缆的过道和走向，凸显了电缆的长度、芯数和备用芯数及电缆与电缆、电缆与信号设备的连接顺序和所用的连接设备名称、型号。

《计算机联锁图册》中图Ⅰ-37的左侧的上方绘制的是进站信号机、预告信号机和2架调车信号机用的电缆网络图。显然，干线电缆906 m、42芯，其中备用8芯，先引入X_1方向电缆盒，再转接4根分支电缆去连通信号机处的变压器箱、终端电缆盒。每架进站信号机处均使用2个XB_1变压器箱，而矮型调车信号机处使用终端电缆盒。因为D_3信号机处还要经末端电缆串接X进站信号机，必须使用有2个电缆引入管的HZ_{24}电缆盒，而D_1信号机则只需有1根电缆引入管的HZ_{12}电缆盒。

《计算机联锁图册》中图Ⅰ-37的中间是道岔电缆网络图。交流转辙机处的连接设备采用HZ_{24}终端电缆盒，直流转辙机处除13号道岔A牵引点因串接7号道岔采用HZ_{24}电缆盒外，其他均采用HZ_{12}电缆盒。

《计算机联锁图册》中图Ⅰ-37的右侧是轨道电路电缆网络图。无论是发送端还是非发送端，终端电缆连接设备一律采用XB_1变压器箱。

显然，有了电缆径路图，可以不要电缆网络图，因为后者只是重复选择了前者的部分内容。事实是，前者是施工阶段，在现场勘测基础上才能准确绘制的，是竣工图的重要部分；后者则是初步设计阶段，编制概算时需要绘制的，所以设计者均应掌握。

3. 室外电缆配线图设计

1)信号机电缆配线图设计

《计算机联锁图册》中图Ⅰ-38(1)图是举例站场下行咽喉X_1、X_7、X_9分向电缆盒串接的室外信号机点灯干线电缆、分支电缆盒末端电缆室外电缆配线图。

图中的长方形框表示分线柜、电缆盒和变压器箱，框中的一根根细横线示意电缆芯线，细横线上的黑点表示柜、箱、盒中的接线端子。

箱、盒作为电缆终端连接设备，直接连接的室外信号机名称，写在长方形框顶部左侧，箱、盒的类型则标注在长方形框顶部的右侧。如X进站信号机使用的终端连接设备是两个XB_1变压器箱，图最左边的长方形框顶部左侧标注“X”，右侧标注“XB_1(Ⅰ)”，而第2个XB_1箱及两个XB_1箱间电缆配线，由于是定型配线，表示在《计算机联锁图册》中图Ⅰ-35(1)中，所以本图就没有画出。出站变压器箱的标注与此类似。

表示箱、盒的长方形框排列的顺序就是电缆径路图上电缆串接的箱、盒顺序。在电缆径路图上，信号干线电缆从室内分线盘出来向左敷设，直到坐标 849 m 处，进入 X_1 分向电缆盒，然后由 4 根分支电缆去串接 X_D、D_3、X_F、D_{10}。电缆配线图上，就把分线柜的长方形框画在图的最右边，然后向左依次排列对应 X_1 分向电缆盒，以及由 4 根分支电缆串接的 D_3、D_1 电缆盒和 X、X_D、X_F、YX_D 变压器箱所对应的长方形框。在左、右相邻两长方形框中间画着的细线，表示连接两箱、盒的电缆，在细线上方写着该电缆的长度、总芯数和备用芯数。如分线柜和 X_1 分向电缆盒的长方形框之间的细线上标注"906-42(8)"。电缆配线图上，各箱、盒的端子号是从上向下由小号到大号排列的。箱、盒内采用 7×0.52 mm 多股铜芯软线，连接室外信号机的电缆芯线占用了小号端子，而经过该箱盒端子连接其他电缆芯线的芯线则使用较大号端子。这样，箱、盒内直接连接信号机的电缆芯线，总是画在长方形框的上部，表示这些电缆芯线的细横线从长方形框的右边画到长方形框中间表示端子的黑点上；而表示经过该箱、盒端子连接其他线号机的电缆芯线的细横线，画在长方形框的下部，从长方形框的右边一直画到长方形框的左边，在中间穿过的黑点表示两电缆芯线连接的端子。经过这样安排，长方形的顶部就形成了一个个阶梯形。

X_D 进站变压器箱内的端子，从上向下依次排列 1～8 号端子(端子号写在表示端子的黑点的右上方)。其中的 2 号端子上连接的不是 L 灯控制线，因为 X_D 进站信号机封闭 L 灯。但 X_D 有 YX_D 预告信号机，YX_D-LUH 线是单独从室内引出的，2 号端子用来连接 YX_D-LUH 芯线。另外，YX_D-L 和 YX_D-U 控制线与 X_D-LUH 和 X_D-HH 是共同的，因此，从 2、6、7 三个端子连接末端电缆 3 根芯线到 YX_D 变压器箱。可参看《计算机联锁图册》中图 Ⅰ-08(1)中间下方的 YX_D 示意框图。

查看《计算机联锁图册》中图 Ⅰ-38(1)的所有进站 XB_1(Ⅰ)和出站 XB_2(Ⅰ)变压器箱内配线，发现：

(1)本信号机电缆芯线用的端子是从 1 开始的小号端子。进站箱内 1～10，出站箱内 1～11。

(2)所有箱内 DH、DHH 均占用 23、24 号端子。X_1、X_7、X_9 分向盒内的 DH、DHH 也都是占用 23、24 号端子。再看《计算机联锁图册》中图 Ⅰ-38(2)的道岔电缆配线图，在道岔网络中 DH、DHH 也都是占用箱盒内的 23、24 号端子。

每根电缆芯线的用途，也就是每根电缆芯线的名称，写在分线盘和终端连接设备的长方形框内，表示每根电缆芯线的细横线的端部，在表示分线盘端子的黑点旁，标注分线盘端子号。

每根电缆芯线的编号，标注在电缆终止的箱、盒的长方形框的右侧，在每根电缆芯线的细横线的上方。分配使用电缆芯线时，应遵循表 1.22 注中的要求。如干线电缆从室内引出终止在 X_1 分向盒，在 X_1 的长方形框右侧从上向下，先分配普通芯线，其次是对绞线对，最后分配星绞线对，因为信号机是非音频信号设备，可以使用综合扭绞电缆中的任何芯线，而备用的 6 芯就都是星绞芯线。需要说明，一对电话芯线应使用星绞线对，以保证通话质量。干线电缆里没有安排电话线，电话线是从 C_1 道岔分向盒通过一根 47-4(2)电缆引入到 X_1 分向盒的，节省了干线电缆。见《计算机联锁图册》中图 Ⅰ-38(1)中部虚线长方形框表示的 C_1 分向盒与 X_1 分向盒的连接。X_1 分向盒的 23、24 两个端子留给电话线，和 X_D、X_F、X 三个进站信号机箱内电话线使用同样的端子号，便于维修时使用。在这三个进站信号机箱里可看出，电话线都使用"Ⅳ-1、Ⅳ-2"或"Ⅲ-1、Ⅲ-2"一对星绞线对。

2)道岔电缆配线图设计

《计算机联锁图册》中图Ⅰ-38(2)是室外道岔电缆配线图。电话线在每根电缆中都应使用“Ⅱ-1、Ⅱ-2”星绞线对。由于在C_1分向盒中有5对电话芯线并接，而电缆盒中的端子螺杆长度最多可连接4根芯线，所以在C_1分向盒内，电话芯线使用21、22和23、24两对端子。根据交流电动转辙机控制电路，HZ_{12}电缆盒端子数量也能满足要求，考虑到电缆盒与S700K型电动转辙机之间能同名端子相连，举例站场交流电动转辙机采用HZ_{24}电缆盒。而直流电动转辙机7号道岔A牵引点采用HZ_{24}电缆盒，电话线占用23、24两端子，B牵引点采用HZ_{12}电缆盒，电话线占用11、12两端子。A牵引点HZ_{24}电缆盒中4、5、6号端子电缆名称均标为X_4，表示X_4加芯用了两根芯线。

(1)直流转辙机用HZ_{12}电缆盒，芯线顺序占用1～4号端子；交流转辙机用HZ_{24}电缆盒，芯线顺序占用1～5号端子。

(2)在HZ_{12}电缆盒内，DH、DHH使用11、12号端子，在HZ_{24}、HF_4、HF_7电缆盒内，DH、DHH使用23、24号端子。

3)轨道电路电缆配线图设计

《计算机联锁图册》中图Ⅰ-38(3)是轨道电路电缆配线图，一共4根干线电缆，上面2根是轨道电路供电端的，下面2根是轨道电路受电端的，受电端是正方向运行电码化的发送端。由于发送的是移频信号，所以采用内屏蔽数字信号电缆。分配数字信号电缆芯线时，规定同频发送不能同四线组。下行咽喉三条正线的每条正线上各区段的发送线对之间都是同频发送，不能同四线组；而每条正线上的区段发送线对与其他正线上的区段发送线对都是不同频发送，可以同四线组。如图中ⅠAGR变压器箱与S_1受电分向盒之间的17-8B(4)电缆内，X_DJG发送和ⅠAG发送不是同频，同在ⅠP四线组，备用了ⅡP四线组。在S_1和S_3受电盒之间102-12B(4)电缆内，ⅡAG发送和1DG发送同频，不能在同一四线组，为此，让ⅡAG发送顶替X_DJG发送与ⅠAG发送同在ⅠP四线组，而让X_DJG发送和1DG发送合用ⅡP四线组，备用芯线就是完整的ⅢP四线组。在S_3和S_5受电盒之间的147-21B(5)电缆内，保持ⅠAG、ⅡAG、X_DJG和1DG发送线对使用的线组号和芯线号不变，5DG发送和3DG发送是同频，不能在同一四线组，但都和7DG发送、1/19WG发送不同频，所以，让3DG发送和7DG发送同在ⅢP四线组，而让5DG发送和1/19WG发送同在ⅣP四线组，备用一个完整的ⅤP四线组和1根绝缘单线。

显然，内屏蔽数字信号电缆芯线的分配宜从末端电缆开始，然后是分支电缆，直至干线电缆，这时，芯数较多的电缆可以比照芯数较少的电缆进行芯线分配。比如，《计算机联锁图册》中图Ⅰ-38(3)中673-28B(6)干线电缆，在S_5受电盒内占用前16个端子的芯线完全可以按S_3受电盒内的芯线进行分配，剩下的19-27DG、9-15DG和11-13DG三个发送线对互相又都不同频，依次编ⅤP和ⅥP两个四线组即可，备用ⅥP-3和ⅥP-4线对和一个完整的ⅦP四线组。

图中末端的4(2)电缆内只有一个发送线对，不存在两线对之间的频率干扰问题，不需要内屏蔽，所以，采用综合扭绞信号电缆。

送电端电缆芯线分配原则和方法与受电端电缆芯线分配完全相同。当反方向运行时，轨道电路的送电端就成了电码化的发送端，由于无论受电端还是送电端均已满足了同频发送线对不同四线组的规定，所以反方向运行，电码化发送对芯线分配的要求自然而然得到满足。

(1)所有轨道电路送电端和受电端均采用 XB_1 变压器箱。

(2)所有轨道变压器箱与送、受电电缆芯线连接均使用 1、3 号端子。

(3)利用轨道变压器箱串接其他设备用过渡端子均从 9 号端子开始。

项目小结

通过本项目内各典型工作任务的学习，不仅要懂得每张图纸的设计和绘制过程，还应了解图纸间的关系，见图 1.1 计算机联锁工程设计流程图。

信号设备平面布置图是项目中的纲领性文件，它不仅决定室外电缆工程的规模、走向和布局，也决定室内信号设备的类型、数量和布置。该图确定后，设计工作才能全面铺开。

组合排列表处在流程图的中心位置，只有计算机联锁用组合有了自己的位置号，才能进一步分配防雷分线柜和接口柜的端子。

信号隔离变压器排列图及站内综合柜、移频柜、组合柜设备布置图，使信号隔离变压器和站内电码化用设备、器件有了各自的位置号。

然后在定型电路图和零散电路图中为组合、设备、继电器、接点等标注位置号，给侧面端子、分线盘端子、接口柜端子等确定完整的位置号。电路中各种设备、继电器、接点和端子均有了自己的位置号，组合侧面端子配线表和移频柜零层端子配线表的填写才能进行。

图 1.1 中左侧，将室外电缆网络图的流程线画为虚线，因为该图的内容已蕴含在室外电缆径路图中。对于规模较大的车站，经济合理的电缆径路，是工程部门提高工效、降低成本的重要举措，而确定电缆径路又是工程部门的工作强项。为了加快初步设计的进度，设计部门一般只提供电缆网络图，将电缆径路图留给工程部门去做。也有设计部门一并提供电缆径路图和电缆网络图的。

图 1.1 中右侧虚线框住的是站内电码化相关的设计图纸。在高速铁路，站内采用与区间同制式的 ZPW-2000 轨道电路时，就不存在这部分内容了。

工程部门的工作是设备安装、布线连接和调试开通，整个进程离不开配线图表。因此，编制完整、正确无误的配线图表是设计工作质量高低的重要指标，也是工程部门提高工作绩效的重要前提。

复习思考题

1. 计算机联锁工程设计包括哪些内容？
2. 说明举例站场上行咽喉各调车信号机的作用。
3. 画出举例站场上行咽喉信号控制用电缆径路图。
4. 计算机联锁室内设备有哪些？如何布置？
5. 编制举例站场上行咽喉联锁表。
6. 为图 1.42 站场编制组合排列表。
7. 编制题 6 所示站场的接口柜配线表。

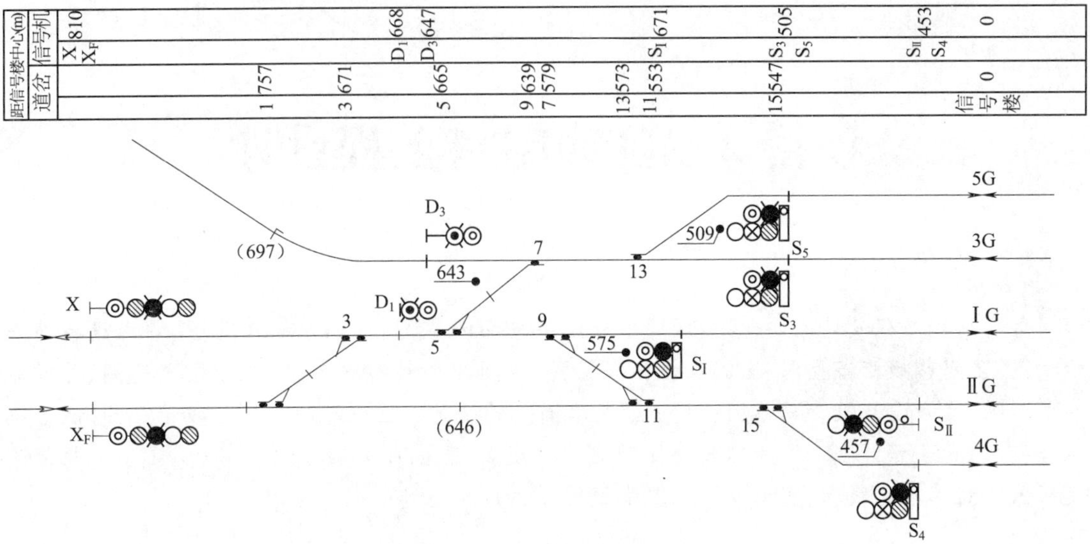

图 1.42　题 6 的站场信号平面布置图

8. 分配题 6 所示站场的防雷分线柜端子。
9. 绘制题 6 所示站场的列车信号机接口电路图。
10. 绘制题 6 所示站场信号隔离变压器排列图。
11. 绘制题 6 所示站场进站信号机点灯电路图的表格。
12. 绘制题 6 站场双动道岔五线制控制电路图(可动心轨)的表格。
13. 绘制题 6 站场站内综合柜、电码化组合柜设备布置图。
14. 绘制题 6 站场轨道测试盘盘面及侧面端子配线表。
15. 编制题 6 站场轨道电路图的表格。
16. 画出图 1.42 站场上行咽喉信号控制用电缆网络图。
17. 绘制图 1.42 站场上行咽喉信号电缆配线图。
18. 绘制图 1.42 站场上行咽喉道岔电缆配线图。
19. 绘制图 1.42 站场上行咽喉轨道送电电缆配线图。
20. 绘制图 1.42 站场上行咽喉轨道受电电缆配线图。

项目 2　自动闭塞工程设计

项目描述

自动闭塞工程设计主要介绍:区间信号设备平面布置图、区间电缆径路图、室内设备布置示意图、区间移频柜布置图、区间综合柜布置图、区间组合柜布置图、闭塞分区电路图、站间联系电路图、区间设备报警电路图、“$N+1$”电路图等的设计及区间移频柜零层端子配线表、区间综合柜零层端子配线表、区间组合柜侧面端子配线表、区间组合柜零层端子配线表、点灯隔离变压器侧面端子配线表、室内电源电缆配线图等设计。

学习目标

通过学习,了解自动闭塞工程设计的内容、步骤、标准,掌握配线图、表的识读,熟悉各种缆、线的布放和接线端子的连接顺序,为从事自动闭塞工程设备的安装、维护打下基础。

图 2.1 是自动闭塞工程设计的工作程序和主要设计图纸间的流程关系。显然,区间信号设备平面布置图是决定自动闭塞工程组成、规模的主要图纸。

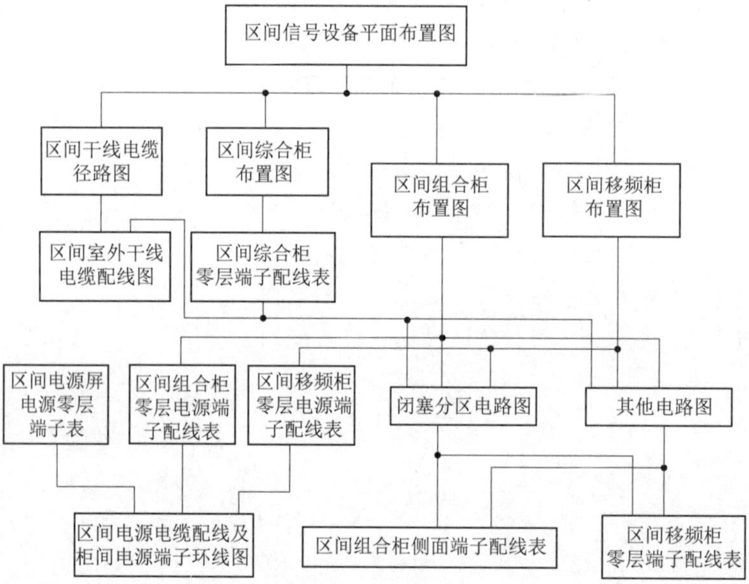

图 2.1　自动闭塞工程设计图纸流程图

闭塞分区电路图和其他电路图均有不同类型的定型电路图纸供设计者选用,但必须结合具体的自动闭塞工程,在图纸的指定位置,填记所采用的设备、器材的位置号,而位置号只有在确定室内各种机柜布置图后才能具备。至于组合柜侧面端子配线表、移频柜零层端子配线表等,到最后才能填记完成。

典型工作任务1 区间信号设备平面布置图设计

2.1.1 工作任务

掌握区间信号设备平面布置图设计的原则、步骤和方法。

2.1.2 知识链接

1. 区间信号设备平面布置图显示内容

依照规定,北京方面绘制在图纸左侧,按方位要求,将信号楼图形代号绘制在车站图形的上方或下方。区间信号设备平面布置图应标注:

(1)车站信号楼的位置。

(2)站间线路的运行方向。实心箭头表示运行正方向;空心箭头表示运行反方向。

(3)通过信号机的坐标和编号。

(4)每个轨道电路区段的长度、载频,补偿电容器的容量、数量和间距。

(5)轨道电路区段划分及编号。

(6)预告标位置。双线自动闭塞反方向按自动站间闭塞运行,反方向进站信号机前方设置预告标。预告标设在反方向进站信号机外方 900 m、1 000 m 及 1 100 m 处。在双线区间,退行的列车看不见邻线的预告标时,宜在站界外 1 100 m 处特设一个预告标(图 2.2)。

(7)分界标志及设备管辖范围。

(8)其他:桥梁、涵洞、隧道的宽度及坐标。

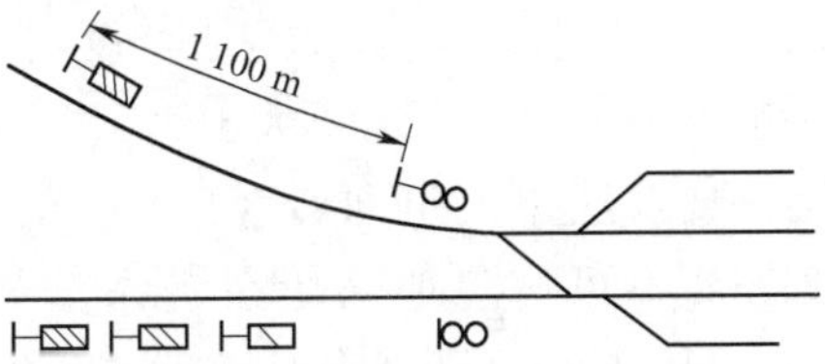

图 2.2 预告标的设置

2. 通过信号机的设置

1)通过信号机的设置原则

(1)在客货共线的线路上,应按货物列车运行速度曲线及时间点设置,但闭塞分区长度应满足较高速度旅客列车制动距离的要求。

(2)一般情况下,应在两追踪列车之间以四个闭塞分区间隔设置通过信号机。在上坡道上,列车运行速度低,当按四个闭塞分区间隔设置,致使追踪间隔时间增加过大时,可按三个闭塞分区间隔设置;技术作业站及单线区间的中间站,发车时应按三个闭塞分区间隔设置。

(3)通过信号机应在车站进站、出站信号机位置确定后设置。

(4)为了节省投资和方便维修,上、下行方向的通过信号机,在不影响行车效率和司机瞭望的情况下,尽可能并列设置。

(5)在利用动能闯坡和停车后可能脱钩的地点,不宜设置通过信号机。在启动困难的上坡道上,也应尽量避免设置通过信号机,不得已时,应装设容许信号。但进站信号机前方第一架通过信号机不得装设容许信号,并应涂三条黑斜线,以与其他通过信号机区别。进站信号机前方第二架通过信号机涂一条黑斜线。

(6)在大型桥梁上和隧道内,尽量避免设置通过信号机。如果必须在桥上和隧道内设置时,应设置矮型信号机且须经铁路局集团公司批准。凡需在这些建筑物出口处设置时,也应距该建筑物有一个列车长度的距离,如受通过能力和制动距离条件限制,不能设置时,可与有关方面协商解决。

(7)通过信号机应设置在便于司机瞭望的直线上,显示距离不得小于 1 000 m;在最不利条件下,显示距离应不小于 200 m。

(8)在电气化区段,区间信号机应考虑电气化分相绝缘器的位置,避免列车停车时进入无电区,并避免列车停车后重新启动无法越过分相绝缘器的无电区。

(9)在无缝线路上,通过信号机应尽量设置在长钢轨接缝,即缓冲区的中心位置。如设置点与缓冲区坐标相差很大时,应与工务部门协商锯轨或变更缓冲区位置。

(10)通过信号机的编号以信号机坐标公里数和百米数组成,下行编奇数,上行编偶数。如《自动闭塞图册》中图Ⅰ-01 中,K61+067 处的下行通过信号机编号为 611,K61+778 处的上行通过信号机编号为 618。

2)闭塞分区长度

《铁路技术管理规程(普速铁路部分)》规定"列车在任何线路坡道上紧急制动距离限制:运行速度不超过 120 km/h 的列车为 800 m;运行速度 120~140 km/h 的旅客列车为 1 100 m;运行速度为140~160 km/h 的旅客列车为 1 400 m;运行速度 160~200 km/h 的旅客列车为 2 000 m"。《铁路信号设计规范》又规定"列车运行速度超过 120 km/h 的双线区段应采用速差式的自动闭塞,列车紧急制动距离应由两个及其以上闭塞分区长度保证"。因此,我国规定三显示自动闭塞分区的最小长度范围为 1 000~1 200 m。这个长度范围的两倍也满足了速差式的四显示自动闭塞对于列车紧急制动距离的要求。

闭塞分区的最大长度(进站信号机前方除外)应满足轨道电路动作的安全及可靠性的要求,不应超过轨道电路的极限长度,避免增加分割点。进站信号机前方第一个闭塞分区的长度一般不小于 1 200 m,不大于 1 500 m。这既满足了进站咽喉区的通过能力要符合区间通过能力的要求,也使得同向到达的列车间隔时间不大于列车在区间的同向运行的间隔时间,否则,列车将不可避免地被堵在进站信号机外方。而在下坡道上,列车的制动距离可能大于 1 500 m,同时还要考虑两架通过信号机的对称布置、显示距离和其他要求。因此,在有充分依据的情况下,个别进站信号机前方的闭塞分区长度允许大于 1 500 m。

3)通过信号机布置

通过信号机需在列车运行速度曲线和列车运行时分曲线绘制完成的基础上,再根据计算的列车追踪时间间隔及列车制动距离的要求予以初步布置,目前,这些工作都由计算机辅助设计自动进行。其间,人工可以根据司机瞭望要求、桥梁隧道等建筑物位置进行实时调整,并进行再计算,直至符合规范要求。由于这些内容已超出本专业要求,此处不再介绍。

但获得通过信号机布置图时,应对闭塞分区长度进行核对,如超过轨道电路允许长度较多时,应设分割点;如超过不多,应与有关部门协商,适当调整通过信号机位置。

3. 轨道区段编号

ZPW-2000 系列无绝缘轨道电路分为主轨道电路和调谐区轨道电路(以下简称小轨)两部分,小轨为列车运行前方主轨道电路的所属"延续段",其长度按 29 m(ZPW-2000R 为 30 m)设置。闭塞分区与轨道电路如图 2.3 所示。轨道区段的位置并不完全与通过信号机并置。

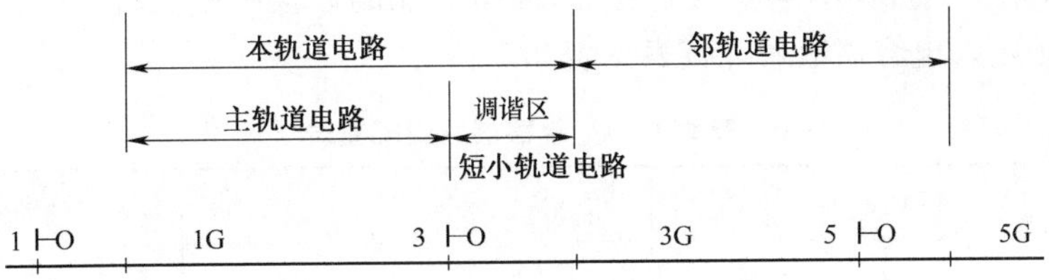

图 2.3　闭塞分区与轨道电路

轨道区段用防护该闭塞分区的通过信号机编号来命名，如《自动闭塞图册》中图Ⅰ-01，597通过信号机防护的轨道区段称为 597G。若闭塞分区有分割点，则按运行正方向顺序编 BG、AG，如《自动闭塞图册》中图Ⅰ-01，611 通过信号机防护的轨道区段，称为 611BG、611AG。

有时也按运行方向和接发性质将邻站的四条线路编为 A、B、C、D，并从站内向站外顺序编 1、2、3、4。轨道区段编号如图 2.4 所示。若某一区段加有分割点，则再增加“1、2”下缀。例如 AG 有分割点，则顺序编为 $A_{11}G$、$A_{12}G$。

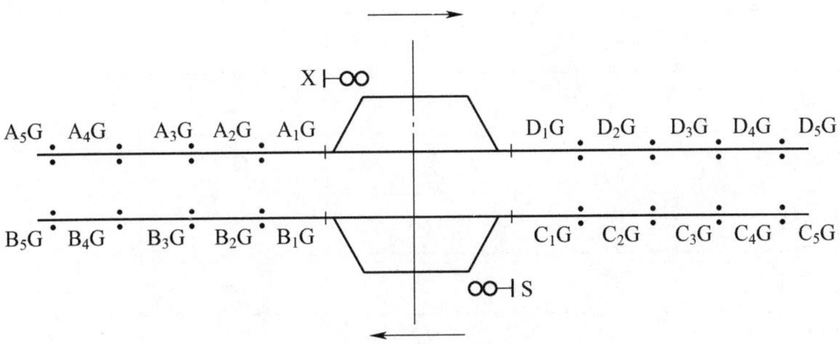

图 2.4　轨道区段编号

4. 闭塞分区载频配置

(1)下行区间按……1700-2、2300-2、1700-1、2300-1、1700-2……顺序配置；上行区间按……2000-2、2600-2、2000-1、2600-1、2000-2……顺序配置。如《自动闭塞图册》中图Ⅰ-01，597G、611BG、611AG、627G 就顺序配置了载频 1700-2、2300-2、1700-1、2300-1。

(2)区间起始和终止载频与邻近车站正线电码化载频统一考虑。第三接近区段应与接车进路不同频率，第一离去区段应与发车进路不同频率。区间与站内载频配置如图 2.5 所示。站内正线电码化，下行接车和发车进路载频选用 1700-2，则下行第三接近区段载频选用2300-1 或 2300-2，下行第一离去区段载频亦然。

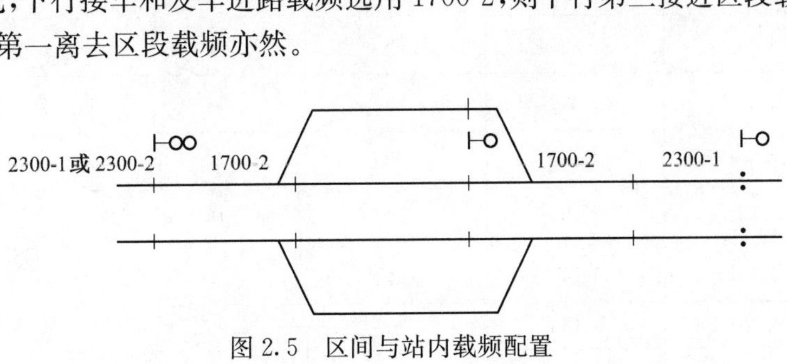

图 2.5　区间与站内载频配置

5. 补偿电容器设置

补偿电容器的规格因频率而异，1 700 Hz、2 000 Hz、2 300 Hz 和 2 600 Hz 各需配置

55 μF、50 μF、46 μF 和 40 μF 容量的电容器，而电容器的数量可依照轨道区段长度查阅电容器数量配置表确定。电容器数量配置表见表 2.1。

表 2.1(a) **电容器数量配置表**

序号	L_V(m)		1 700(Hz)		2 000(Hz)	
	min	max	C(μF)	N_C	C(μF)	N_C
1	300	350	55	4	50	4
2	351	400	55	4	50	4
3	401	450	55	5	50	5
4	451	500	55	6	50	6
5	501	550	55	6	50	6
6	551	600	55	6	50	7
7	601	650	55	7	50	7
8	651	700	55	8	50	8
9	701	750	55	8	50	8
10	751	800	55	9	50	9
11	801	850	55	9	50	9
12	851	900	55	9	50	9
13	901	950	55	10	50	10
14	951	1 000	55	10	50	10
15	1 001	1 050	55	11	50	11
16	1 051	1 100	55	11	50	11
17	1 101	1 150	55	12	50	12
18	1 151	1 200	55	12	50	12
19	1 201	1 250	55	13	50	13
20	1 251	1 300	55	14	50	14
21	1 301	1 350	55	16	50	16
22	1 351	1 400	55	18	50	18
23	1 401	1 450	55	20	50	18
24	1 451	1 480	55	20	50	19
25	1 481	1 500	55	20	50	20

表 2.1(b)　电容器数量配置表

序号	L_V(m)		2 300(Hz)	
	min	max	C(μF)	N_C
1	300	350	46	3
2	351	400	46	4
3	401	420	46	4
4	421	450	46	5
5	451	500	46	6
6	501	550	46	6
7	551	600	46	6
8	601	650	46	7
9	651	700	46	8
10	701	750	46	8
11	751	800	46	9
12	801	850	46	9
13	851	900	46	9
14	901	950	46	10
15	951	1 000	46	10
16	1 001	1 050	46	11
17	1 051	1 100	46	11
18	1 101	1 150	46	12
19	1 151	1 200	46	12
20	1 201	1 250	46	13
21	1 251	1 300	46	16
22	1 301	1 350	46	18
23	1 351	1 400	46	18
24	1 401	1 440	46	19
25	1 441	1 460	46	20
26	1 461	1 480	46	21
27	1 481	1 500	46	21

表 2.1(c)　电容器数量配置表

序号	L_V(m)		2 600(Hz)	
	min	max	C(μF)	N_C
1	300	350	40	3
2	351	400	40	4
3	401	450	40	6
4	451	500	40	6
5	501	550	40	6
6	551	600	40	7
7	601	650	40	7
8	651	700	40	8
9	701	750	40	8
10	751	800	40	9
11	801	850	40	9
12	851	900	40	9
13	901	950	40	10
14	951	1 000	40	10
15	1 001	1 050	40	11
16	1 051	1 100	40	11
17	1 101	1 150	40	12
18	1 151	1 200	40	14
19	1 201	1 250	40	15
20	1 251	1 300	40	16
21	1 301	1 350	40	20
22	1 351	1 400	40	20
23	1 401	1 430	40	20
24	1 431	1 450	40	21
25	1 451	1 460	40	21

表中 L_V 取值有两种情况：

(1)轨道区段两端均采用电气绝缘节

两端为电气绝缘节轨道电路区段长度如图 2.6 所示，轨道区段长度为两端电气绝缘节空芯线圈之间的距离，表中 L_V 按轨道区段长度选用，$L_V=L$。

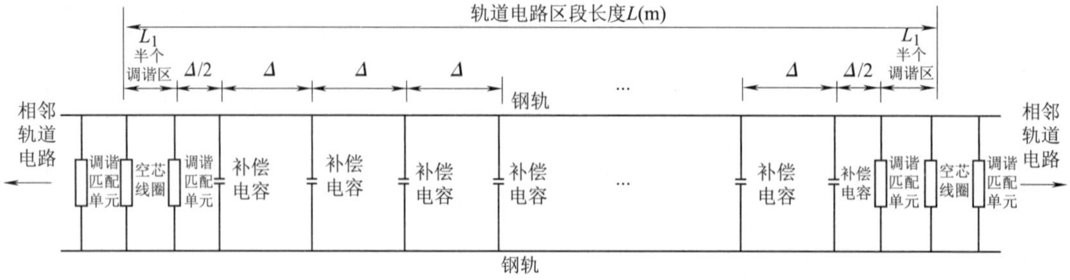

图 2.6　两端为电气绝缘节轨道电路区段长度

【例 1】 597G 的电容规格、数量和间距

【解】 597G 两端均为电气绝缘节，按 L_V＝1 346 m 查表 2.1(a)，配 55 μF 电容，$N_C=18$。

间距 Δ：

$$\Delta=\frac{L-2L_1}{N_C}=\frac{1\,346-29}{18}=82.3(\text{m})$$

式中，$2L_1$ 为调谐区长度。普通路基、隧道线路 $2L_1=29$ m；有砟混凝土桥梁线路 $2L_1=30$ m。

(2)轨道区段一端采用电气绝缘节，另一端采用机械绝缘节

一端为电气绝缘节轨道电路区段长度如图 2.7 所示，轨道区段长度为机械绝缘节到电气绝缘节空芯线圈之间的距离，表中 L_V 按轨道区段长度加上半个调谐区长度选用，即 $L_V=L+L_1$。

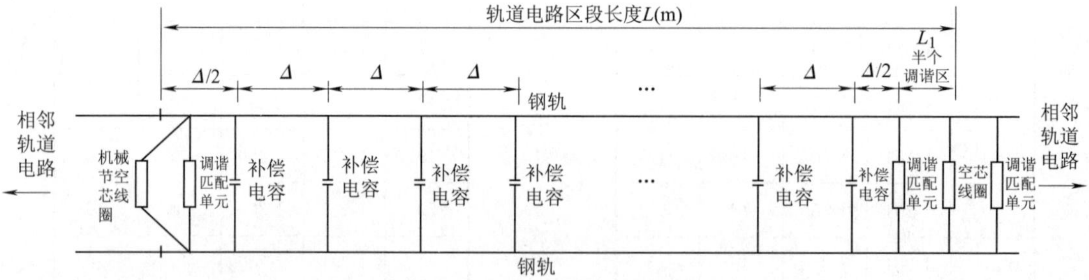

图 2.7　一端为电气绝缘节轨道电路区段长度

【例 2】 627G 的电容规格、数量和间距

【解】 627G 一端为电气绝缘节，另一端为机械绝缘节。

$$L_V=L+L_1=1\,371+14.5=1\,385.5(\text{m})$$

查表 2.1(b)，配 46 μF 电容，$N_C=18$。

间距 Δ：

$$\Delta=\frac{L-L_1}{N_C}=\frac{1\,371-14.5}{18}=75.4(\text{m})$$

典型工作任务2 电缆径路图设计

2.2.1 工作任务

通过学习，掌握电缆使用原则、长度计算、芯数确定和方向盒型号确定方法。

2.2.2 知识链接

电缆径路图是区间信号工程的重要图纸，应标注：

(1)车站管辖范围区间信号工程敷设的干线电缆数量、类型、芯数和备用芯数。

(2)电缆连接使用方向盒数量、型号和编号。

(3)每根干线电缆芯线的用途。

1. 电缆使用原则

ZPW-2000系列轨道电路采用内屏蔽数字信号电缆，以满足频率传输衰耗和特性阻抗指标及当出现接地故障时屏蔽四线组间近端串音衰减指标。而区间信号机点灯无须考虑同频信号串音抑制要求，采用综合扭绞信号电缆或内屏蔽数字信号电缆内的非屏蔽四线组即可。

(1)同频发送与接收不能合用一根电缆，故双线区段上、下行正方向运行的发送线对与接收线对分别使用电缆。

(2)同频的发送可以合用同一根电缆，但不能合用同一内屏蔽四线组，故将双线区段上、下行正方向运行的发送线对合用同一根电缆，不同频的发送线对可处于同一内屏蔽四线组，而同频的发送线对须使用不同的内屏蔽四线组。

(3)同频的接收可以合用同一个电缆，但不能合用同一内屏蔽四线组，故将双线区段上、下行正方向运行的接收线对合用同一根电缆，不同频的接收线对可处于同一内屏蔽四线组，而同频的接收线对须使用不同的内屏蔽四线组。

比如：

①1700-1发送与1700-1接收为同频，不能同缆。

②1700-1发送与1700-2接收为不同频，可以同缆，但不同缆更好。

③1700-1发送与1700-1发送为同频，可以同缆，但不能同四线组。

④1700-1接收与1700-1接收为同频，可以同缆，但不能同四线组。

⑤1700-1发送与1700-2发送为不同频，可以同缆，甚至可同四线组。

⑥1700-1接收与1700-2接收为不同频，可以同缆，甚至可同四线组。

其他频率的电缆使用原则相同。

(4)信号机点灯线可与发送或接收线对合用同一根电缆，故将上、下行信号机点灯线分别与正方向运行的接收、发送线对合用同一根电缆，既可以节省灯丝断丝报警芯线，也可以使电缆芯线使用趋于均衡。

(5)干线电缆宜采用内屏蔽A型电缆，以降低造价，其中非屏蔽四线组及普通芯线可用于信号机点灯。

(6)分支电缆一般无同频信号传输问题,可采用 SFT 型电缆。

(7)站间联系电缆只是传送继电器接点条件,使用普通信号电缆即可。

自动闭塞区间电缆使用类型见表 2.2。

表 2.2 自动闭塞区间电缆使用类型

使用条件		选用类型	备注
电气化区段	区间干线轨道电路(有同频发送或同频接收)	SPTYWPPL23	内屏蔽、铝护套
	区间分支电缆≤1 km	SPTYWPA23	内屏蔽
	区间分支电缆≤50 m	SPTYWA23	
非电气化区段	区间干线轨道电路(有同频发送或同频接收)	SPTYWPA23	内屏蔽
	区间分支电缆≤50 m	SPTYWA23	

2. 区间干线电缆芯数的确定

从信号楼出来沿线路向上、下行两个方面需各引 3 根干线电缆(当上、下行线路不在一个路基或桥梁上,相距较远时,需增设 2 根),正方向运行的发送线对和下行通过信号机点灯及下行信号点灯灯丝断丝报警线对合用 1 根,称为发送电缆;正方向运行的接收线对和上行通过信号机点灯及上行信号点灯灯丝断丝报警线对合用 1 根,称为接收电缆;本站与上行方面邻站的站间联系单用 1 根电缆,称为站联电缆。为了均衡起见,信号机点灯维修电话线对,一般设在总芯数较少的接收或发送电缆内。区间干线电缆径路图见《图册》中图Ⅰ-03。

本站上行方面邻接 597G、611BG、611AG、627G、618G、632G 和 S1LQG 共 7 个区段,下行通过信号机有 597、611 和 627 共 3 架,上行通过信号机有 618 和 632 共 2 架。7 个区段的发送和 3 架下行通过信号机点灯(每架点灯需 6 芯)及下行信号机断丝报警线对,共需芯线:$2\times7+6\times3+2=34$ 芯。

查表 1.22,选用 42A 电缆,备用 6 芯,宜备用 1、2、IP-3～4、X-3～4。

上行信号机较少,因此在接收电缆中设置电话线对,共需芯线:$2\times7+6\times2+2+2=30$ 芯。

查表 1.22,选用 37A 电缆,备用 5 芯,其中备用 1 个四线组和 1 根非屏蔽线。

站联电缆芯数参阅《自动闭塞图册》中图Ⅰ-12 站间联系电路图等即可予以确定。

3. 区间干线电缆径路图绘制

1)布置分向电缆盒并编号

图纸上方绘制车站管辖区间信号设备平面布置示意图,图纸下方对应区间每条线路轨道区段绝缘节(包括分割点)的位置,绘制上、下行 2 个分向电缆盒,上、下行电缆盒就排成了 2 行,用来连接发送、接收 2 根电缆。电缆盒从进站信号机外方向由近及远顺序编号,上、下行 2 行交替进行,邻近下行咽喉编为单数,邻近上行咽喉编为双数。如《自动闭塞图册》中图Ⅰ-03,上方发送电缆的电缆盒就顺序编为 F-1、F-5、F-9、…、F-29。

2)连接上、下两行电缆盒

示意干线电缆从最远端电缆盒依次用细实线连接 2 行电缆盒，并从进站信号机处电缆盒用细线引向室内，示意发送和接收 2 根干线电缆。站间联系电缆用最下方的细实线示意绘出。

3)统计芯线

在 2 个电缆盒间细线的上、下方绘制芯线使用小方框，并用箭头指向示意说明的电缆的细线。框中：FS——发送；JS——接收；DD——点灯；XDS——下行断丝报警；SDS——上行断丝报警；DH——电话。

(1)在绝缘节处，对应运行正方向的发送端、接收端，在相应电缆盒右侧小方框的 FS、JS 格内添加 2 芯。如 611 信号机处绝缘节的左侧是 597G 的发送端；右侧是 611BG 的接收端，则在 F-21 右侧的小方框 FS 格内添加 2 芯(已有 2 芯是 F-21 左侧电缆内 618G 发送线对)，变成 4 芯；在 F-23 右侧小方框 JS 格内也添加 2 芯(已有 2 芯是 F-23 左侧电缆内 597G 接收线对)，变成 4 芯。

(2)在绝缘节处，对应每架信号机，在相应电缆盒右侧小方框 DD 格内添加 6 芯。如 611 信号机处，因是下行信号机，则在 F-21 右侧小方框 DD 格内添加 6 芯(已有 6 芯是F-21左侧电缆内 597 信号机点灯芯线)，变成 12 芯。

(3)发送电缆从远端第一架信号机开始，在相应电缆盒右侧小方框 XDS 格内记入 2 芯，直至最右端方框。由于是并联，沿途无须添加。如发送电缆，从 F-29 右侧方框的 XDS 格填计“2”后，往右一直填记到 F-1 右侧方框的 XDS 格。

(4)接收电缆从远端第一架信号机开始，在相应电缆盒右侧小方框 SDS 格内记入 2 芯，直至最右端。如上行远端第一架是 618，则从 F-19 右侧小方框 SDS 格开始填记“2”，直至最右端。

(5)在总芯数相对较少的干线电缆的小方框 DH 格内填记“2”。如图，接收电缆的小方框 DH 格内均填写“2”。

(6)在下行信号机处的发送电缆盒和同一坐标的接收电缆盒间连接一细线，示意从接收电缆盒内转接到发送电缆盒 1 对电话芯线。如 F-29 与 F-31；F-21 与 F-23；F-9 与F-11；F-1 与 F-3。若站内电缆径路已为进站信号机引接了电话芯线，则 F-1 与 F-3 间不需连接。

4)确定电缆规格

将小方框内使用芯数相加，查芯数备用量表，确定电缆规格。如 F-21 电缆盒右侧小方框内使用芯线数 18，查表 1.22，需备用 2 对，考虑到 DD 和 XDS 可用非屏蔽芯线，故选用成本相对较低的 24A 电缆，实际备用 3 对 6 芯。在相应小方框备用格内填入“6”。

5)计算电缆长度，标注长度、芯数和备用芯数

长度计算同项目 1 的典型工作任务 3 中“电缆长度的计算”。将有关数据标注在示意电缆的细线上，如 F-21 电缆盒右侧细线上方标注“810-24A(6)”。

同一坐标两电缆盒转接电话线的电缆采用综合扭绞(数字)电缆即可，统一标注“15-4(2)”。

由于上、下行两电缆盒处于同一坐标，所以上、下行两根干线电缆长度相同。

6)确定电缆盒型号

《铁路信号设计规范》17.0.9 条 2 款规定：信号设备房至最远端信号设备之间宜单独增设

至少一对贯通的应急备用芯线。有利于电缆芯线故障时更换，对减少故障延时有利。所以实用芯线中应有一对芯线占用端子向远端连接贯通。统计电缆盒实用端子应增加贯通用端子。

F-13 电缆盒实用 22 芯，加上贯通用端子，共用 24 个端子，尚可用 HF-4 型电缆盒。超过 24 后采用 HF-7 型电缆盒。F-9 电缆盒实用 30 芯，加上两个贯通用端子，共需 32 个端子，则采用 HF-7 型电缆盒。F-13 电缆盒图形圆圈内标上“4”，F-9 电缆盒图形圆圈内标上“7”。

4. 区间支线电缆径路图设计

区间支线电缆从干线分向电缆盒连接信号机变压器箱、发送和接收设备双体盒，有单置点、并置点、并置点（近端是分割点）、并置点（远端是分割点）、分割点、进站口等不同类型，形成了固定类型，见《自动闭塞图册》中图Ⅰ-05 区间支线电缆径路图。

典型工作任务 3　区间机柜布置图设计

2.3.1　工作任务

掌握移频柜布置图、综合柜布置图和组合柜布置图的设计方法。

2.3.2　知识链接

区间机柜分移频柜、综合柜和组合柜。

1. 区间移频柜布置图设计

区间移频柜简称 QY，布置图见《自动闭塞图册》中图Ⅰ-08。每个柜内可安放 10 套ZPW-F 型发送器、ZPW-J 型接收器和 ZPW-S 型衰耗盘，供 10 个轨道区段用。10 套设备分成 5 列，每列上、下两套，上面的一套设备编为单号；下面的一套设备编为双号。如上面的发送器依次编为 1FS、3FS、5FS、7FS、9FS；下面的发送器依次编为 2FS、4FS、6FS、8FS、10FS。接收器、衰耗盘亦然。

为了便于识别、记忆和维护，将每个轨道区段使用的每套移频设备的安装与区间信号平面布置图相对应。移频柜上部由左及右顺序安放下行正方向每个轨道区段的设备，下部从右向左顺序安放上行正方向每个轨道区段的设备。如上部依次是 597G、611BG、611AG、627G、X1LQG、673G、687G 的设备；下部依次是 698G、686G、674G、S1LQG、632G、618G 的设备。而每条线上的设备就顺序跨越放置在两个移频柜内。区间移频柜顺序编为 QY_1、QY_2。有了移频柜号和设备位置号，每个设备的完整位置号就定了下来。如 674G 的接收器(JS)的位置号就是 QY_1-8。

每个车站按上、下行分别设一个区间“＋1”发送器，它们安放在最后一个移频柜的最后一列。如 QY_2-9FS 和 10FS。

每列的上、下行两个轨道区段的接收器构成并机，不是由工程设计完成的，而是在机柜内自行构成的。如图中接收器的“并机位置”一栏内就填记着同一列的另一接收器的名称。如 3JS 的“并机位置栏”内填记“4JS”，反之亦然。

《自动闭塞图册》中图Ⅰ-08 在每段轨道区段名称下方还标注着该区段移频设备所用的载频频率。如 611BG 使用 2300-2。

移频柜的零层由5块四柱电源端子板、1块断路器板、10块3×18端子板组成。电源端子板分别编为D_1、D_2、D_3、D_4、D_5，分别供每列设备用。断路器板安装20个断路器，其中10个10 A和10个5 A断路器。10 A用于发送器的过流保护，5 A用于接收器的过流保护。前者编为单号，后者编为双号，依次编为RD_1、RD_2……每4个断路器为一组，供每列设备用，每组前两个为上部设备用，后两个为下部设备用。如RD_3、RD_4为611BG的3FS和3JS用，RD_5、RD_6为632G的4FS和4JS用。3×18端子板顺序编为1～10，对应用于每套轨道区段设备的对外接线。

图中的零层被置于图纸上方，示意从机柜上方走线，根据维修方需求，也可从下方走线。后面机柜配线亦然。

2. 区间综合柜布置图设计

区间综合柜简称QZH，布置图见《自动闭塞图册》中图Ⅰ-09，用来放置防雷模拟网络盘、点灯隔离变压器，并实现室内外设备的连接。柜内可安放9层组匣，另有顶部零层供连接用。从下向上依次编号，1～4层为点灯隔离变压器组匣，每个组匣可放置6个1 A断路器和6个BGY_2-80型点灯隔离变压器，断路器用于相应过流保护；5～9层为防雷模拟网络组匣，每个组匣可放置8个ZPW-ML型防雷模拟网络盘。

为了便于识别、记忆和维护，3、4层顺序放置下行正方向各信号点的点灯隔离变压器，并进一步将车站两侧设备分匣放置；1、2层顺序放置上行正方向各信号点的点灯隔离变压器，车站两侧设备也分匣放置。如第4层放置597、611、627信号点的，第3层放置车站另一侧673、687信号点的。上部的防雷模拟网络盘也是类同放置的，第8、9层组匣内顺序放置下行正方向各轨道区段的防雷模拟网络盘，第5、6层组匣内顺序放置上行正方向各轨道区段的防雷模拟网络盘，第7层未放组匣。

由于是上方走线，零层置于上方。D_1～D_{26}为18柱端子板，D_{27}为防雷接地铜板条FLE，D_{28}为电缆接地铜板条DLE，均为带24个M6-ϕ14和1个M10-ϕ23螺栓端子铜板。

3. 区间组合柜布置图设计

1)区间组合类型及选用

每个信号点所需配置的继电器放置在组合内，根据信号点在定位状态下的显示和相对于分界标的位置不同，形成了多种组合类型，每个组合内继电器最多达22个，放置2层，见《自动闭塞图册》中图Ⅰ-10右边的组合类型表。部分区间组合继电器类型见表2.3。

区间组合有L、LU、U和1LQ 4类，分别用于L(LL)、LU、U信号点和1LQ区段。对于邻接分界标两侧的组合，又有F和JF的区别，前者用于分界标运行前方的闭塞分区，后者用于分界标运行后方的闭塞分区。1LQ组合又有1LQA和1LQB之分，后者用于同时作为邻站的二接近区段的离去区段。区间组合类型选用如图2.8所示。图中3信号机作为分界标处的信号机，其在信号设备平面布置图上的显示状态，决定着其内方和外方的组合类型。其中图2.8(a)示意分界标处不同显示的通过信号机内方和外方的组合类用选用；图2.8(b)示意分界标处于进站信号机处，一接近区段组合类型选用；图2.8(c)示意1G为一离去区段，分界标处不同显示的通过信号机内方和外方的组合类型选用；图2.8(d)示意一离去区段处于分界标运行前方时的组合类型选用。

表 2.3 部分区间组合继电器类型表

顺序	类型	0		01	02	03	04	05	06	07	08	09	10	11
8	LU (F)	R:RX20-25-51-I C:CD-100 μF-50 V	2	QGJ	DJ	2DJ	FBJ	FBJF	DJF	5GJ	1GJF	GJ(邻)	$LXJ3F_1$	$ZXJ2F_1$
				JWXC-1700	JZXC-16F	JZXC-16F	JWXC-1700	JWXC-1700	JWXC-H340	JWXC-1700	JWXC-1700	JPXC-1000	JWXC-1700	JWXC-1700
			1	QZJ	QZJF	QFJ	QFJF	GJ	GJF	1GJ	LXJ3F	ZXJ2F	LUXJ2F	4GJ
				JWXC-1700	JWXC-1700	JWXC-1700	JWXC-1700	JWXC-1700	JWXC-1700	JWXC-1700	JWXC-1700	JWXC-1700	JWXC-1700	JWXC-1700
9	LU (JF)	R:RX20-25-51-I C:CD-1 000 μF-50 V	2	QGJ	DJ	2DJ	FBJ	FBJF	DJF	5GJ	GJ(邻)	DJF(邻)	1GJF	XGJ
				JWXC-1700	JZXC-16F	JZXC-16F	JWXC-1700	JWXC-1700	JWXC-H340	JPXC-1000	JWXC-1700	JWXC-H340	JWXC-1700	JWXC-1700
			1	QZJ	QZJF	QFJ	QFJF	GJ	GJF	1GJ	LXJ3F	ZXJ2F	LUXJ2F	4GJ
				JWXC-1700	JWXC-1700	JWXC-1700	JWXC-1700	JWXC-1700	JWXC-1700	JWXC-1700	JWXC-H340	JPXC-1000	JPXC-1000	JWXC-H340
10	1LQA (JF)	R:RX20-25-51-I C:CD-1 000 μF-50 V	2	QGJ	LXJ2F	YXJF	FBJ	FBJF	ZXJF	TXJF	( )LXJ2F	XGJ(邻)	XGJ	+FBJ
				JWXC-1700	JWXC-1700	JWXC-1700	JWXC-1700	JWXC-1700	JWXC-1700	JWXC-1700	JWXC-1700	JPXC-1000	JPXC-1000	JWXC-1700
			1	QZJ	QZJF	QFJ	QFJF	GJ	GJF	1GJ	2GJ	3GJ	4GJ	5GJ
				JWXC-1700	JWXC-1700	JWXC-1700	JWXC-1700	JWXC-1700	JWXC-1700	JWXC-1700	JPXC-1000	JPXC-1000	JWXC-H340	JPXC-1000
11	1LQB (JF)	R:RX20-25-51-I C:CD-1 000 μF-50 V	2	QGJ	LXJ2F	YXJF	FBJ	FBJF	ZXJF	TXJF	( )LX2F	ZXJ2F	+1FBJ	
				JWXC-1700	JWXC-1700	JWXC-1700	JWXC-1700	JWXC-1700	JWXC-1700	JWXC-1700	JWXC-1700	JWXC-1000	JWXC-1700	
			1	QZJ	QZJF	QFJ	QFJF	GJ	GJF	1GJ	LXJ3F	LUXJ2F	4GJ	5GJ
				JWXC-1700	JWXC-1700	JWXC-1700	JWXC-1700	JWXC-1700	JWXC-1700	JWXC-1700	JWXC-H340	JPXC-1000	JWXC-H340	JPXC-1000

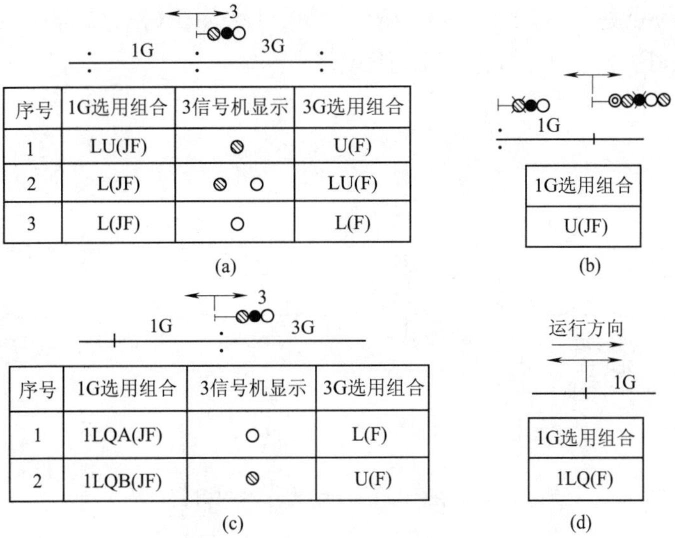

(a)

序号	1G选用组合	3信号机显示	3G选用组合
1	LU(JF)	⊘	U(F)
2	L(JF)	⊘ ○	LU(F)
3	L(JF)	○	L(F)

(c)

序号	1G选用组合	3信号机显示	3G选用组合
1	1LQA(JF)	○	L(F)
2	1LQB(JF)	⊘	U(F)

图 2.8 区间组合类型选用

另外，还有 XG 及 DSBJ 组合，放置 XGJ、XGJ(邻)和 DSBJ。

分界点处的信号点，大致有如下几种情况：

(1)在进站信号机处分界，如图 2.9 所示，627G 采用 U(JF)组合，S1LQG 采用 1LQA(F)组合。

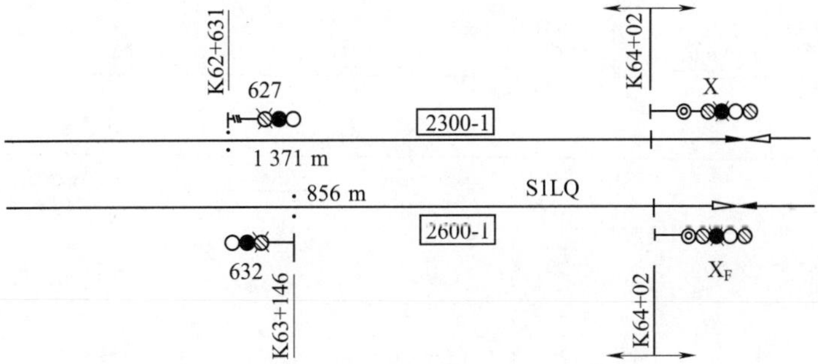

图 2.9 进站信号机处分界的组合选用

(2)在 U 信号点处分界，如图 2.10 所示。X1LQG 采用 1LQB(JF)组合；673G 采用 U(F)组合；674G 采用 U(F)组合；686G 采用 LU(JF)组合。

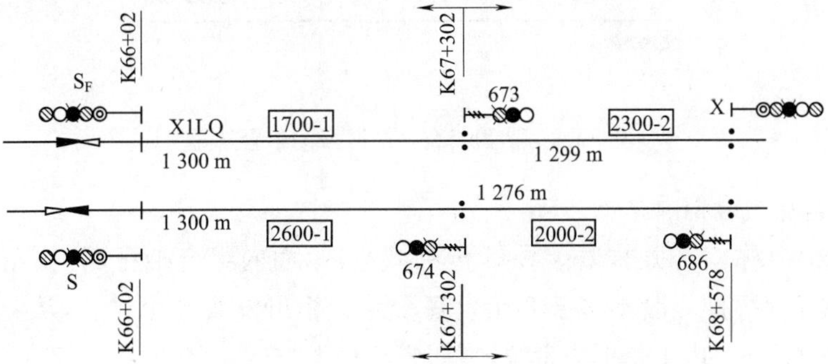

图 2.10 在 U 信号点处分界的组合选用

(3)在LU信号点处分界,如图2.11所示。597G采用L(JF)组合;611G采用LU(F)组合;618G采用LU(F)组合;632G采用L(JF)组合。

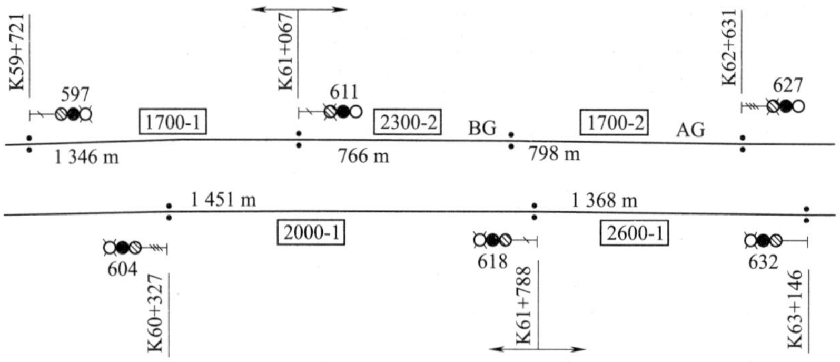

图2.11 在LU信号点处分界的组合选用

注:此图举例与《自动闭塞图册》中图Ⅰ-01无关。

(4)在L信号点处分界,如图2.12所示。583G采用L(JF)组合;597G采用L(F)组合;604G采用L(F)组合;618G采用L(JF)组合。

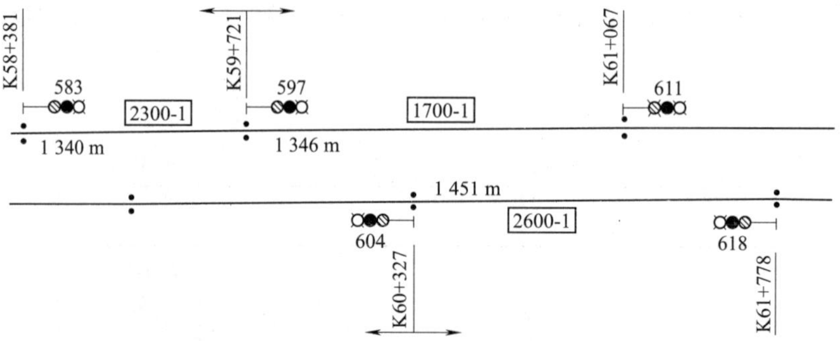

图2.12 在L信号点处分界的组合选用

(5)两站间仅有一个区段时,如图2.13所示,采用1LQB组合。

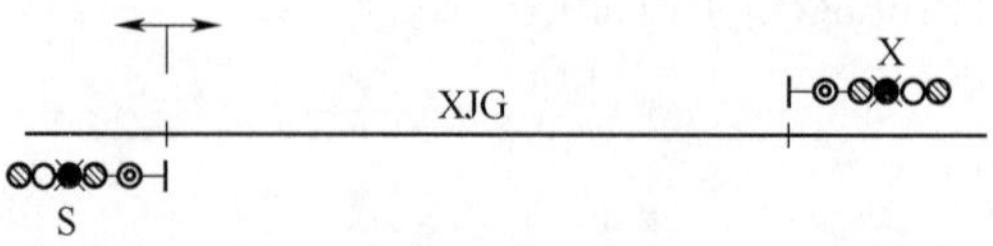

图2.13 站间仅有一个区段的组合选用

2)区间组合在组合柜内布置

区间组合柜简称QZ,并排安装在信号机械室内,面向组合柜正面,从左向右顺序编为QZ_1、QZ_2、…、QZ_5,每排一般不多于5个。每个组合柜可安置5个组合,从上至下依次编为QZ-1、QZ-2、…、QZ-5。由于是上方走线,零层置于最上方。

XG及DSBJ组合置放在QZ_2-1。下行正方向各信号点的区间组合置放在QZ_1、QZ_2上,自上而下顺序置放；上行方向各信号点的区间组合置放在 QZ_3、QZ_2 上，自下而上按上行正方向排列，见《自动闭塞图册》中图Ⅰ-10。QZ_2-3 未放置组合起到了两条线路组合的“间隔”作用。表中示意每个组合位置的方框上方，标注着该组合的名称，方框下方填写该组合类型、闭塞分区电路类型和站间联系电路类型。如 698G 采用 L(F)组合；闭塞分区采用 L(F)电路；站间联系采用绿站间联系发送端电路(LZL-F)。

典型工作任务 4 自动闭塞电路图设计

2.4.1 工作任务

掌握自动闭塞电路图的设计步骤和方法。

2.4.2 知识链接

自动闭塞电路图包括自动闭塞分区电路图、区间“$N+1$”电路图、站间联系电路图、区间设备报警电路图和区间信号采集电路图。

1. 闭塞分区电路图设计

闭塞分区电路图是闭塞分区每个区段的电路接线图，每个区段一张图。

不同类型电路有相对定型的电路图，设计者主要填写设备名称、位置号、连接端子号。以 597 闭塞分区电路图为例，见《自动闭塞图册》中图Ⅰ-11(1)。图中所有继电器线圈和接点均来自 597GL 型区间组合，该组合位置是 QZ_1-5，设计者在图纸中央相连的两个小长方形框(称之为“名称栏”)的左框内填写“597G”，右框内填写“QZ_1-5”。图中所有粗实线框“框”住的设备、接点均来自其他组合或组匣，因此要在这些框内的“名称栏”内填写这些设备、接点的名称和位置。图Ⅰ-11(1)左边上方实线框内是内方 611BG 闭塞分区区间组合的 5 组接点，就在该框左下角的名称栏内填写“611BG”和“QZ_1-4”。显然，两个组合间的连线要经过侧面端子，因此，在连线“穿过”的实线框两侧示意的端子“—•—”旁标注有侧面端子号。由于是定型电路图，侧面端子一般也都标在了图上。但特别设计的零散电路的侧面端子则要注意标注。

室内设备与室外设备要通过电缆芯线，必须经过区间综合柜零层端子，设计时，要填记 QZH 零层端子。如图Ⅰ-11(1)中左边下方是信号机点灯电路，在 QZ_1-501-5～QZ_1-501-10 的 5 个侧面端子左侧还有 5 个示意的 QZH 零层端子，在其下方分别标注“QZH-D_{11}-1～QZH-D_{11}-6”。

由于定型图还兼用于提速铁路自动闭塞，设计者要结合本区间将不适用的接线图划去。如图Ⅰ-11(1)中左边上方与内方闭塞分区联系电路中的 4GJ、5GJ 电路及发送编码电路中的 4GJ、5GJ 接点都已划掉。

自动闭塞分区的小轨道联系电路因信号点所处位置不同，有着多种构成方式。

1)一般信号点小轨联系电路

正方向运行时，一般信号点的小轨联系电路如图 2.14 所示。小轨道输出(XG、XGH)是送至相邻轨道电路接收器的条件，此时连接相邻外方闭塞分区的小轨道电路的输入；小轨道输入(XGJ、XGJH)是接收相邻轨道电路接收器的条件，此时连接相邻内方闭塞分区的小轨道电路输出。当运行方向改变时，随着 QFJF↑和 QZJF↓，由其各两组接点转接，相邻外方闭塞分区小轨条件和相邻内方闭塞分区小轨条件做了相应调换。

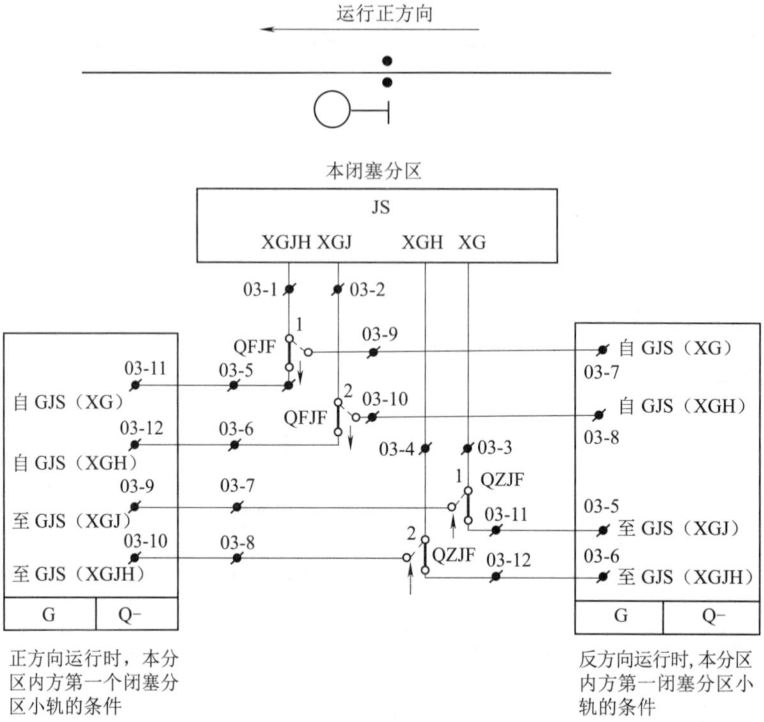

图 2.14　一般信号点的小轨联系电路

举例区间的 611BG 处，正方向运行时，本闭塞分区的 XG、XGH 输出条件连接至相邻外方 597G 的小轨道电路的输入，而本闭塞分区的 XGJ、XGJH 将接收相邻内方 611AG 小轨道电路的输出条件；当方向改变、反方向运行时，XG、XGH 输出条件将连接至 611AG 的小轨道电路的输入，而 XGJ、XGJH 将接收 597G 小轨道电路的输出条件，见《自动闭塞图册》中图Ⅰ-11(2) 611BG 闭塞分区电路图左侧下方的小轨联系电路。

2)分界处信号点小轨联系电路

分界处信号点有两种情况，一种是内方相邻闭塞分区属于邻站管辖，如图 2.15 所示。正方向运行，通过站间联系电路将邻站的 XGJ 状态用 XGJ(邻)予以复示，再用 XGJ(邻)的 1、2 组接点作为本闭塞分区小轨道电路的输入条件；方向改变、反方向运行时，本闭塞分区 XG、XGH 输出构成小轨道继电器 XGJ 电路，再通过站间联系电路，利用 XGJ 接点把 XGJ 状态传送到邻站，作为邻站闭塞分区小轨道电路输入条件。

举例区间分界处信号点的小轨联系电路见《自动闭塞图册》中图Ⅰ-11(7) 687G 闭塞分区电路图左侧下方的小轨联系电路。

分界处信号点的外方闭塞分区属邻站管辖，其小轨联系电路如图 2.16 所示。对比图 2.15，二者正方向运行的内方相邻和外方相邻闭塞分区小轨联系电路做了一个调换。

举例区间分界处信号点的小轨联系电路见《自动闭塞图册》中图Ⅰ-11(1) 597G 闭塞分区电路图左侧下方的小轨联系电路。

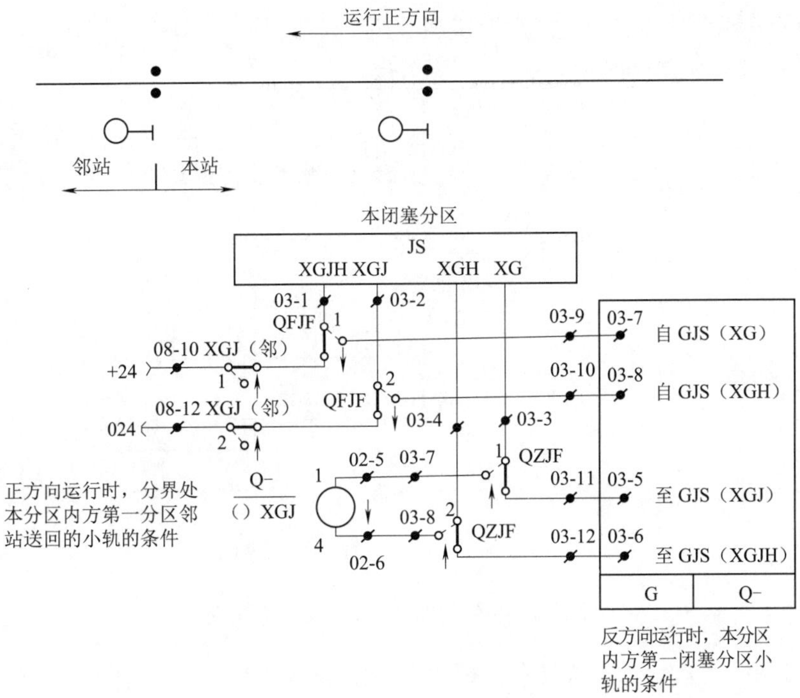

图 2.15　分界处信号点的小轨联系电路(一)

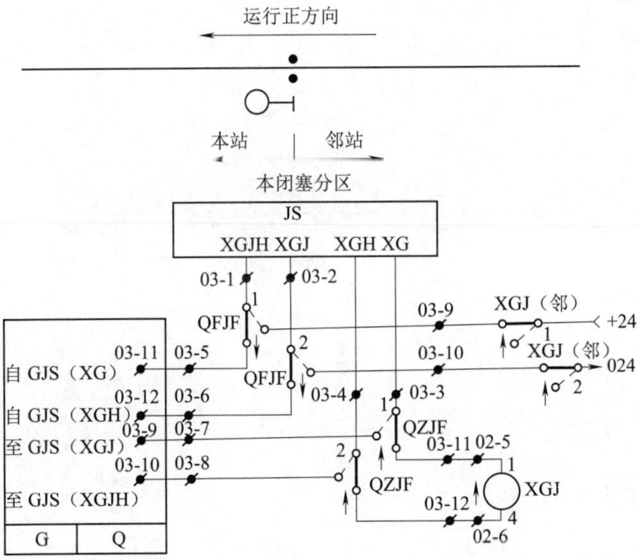

图 2.16　分界处信号点的小轨联系电路(二)

3)3JG 闭塞分区小轨联系电路

正方向运行时，相邻内方闭塞分区为站内轨道电路，没有 XGJ、XGJH 的小轨输入条件，直接接入＋024、024 电源；反方向运行时，相邻外方闭塞分区为站内轨道电路，无须动作 XGJ，送出 XG、XGH 的输出条件。3JG 闭塞分区的小轨联系电路如图 2.17 所示。

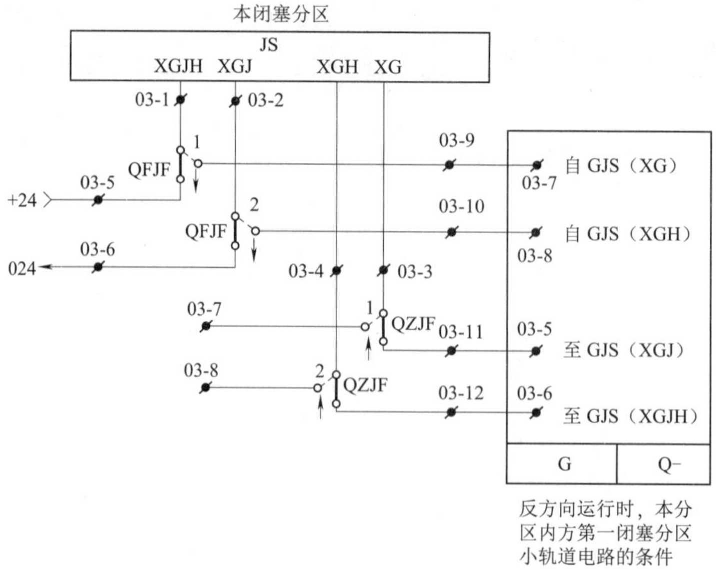

图 2.17　3JG 闭塞分区的小轨联系电路

举例区间 3JG 闭塞分区小轨联系电路见《自动闭塞图册》中图Ⅰ-11(4)627G 闭塞电路图左侧下方的小轨联系电路。

4)1LQ 闭塞分区小轨联系电路

正方向运行时，相邻外方闭塞分区为站内轨道电路，不输出 XG、XGH 条件；反方向运行时，相邻内方闭塞分区为站内轨道电路，没有 XGJ、XGJH 的小轨输入条件，直接接入＋24、024 电源。1LQ 闭塞分区的小轨联系电路如图 2.18 所示。

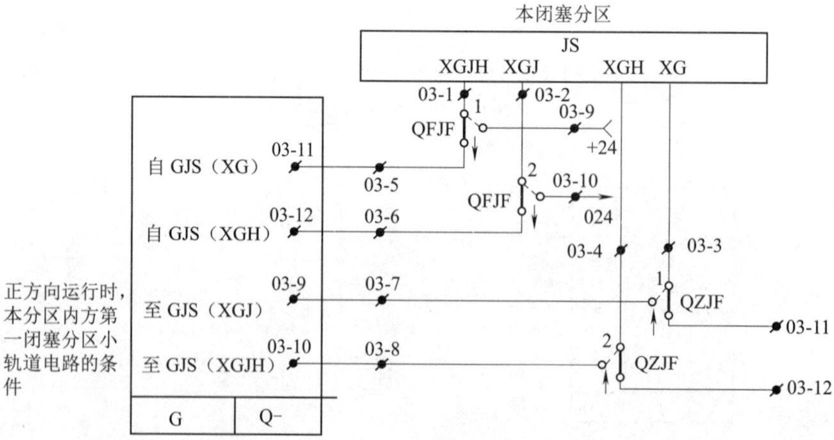

图 2.18　1LQ 闭塞分区的小轨联系电路

举例区间 1LQ 闭塞分区小轨联系电路见《自动闭塞图册》中图Ⅰ-11(5)X_{I} 1LQG 闭塞分区电路图左侧下方的小轨联系电路。

2. 区间“N+1”电路图设计

区间“N+1”电路图分上、下行两张，电路也是定型的，参见《自动闭塞图册》中图Ⅰ-13。设计者主要填记发送设备表，将＋1FS、＋1FSJ 和下行线上各区间组合的名称、组合位置填记在相应栏目内，表的右侧，将各组合编码、选频、电平调整和功放等与＋1FS 对应端相连的侧面端子号填记在对应的方格内。如低频编码的 LU 栏，填入了＋1FS 的 01-15 及 4 个 04-5、2 个 04-6、1 个 04-8，表示这些区间组合内编发 LU 码的条件都并接在＋1FS 的 LU 的发送端子。而选频的公共端一栏，对应每个组合的方格内，填写有 08-13 和 08-14 两个端子，并且中间被一横线隔开，表示每个组合的 FBJ_{21-22} 接点顺序串联一起后接向了＋1FS 的＋24-1 公共端子上。

3. 站间联系电路图设计

一般车站有 4 个接、发车方向，需 4 张站间联系电路图。分界标两侧分别采用(F)和(JF)型组合，在不同信号点处分界，形成了 L(F)-L(JF)、L(F)-1LQ(JF)、LU(F)-L(JF)、U(F)-LU(JF)、U(F)-1LQ(JF)等不同的定型图。设计时，根据分界标两侧情况选择相应定型图，填记两侧闭塞分区组合名称、位置和区间综合柜零层端子号。《自动闭塞图册》中图Ⅰ-12(1)是一张 L(F)-L(JF)定型图，本站 597G 为 1L 发送端。在 597G 区间组合的名称栏内填写“597G”和“QZ_1-5”，在示意与邻站 583G 区间组合相连的电缆芯线的端子“—•—”下方填写 QZH-D_{21}-1～QZH-D_{21}-10。其实，QZH-D_{21}-1、QZH-D_{21}-2 可以不填，因 4GJ、5GJ 电路均被划去。

4. 区间设备报警电路设计

区间设备报警电路包括：区间主灯丝断丝报警电路、区间移频报警电路、区间断路报警电路，也各有定型电路。设计时，需填写设备名称、位置和连接端子号。《自动闭塞图册》中图Ⅰ-14 区间主灯丝断丝报警电路，在图纸右中部的名称栏中填写“DSBJ”和“QZ_2-1”，在示意与室外的 $XQDS_1$、$XQDS_2$ 两条电缆芯线连接的零层端子旁标注“QZH-D_{26}-1、QZH-D_{26}-2”，在与 $SQDS_1$、$SQDS_2$ 连接的零层端子旁标注“QZH-D_{26}-3、QZH-D_{26}-4”。

典型工作任务 5　配线图表设计

2.5.1　工作任务

掌握各种配线图表的式样、制作方法，熟练识读各种配线图表，并能予以填记。

2.5.2　知识链接

配线图表形象地描述了设备之间通过端子与端子进行的连接，包括：区间移频柜零层电源端子配线图、区间移频柜零层端子配线表、区间综合柜零层端子配线表、区间组合柜零层端子配线表、区间组合柜侧面端子配线表、区间电源屏及柜间电源配线图和区间电缆配线图。

1. 区间移频柜零层电源端子配线图设计

每个区间移频柜有 5 块 4 柱零层电源端子板，用来串接 24 V 移频直流电源。《自动闭塞图册》中图Ⅰ-17 绘制了两个移频柜的 4 柱零层电源端子板，8 条横线示意了端子的串接，横线下方标注了电源名称，每条线两端上方填记着连向区间电源屏的输出端子号：QYP_1-B-2D-13～QYP_1-B-2D-20，每条线两端填记相同端子号，表示了每路电源形成环形供电。

2. 区间移频柜零层端子配线设计

每个区间移频柜有 10 块 3×18 零层端子板，每块端子板供一个区段与柜外连接、接收主机和并机连接。区间移频柜零层端子用途分配表2.4。

表2.4 区间移频柜零层端子用途分配表

序号	用途				代号	零层端子号	备注
一	发送	1	低频 F_1～F_{18}(29～10.3 Hz)		F_1～F_{18}	01-1～01-18	(1)(1～N)FS载频频率选择在发送器上进行。+24 V取自+24-2端子；(2)(1～N)FS功出电平调整在发送器上进行；(3)共五级电平，调整端取自11
		2	功出		S_1、S_2	02-1～02-2	
		3	发送报警继电器		FBJ-1、FBJ-2	02-3～02-4	
		4	发送电源		FS+24、FS024	02-17～02-18	
二	+1 FS	1	载频率选择	1 700 Hz载频	1 700		此栏端子引线仅针对装有+1FS的端子
				2 000 Hz载频	2 000		
				2 300 Hz载频	2 300		
				2 600 Hz载频	2 600		
				-1型载频选择	-1		
				-2型载频选择	-2		
		2	功出电平调整	一级	1		
				二级	2		
				三级	3		
				四级	4		
				五级	5		
				调整端	11		
三	接收	1	主轨道输入		V_1、V_2	03-1、03-2	主机与并机频率选择均在接收器上进行 主机+24 V取自+24端子 并机+24 V取自(+24)端子
		2	主机小轨道1型载频选择		X_1(Z)	03-5	
			主机小轨道2型载频选择		X_2(Z)	03-6	
		3	并机小轨道1型载频选择		X_1(B)	02-5	
			并机小轨道2型载频选择		X_2(B)	02-6	
		4	引出的+24 V电源		G24	02-11	
		5	监测发送报警继电器		FBJ+、FBJ−	02-12、02-13	
		6	监测接收报警条件		JBJ+、JBJ−	02-12、02-14	
		7	监测接收主轨道输出		ZIN(C)、CIN(C)	02-15、02-16	
		8	主机轨道继电器G		G(Z)、GH(Z)	03-7、03-8	
		9	主机小轨道继电器XG		XG(Z)、XGH(Z)	03-9、03-10	
		10	主机小轨道检查条件XGJ		XGJ(Z)、XGJH(Z)	03-11、03-12	
		11	发送接收报警接点		BJ-1、BJ-2	03-13、03-14	
		12	接收电源		JS+24、JS024	03-17、03-18	

区间移频柜零层端子配线表见《自动闭塞图册》中图Ⅰ-18，图中每张表对应一块3×18零

层端子板，表的顶部横格填记端子板号“QY_1-×”，表的下方有3列、18行的空格，对应了3×18个端子。每个空格对应的上方的端子板号、列号和左侧行号用短横线相连，便是每个端子的编号。如QY_1-1的03列的1、2两空格，便对应QY_1-103-1、QY_1-103-2两端子。在这两空格内填记有“QZ_1-502-11、QZ_1-502-12”，表示这两个端子分别连向了QZ_1区间组合柜第5层的区间组合侧面端子板02列的11、12两端子。显然，在对应QZ_1-502-11和QZ_1-502-12的区间组合柜侧面端子空格内，应填记“QY_1-103-1、QY_1-103-2”[可查《自动闭塞图册》中图Ⅰ-21(1)]。03-14格内只填记了“203-13”，前面没有了柜号，表示该端子是在QY_1柜内连接，连向了第2块端子板的03-13端子，相应地，在203-13的空格内填记有“103-14”，表示了这两个端子的相连。

在03-15空格内只填记了“13”，连板号、列号都没有，表示该端子是在本块端子板列内连接，连向了第13号端子。相应地，本列13号端子的空格内，填记有“15”。

3. 区间综合柜零层端子配线表设计

区间综合柜有26块18柱端子板，用于室内综合柜、组合柜侧面端子与室外电缆芯线的连接，也用于综合柜侧面端子与组合柜侧面端子的连接。室外电缆是多芯成根敷设的，适宜集中配线，同时，也便于进行防雷和屏蔽接地。所以，综合柜、组合柜侧面端子都需经双芯软线引至综合柜零层，方能与电缆芯线连接。

区间综合柜零层端子配线表见《自动闭塞图册》中较Ⅰ-19。图中每个粗线“框”住的图表对应1块18柱端子板，表的上方第一行标注着端子板的位置号，第二行标注着本块端子板的连线用途。D_1～D_5用于9～5层防雷模拟网络盘与室外调谐单元连接，D_6～D_{10}用于防雷模拟网络盘与室内设备连接，D_{11}～D_{14}用于区间组合与室外信号机连接，D_{19}、D_{20}用于区间电话，D_{21}～D_{24}用于站间联系，D_{25}用于改变方向电路，D_{26}用于断线报警。第三行和第四行书写了每个端子上两根线的去向。如QZH-D_1的第三行填写“室外电缆”，第四行填写“本柜组匣侧面端子”，表明该端子板端子用于组匣侧面端子与室外电缆连接。表的下方左、右两列阿拉伯数字对应着18个端子，每个数字外侧有上、下两个空格，上面空格与第三行对应，填记该端子所连室外电缆芯线的用途，下面空格与第四行对应，填记该端子所连组匣的侧面端子号。如QZH-D_1-5的端子的上面空格填记“611BG-FS”，下面空格填记“9-3-31”，表明该端子用于综合柜第9层组匣第3个防雷模拟网络盘的31号端子与611BG的FS电缆芯线连接，翻阅《自动闭塞图册》中图Ⅰ-11(2)611BG闭塞分区电路图如上方，可见一斑。

区间综合柜的D_{27}为防雷接地铜板条(FLE)，D_{28}为电缆接地铜板条(DLE)，各有24个M6-ϕ14和1个M 10-ϕ23螺栓端子，用于接地连接。室外电缆引入综合柜零层后，每根电缆的排流线接至每块端子板的17、18端子，而17、18端子分别用铜芯塑料软线串接后，两端再环连至接地铜板条端子上，见《自动闭塞图册》中图Ⅰ-19，QZH-D_1～DZH-D_5的17、18两端子是每列室外电缆排流线的连接端子，而查看对应17端子的下面空格内标注的端子号，可见D_1-17、D_2-17、D_3-17、D_4-17和D_5-17顺序串接，再从D_1-17和D_5-17分别用塑料软线引至DLE的D_{28}-1，而D_1-18、D_2-18、D_3-18、D_4-18和D_5-18顺序串接后，两端环连至D_{28}-2。

为了发挥防雷变压器的作用，室内外要严格分开走线和绑扎，为了防止互相干扰，室外的接收、发送也需分开走线和绑扎。从《自动闭塞图册》中图Ⅰ-19可见，QZH-D_1～QZH-D_5的奇数号端子用来连接发送端电缆芯线；偶数号端子用来连接接收端电缆芯线。如611AGFS、FSH采用QZH-D_1-5、QZH-D_1-7端子，611AGJS、JSH便采用QZH-D_1-6、QZH-D_1-8端子。

如前所说，屏蔽层排流线接地也都分开了，每块端子板的 17 和 18 端子之间并不直接串接。

4. 区间组合柜零层电源端子配线表设计

区间组合柜零层电源端子配线见《自动闭塞图册》中图Ⅰ-20。每个区间组合柜有 4 个 4 柱电源端子板 D_1～D_4、4 块 HY-MAG 型断路器 DL_1～DL_4、1 块 18 柱端子板 D_{10}。各种电源通过 4 柱电源端子引入组合柜，其中 QKZ、QKF，KZ、KF 为直流 24 V；XQZ、SQZ 为直流28～140 V；JZ 为交流 24 V，均经过断路器后引至 D_{10} 端子板，IOZ、JF、XQF、SQF 则直接引向 D_{10} 端子板。

5. 区间组合柜侧面端子配线表设计

每个区间组合柜有 5 块 12×18 柱侧面端子板，用于组合侧面端子与区间移频柜零层端子、综合柜零层端子、车站组合柜侧面端子、接口柜端子的连接。《自动闭塞图册》中图Ⅰ-21(1)的每个用粗线“框”住的表对应一个侧面端子板，表上方标注了侧面端子板号“QZ_1-×”，表的顶上一行标注列号“01～12”，表的左侧标注行号“1～18”，表中的每个空格对应一个端子。每个空格内填记的是端子连接的另一端的端子号，完整端子号的第一部分是柜名：QZ——区间组合柜；QY——区间移频柜；QZH——区间综合柜；JK——接口柜；Z——车站组合柜；两位数字——组合柜(《自动闭塞图册》中图Ⅰ-02)；第二部分是板号和列号；第三部分是行号。当端子直接接电源时，则在空格的右侧标注电源名称，如 QZ_1-204-12 端子的空格内标注“KZ”。

每个组合内部所需电源均从第 12 列端子引入。12-1、12-3、12-5、12-15、12-17 固定用于 QKZ、QKF、JZ、KZ、KF 5 种电源引入，柜内各层组合同名电源引入端子串接后，从最低和最高层侧面端子再与零层同名电源端子 D_{10}-1、D_{10}-2、D_{10}-11、D_{10}-7、D_{10}-8 形成环连(一般是当引入端子数超过 3 个时)。图中 12-2、12-4、12-16、12-18 端子的空格内也标有电源名称，由于组合内部已将这些同名电源端子相连，所以无须再与 D_{10} 的端子环连。这些偶数号端子用于侧面端子板同名电源端子间的环连。图中 112-16 就与 204-12、404-12、504-12 进行了串接，由于超过了 3 个端子，也形成了环连。

6. 点灯隔离变压器侧面端子配线表设计

点灯隔离变压器置于区间综合柜 1～4 层，每层有 1 块 18 柱侧面端子板，用于连接区间组合柜侧面端子，也用于引入信号点灯电源。点灯隔离变压器侧面端子配线表见《自动闭塞图册》中图Ⅰ-15。每个粗线框对应一块侧面端子板，中间两列数字对应 18 柱端子，数字边空格内标注该端子连线另一端的区间组合柜的侧面端子号。端子板的 17、18 端子旁的空格内标注引入的电源名称及连接的区间电源屏的电源端子号。

7. 区间电源电缆配线及柜间电源端子环线图设计

电源屏与区间柜零层同名电源端子的环连见《自动闭塞图册》中图Ⅰ-16。表中圆点示意零层端子，端子旁标注端子号。区间组合柜较多，端子号便标注在左、右两列的零层端子一栏内。细线从圆点穿过，表示串接该柜零层端子，细线经过并无圆点，表示该柜无须引入该电源。电源屏的端子号标注在表的左、右两列电源屏栏内，电源名称则标注在两外侧的电源名称栏内。图纸左边示意了从室内配电箱引入区间电源屏的主、副电源的电力电缆及从区间电源屏输出到区间柜的各种电源的电力电缆的长度、型号、芯数和截面积，同时标注电力电缆连接的端子号。如左侧图纸下方的 QKZ、QKF 电源从区间电源屏 A-2D-13、

A-2D-14端子，经电缆输出到区间组合柜，串接 QZ_1-D_1-1～QZ_3-D_1-1、QZ_1-D_1-2～QZ_3-D_1-2。在示意电缆的细线上方标注：

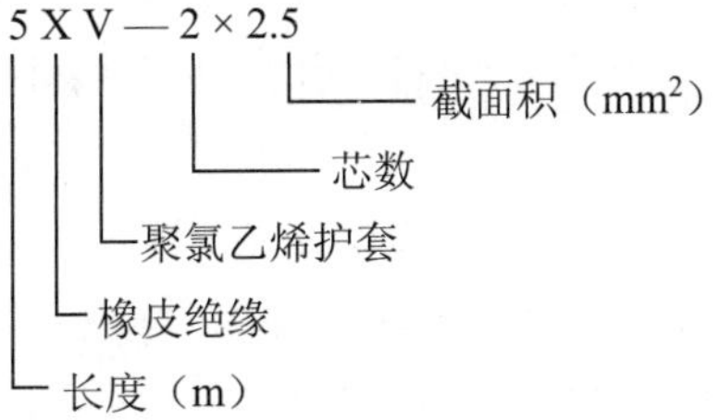

8. 区间室外干线电缆配线图

区间塞外干线电缆配线图是室外电缆工程中又一重要图纸，除了表达电缆经路图的有关内容外，更突显电缆盒内端子使用和电缆内芯线使用连接的情况，还具体标注了备用芯线的编号。

举例区间邻接下行咽喉发送干线电缆配线图见《自动闭塞图册》中图Ⅰ-04(1)。图中竖画的粗线长方形框示意连接干线电缆的电缆盒，框顶左边标注电缆盒的编号，右边标注电缆盒的型号；图纸最右侧的长方形框示意的是信号楼内的区间综合柜，框间连接的细线示意盒间连接的电缆，细线上方写着电缆的参数，下方标注的是备用芯线的数量和编号。框中黑点示意盒内使用的接线端子，黑点旁写着端子号。框内止于黑点和穿越黑点的细线示意电缆芯线，细线的上方(除右侧“信号楼”外)标注电缆芯线的组号和线号。止于黑点的细线示意电缆要由本电缆盒经支线电缆连接室外信号设备，在这些黑点的左侧标注了每个端子连接的电缆芯线的用途。在“信号楼”内，所有芯线的用途标注在细线的上方。如 F-21 电缆盒的前 1～6 端子连接的是 611 信号机 6 根点灯芯线，使用了电缆的第Ⅲ组扭绞线和第Ⅳ组扭绞组的 1～2 芯线；7～8 端子连接的是 597G 的发送线对，使用了第Ⅱ组屏蔽星绞组的 1～2 芯线。穿过黑点的细线示意电缆芯线利用端子转接下一电缆盒或是支线电缆芯线通过端子与左侧电缆芯线形成并联。如 F-21 的 11～16 端子则实现 F-21 左侧连向 597 信号机的点灯芯线与右侧的芯线过渡连接；21 和 22 端子则是实现引向 611 信号机的 XDS_1 和 XDS_2 与 F-21 左侧引向 597 信号机的 XDS_1 和 XDS_2 的并联。在示意“信号楼”内黑点右边写着区间综合柜的零层端子号。如 611 信号机的 6 根点灯芯线则是从 QZH-D_{11}-7～QZH-D_{11}-12 共 6 个端子引出。在 F-21 框右竖边适中位置绘制的细线下方标注电缆备用第ⅠP 屏蔽星绞组的 3～4 和第ⅥP 屏蔽星绞组的 3～4 芯线，共 4 根芯线。

在信号机处长方形框的下方还绘制示意同坐标接收电缆盒的小长方形框，2 长方形框间细线示意了从接收电缆转接过来电话线的电缆。如 F-21 的下方，从 F-23 电缆盒转接过来的 DH 和 DHH 芯线使用了 F-21 的 19～20 端子。

绘图步骤如下：

(1)绘制电缆盒方框

依照电缆径路图的方位，从远端(左侧)向近端“信号楼”(右侧)绘制长方形框，可选不封顶，框间留出适当间隔，并使长方形框底边对齐。

(2)标注接线端子黑点

在框中间由底边向上等间隔绘制黑点，黑点数目为右侧电缆实用芯数加上 2，增加 2 个贯通备用芯线用端子，若是下行信号机处，再增加转接电话芯线用 2 个端子。如 F-21 右侧电缆实用芯线数 16，则于该盒要连 611 信号机，需增加 4 芯，该框内共绘制 22 个黑点。此时，可在离最上面黑点适当位置将长方形框封顶，顶边左侧标注电缆盒编号，顶边右侧标注电缆盒型号，端子数目不超过 24 个，型号为 HF-4，超过 24 时，型号为 HF-7，其端子数可到 42。如 F-21 的型号即可标为 HF-4。

黑点右上方，从上向下依次给示意端子的黑点标注端子号，从 1 开始，由小到大，但最下面的几个端子需特别编号。为了方便维修，电话线对在 HF-4 内固定使用 19、20 端子，在 HF-7 内固定使用 37、38 端子；而灯丝报警和贯通备用芯线对在 HF-4 内使用 21～24 端子，在 HF-7 内固定使用 39～42 端子。如 F-21 内，黑点从上向下，由 1 编到 16，下面 6 个黑点特别给了编号。

(3)绘制芯线细线

①从黑点向右竖边绘制一半底边长的细线

半长细线示意通过支线电缆连接该点室外信号设备的芯线，规定占用小号端子。半长细线便从 1 号端子黑点开始画。数目取决于该点类型：并置点——10；单置点——8；分离点——2。F-21 是单置点，从 1～18 共 8 条半长细线。为方便绘图，下行信号点需从上行电缆盒引入电话线时，DH、DHH 端子画在框的底部，也连 2 根半长细线。干线电缆终端不受此限制，所有黑点均连半长细线，如 F-29。

②过黑点画底边长细线

过框内剩下的黑点画与底边等长细线，左、右止于长方框左、右竖边。F-21 内，从 9～22 的端子黑点共 10 根与底边等长细线。

(4)标注芯线名称

止于黑点的芯线名称标注在黑点左侧，在“信号楼”框内所有细线上方标注芯线的名称。

(5)标注芯线编号

标注芯线编号应遵循电缆使用原则。

①方便维修，将各段内屏蔽电缆的ⅠP 星绞组、扭绞电缆的Ⅰ星绞组统一作为备用芯线，更多备用芯线也尽量选用星绞、对绞。如《自动闭塞图册》Ⅰ-04(1)中，示意贯通备用芯线的各框内的 2 根细线上方均标注“ⅠP-1、ⅠP-2”。

②电话线对应标注星绞或对绞线对。如 F-21 框下方，示意 DH、DHH 的细线上方标注“Ⅰ-3、Ⅰ-4”。

③发送、接收线对使用屏蔽星绞组，从ⅡP 星绞组开始编号。举例区间无同频发送(接收)情况，无须忌讳同组编号，从上向下，依次在示意发送(接收)线对的细线上方标注屏蔽星绞组线号。如 F-21 内，所有示意串接发送线对的细线上方顺序标注：ⅡP-1～Ⅱ-P4、ⅢP-1～ⅢP-4。

④点灯和断丝报警线使用星绞组和普通芯线，不足时，再标注屏蔽星绞组线号。如 F-21 内：ⅢP-1～ⅢP-4、ⅣP-1～ⅣP-2 标注在示意 611 信号的 6 根点灯芯线的细线上方，从 11 端子到 22 端子串接 597 信号点灯和断丝报警线的细线上方就标注了“ⅣP-3～ⅣP-4、Ⅴ-1～Ⅴ-4”。

⑤标注干线电缆参数

在长方框右竖边适中位置画细横线止于右边的框边，示意两电缆盒间的干线电缆。在细线上方标注电缆参数，下方标注备用芯线的编号。如图 F-21 与 F-17 间电缆为“840-244”，其备用ⅠP-3～ⅠP-4 星绞组和ⅣP-3～ⅣP-4 芯线共 4 芯。

⑥画接收电缆盒

在有电话端子的长方框下方画一小长方形框，示意接收电缆盒，框内标注电缆盒编号，两长方形框间连一细线，示意转接电话线的电缆，细线上、下做有关标注。

⑦填写区间综合柜端子

在“信号楼”框内右侧，参阅《自动闭塞图册》中图Ⅰ-19，标注区间综合柜零层端子号。

9. 区间支线电缆配线图设计

由干线电缆盒经支线电缆连接该点室外信号设备的变压器箱、设备双体防护盒，已形成了几种定型配线，见《自动闭塞图册》中图Ⅰ-06 区间支线电缆配线图。

项目小结

区间信号设备平面布置图是工程设计的纲领性文件，该图纸确定后，才能开展其他图纸的设计工作。区间组合柜和区间移频柜布置图决定了继电器组合、轨道区段发送器和接收器的位置，另外，区间综合柜布置图决定了防雷与电缆模拟网络和隔离变压器的位置，进而也确定了区间综合柜零层端子的分配。在确定了上述设备位置后，才能在电路图中为设备和器件编号，为区间综合柜零层端子编号，进一步开展组合柜侧面端子和区间移频柜零层端子配线表的填写。

室外轨道区段的发送和接收线对进入室内连接设备前，必须先经过防雷与模拟网络盘，就是说，发送和接收的干线电缆芯线要引至区间综合柜零层，与发送或接收电缆芯线同缆的信号点灯电缆芯线也就引至区间综合柜零层，这样一来，使区间综合柜零层起到了分线柜的作用。

信号工程就是设备安装与连接，在设备位置确定后，设备的连接体现在配线图表中。设计图纸流程图的归宿都落到了配线图表。

复习思考题

1. 区间信号平面布置图应显示哪些内容？
2. 布置通过信号机有哪些原则？
3. 对闭塞分区长度做了哪些规定？
4. 为图 2.19 的区间通过信号机命名，并为各区段配置载频、补偿电容，确定电容数量和间距。
5. 为题 4 设计电缆径路图。
6. 试绘制题 4 所示区间的移频柜、综合柜和组合柜布置图。
7. 为题 4 区间 K246＋350 m 处的通过信号机设计闭塞分区电路图。
8. 绘制题 4 所示的本站与上行邻站的站间联系电路图。
9. 分配题 4 所示区间综合柜的零层端子。
10. 绘制题 5 所示干线电缆的配线图。

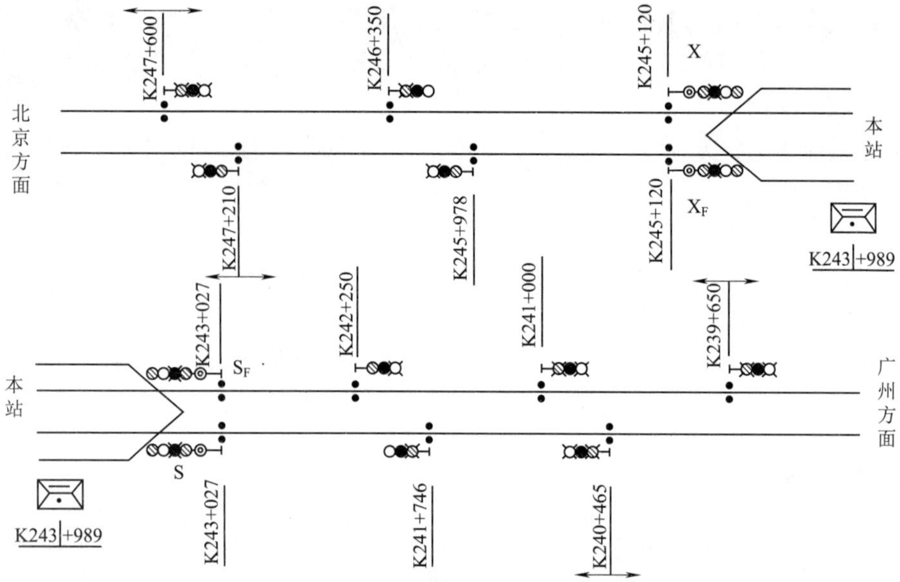

图 2.19　题 4 的区间平面示意图

项目3　计算机联锁工程施工

项目描述

计算机联锁工程施工是整个信号工程中的重要组成部分，它是指根据设计文件和有关规定对车站信号设备进行的建筑安装及调试等有关工作；是实现设计意图的重要手段。信号施工的质量将直接影响各项设计指标的实现，也直接影响铁路运行的安全和效率。

本项目主要介绍计算机联锁工程的施工标准、施工方法和各项施工的安全注意事项，内容包括室内设备的安装、配线；信号电缆工程；信号机、转辙机及轨道电路的安装等。

学习目标

通过本项目的学习，认识车站信号施工的重要性；了解车站信号施工的技术要求和质量标准；熟练掌握本项目所涉及的各施工任务的施工规范、施工方法和施工工艺。充分认识铁路现场施工安全的重要性，熟知各施工任务相关的安全规定，培养自觉遵守安全规章的意识。

典型工作任务1　室内信号设备安装

3.1.1　工作任务

掌握室内主要设备的施工标准、施工方法及施工的安全注意事项。

室内施工一般要求

3.1.2　知识链接

1. 一般规定

(1)车站信号室内设备安装一般包括控显设备、组合柜、防雷分线柜、电源屏、区间闭塞设备、列控中心设备、CTC/TDCS设备、集中监测设备的运输、检查、测试和现场安装。

(2)室内设备安装前，应进行数量清点和外观检查，设备应完好无损，零部件配套应齐全，技术说明书、合格证、检测报告也应齐全。对设备进行电气性能测试，各项指标应符合国家和铁路行业有关标准。

(3)室内设备的安装必须按照“室内设备平面布置图”进行。

(4)对信号机械室应尽可能设防静电地板及接地网，计算机房必须设防静电地板。防静电地板金属架要相互焊接并与网格地线按规定连接。

(5)进行室内施工要严格执行安全技术规程和文明施工的相关规定。

①搬运笨重物品应组织充足人力，统一指挥，轻搬轻放，避免挤伤、碰伤造成的人身伤害和设备的损伤。

②安全用电。电源引入电源屏时，应设置“禁止合闸”明示牌。施工用的临时电源必须加装漏电保护器，施工人员撤离时应及时切断电源。

③使用电烙铁焊线应小心烫伤手脚和电线，电烙铁应放在支架上，使用完毕应及时断电，待冷却后收起，防止火灾。

④室内施工应制定防火措施，并配备灭火器。

⑤攀爬架子及梯子应抓稳扶牢，以免摔伤，架上作业应集中精力，严禁嬉笑打闹以保证施工安全。

2. 控显设备

计算机联锁车站控显设备宜采用显示器与鼠标器。控显设备一般设在信号楼的运转室，以便于车站值班员瞭望全站。

控制显示设备

1）控显设备安装前的准备和检查

拆设备包装，取出相关文件（合格证、检验报告、说明书等）及备件，并妥善保管。设备运到位后，检查有无损坏部件及变形。确认设备名称、规格、型号与图纸相符。控显设备整机及零部件齐全无损，鼠标在操作时动作灵活、可靠。

(1)显示器盘面显示清晰，发光均匀，无失真、老化现象。

(2)控显设备的指示灯显示方式、接线端子的使用符合产品技术规格要求。

(3)控显设备各种接口的插接元件配置正确、咬合紧密、接触可靠。

(4)设备各种紧固配件、箱门销钉应完整无损；各种表示铭牌应齐全、正确。

(5)配线正确，绝缘良好。

2）控显设备安装

计算机联锁设备的控显设备的安装比较简单，不同制式的计算机联锁设备有不同的设备构成和安装方法，但总体上是大同小异。

控显设备在信号值班室的安装位置由设计决定，可按“计算机联锁工程图”内的相关设备布置图进行。在符合设备电气特性的条件下，按照整齐合理、落地稳固、便于施工和维护的原则摆放机柜、设备。

本项目以 DS6-K5B 型计算机联锁系统为例来对计算机联锁工程施工进行介绍。K5B 系统的控制台采用 DS6 系列的传统结构，操作显示设备设在运转室。

3. 联锁机柜的安装

K5B 型计算机联锁设备分别安装在联锁主机柜、电子终端柜、监控机柜、计算机电源柜上。另设信号集中监测工作台一个。机柜外形尺寸如图 3.1所示。根据站场规模不同，系统中用的电子终端架的个数不等。在联锁主机柜内可安装 2 个电子终端架；电子终端柜内最多可安装 3 个电子终端架。一个车站使用的电子终端架数超过 5 个时，需用 2 个电子终端柜。

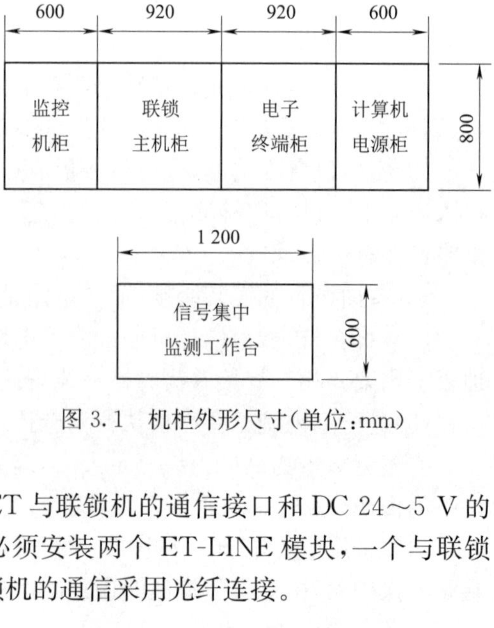

图 3.1　机柜外形尺寸(单位:mm)

4. 电子终端柜的安装

一个 ET 机架内有 12 个插槽。机架正面左边的两个插槽用于安装两个 ET-LINE 板，其余的 10 个插槽用于安装 PIO 板。ET-LINE 板上有 ET 与联锁机的通信接口和 DC 24～5 V 的电源。ET 为二重系并列结构，在一个 ET 机架内必须安装两个 ET-LINE 模块，一个与联锁机Ⅰ系连接；另一个与联锁机Ⅱ系相连。ET 与联锁机的通信采用光纤连接。

在ET机架内的PIO板必须从机架正面左起第三个插槽起相邻成对安装。在每对PIO中，位置在左边的为Ⅰ系PIO板，右边的为Ⅱ系PIO板。一个ET机架内最多可安装5对PIO板。

5. 电源柜的安装及电源系统连线

K5B的联锁机和ET采用两路直流24 V电源供电。第一路称为逻辑24 V电源(L24)，此电源经K5B内部的DC—DC变换，产生逻辑电路工作所需的5 V电源；第二路称为接口24 V电源(I24)，供输出接口驱动继电器和输入接口采集继电器的状态。在组合柜上，所有受计算机控制的继电器用的24 V电源，均由计算机系统的I24 V电源供电。不受计算机控制的继电器的电源仍使用信号电源屏电源。

6. 电源屏

目前在铁路信号设备中使用不同型号及各种容量的智能电源屏，以适用于不同规模的车站。电源屏的施工内容主要包括电源屏安装前的检查准备、安装配线及调试。

电源设备

1)电源屏安装前的检查

(1)电源屏的各种电气元器件完整齐全、固定牢固，各印制电路板完好无损、接触良好。

(2)各种开关、按钮的接通、断开动作灵活，接点接触良好、可靠，接触压力合适。

(3)断路器规格及安装位置符合设计规定。

(4)各元器件配线正确、可靠，无断线、短路现象。通过导通检查，配线应与图纸一致。

2)电源屏安装的准备工作

电源屏一般设于信号楼的专用电源室内，其安装环境应符合表3.1的条件。

表3.1 电源屏安装的环境条件

环境条件	建议范围	环境条件	建议范围
环境温度	−5 ℃～+50 ℃	腐蚀性物质	无污染物，如盐、腐蚀性物质、烟等
湿度	≤95%(40 ℃±2 ℃)	振动	≤1.5 m/s²
大气压力	70～106 kPa	昆虫等有害生物	无
灰尘度	≤1 mg/m³	霉菌	无
日光	无直接照射	潮湿	防雨

电源系统工作时，主要发热部分是电源模块。应确保电源系统前后通风，要求机柜前、后面留出适当的空间、机柜顶部无阻碍和挡风设备，保证空气流通，便于散热。电源机柜正面、背面与机房墙面或机房内其他设备之间的距离应不小于1.5 m；电源设备机柜侧面与机房墙体或机房内其他设备之间的距离应不小于0.8 m。

因为电源屏的交流输入电缆线、输出负载电缆线、屏间电缆线及地线均从机柜底部引入，要求机房应有地沟或设备底座。

注意做好防静电工作，要求机房内设备、墙体和人对地静电电压的绝对值小于200 V。设备的开箱、装运与操作等必须注意静电防护。

电源屏施工工具和材料的准备：

(1)电源屏的施工应准备电钻、剪线钳、压线钳、各种扳手、螺丝刀、电工刀、钢锯、WAGO端子插接工具等，工具使用前要做好绝缘处理和防静电处理。

(2)安装所需要的材料包括:交流电缆线、屏间信号连接电缆线、负载连接电缆、接地连接电缆等,其规格应符合设计要求。还需要以下施工辅料:膨胀螺钉、接线端子、线扎带、绝缘 胶布、标签纸等。均应一并准备齐全。

3)电源屏的安装步骤

电源屏的安装位置应符合设计要求,机柜应并排摆放,呈“一”字形排列。

电源屏柜体笨重体积较大且属于精密电子器件,对安装工艺和技术要求较高,因此,电源屏安装必须严格遵守各项安全技术规程和相关的技术要求。操作前,应仔细阅读操作指示及注意事项,掌握系统正确的操作方法及各种安全注意事项方可进行设备的安装操作。安装过程中不容许操作的开关和按钮上,必须挂上禁止标识牌,严格按照安全用电的有关规定进行施工。

人体产生的静电会损坏电路板上的静电敏感元器件,如大规模集成电路(IC)等,要做好静电防护工作。在接触设备,如手拿插板、电路板、IC 芯片等前,为防止人体静电损坏敏感元器件,必须佩戴防静电手腕,并将防静电手腕的另一端良好接地。

电源屏的安装一般按下列步骤进行:

(1)划线

按照施工平面设计图纸,确定电源机柜的安装位置。根据电源机柜安装孔的机械参数及地沟尺寸(图 3.2),在地面上确立各安装孔中心点的具体位置,用铅笔或油笔进行标注。

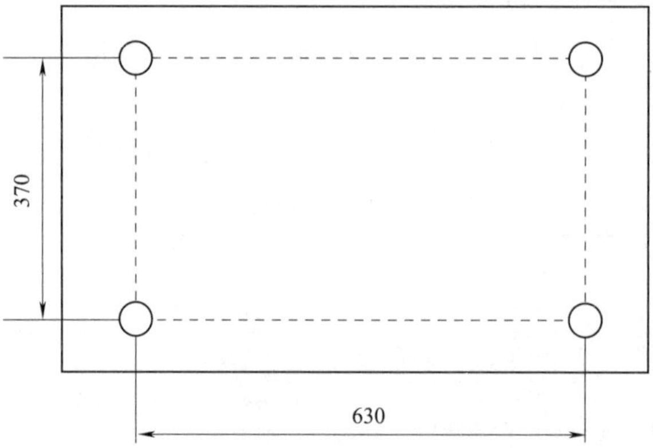

图 3.2 机柜的安装尺寸(单位:mm)

(2)钻孔

根据机柜上安装孔的孔径选取合适的钻头,利用冲击钻在地面上所标记的安装孔中心点上冲孔(如 PZG 系列电源屏的安装孔径为 14.5 mm,一般使用的膨胀管为 M12×100 mm,钻头可选用 14 mm,钻孔深度为 105 mm)。钻孔时要防止冲击钻振动造成偏心,尽力保持与地面垂直。打孔后,将孔位内部、外部的灰尘清除干净,核对孔距,若误差较大,需重新定位、打孔。

(3)机柜就位

将机柜移动到安装位置,使机柜上的安装孔对准地面孔位。

(4)固定机柜

将膨胀螺栓杆和膨胀管垂直放入安装孔位中,用橡胶锤直接敲打膨胀螺栓,直到将膨胀螺栓的膨胀管全部敲入地面。然后将大平垫圈、弹簧垫圈及螺母装入膨胀螺栓,紧固螺母。

(5)调平机柜

在机柜顶部平面两相互垂直方向放置水平尺，检查机柜的水平度，如果水平则依次拧紧各螺母，当有误差时可通过在机柜底座下增加垫片调节水平位置。

当需在底座上安装电源屏时，要根据地板表面与地面的高度定制安装底座。首先将底座安装在地板上，然后将电源屏安装在底座上。

(6)机件组装

机柜安装固定完毕后，将电源模块、隔离组件、变压器装入机柜相应的位置，并用螺钉将其固定在机柜上。

电源模块的安装方法：把各种电源模块按照机柜上的标记放入相应的槽位中，缓慢的推到底，使模块背后公插头中的插针与机柜内母板上的插孔完全插接吻合，将面板前固定螺钉固定紧。模块的拔出过程与插入过程相反，将前面板的固定螺钉去掉，即可将模块抽出。插入模块前应检查模块鉴别销是否变形松动，如鉴别销变形或松动应先紧固好鉴别销再做插入。

插入模块时不要用力过大，防止模块后部的插针歪曲，严格顺着槽位插入模块。为避免模块后部端子松动，引起接触不良或短路，搬运模块时，切勿搬动模块后部端子，应搬运模块侧部。模块较重，插拔、搬运应由两人共同完成，防止脱落造成伤害。

监控模块的安装要遵循如下的步骤：将监控模块侧面尾部的螺钉安装在机柜的滑轨支架上；将监控模块推入到位，固定面板上的螺钉；进行电源线、通信线和干节点输出线的连接。

7. 设备间的光行通信

DS6-K5B 型计算机联锁系统设备之间广泛采用光纤通信，与电缆或微波等电通信方式相比，光纤通信有如下优点：

(1)传输频带宽、通信容量大。

(2)衰减小，无须中继设备，可实现远距离传输。

(3)串扰小，信号传输质量高。

(4)提高了系统的抗干扰能力和防雷性能，保证了系统运行的高稳定性。

(5)体积小，重量轻，便于施工铺设。

(6)材质是石英玻璃，材料来源丰富，可节约大量有色金属。

但由于光纤较脆弱，施工时应注意以下事项：

(1)严禁用手触摸光纤接头的光端头；光纤接头不用时应要戴上防尘帽。

(2)光纤的弯曲半径一定要在 5 cm 以上，否则将造成光纤断裂。

(3)施工时严禁使光纤受到强烈的撞击、振动和重力挤压、拉扯。

(4)拆卸光纤连接需握住光纤接头的外壳插拔，不可拽拉光纤线。

(5)连接光纤接头要注意插头与插座的吻合，同时要拧紧固定螺栓。

DS6-K5B 型计算机联锁设备之间的光纤通信中广泛采用 ST 型光纤连接器，紧固方式为螺丝扣。对光纤及连接器有以下要求：

(1)插入损耗越小越好，一般要求应不大于 0.5 dB。

(2)回波损耗(又称反向反射损耗)应不小于 25 dB。此值是衡量从连接器反射回来并沿输入通道返回的输入功率分量的一个度量值，反映了连接器对链路光功率反射的抑制能力。该值越大越好。

（3）应有良好的互换性。每次互换后，其连接损耗变化量越小越好。

（4）要有可靠的重复性，即每次插拔时连接损耗变化量要小。

（5）对做好的连接器其抗拉强度一般要求不低于 90 N。

（6）应有足够大的插拔寿命。光纤连接器的插拔寿命一般有元件的机械磨损情况决定。目前使用的光纤连接器一般都可以插拔 1 000 次以上。

8. 机柜及走线架的安装

室内的许多设备如组合、继电器等都需要安放在机柜上，机柜有组合柜、综合柜、轨道柜等，还有它们之间连接走线用的走线架。

1）机柜安装的技术要求

（1）机柜的规格、型号应符合设计规定。

（2）机柜安装位置和排列顺序应符合设计规定。

（3）机柜与机柜、机柜与底座、机柜与走线架间应用螺栓固定。机柜上部用走线架或角钢固定。

机柜设备

（4）机柜安装应做到横平竖直、端正稳固，高低一致、底部着地不悬空。

（5）机柜和走线架涂漆颜色协调一致。走线架不宜成环状布置，成环状布置时应设绝缘隔断。

（6）机柜与机柜、机柜与走线架、机柜与网格地线间按规定连接。

2）机柜安装可按图 3.3 的流程进行

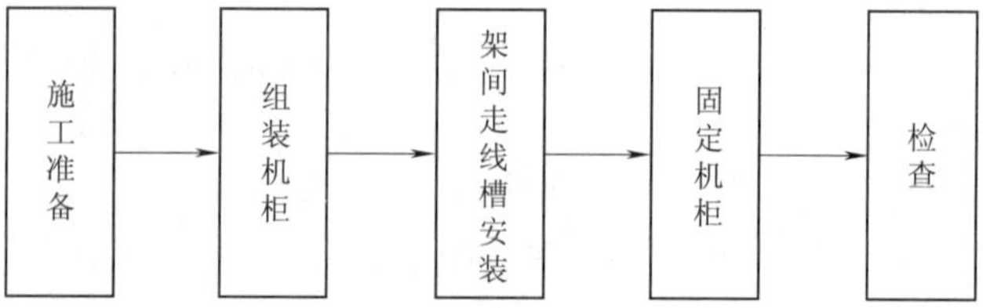

图 3.3　机柜安装流程图

3）组合柜与轨道柜的安装

组合柜是安装组合及继电器的，每柜可放 10 个组合，由下向上编号。另有一个零层端子框，框内安装电源端子板、断路器板和接线端子板。零层端子框可置于组合柜最下面一层，也可置于最上面一层。目前，多采用后者，这样布线美观且房屋造价较低，组合柜结构如图 3.4 所示。

轨道柜用来放置 25 Hz 相敏轨道电路器材等。轨道柜通过固定在其上的托盘来安放信号用器材，托盘上能放置的器材有效尺寸为：长 882 mm；宽 252 mm；高为两上下托盘间距离。托盘的数量视需要而定，但轨道柜上面一层仍需安装一层零层端子框，以便与其他机柜实现连接，其结构如图 3.5 所示。

组合柜与轨道柜宽均为 960 mm，高度为 2 300 mm。两者安装方法相同，安装要求如下：

（1）机柜安装位置和排列顺序应符合设计规定。

（2）角钢凹槽朝向正面，角钢平面为背面。

（3）机柜一侧边缘（主要通道）及最后一排距墙应不少于 1 200 mm；机柜另一侧距墙也不得少于 1 000 mm；机柜第一排距墙应不少于 2 000 mm。

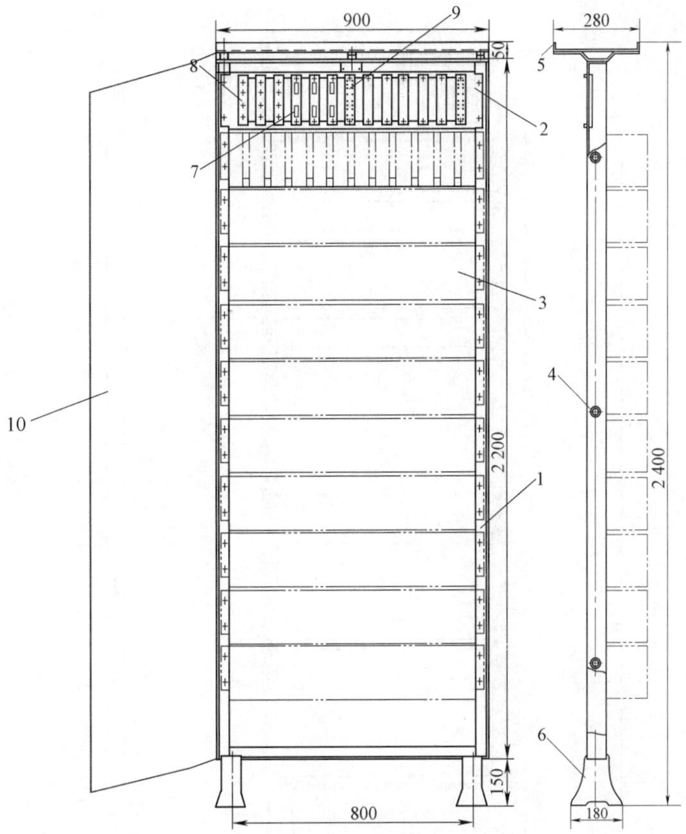

图 3.4 组合柜结构(单位:mm)

1—构架;2—零层端子板框;3—组合框;4—用于固定相邻两架的螺栓 M8×25;

5—走线架;6—底座;7—断路器板;8—电源端子板;9—18 柱端子板;10—柜门

(4)机柜排间距离不少于 1 200 mm。

(5)每排四个或五个机柜横向用 M8×25 螺栓加铁垫圈及弹簧垫圈连成一体。

(6)机柜安装应横平竖直,纵向与横向应保证成直线,底座不悬空。

根据信号机械室内设备布置图的组合柜设计位置,逐排逐柜放置。放置时需注意组合柜安装方向,继电器应安装在构架的正面凹槽侧,配线面为组合柜的背面,竖线把在构架平面侧走线。相邻柜间用直径 8 mm、长为 25 mm 的螺栓,加铁垫片、弹簧垫片拧紧螺母连接。两组合柜立起并连接后设专人扶持,然后将其余架子依照此法连接完毕。

4)走线架的加工和安装

机柜间、机柜与电源屏间、分线柜间的配线均使用走线架走线,室内走线架布置如图 3.6 所示。走线架有定型走线架和施工单位自行加工的走线架两种类型。为便于施工安装,定型走线架设计了跨两个、三个组合柜及一个组合柜长度的走线架,安装时根据现场组合柜的具体情况进行拼装。自行加工走线架采用 30 mm×30 mm 角钢,结构与定型走线架相同,长度根据每排组合柜的实际长度确定。走线架宽度可做成 400 mm 或 310 mm。走线架结构加工采用氧焊焊接,除锈后涂防锈漆和与组合柜颜色相同的面漆。

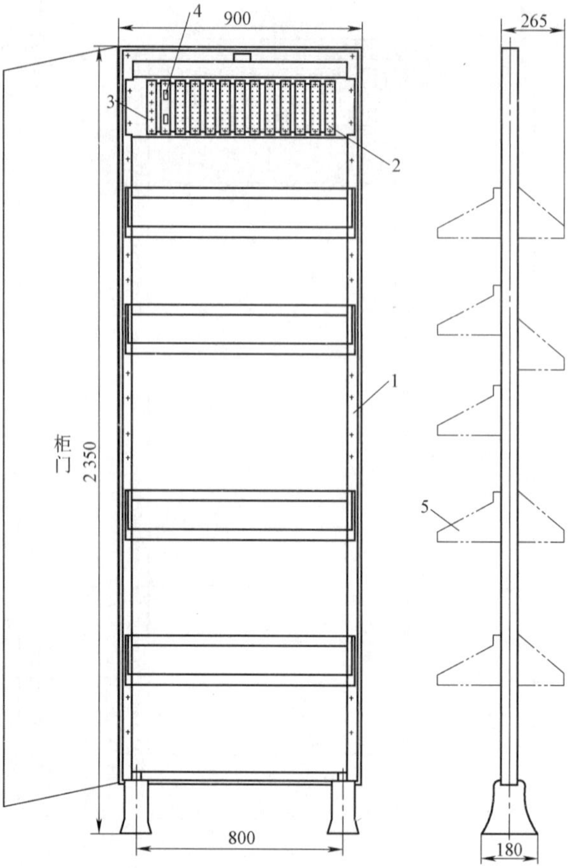

图 3.5　轨道柜结构(单位:mm)

1—构架;2—18 柱端子板;3—电源端子板;4—断路器板;5—托架

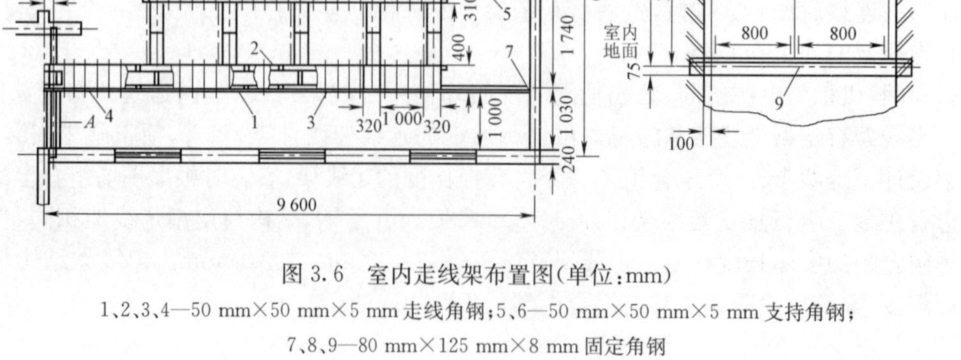

图 3.6　室内走线架布置图(单位:mm)

1、2、3、4—50 mm×50 mm×5 mm 走线角钢;5、6—50 mm×50 mm×5 mm 支持角钢;

7、8、9—80 mm×125 mm×8 mm 固定角钢

走线架的安装方法：

(1)与分线柜直通的大走线架采用宽度为 400 mm 的走线架，其他则采用 310 mm 的走线架。

(2)先将柜间走线架用 M8×25 螺栓固定在每排机柜的顶部。

(3)在机柜排间则用排间走线架将柜间走线架相连；在柜间走线架与排间走线架对接处，需将柜间走线架角钢的竖边除去，形成“豁口”，以便用直角铁和 M8×25 螺栓将两走线架相连，排间走线架与架间走线的连接如图 3.7 所示。

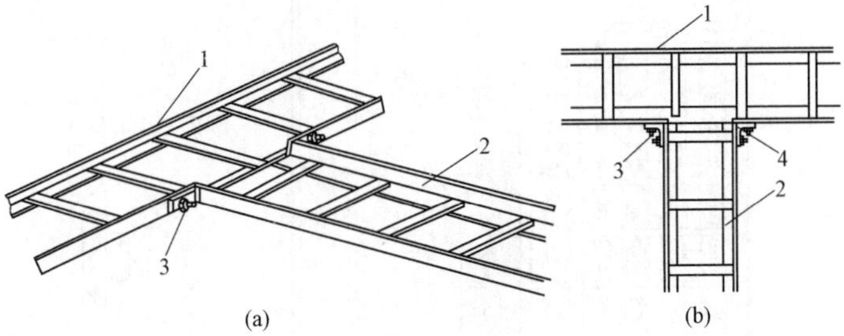

图 3.7 排间走线架与柜间走线架的连接

1—架间走线架；2—排间走线架；3—固定螺栓；4—直角铁

(4)在柜间走线架两端，特别是通向分线柜的一端，宜采用排间走线架封堵柜间走线架，成直角走线架。

(5)通向分线柜的走线架跨度较大，应对该段走线架的负荷进行强度计算，例如按承重 30 根 27 芯 PVVR 型电缆计算，应采用 50 mm×50 mm×5 mm 的角钢制作，最大长度不得超过3.5 m，如超过 3.5 m 或负荷超过 30 根 27 芯 PVVR 总重量时，应采取其他安全措施。

(6)机柜的最后一排顶部，应使用固定角钢与墙壁相连，以保持机柜垂直度，其长度为搭接在机柜上的长度、机柜与墙壁距离和埋入墙内 130 mm 三者之和。安装机柜那端钻 ϕ10 孔，与机柜顶部用 M8×25 螺栓相连。另一端锯开 50 mm 长的缝，顺缝劈口近 90°角，在固定角钢的墙上位置，凿出适当墙洞，将角钢插入，镶以砖块，灌满水泥砂浆捣实、抹平，角钢在墙内固定示意如图 3.8所示。

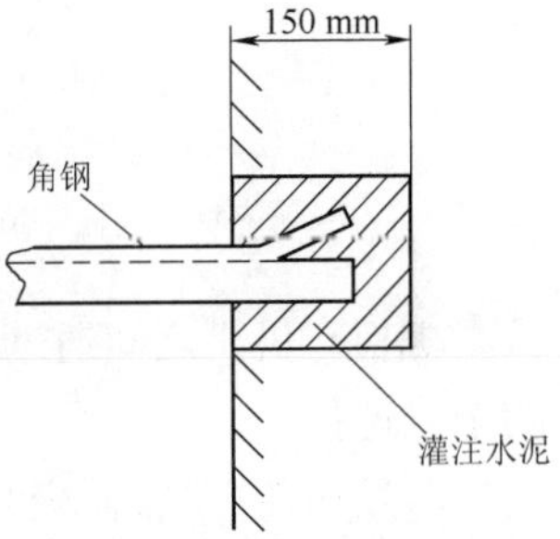

图 3.8 角钢在墙内固定示意图

(7)走线架内铺设三合板、五合板或塑料板，并在对应侧面端子和零层电源端子的相应位置挖出穿线孔，以便敷设电缆和电线。

(8)走线架安装要求横平竖直，螺栓紧固牢靠。

9. 电码化机柜安装

1)机柜安装

站内电码化用站内移频柜与综合柜的安装方式相同，其安装结构如图 3.9 所示。

机柜下方通过地角安装板的两个 ϕ12 安装孔，用 M10×100 螺钉、M10 螺母、ϕ10 弹簧垫圈、ϕ10 铁垫圈与相关地面设备相连；机柜上方通过顶框上的 3 个 M8×18 螺母柱、垫圈和螺母与走线槽道连接。

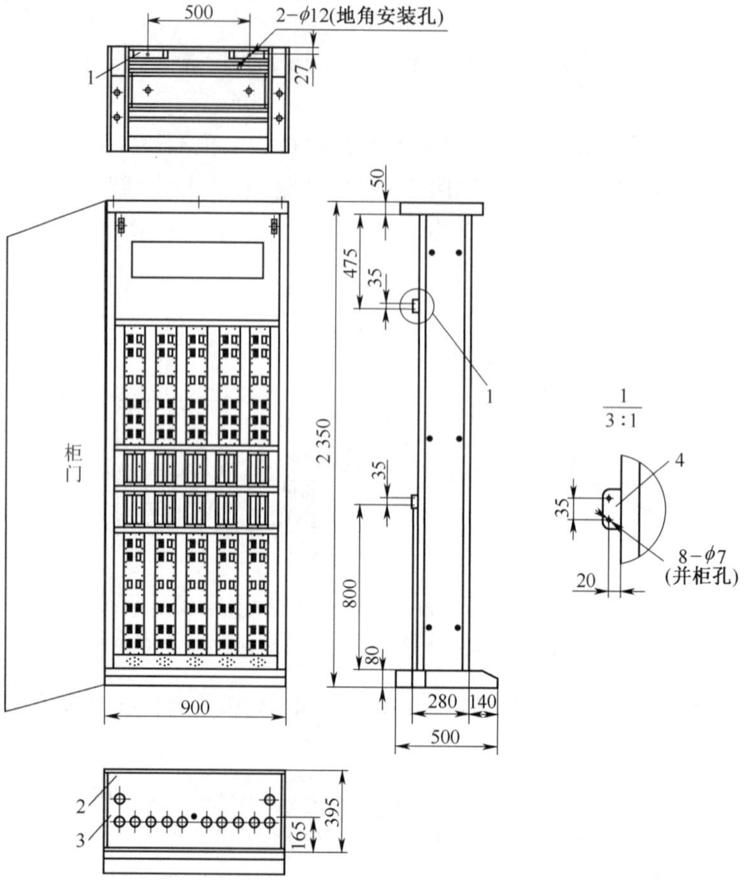

图 3.9 机柜安装结构图(单位:mm)

1—地角安装板;2—顶框;3—M8 深 18 螺母柱(3 个);4—并柜支架

机柜与机柜之间通过背面的并柜支架,用 M6×20 螺钉、M6 螺母、ϕ6 弹簧垫圈、ϕ6 平垫圈予以连接。

2)发送器、接收器安装

安装时,按机柜设备布置图将发送器、接收器的挂钩挂于相应位置的 U 形槽上,再用钥匙将锁闭杆顺时针旋转拧紧。

3)衰耗器、发送检测器安装

安装时,按机柜设备布置图将衰耗器、发送检测器通过上、下滑道板插入相应的位置的滑道内,并使背面的线簧连接器与机柜母板紧密连接,再通过机柜后面的手捻螺钉拧紧固定。

4)组合安装

道岔发送调整组合、股道发送调整组合均用 M6×16 螺钉、ϕ6 弹簧垫圈在底板上的 4-R3.5长圈孔处与综合柜紧固连接。

轨道电路防雷组合用 M6×2.5 螺钉、弹簧垫圈,通过底板上的 4-ϕ7 孔,安装在综合柜的第十层位置上。

5)发送调整器安装

道岔发送调整器、股道发送调整器分别安装在道岔发送调整组合和股道发送调整组合中,通过调整器后面 CA20 型插头与组合上相应的 CA20 型插座相连。

6)调整变压器安装

BMT-25 型、BMT-50 型室内调整变压器分别安装在 MGL-F 型和 FMGL-F 型送电端室内隔离组合中，通过万可孔型连接器与组合连接。

7)隔离盒安装

NGL-T 型、FNGL-T 型室内隔离盒分别安装在 MGL-F 型、MGL-R 型和 FMGL-F 型、FMGL-R 型室内隔离组合中，通过隔离盒后面 CA20 型插头与组合上相应的 CA20 型插座连接。

8)电阻盒安装

RT-F 型、RT-R 型调整电阻盒分别安装在 MGL-F 型、FMGL-F 型和 MGL-R 型、FMGL-R 型室内隔离组合中，电阻盒输出端分别采用针型插座，与送电端室内隔离组合托盘和受电端室内隔离组合托盘上的孔型连接器连接。

10. 分线柜安装

分线柜是室外电缆引入室内的分线的设备，室内机柜、电源屏引来的多股导线、电源线也在分线柜的端子上与电缆芯线连接。分线柜一般放置在楼内电缆引入口的上方，既便于引线、分线，又不占据室内空间。

1)分线柜安装的技术要求

(1)分线柜的安装位置应符合设计要求。

(2)分线柜的规格、端子位置应符合设计要求，固定牢固，横平竖直。

(3)分线柜顶部均须与机架处于同一高度，以便走线架的安装，与墙壁固定的角钢必须牢固。

2)分线柜的结构

分线柜构架一般采用安全型继电器架，根据端子板使用类型可分 18 柱端子板式、6 柱端子板式。18 柱端子板式分线盘的结构和外形尺寸如图 3.10 所示。

(1)18 柱端子板式

分线柜可安装 10 个端子框，从下向上编号。最低一层为电源端子框，可装 4 柱电源端子板和断路器板共 13 块，其他 9 层为 18 柱端子板，每层可设 13 块端子板，共计 18×13×9＝2 106个接线端子，适用于 150 组联锁道岔车站；如果 18 端子间隔使用(即用 1、5、9、13、17 和 2、6、10、14、18 号端子)，共计 10×13×9＝1 170 个端子，可用于 80 组联锁道岔车站。在电源端子框的下方是固定电缆的电缆架和绑线架。分线盘顶部有走线架与继电器室大走线架相连。

(2)6 柱端子板式

与 18 柱端子板式结构一样，最低一层为电源端子，其他九层为 6 柱端子板层，每层端子框内可设 15 块 6 柱端子板，总计为 9×15×6＝810 个接线端子。

使用安全型继电器架做构架(亦可根据现场尺寸用 50 mm×50 mm×5 mm 角铁制作)，构架上铺设整块 8 mm 厚的酚醛玻璃布板做盘面，两侧用 ϕ8 mm 带帽螺栓固定在构架内侧。在酚醛玻璃布板上划线钻孔(每个 6 柱端子板要钻两个固定孔)，每层安装 15 块 6 柱分线盘端子板，层数根据设计图纸确定。

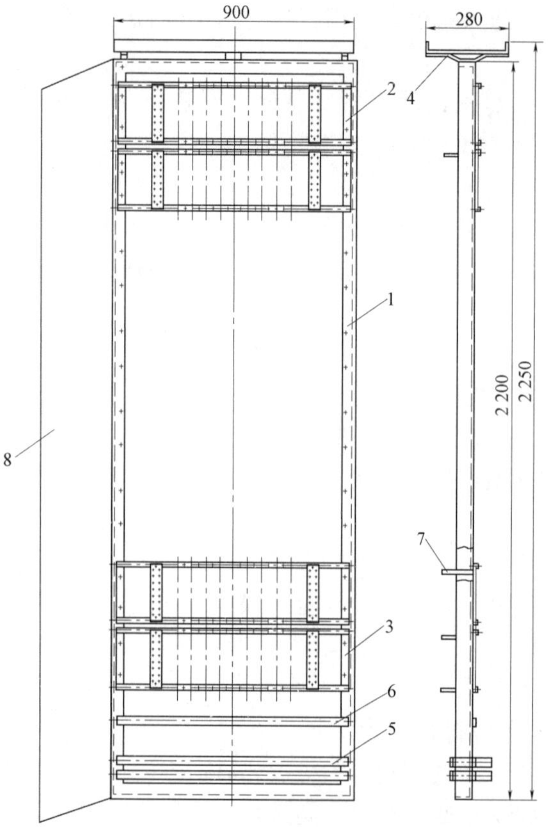

图 3.10 分线柜的构造和外形尺寸(单位:mm)

1—构架;2—端子(18 柱端子)框;3—电源端子框;

4—走线架;5—电缆架;6—绑线架;7—线托;8—柜门

3)分线柜的安装

分线柜一般设于信号楼继电器室内的电缆柜内,顺向安装在柜内通道上,以便于引电缆和分线。分线盘上、下部均采用 M10×25 螺栓与 80 mm×125 mm×5 mm 的固定角钢连接。要求安装平直、牢固。分线柜与组合柜之间通过走线架连接,并起固定作用。分线柜的边框角钢凹槽面应朝向继电器室,作装设端子用,平面一侧作固定电缆用。电缆柜前后设有活动门,以便于施工和维修。

对于较大规模的车站,由于进入继电器室的电缆数量较多,可采用两个或两个以上分线柜,一般是每个咽喉设置一个。安装时,分线柜应排列整齐,高低一致,使用 M8×25 螺栓连接牢固。

在施工质量方面,安装时要求与墙壁角钢的连接必须牢固可靠,以保持分线柜稳固;分线柜的顶部应与组合柜顶部处于同一高度,以便于走线架安装。

11. 组合安装

室内组合柜安装、走线架固定完毕后可进行组合安装工作,组合安装的工作内容包括组合导通测试、安装固定和核对检查。

1)组合导通和测试

为了提高施工质量,减少联锁试验的工作量,在安装组合前,应依照定型组合和零散组合配线表，对所有组合的内部配线进行认真导通和绝缘测试，并检查焊线是否正确，有无虚焊、错焊，还应检查组合内电容器、电阻器、断路器等零件是否完好齐全，以及继电器插座是否完好、接点片间胶木有无断裂现象，若有应及时更换。还要检查电源端子间、各端子与地之间的绝缘电阻是否符合要求，以免为最后联锁试验、开通交工及以后的正常运行留下故障隐患。

组合导通可用万用表进行。为了提高导通速度减轻视觉疲劳，也可以用电铃进行导通。工作时需两人配合，依照组合内部配线表从组合架正面直接在继电器插座接点与侧面端子间进行。

组合绝缘测试使用 500 V 兆欧表，接地端（E 端）连接组合框，用线路端（L 端）分别连接所有配线接点按规定速度摇动兆欧表进行测试，然后对 06 列侧面端子上的各电源端子进行测量，其绝缘电阻值应不小于 20 MΩ（温度 20 ℃±5 ℃，相对湿度不大于 85%），如测试电路上接有电子元件时应断开其一条配线，以免将其电子元件击穿。

2)组合安装

组合安装可按下面的方法进行：

(1)安装必须依照组合排列表进行。按柜号、层号将不同类型的定型组合、零散组合（组合类型铭牌镶在组合继电器框的正面左侧边上），一一“对号入座”。

(2)安装时，将组合的正面（即插继电器的一面）朝向继电器室门，并使每个组合的侧面端子板置于左侧（从组合柜正面看）。

(3)用四只 M8×25 的螺栓从前向后穿过组合继电器框、组合柜，套以垫圈螺母拧紧。

(4)安装时，需注意不得使组合内连接导线夹在组合继电器框与组合柜角钢之间，也不能使组合内电解电容外壳触碰到组合柜角钢。

安装组合的同时，也一并将组合柜零层端子板框装上，要使安装断路器的正面朝向继电器室门，18 柱端子板置于正面右侧，方法与安装组合相同。

典型工作任务 2　室内信号设备配线

3.2.1　工作任务

掌握室内信号设备的配线方法。

3.2.2　知识链接

室内设备配线是室内施工的重要环节，其施工质量的优劣对整个车站联锁设备能否顺利验收开通，甚至对开通后的设备能否正常发挥其效能都有着至关重要的影响。因此，把好配线关，确保配线正确、工艺美观是室内配线施工的基本要求。室内设备配线主要包括以下内容：

(1)机柜配线。主要包括组合柜、综合柜、接口柜等其他室内机柜配线。

(2)分线柜配线。包括分线柜至组合柜侧面端子配线、分线柜和电源屏端子的配线，以及室外电缆配线。

(3)电源设备及各种测试设备配线。包括电源屏配线及各种监测、测试设备配线。

1. 室内配线的技术要求和安全注意事项

1)进行室内配线应满足的要求

(1)室内各种配线全部采用阻燃型,与数据通信线共槽的线缆均应采用阻燃屏蔽线。

(2)室内线缆布线禁止出现环状。

(3)柜上方走线架中的电缆、电源线应分开放置。

(4)机柜内的发送及接收电缆应与其他配线分开放置。

(5)各种配线不得有中间接头和绝缘破损现象。

(6)组合柜本架线采用蓝色,分线柜线采用红色,组合柜架间线为绿色,接口柜线采用黄色,集中监测线采用紫色。

2)室内配线的安全注意事项

(1)使用电源应设专人管理,根据工作需要送电或关闭电源,并设保险装置。

(2)电烙铁须放在烙铁架上,不准任意放置,防止烫伤手脚和电线。不用烙铁时需切断电源,冷却后收起,防止火灾。

(3)机柜本柜、柜间线汇总后必须进行合并绑扎,才能进行焊线工作。

(4)焊线时须注意焊锡不要往下滴落,防止烫伤电线或落在两焊点之间造成短路,焊完线后套上塑料套管,焊线时不得烫伤邻近线条。

(5)在高凳子上作业时,应精神集中,防止跌伤。

(6)信号楼内施工严禁烟火。

2. 室内接线工艺

根据使用设备的不同和建设单位的不同要求,室内设备端子之间的连接方法有万可端子接线、压接端子接线和焊接接线等几种类型。

1)万可端子接线

万可端子是目前现场常用的连接方式,具有施工、维修方便的优点。万可端子内部由尼龙壳体、倒流条、夹线弹簧三部分组成。采用笼式弹簧夹持结构,依靠弹簧夹持面将导线与倒流条夹紧。外观有接线孔和工具孔(测试孔)。施工方法是:将与工具孔大小合适的扁平螺丝刀贴着远离接线孔一侧的孔壁垂直插入工具方孔中,同时将剥去了外绝缘皮且多股线扭绞到一起的导线线端插入到接线圆孔的孔底。当螺丝刀插到工具孔孔底并停在工具孔中时,弹簧便完全打开,此时抽出螺丝刀,弹簧便会将导线夹持紧,接线工作完毕。万可端子接线示意如图 3.11所示。

图 3.11　万可端子接线示意图

2)压接端子接线

在电源屏、组合柜零层电源端子及分线盘端子等需要通过螺栓进行连接的地方,往往采用绕制线环或压接端子接线的方式。

采用压接端子接线的施工步骤:

(1)选用与端子、导线线径相符的专用压接钳。

(2)导线套上号码套管。

(3)用剥线钳剥去绝缘外皮,长度约(5±0.5) mm。使用剥线钳不得损伤铜线。

(4)压接端子垂直插入钳口侧面,放入主钳口。

(5)将导线线端沿副钳口侧面垂直插入到压接端子中。

(6)手握钳把将压接钳压到底,松手后压接钳钳口自动打开,表示压接成功,压接端子压接如图 3.12 所示。

3)焊接接线

组合内部、组合侧面端子之间,以及组合侧面端子与组合柜零层 18 柱端子、分线柜 18 柱端之间的连接,采用 16×ϕ0.15 mm 或 23×ϕ0.15 mm 的多股铜芯软线,在焊接片上实行焊接接线,如图 3.13 所示。

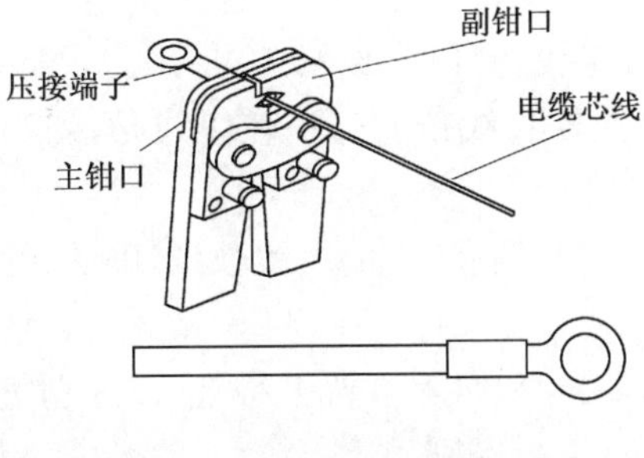

图 3.12　压接端子压接示意图

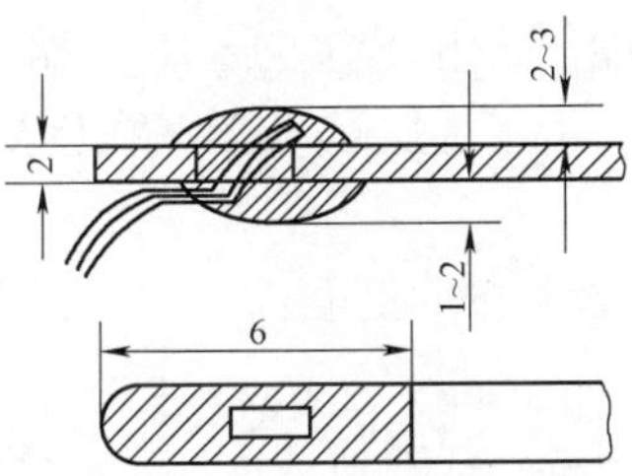

图 3.13　多股线焊接示意图(单位:mm)

焊线的施工步骤:

(1)焊接片表面用什锦平锉或砂布打磨,除去表面氧化层,涂以松香酒精溶剂,用直头 75 W 电烙铁沾焊锡在焊接片表面涂上一层薄锡。注意,不可将穿线孔堵住。

(2)用剥线钳剥去 5 mm 长绝缘线皮,用尖嘴钳将裸线头拧紧。

(3)套上塑料胶管。继电器插座板需 ϕ8×15 塑胶管,18 柱端子板及侧面端子板需 ϕ6×20 塑胶管。

(4)左手持线头从穿线孔下方向上穿出,右手用无齿平口钳使线头向前平直地与焊接片贴紧,并涂以少量松香酒精溶剂。

(5)右手稳握电烙铁,沾上适量焊锡,对准线头贴平放下,当听“嗤”的一声,一缕白烟升起,焊锡很快裹住裸线头,及时将电烙铁抬起,焊锡被烙铁头提起又滴下,形成一半椭球形隆起,此时,左手不得移动,轻轻向焊面吹一口气,焊锡表面稍“暗”凝固后,方可松开左手。

(6)左手轻拽线头,确认无假焊,焊接牢固。将塑胶管推上,完全套住焊接片。

(7)焊接时,焊面要成椭圆形,包住线头,不露毛刺,堵严穿线孔,并不得向下滴漏。

(8)一列端子,由下向上顺序焊接。焊接时,可在所焊焊接片下方垫一个硬纸片,以防漏锡烫坏下方的塑胶管。多列端子，先焊左列后焊右列。

松香酒精溶剂可采用工业酒精溶解松香，成黄褐色、发黏，便可使用。

3. 组合柜配线

组合柜的配线是室内施工占比重较大的一个施工项目，其施工质量将直接决定设备的稳定运行和开通的顺利进行。组合柜的配线内容包括组合柜本柜配线、组合柜柜间配线和组合柜零层配线。

1）组合柜本柜配线

组合柜本柜配线包括：组合与组合之间的配线；组合与本柜零层端子之间的配线。

站在组合柜背面，在每层组合的右侧一般有两块各3列18柱端子的端子板，6列从右至左顺序编为01～06列，每列从上至下顺序编为1～18。组合柜零层在组合柜最高层，从正面看，由左向右，依次是3块4柱电源端子板、3块或5块断路器板和7块或5块18柱端子板。

组合内部线把预配的施工方法和步骤（宜采用配线样板配线）：

(1)放线时，一人专门识读组合侧面配线表，确认每个侧面端子上电线的数量和去向，指挥同事们放线，并用彩笔及时做出记号（放一根线要给配线表两端做记号）。

(2)另两人负责放线，放线时要使电线直角拐弯，两端穿过线孔后各留足100 mm。

(3)放线时，先放本组合侧面端子之间的短跨线，再放不同组合侧面之间的连线。可以先放第10层组合，再放第9层，直至第1层。

(4)侧面端子至组合柜零层18柱端子、4柱端子的连线，应该先放第10层组合，再放第9层，以此类推。由于零层在组合柜最上层，如此顺序可使软长线条遮盖住较短线条，外观显得平直顺畅。

(5)放完线后，要对照侧面配线表仔细核对每个端子（穿线孔）上的电线数量，确认无漏放、错放。

(6)用废电缆芯线对所放电线进行粗绑，粗绑时，每个长钉处都要隔开绑扎，以区别组合的层号和端子的列号。其间也可增加绑扎，但要变换颜色，以示区别。

(7)在穿线孔内的电线，要用细塑料线逐孔绑扎（不论有无电线），以编出每列电线所接端子的号码。全站应统一规定先从大号或是先从小号编号。

(8)粗绑后，从样板上撤下，按照配线表认真导通一遍。正确无误后，拴上组合柜的标记牌，以便日后安装。

2）组合柜柜间配线

将各组合柜柜内组合侧面端子配线线把"对号入座"挂在各组合架后面正确位置后便可进行柜间配线施工。柜间配线内容主要包括：本组合与其他各组合柜之间的配线；本组合柜与分线柜、电源屏等其他室内设备之间的配线。组合柜柜间配线每根线条都较长且无法集中预配，只能现场配线。柜间所有配线都要经过上部走线架，施工人员要在走线架上来回穿梭，属于半高空作业。因此柜间配线是一项施工难度较大，对施工安全防范要求相对严格的工作。

放线前准备：

(1)用ϕ4.0铁线做成若干穿线环（钩），将其固定在组合柜背面顶层走线架穿线孔处。零层端子框的上部固定螺栓上，用以走线把竖把；固定在零层端子框的下部固定螺栓上，以便走零层线把横把；固定在每个组合侧面端子板右后方、继电器框的下部固定螺栓上，以便走竖线把和每个组合侧面的横把。

(2)用三合板或 4 mm 塑料板做成侧面端子配线板,替换侧面端子板,固定在侧面端子板支架上,以备放线时各端子上的导线按孔入位。

需要时,还可制作 18 柱端子配线板挂装在需配线的零层 18 柱端子板上。

现场放线也常常采用另一种方法:不使用端子配线板,直接在每列端子(侧面端子和零层端子)的最下方端子上用直径 1.6 铁线绑扎直径 4～5 cm 的铁丝圈(可直接绑扎在最下方端子的穿线孔内),放线时将本列端子上的配线端部绑扎写有端子号的胶管(也有先用彩色胶管临时记号焊线时再套入写字胶管)后,直接绑扎在铁丝圈上。

柜间放线的方法和步骤:

(1)放线时,专人识读配线表,指挥其他 5～6 人放线(走线架上两穿线孔处 2 人;中间传递牵引线条 1～2 人;走线架下引接线端穿越穿线环、进入配线板线孔 1 人;在线尾放线和穿线环、进配线板线孔 1 人),并及时在配线表上做出配线记号。

(2)放线时,及时穿挂走线架穿线孔、穿线环(钩),力求直角拐弯,两端进配线板线孔后,留足 150 mm 系扣,以防线条从线孔坠出。

(3)从同一组合侧面不同端子去另一个同组合不同端子的几根线可以同时放线以提高效率,但必须注意穿配线板线孔时不得穿错。

(4)配线从任一架开始均可,一般是从第一排第一柜开始。本柜内应先短后长,即从第 10 层开始向外放线,再依次第 9 层、第 8 层……最后配第 1 层。这样可使侧面竖把表面直线贯通、平顺整齐。

(5)每柜的柜间线放完后,清点每个线孔的线头数,与配线表准确核对有无漏放和错放,然后再放下一柜柜间线。

(6)放线时可将去往不同地方的导线使用不同的颜色加以区分,以利于联锁试验时查找故障。

3)组合柜线把接线

组合柜线把粗绑后,便可进行组合柜零层端子和组合侧面端子的接线。

接线先从零层开始,由高处向低处,直至第 1 层;每层从左列端子开始焊,再依次焊右列端子;每列端子由下向上逐个连接。

4)组合柜零层配线

组合柜零层的作用是连接向本组合柜供电的各种电源。组合柜零层的配线包括:信号楼内电源环线配线部分;本零层端子之间连接部分;与本柜各层侧面端子之间连接部分。该三部分所用导线不同,因此配线方法也有所不同。

(1)4 柱端子板电源环线配线

电源环线采用 XV 型电力或 BVR 型多股铜芯软线进行环连。电源环线引至本柜后从组合柜正面,距 4 柱端子板左侧 60 mm 处走线架衬板钻孔引下,比照所上端子直角拐弯,细绑后,按电线制环要求制环上端子,与端子胶木板成直角充分拧紧螺母。零层电源端子配线如图 3.14所示。

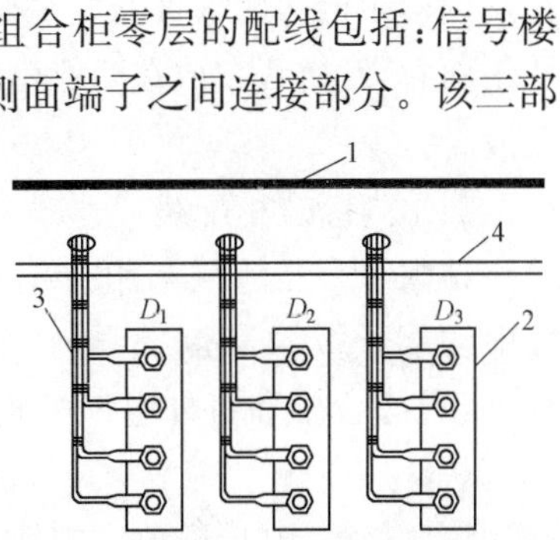

图 3.14 零层电源端子配线

1—走线架;2—零层电源端子;3—电源线;4—组合柜

(2)零层端子之间的配线

组合柜零层端子之间的配线包括电源端子与断路器

端子之间的连线和断路器端子与07、08电源汇总端子之间的配线。该部分配线采用23×0.15多股铜芯塑料软线样板预配。样板制作及线把预配方法与组合柜本柜配线相同。配向断路器端子的线条,可制环后与断路器背面的端子螺栓连接;配向07、08端子的线条可焊接在端子背后的焊片上。

(3)18柱端子板配线

18柱端子板配线分为正面配线和背面配线。背面的配线包括与电源端子和断路器端子之间的配线,正面的配线包括柜间的电源环线(除4柱电源端子连接的电源之外的其他电源);背面配线时把预配好的零层电源配线线把和预配好的组合柜内部配线合二为一后进行粗绑,然后把各端子的线焊接在端子板背面的焊接片上。柜间的电源环线软线均从走线架正面的走线架衬板钻孔,在最左边18柱端子板左侧30 mm,013号端子板右侧30 mm及其他两端子板间隔中间引下,用塑料线细绑,对准端子水平分出做头(芯线做鹅头弯),向右上单号端子,向左上双号端子,组合柜零层18柱端子配线如图3.15所示。

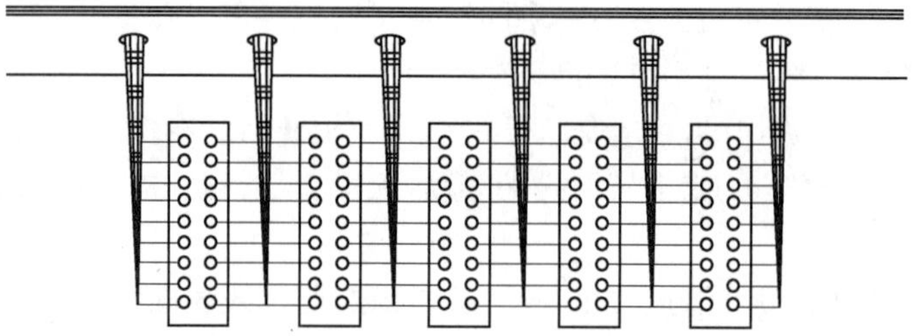

图3.15 组合柜零层18柱端子配线

4. 电码化机柜配线

电码化机柜的配线主要包括站内移频柜配线和站内综合柜配线。

1)站内移频柜配线

站内移频柜上方有5块4柱端子板、5块断路器板和10块3×18端子板,分别对应纵向的5个发送组合。站内移频柜的正面为内部配线,背面为到其他机柜的配线。为了配线方便,在站内移频柜两侧垂直安装了塑料线槽,并与3×18端子板下方水平安装的塑料线槽连接。从正面看,发送线布放在两侧塑料线槽内。在线槽内,发送线要靠外侧布放,其他配线靠内侧布放。

2)站内综合柜配线

站内综合柜零层与组合柜零层类同,在第11层上,从左向右排着不同的端子板:2块4柱电源端子板、4块断路器板、1块18柱电源引出端子板,从D8到D12为5块18柱端子板,实现综合柜和室外电缆的连接,D13的位置上置放着2块9柱电缆内屏蔽层和排流线接地铜板。

综合柜第10层安放室内轨道电路防雷组合,有两块3×18万科端子,分设在组合的两侧。从背面看,右侧的一块,从右向左依次为01～03;左侧的一块,从右向左依次为04～06。

综合柜放置的道岔发送调整组合也有2块3×18万科端子板,也是分别放在组合左、右两侧。股道发送调整组合设1块万科端子板,放在右侧;送电端室内隔离组合和受电端室内隔离组合都只设1块3×18万科端子板，送电置于左侧(从正面看)，受电置于右侧。

综合柜的左、右侧塑料线槽布置及配线要求与移频柜相同。

5. 信号机械室内地线网

为了信号设备的使用安全及减少雷电对设备的损坏和干扰，在新建成和有条件的既有线改造过程中，应在信号机械室设置接地网，并在室外埋设贯通地线，以保证各处设备等电位。

信号机械室内地线网由环形地网、网格地线、汇集接地端子排、机柜接地端子排等组成。室内地线网如图3.16所示，地线网接地电阻不大于1 Ω。

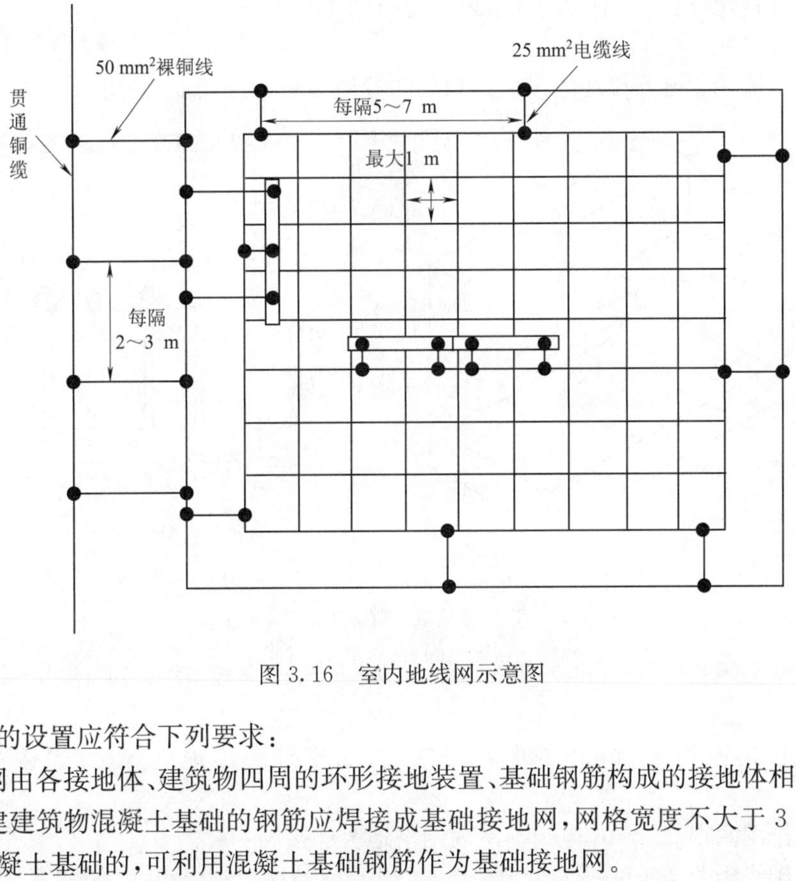

图3.16 室内地线网示意图

接地网的设置应符合下列要求：

(1)地网由各接地体、建筑物四周的环形接地装置、基础钢筋构成的接地体相互连接构成。

(2)新建建筑物混凝土基础的钢筋应焊接成基础接地网，网格宽度不大于3 m；既有建筑物为钢筋混凝土基础的，可利用混凝土基础钢筋作为基础接地网。

(3)环形接地装置一般由水平接地体和垂直接地体构成，应环绕建筑物外墙闭合成环，受条件限制时可不环周敷设，但应尽可能沿建筑物周围设置，以便于地网连接的各种引线就近连接。水平接地体距建筑物外墙间距不小于1 m，埋深不小于0.7 m。

1)环形地网

(1)沿信号楼基础周围敷设一条50 mm² 裸铜线作为环形地网，中间不得有接头。

(2)环形地网埋深不小于1 200 mm。

(3)在靠近贯通地线一侧，每间隔2～3 m用50 mm² 裸铜线与贯通地线焊接一次，一般不超过4次。

(4)由于条件限制，不具备环形地网条件的，必须设置综合接地体。综合接地体采用石墨接地极或铜板等金属接地极。

2)网格地线

信号机械室防静电地板下设网格地线。

(1)网格地线采用 50 mm² 裸铜线，每隔 1 m 纵横交叉一次，节点焊接而成。

(2)网格地线每间隔 5～7 m 与环形地网用 25 mm² 电缆线焊接一次。

(3)防静电地板金属支架的机械连接处须全部焊接，并与网格地线焊接。每个金属支架底盘通过电焊两根直径 4 mm 镀锌铁线或锡焊一根 4 mm² 铜线与网格地线连接。

(4)机械室内水管、暖气片等固定金属物的适当位置须通过焊接两根直径 4 mm 镀锌铁线或在水管、暖气的钢管上加焊有孔的 40 mm×40 mm 的扁钢，再用压接铜端头的 6 mm² 铜芯塑料软线与网格地线连接。钢管的焊接处要进行防护处理。

3)汇集接地端子排

(1)汇集接地端子排安排在电缆引入口处防静电地板下的墙上，如图 3.17 所示。

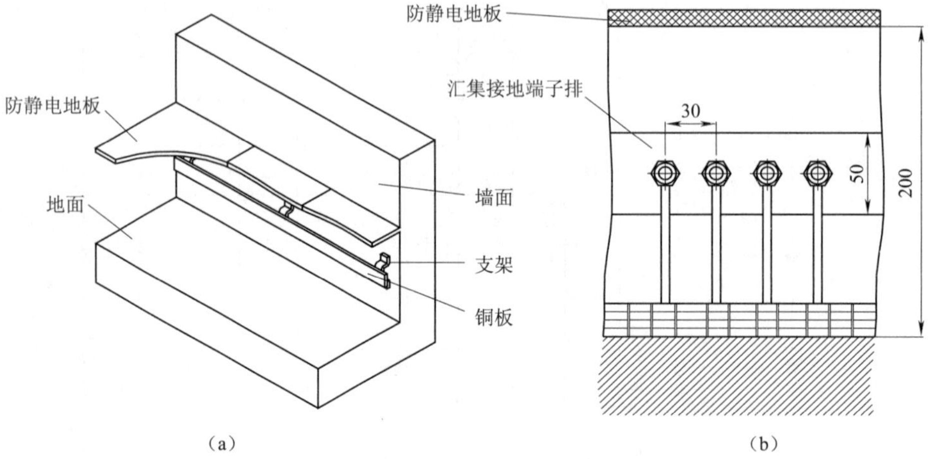

图 3.17 汇集接地端子排示意图(单位：mm)

(2)端子排采用长 1 500 mm×宽 50 mm×厚 5 mm 的铜板，钻有 40 个 ϕ8 mm 的孔，孔距 30 mm。

(3)端子排用两根 35 mm² 的电缆连接后，与室外环形地网焊接，焊接点间距大于 1 m。

(4)端子排用两根 25 mm² 电缆与室内网格地线连接。

(5)端子排要用两条长度不大于 100 m 的 10 mm² 电缆与靠近信号楼的完全横向连接的空芯线圈中点或扼流变压器中点连接。若长度大于 100 m，则在靠近信号楼侧增设扼流变压器和纵向防雷单元，经纵向防雷单元与端子排连接。

(6)与接地端子排连接的电缆均采用压接端头，用螺栓紧固。

4)机柜的接地连接

分线柜的接地连接如图 3.18 所示

(1)每个柜底部两侧分别用不长于 600 mm 的 10 mm² 扁平钢网编织线与网格地线连接。

(2)每个柜顶部两侧分别用不长于 600 mm 的 10 mm² 扁平铜网编织线与走线架连接。

(3)每个柜门分别用 1 根 6 mm² 铜芯塑料线与柜体连接。

(4)同一排柜与柜之间分别用 10 mm² 扁平铜网编织线连接。

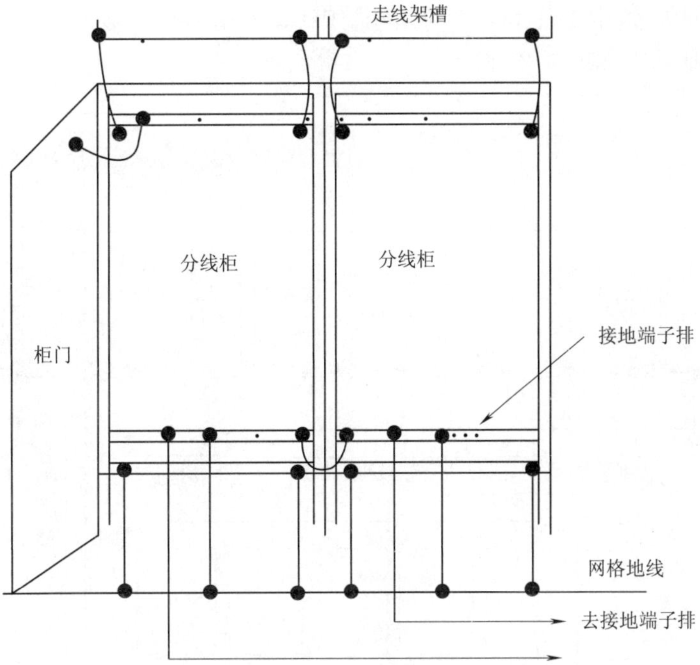

图 3.18 分线柜的接地连接示意图

(5)分线柜的下部设接地端子排一块,端子排采用长 700 mm×宽 50 mm×厚 5 mm 的铜板,钻有 30 个 ϕ6 mm 的孔,孔距 20 mm。

(6)接地端子排须分别用一条 25 mm^2 电缆与网格地线和接地汇流端子排连接。

(7)分线柜的每根信号电缆的排流线、内屏蔽层、铝护套和钢带环接后,用一根 6 mm^2 铜芯塑料软线与接地端子连接。

(8)组合柜接地和分线柜基本一样,只是在下方没有分线柜的接地端子排。

为了方便接地铜网编织线的连接,在机柜门和走线槽的几个部位焊接 M6×20 mm 的螺栓,机柜门地线柱和走线槽地线柱分别如图 3.19 和图 3.20 所示。

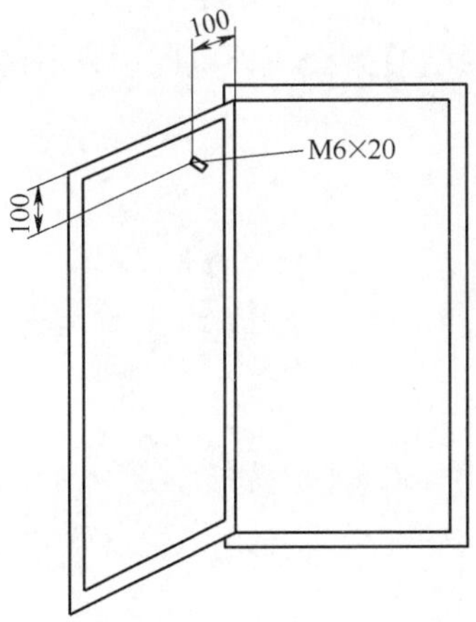

图 3.19 机柜门地线柱位置示意图(单位:mm)

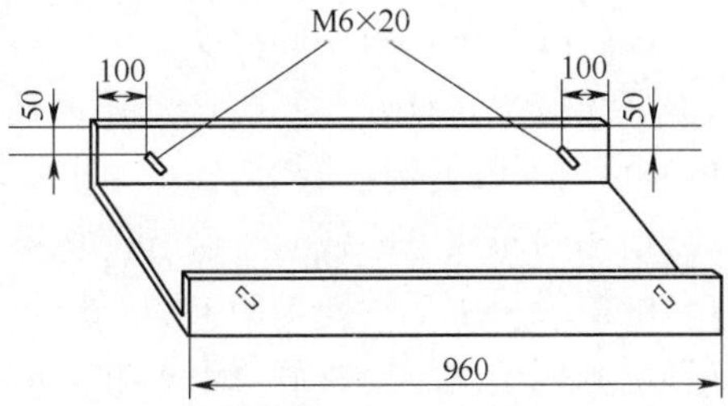

图 3.20 走线槽地线柱位置示意图(单位:mm)

(9)电源屏、UPS须用10 mm^2 扁平铜网编织线与网格地线连接。

信号设备接地示意如图3.21所示。

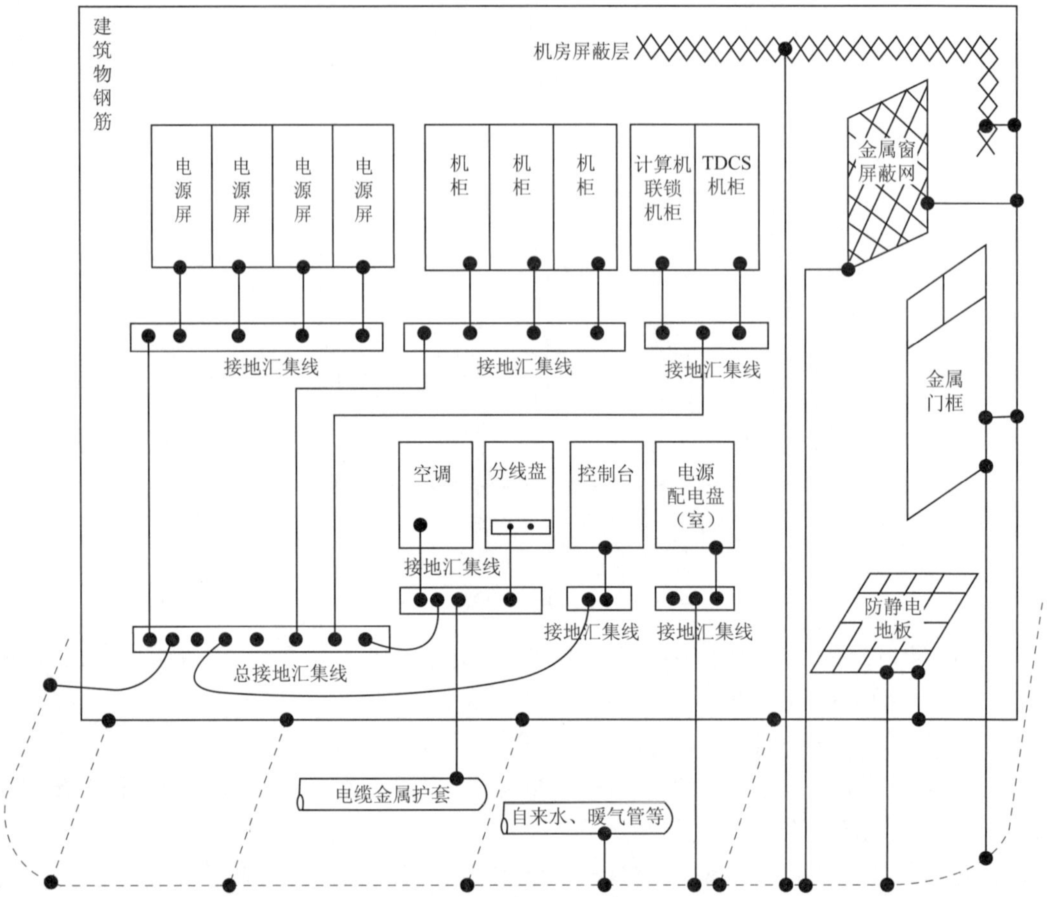

图3.21　信号设备接地示意图

6. 电源屏配线

电源屏的配线在电源屏各输出端子进行。电源屏配线包括:交流外电网引入电源配线、电源屏屏间配线、电源屏与室内外设备间的配线。

1)电源配线的基本要求

(1)电源配线的规格、截面积、敷设线路,应符合设计规定。

(2)配线线条不得有中间接头。

(3)配线应平直整齐、稳固,严禁扭绞交叉。

(4)电源配线的绑扎线扣应整齐,间隔均匀,松紧适度。

(5)地槽内布放电源线应平直、并拢、整齐,地槽应清洁,盖板应严密。

(6)电源线采用钢管防护时,管口处应有防护措施。

(7)电源端子配线应正确,配线两端的标志应齐全。

2)交流外电网引入电源配线

电源屏引入电源配线是指外电网输入的交流电源与电源屏之间的连接。

电源屏输入电源为交流三相四线380 V电源。电力部门将专用电源从变电所送至信号楼处的电力配电盘，然后通过木线槽或管道送至信号机械室内的三相闸刀上接点，再从闸刀座下接点通过电源线经电缆槽、地沟与电源屏连接，将电源送入屏内相应端子。

电源屏电源引入一般采用BXF型或BVV型多股塑胶电线。因车站信号设备要求引入两路可靠电源，所以配线时从信号楼电力配线盘引至信号机械室电力闸刀共7条线(若送两根零线则为8条线)。配线时要特别注意：两路三相电源引入到信号楼配电盘及从配电盘引至电源屏必须同相，即两个三相闸刀的相应端子和电源屏的两路电源引入相应端子所接相序必须相同。

3)电源屏屏间配线

电源屏屏间配线是固定型的，可事先预配。

(1)电源屏屏间配线应按照电源屏屏间配线图进行。

(2)电源屏屏间配线宜采用各屏内成竖把，沿屏内侧边向下，过电源屏底部，经地沟横向连接的方式，以方便日后更换个别电源屏。

(3)放线时，应根据电源屏安装方式和尺寸(屏宽700 mm)、地沟的深度(约200 mm)和屏内各排端子的高度及端子间距，设定电线直角拐弯的位置、尺寸。

(4)根据电源屏屏间配线图上标注的截面选定线材。

(5)按照配线图放线，根据先短后长的原则。

(6)放线的同时，在每根线条两端应及时套上写有所上端子号的塑胶管，并将塑胶管打结，以防滑脱。

(7)线放完后，进行线把粗绑，屏内竖把沿内侧向上，绑至应配端子排时，成横把绑扎，横把至所上端子时，分出该端子配线，继续绑扎，边绑边分，分出线条从端子底部穿过。

(8)依据塑胶管标明的端了号，按照配线图，对配线进行认真导通，以纠错补漏。

(9)导通后，用尼龙扎带对各屏内线把进行整理、绑扎。

(10)对线头留足余量，剥皮做环上端子。

4)电源屏与室内设备配线

为了保证信号电源的不间断供给，电源屏与组合柜零层的电源连线均采用了环形供电，即使有一处断线，也不至于马上断电。这反映在室内电源电缆配线图上，就是电源屏的一个输出端子总是有两根相同电源名称的电缆引出，一根引至离电源屏较近组合柜第一排第一柜的一个电源端子；另一根则引至组合柜最后一排最后一柜的同名电源端子。

(1)电源屏与室内设备配线应按照室内电源电缆配线图进行。

(2)电缆和电线规格应依据配线图中标注的进行选用。

(3)电源屏至控显设备、组合柜、分线柜等的电源电缆线应现场放线，第一根应按上Z11、F1的最远的电源端子放线，有了一根的长度，去Z11架及F1的多根电缆线就可以集中预配。每一根电缆线两端应及时套上写有所上端子名称的塑胶管，并将胶管打结，然后将线把予以粗绑。

组合柜间的电源端子的电缆环线可根据组合柜的宽度及排间距离进行集中预配，拴上组合柜铭牌备用。

(4)电缆和电线敷设到电源室地沟内，从电源屏底部沿屏内配线端子平面向上引出，沿屏内侧成竖把应开始细绑，绑至所上端子排的底部，分出该端子排所有配线，成直角拐弯，做横把，绑至第一个端子时分出该端子配线，边分边绑，直至最后。各线头留出同样余量，按塑胶管标注上端子。

7. 分线柜配线

分线柜的配线内容包括三部分：室外电缆的引入和配线、机柜线的引入和配线、电源线的引入和配线。

分线柜的安装位置均在电缆壁柜的上方，电缆由电缆引入柜或电缆引入槽固定在分线柜下部的电缆架上，芯线由下往上绑把。分线柜顶部与走线架相连，从机柜和电源屏引来的电线通过走线架到达分线柜后由上往下绑把。施工时，室外电缆线和室内软线分别绑把，按照配线图与各自的端子连接，从而使室内、外电路连通。

1)室外电缆的引入和配线

(1)电缆的引入和固定

根据设计，信号楼的一层设有电缆引入口和电缆地下储放室，并有电缆壁柜直通向高层的信号机械室和运转室。分线柜一般设在与信号机械室同层的电缆壁柜内。电缆引入楼内，将电缆的储备量整齐盘成“S”形平放在储放室，再顺序、并排而又不交叉地经电缆壁柜向上引至分线柜。用电缆木夹将电缆固定在分线柜下部的电缆架上，每根电缆宜留出 3～4 m 的做头长度。木夹孔径以紧固电缆为宜。一般等电缆固定后现场测量各电缆孔径再制作木夹。各电缆的铭牌悬挂在电缆根部，以方便日后查找故障。

非电力牵引区段，在高出木夹 20 mm 处将内、外护套剥掉，露出芯线即可配线。但在电力牵引区段，在高出木夹 20 mm 处将外护套剥掉，还需留下高出外护套 60 mm 的钢带和铝护套，用来做屏蔽连接。

(2)电缆成端和屏蔽连接

电缆屏蔽连接如图 3.22 所示。电缆开剥和屏蔽接地引接线引出同室外箱、盒电缆。

①为每根电缆套上灌胶模胎。

②在外护套外面用自黏带缠绕，以免灌胶时胶液渗漏。

③在芯线组和铝护套间用脱脂棉或白布带堵严，以免灌胶时胶液渗漏。

④向灌胶模胎内灌注冷封胶，方法同室外箱、盒电缆成端。

⑤用 M6×35 mm 铜制螺栓将钢带、铝护套的屏蔽引出线接于分线柜下方接地端子排。

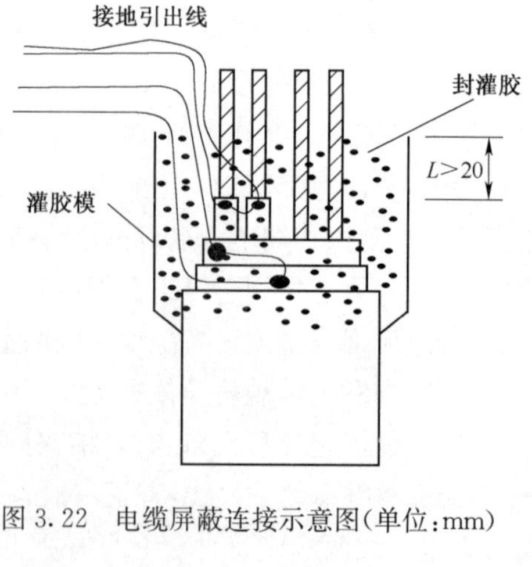

图 3.22　电缆屏蔽连接示意图(单位：mm)

⑥用 M6×35 mm 铜制螺栓将屏蔽四线组的屏蔽引出线与接地端子排连接。

(3)电缆配线

电缆配线在面向继电器室的正面进行，配线方法与组合柜零层端子配线类似。仍以 18 柱

端子为例,配线的施工步骤和方法如下:

①将备用芯线做成竖弹簧状置于电缆根部木夹两侧,剩余芯线用塑料线或线卡绑一道。

②按照分线盘端子配线表,将每根电缆分成左右两把:发送线和各层01~06号端子板及07号端子板单数号端子的芯线置于左侧;接收线和各层07号端子板双数号端子和08~013号端子板的芯线置于右侧。当然也不绝对,以左右两把芯线均匀对称为原则。

③从左边第一根电缆由左至右绑横把。绑把时,将左边第一根电缆分向左边的芯线与右边第一根电缆分向左侧的芯线,包在横把的外侧表面,外观显得通畅平顺。对于较粗线把,可用8股塑料线或线卡,每隔40 mm绑一道。

④在两侧竖角钢内侧,芯线线把拐弯向上成竖把。拐弯时,应分层拐弯,先折弯里层芯线,逐步分层,最后折弯外层芯线,以实现理想角度,然后绑扎竖把。

⑤绑至第一层端子板底部高度时,两竖把向中间分出上该层端子板的芯线,绑成横把。当线把较细时,可用4股塑料线或线卡绑一道,每道间隔可适当缩小。

⑥横把向中间绑扎,绑至端子板的侧面时,将上该列端子的芯线分出成小竖把。分小竖把与控制台零层配线相同,将上相邻两端子板双、单数号端子芯线成一小竖把绑扎。

⑦每一小竖把向上,在每一端子高度都应绑扎,及时分出上该高度左、右两端子的芯线,没有芯线分出时也应绑扎,以便"对号入座"。小竖把更细,可用2股塑料线或线卡绑一道。

⑧细绑完后,按电缆配线图,室内外人员配合进行一次认真导通,及时纠正错误。

⑨各芯线从小竖把开始留足150 mm。其中100 mm成鹅头弯,余下50 mm作环上端子。

2)机柜线配线

组合柜、综合柜沿走线架引至分线柜的是多股软线。多股软线在分线柜背面,从走线架衬板的穿线孔引下。与电缆配线方法相同,沿走线架两侧分左右两竖把,然后再向中间做横把。只不过电缆配线是由下向上,而多股软线是由上而下绑把分线。另外,电缆芯线是在端子侧面做环上端子,而多股软线是正对端子焊片进行连接的。

3)电源线引人和配线

根据室内电源电缆配线图,从电源屏沿地沟引来的送往室外设备的电源线,也绑成一把,用自粘胶带缠绕成电缆状,固定在电缆木夹上。电源线可与电缆芯线一起进行分线、绑把,不同的是,电源线是在断路器背面做环上端子的。

目前,采用新型的信号防雷分线柜,把防雷与分线合二为一。防雷模块直接加在分线端子上,实现了防雷器件到分线端子之间的配线零长度。柜内端子层分为电源端子层、断路器层、电缆绝缘测试层、防雷6位端子层、18位端子层等,接线端子均采用WAGO(万可)接线端子,电缆和室内配线全部采用上下纵向线槽走线,可使电缆芯线和去室内的软线分槽设置,方便了施工配线。分线柜机架线配线如图3.23所示。

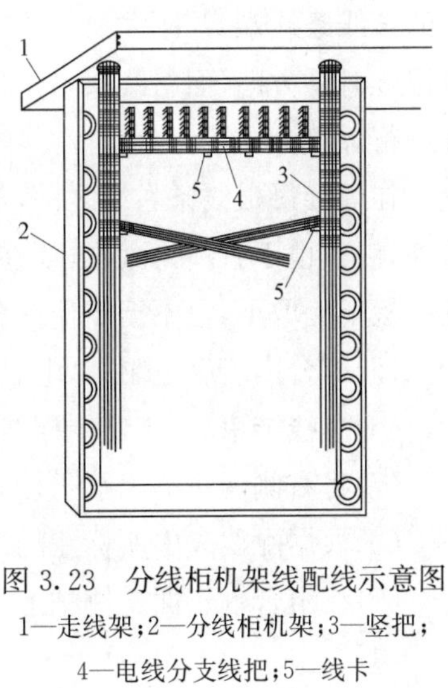

图3.23 分线柜机架线配线示意图

1—走线架;2—分线柜机架;3—竖把;4—电线分支线把;5—线卡

8. 零散组合配线

车站信号所使用的定型组合由工厂生产，施工时进行现场安装即可，而零散组合要由现场施工人员进行配线。为了保证所配的零散组合整齐美观、规范统一，一般采用样板架进行配线，如图 3. 24 所示。

零散组合配线按照下列施工程序进行：

(1)将装有继电器插座板的继电器框置放在样板架的下部横挡上，使插座板的每列焊接片对准横挡上的长钉。为了方便焊线，需将右侧的两块侧面端子板翻转过来安在支架上。翻转后要注意侧面端子的"列号"自然发生变化，每块侧面端子板从左至右的列号为"04，05，06"和"01，02，03"。

(2)将零散组合内部配线表固定在样板架上方。

(3)按照配线表，遵循先左后右、先下后上的顺序进行放线、焊线。

进行图 5. 24 中所示组合部分配线表的配线，先进行第 10 个继电器插座板的配线。第 10 个继电器的最左列的最下面的"1"端子上有线连到"9-1"为此，将 23×0. 15 mm 的多股软线的线端套上 8×15 mm 塑胶管，然后做头在"10-1"端子上焊接，待端子冷却后，随即将塑胶管套在焊接片上。将软线向下绕过样板架下方横挡的最左边长钉，向右边抻，一直抻到第 9 个继电器插座板下方，绕过横挡的左边长钉右侧再向上，比照到端子"1"，双手拐着软线两端，使"10-1"和"9-1"都有 30～50 mm 的余量，将软线剪断。顺手将右端在右侧长钉上绕一圈，并不焊接。

然后，由下向上，焊接"10-3"上的线。焊接时，要在"3"端子和"1"端子间夹一张硬纸，以免焊锡滴到下面"1"端子上，烫伤胶管或导线，甚至造成两焊点间短路。

(4)当配线配到已放线的右端，再进行右端的焊线。

比如，配到"9 -1"，表上有两根线：一根去"10 -1"，该线已放过；另一根去"8 -1"。先放出"8 -1"的线条，再从"10 -1"焊接片上找出引向右侧的软线，顺长钉下方向右捋，找出挂在长钉上的该线条线端，与刚才放的去"8 -1"的线端一起剥去 5 mm 线皮，将两裸线头并在一起，用尖嘴钳顺时针方向(面对线头)拧紧，套上塑料胶管，一起焊接到焊片上。绝不可一根、一根地分开进行焊接。

在焊接每根线条右端之前，应从左向右捋顺该线条，不要与已焊好两端的线条发生缠绕。另外，线条也不宜拽得太紧，要在两端焊接片处有 20～30 mm 余量，既方便焊完组合后将组合从样板架上取下，也不至于使线条绷得像琴弦，影响焊点寿命和美观。

(5)组合内若有电阻器、电容器等元件，应用适当支架将其固定后，再进行配线。

(6)焊线结束后，应依照配线表进行认真导通，然后用塑料绑线细绑。

(7)将右侧两块侧面端子板翻转复位。

(8)根据配线表中所标注的继电器类型，核对鉴别销位置，做到纠错补缺。

(9)在组合框正面左侧贴上零散组合名称、位置号的标签。

5			
FGPJ JWXC-1700			
72		82	
71	2-33	81	2-43
73	12	83	22
52		62	
51	02-9	61	
53	7-1 01-10	63	
32	03-11	42	04-11
31	1-33	41	1-43
33	03-10	43	04-10
12	2-12 73	22	2-22 83
11	2-13	21	2-23
13	2-32	23	2-42
3	2	4	3-4 6-11KF
1	05-9	2	3

4			
FMJF₂ JWXC-1700			
72	02-12	82	01-12
71	02-11	81	01-11
73		83	
52	8-62 03-17	62	9-62 03-18
51	9-3	61	10-3
53	10-52 04-17	63	04-18
32	13	42	23
31	05-5	41	05-6
33	12	43	22
12	05-7 33	22	05-8 43
11	10-22	21	10-32
13	32 05-3	23	42 05-4
3	1	4	3-3
1	3 1-82	2	3-1

3			
FMJF₁ JWXC-H1700			
72	53	82	63
71	04-5	81	04-6
73	52	83	62
52	04-7 73	62	04-8 83
51	9-22	61	9-32
53	72 04-3	63	82 04-4
32	13	42	23
31	03-5	41	03-6
33	12	43	22
12	03-7 33	22	03-8 43
11	8-22	21	8-32
13	32 03-3	23	42 03-4
3	4-4	4	2 5-4KF
1	4-2	2	4 1-21KF

2			
FMJ₂ JWXC-H340			
72	53	82	63
71	02-5	81	02-6
73	52	83	62
52	02-7 73	62	02-8 83
51	7-22	61	7-32
53	72 02-3	63	82 02-4
32	01-3 5-13	42	01-4 5-23
31	01-5	41	01-6
33	5-71	43	5-81
12	5-12 01-7	22	5-22 01-8
11	6-22	21	6-32
13	5-11	23	5-21
3	1	4	1-3
1	3 05-13	2	1-1

1			
FMJ₁ JWXC-H340			
72	7-62 03-16	82	4-1 05-10
71	8-3	81	06-1KZ
73	9-52 04-16	83	
52	03-14	62	6-62 03-15
51	6-3	61	7-3
53	7-52 04	63	8-52 04-15
32	03-13	42	04-13
31	03-12	41	04-12
33	03-9 5-31	43	04-9 5-41
12	05-15	22	
11	2	21	06-3 3-2KF
13		23	6-2 02-10
3	2-4	4	2 05-14
1	2-2	2	4 11

0	
1	
2	
1	
2	
1	
2	
1	
2	
1	
2	

06		05		04		03		02		01	
1	1-81 2 KZ	1	10-21	1	9-21	1	8-21	1	7-21	1	6-21
2	1 KZ	2	10-31	2	9-31	2	8-31	2	7-31	2	6-31
3	1-21 4 KF	3	4-13	3	3-53	3	3-13	3	2-53	3	2-32
4	10-11 3 KF	4	4-23	4	3-63	4	3-23	4	2-63	4	2-42
5		5	4-31	5	3-71	5	3-31	5	2-71	5	2-31
6		6	4-41	6	3-81	6	3-41	6	2-81	6	2-41
7		7	4-12	7	3-52	7	3-12	7	2-52	7	2-12
8		8	4-22	8	3-62	8	3-22	8	2-62	8	2-22
9		9	5-1	9	1-43	9	1-33	9	5-51	9	6-1
10		10	1-82	10	5-43	10	5-33	10	1-23	10	5-53
11		11		11	5-42	11	5-32	11	4-71	11	4-81
12		12		12	1-41	12	1-31	12	4-72	12	4-82
13		13	2-1	13	1-42	13	1-32	13		13	7-51
14		14	1-4	14	1-53	14	1-52	14	6-61	14	8-51
15		15	1-12	15	1-63	15	1-62	15	7-61	15	9-51
16		16		16	1-73	16	1-72	16	8-61	16	10-51
17		17		17	4-53	17	4-52	17	9-61	17	
18		18		18	4-63	18	4-62	18		18	

10			
5QMJ JWXC-H600			
72		82	
71		81	
73		83	
52	4-53	62	
51	01-16	61	
53		63	
32	4-21	42	
31	05-2	41	
33		43	
12	4	22	4-11
11	9-11 06-4KF	21	05-1
13		23	
3	4-61	4	12
1	9-1	2	9-2

9			
4QMJ JWXC-H600			
72		82	
71		81	
73		83	
52	1-73	62	4-62
51	01-15	61	02-17
53		63	
32	3-61	42	
31	04-2	41	
33		43	
12	4	22	3-51
11	8-11 10-11KF	21	04-1
13		23	
3	4-51	4	12
1	8-1 10-1	2	8-2 10-2

8			
3QMJ JWXC-H600			
72		82	
71		81	
73		83	
52	1-63	62	4-52
51	01-14	61	02-16
53		63	
32	3-21	42	
31	03-2	41	
33		43	
12	4	22	3-11
11	7-11 9-11KF	21	03-1
13		23	
3		4	12
1	7-1 9-1	2	7-2 9-2

7			
2QMJ JWXC-H600			
72		82	
71		81	
73		83	
52	1-53	62	1-72
51	01-13	61	02-15
53		63	
32	2-61	42	
31	02-2	41	
33		43	
12	4	22	2-51
11	6-11 8-11KF	21	02-1
13		23	
3	1-61	4	12
1	5-53 8-1	2	6-2 8-2

6			
1QMJ JWXC-H600			
72		82	
71		81	
73		83	
52		62	1-62
51		61	02-14
53		63	
32	2-21	42	
31	01-2	41	
33		43	
12	4	22	2-11
11	5-4 7-11KF	21	01-1
13		23	
3	1-51	4	12
1	01-9	2	1-23 7-2

ZJM_2	52-8
	53-8

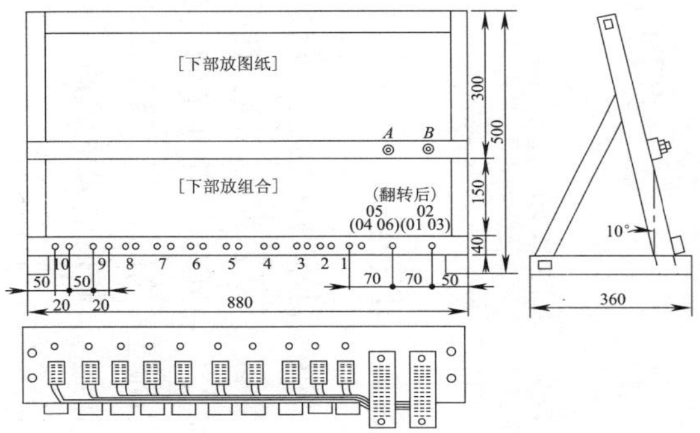

图 3.24　组合配线样板架

典型工作任务3　信号电缆工程

3.3.1　工作任务

掌握信号电缆的施工方法。

3.3.2　知识链接

信号电缆是车站信号室内外设备联系的通道，室内设备对室外设备控制命令的发出及室外信号设备的位置、状态向室内的馈送都要靠信号电缆进行传输。因此，车站信号设备的安全、可靠工作有赖于信号电缆的正确敷设和配线。再者信号电缆均埋设于地下，属于隐蔽工程，出现问题后测试、查找、修复都比较困难。所以在施工阶段必须重视施工质量，严格按施工程序进行施工，确保信号电缆的电气特性在施工阶段和整个使用阶段符合要求，从而保证车站信号设备的安全可靠运行。

信号电缆工程的主要工作任务包括：电缆测试、电缆敷设、电缆接续、箱盒安装等。信号电缆工程施工流程如图3.25所示。

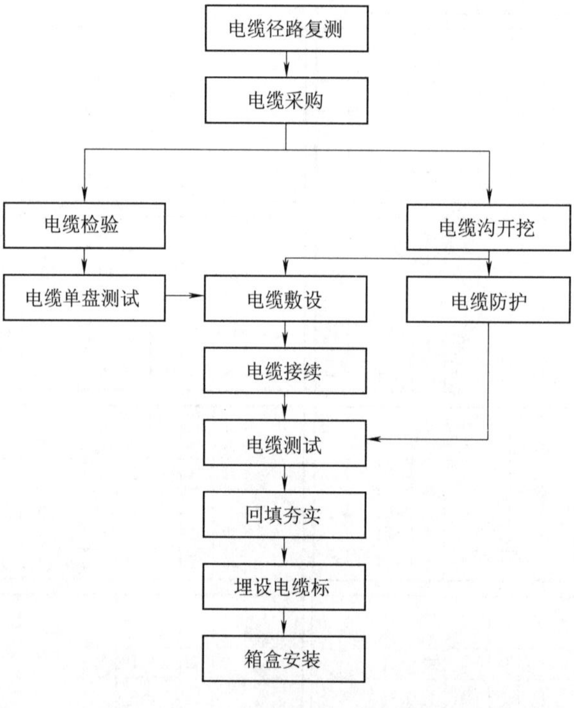

图3.25　信号电缆工程施工流程图

1. 电缆测试

1)电缆测试的意义和方法

为了保证信号电缆在整个施工阶段其电气特性不致降低，必须使测试过程贯穿整个施工阶段，一般在敷设前进行单盘测试，电缆敷设后封沟之前进行第二次测试，电缆穿入箱盒灌胶后配线前进行第三次测试。采用电缆地下接续工艺的，为保证接续质量，在接续前后应进行电气特性测试。各项测试应做好记录，以作为竣工验收时重要的原始记录。测试时各重要电气特性测试结果应符合表3.2的要求。

表3.2　信号电缆主要电气特性

序号	电缆类别	项　目	单位	标准
1	综合扭绞电缆	导体直流电阻20 ℃时(直径1.0 mm芯线)	Ω/km	≤23.5
		绝缘电阻(芯线间、芯线对屏蔽层及金属护套间)	MΩ·km	≥3 000
2	铁路内屏蔽数字信号电缆	导体直流电阻20 ℃时(直径1.0 mm芯线)	Ω/km	≤23.5
		工作线对导体电阻不平衡20 ℃时	%	≤1
		绝缘电阻DC 500 V 20 ℃时，每根绝缘线芯对其他绝缘线芯(与金属及金属护套连接)	MΩ·km	≥10 000
		工作电容(0.8～1.0 kHz)四线组	nF/km	28±2

电缆入库后预配前的测试为单盘测试，施工人员为3～4人，一人负责测试操作；一人负责仪表操作；第三人负责数据记录，其主要工作内容是：

(1)对每盘电缆进行统一编号，将编号用红油漆标注在电缆盘两侧。

(2)检查电缆盘外包装是否完整；电缆外观是否有破损等现象。

(3)检查电缆铝护套密封性能。电缆出厂前，电缆铝护套内一般充入了100～200 kPa干燥空气。出厂后经过储存、运输、现场存放，用气压表测量铝护套内气压值变化不大时，则表明电缆密封良好。

若电缆内剩余气压较小，可及时向铝护套内充入400 kPa的干燥空气或氮气，气压稳定后，若能保持6 h不降低，则表明密封良好。

(4)确认电缆端别。用钢锯、电工刀开剥电缆护套，电缆两端电缆开剥长度为150～200 mm，去掉电缆芯线绝缘长度为30 mm左右，进行电缆端别确认和电缆测试。注意：开剥长度太短不方便连接仪表，过长又浪费。

面对电缆端头，绿色四线组在红色四线组的顺时针方向侧；或者每个四线组内，绿色绝缘单芯芯线在红色绝缘单芯芯线的顺时针方向侧，则为A端，反之为B端。

及时在电缆盘两侧明显位置表明“外A”或“外B”字样，同时用记号笔分别在电缆的内、外端头50 mm处，A端写“A”，B端写“B”。

(5)电缆测试。针对不同的电缆使用不同的测试仪表和采用不同的方法进行测试。

(6)将电缆测试的结果填入“电缆测试记录表”。

(7)电缆临时封端。电缆测试完毕后要及时用30号胶或热缩端帽进行封端，以防潮气和雨水进入电缆而影响电缆的电气性能。所以，电缆测试工作要在天气晴好的情况下进行，雨、雪、雾天不宜进行电缆测试。

电缆敷设后的第二次测试和配线前的第三次测试在现场进行，施工人员由5～6人组成，分为两个小组分别在电缆的两端施工。一端负责测试；另一端负责配合测试。测试端需安排3人，其中一人进行测试操作；另一人负责仪表操作；第三人负责通信联络和数据记录。配合测试端安排2～3人均可，负责和测试端的通信联络、配合测试，其工作内容和在料库进行的第一次测试基本相同。

2)电缆测试的内容

(1)普通信号电缆测试

普通信号电缆的测试内容包括:芯线间绝缘电阻测试、芯线对地绝缘电阻测试和芯线导通。

①芯线间绝缘电阻测试

将电缆的A端芯线全部散开,使互相间开路,B端的芯线全部拧在一起与兆欧表E端子连接,抽出其中一根芯线(1号)连接兆欧表L端子,轻摇兆欧表,转速以2转/s为宜,当表针稳定后,其读数即为1号芯线与其他芯线间的绝缘值。此后,E端子连接固定不动,抽出2号芯线与L端子连接进行测试,依次类推。如测到某芯线的绝缘电阻值过低或为零时,应从拧在一起的芯线中,依次抽出2、3、…、号芯线,再进行该芯线的绝缘测试,当抽出一根芯线,例如5号芯线后,芯线绝缘值已正常,则说明5号芯线与该芯线间绝缘不良。测试电缆线间绝缘如图3.26所示。

②芯线对地绝缘电阻测试

测试芯线对地绝缘如图3.27所示,将A、B两端芯线全部散开,B端兆欧表E端子与电缆铠装钢带连接(埋设后,可与地连接),L端子依次与每一根芯线连接,同时以2转/s速度匀速摇动兆欧表,测出每根芯线对地绝缘电阻值。若指针达到规定的绝缘数值,表明绝缘良好;如果数值太小甚至指零,说明该芯线对地绝缘不好。

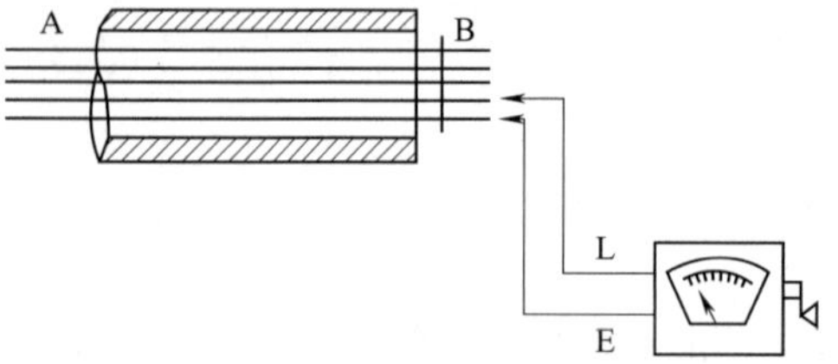

图3.26 测试电缆线间绝缘示意图

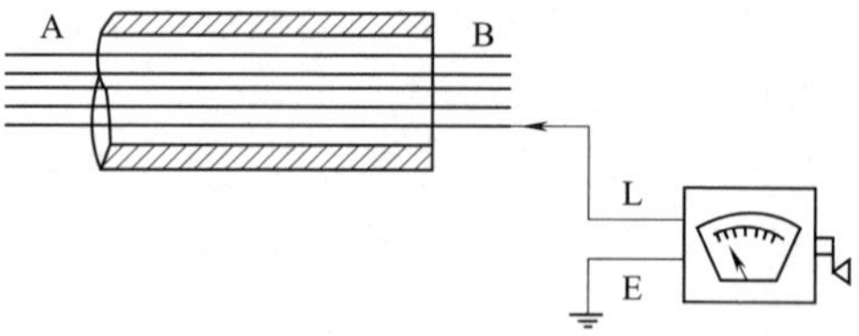

图3.27 测试芯线对地绝缘

③芯线导通

对普通信号电缆,在现场一般只通过此方法对芯线的电阻值进行定性的测量,即测量是否有断线,不对电阻值作精确的测量。为方便起见,可直接用兆欧表进行测量,只是要注意对芯线的导通测量,摇动兆欧表摇把的速度要慢,否则容易打断表针。

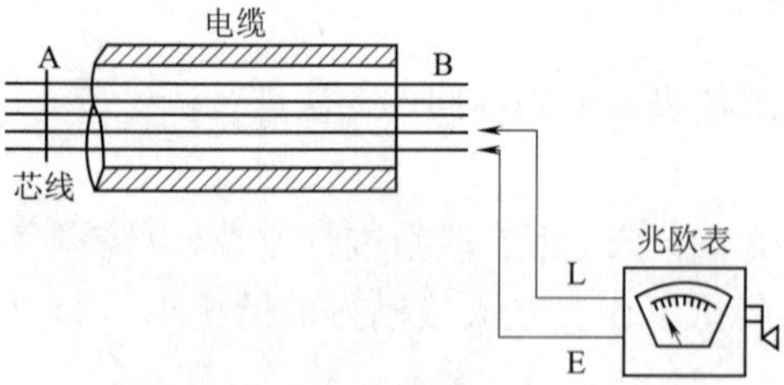

图3.28 电缆芯线导通

测量时将电缆A端所有芯线拧在一起,使相互间短路,B端用兆欧表的E端子连接一根芯线作回线,用兆欧表的L端子依次连向其他芯线,同时轻摇兆欧表,当表针指零时,说明该芯线完好,否则芯线断线。

测试电缆芯线导通如图3.28所示。

无论是线间绝缘电阻,还是对地绝缘电阻值,均应符合表3.2所规定的数值。

测得的电缆绝缘电阻值应用下式换算为每公里长绝缘电阻值:

$$R_x=0.001L\cdot R_m \qquad (\mathrm{M\Omega})$$

式中　L——电缆实际长度，m；

R_m——仪表测得的电缆绝缘电阻值，MΩ；

R_x——换算到 1 km 电缆实际绝缘电阻值，MΩ。

(2)铁路内屏蔽数字信号电缆的测试

①导线直流电阻测试

信号电缆芯线的导线，是用铜质材料按一定的直径制成的，在电缆制造过程中，有时需要将导线连接起来，如果焊接不良会产生附加电阻。此外，在成缆及运输过程中，在外力的作用下也有可能造成电缆芯线结构上的缺陷，导致导线直流电阻发生变化。通过测量可以检验电缆的出厂质量。

在测试导线直流电阻过程中，当周围环境温度变化较大时，须考虑环境温度的变化，将测试值换算成 20 ℃时电阻值，换算公式如下：

温度 20 ℃时每公里长度芯线直流电阻值换算公式为

$$R_{20}=\frac{R_x}{1+a_{20}(t-20)}\cdot\frac{1\,000}{L}$$

式中　R_{20}——20 ℃时每公里长度电阻值，Ω/km；

L——电缆长度，m；

t——测量时的环境温度，℃；

a_{20}——电阻温度系数，1/℃(0.003 93)；

R_x——实测电阻值。

电缆直流电阻测试方法如图 3.29 所示。

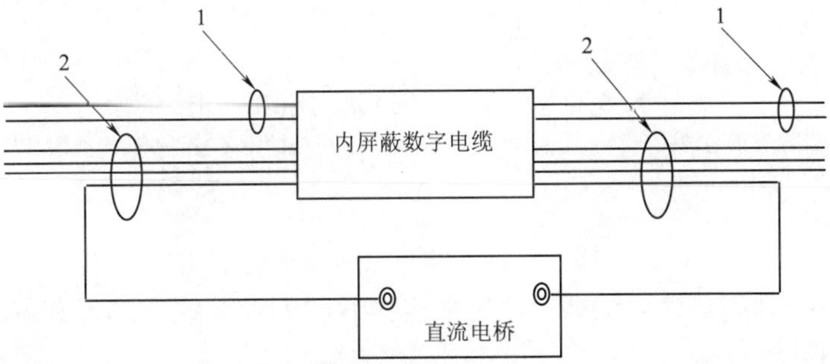

图 3.29　电缆直流电阻测试方法示意图

1—普通信号电缆芯线；2—屏蔽四线组

将屏蔽四线组待测芯线的两端分别连接到直流电桥的测试端子上，测量电阻值，如图 3.29所示，填写测试记录。全部内屏蔽组的芯线测试完成后，用粉笔在电缆盘上标写“直流电阻”的字样，以表示该单盘电缆的直流电阻测试完毕。

②工作线对导体电阻不平衡计算

工作线对导体电阻不平衡是指屏蔽四线组内每个工作线对的电阻不平衡，即在一个屏蔽四线组内，红、白芯线为 1 个工作线对；蓝、绿芯线为 1 个工作线对。

工作线对导体电阻不平衡的定义为：工作线对两根导体的电阻之差与其电阻之和的比值。

例如：

$$工作线对导体不平衡电阻=\frac{R_{20}(H)-R_{20}(B)}{R_{20}(H)+R_{20}(B)}$$

式中 $R_{20}(H)$——20 ℃时，红线直流电阻；

$R_{20}(B)$——20 ℃时，白线直流电阻。

③绝缘电阻测试

加在电缆芯线之间或芯线对地之间的直流电压（U）与通过它的漏电流（I）之比称为绝缘电阻，如以 R_i 表示绝缘电阻，则：

$$R_i=\frac{U}{I}$$

电缆绝缘电阻的大小主要取决于电缆所使用的绝缘材料的电气性能和电缆的制造工艺质量等因素，绝缘电阻还与电缆缆芯的干燥程度有关。绝缘电阻下降到一定程度时，介质损耗增大、串音增大、传输特性劣化，直接影响信号的正常传输。

测量绝缘电阻的仪表一般有兆欧表、高阻计等，高阻计具有较宽的测试范围，在单盘电缆测试中一般采用高阻计测量绝缘电阻。

电缆绝缘电阻测试方法如图 3.30 所示。

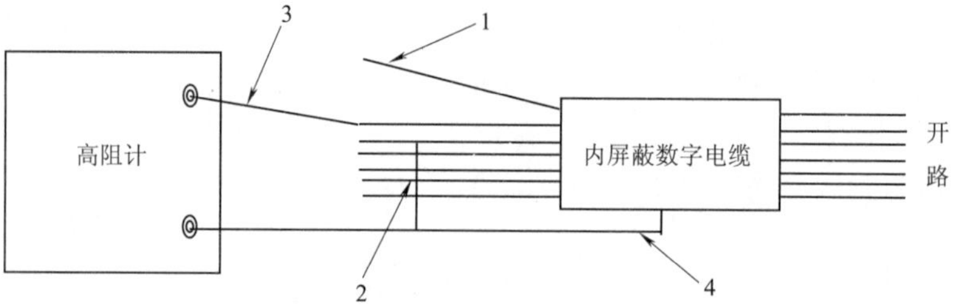

图 3.30 电缆绝缘电阻测试方法示意图

1—已测试完的芯线；2—待测芯线；3—测试芯线；4—电缆的钢带、铝护套、屏蔽层及排流线

测试步骤如下：

a. 首先将电缆外端所有的芯线、钢带、铝护套、内屏蔽层及排流线用一端用带有鳄鱼夹的导线连接，连接后接到高阻计测试端。然后从连接后的电缆芯线中的任意取出一根与高阻计的另一个测试端连接。

b. 将电缆盘内端电缆的芯线全部开路。

c. 进行单根芯线对其他芯线及金属护层的绝缘电阻测试。

d. 将测试完的单根芯线与未测试芯线分开，依次测量。

e. 全部芯线测试完后，填写测试记录。

f. 所有芯线全部测试完成后，用粉笔在电缆盘上标写“绝缘电阻”的字样，以表示该单盘电缆的绝缘电阻测试完毕。

④工作电容测试

工作电容是指回线两导体之间的电容，在铁路内屏蔽数字信号电缆中，屏蔽四线组内红—白芯线组成一个工作线对；蓝—绿芯线组成一个工作线对。工作电容的大小，主要由电缆的结构，如导线间的距离、导线直径及导线之间的介质所决定。工作电容是电缆电气特性的一个主要参数。

电缆工作电容测试方法如图 3.31 所示。

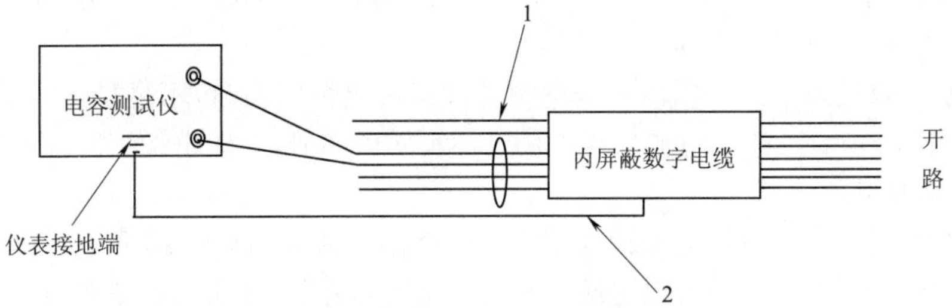

图 3.31　电缆工作电容测试方法示意图

1—屏蔽四线组;2—电缆的钢带、铝护套、屏蔽层及泄流线

测试步骤如下:

a. 将电缆盘内端电缆的芯线全部开路。

b. 将电缆盘外端电缆的钢带、铝护套、全部屏蔽层及排流线用一端带有鳄鱼夹的导线连接,连接后接到测试仪表的接地端。

c. 将电缆外端头任意一组内屏蔽四线组的红、白线对或蓝、绿线对连接到电容测试仪的测试端子上。

d. 测试电容值,填写测试记录。

e. 测试全部完成后,用粉笔在电缆盘上标写"工作电容已测试"的字样,以表示该单盘电缆的工作电容已测试完毕。

2. 电缆敷设

电缆敷设的施工内容包括:电缆预配、开挖电缆沟、电缆置放、电缆防护等。

1)电缆预配

(1)编写电缆号

电缆敷设前,工程技术人员依据电缆径路图和对现场的定测情况(必要时再次对电缆径路进行实地的测量),核对电缆实际长度和电缆径路图标示长度的一致性。如有误差,及时更改。根据电缆径路图和电缆网络图,对全站电缆进行编号。上行咽喉编双号;下行咽喉编单号。先编干线,再编支线,依次编到末端。

(2)填制电缆预配表

对同一咽喉(车站规模小时,也可面对全站)、同芯数电缆一一列出,写明电缆号、长度、芯数、备用芯数。

(3)制作电缆铭牌

用鲜亮的油漆在铁片或小木牌上写明电缆号、长度、芯数、备用芯数,最好注明电缆连接的起止设备名称。每根电缆备两个铭牌,综合扭绞电缆和数字信号电缆还需标明 A、B 端。铭牌钻孔,以备绑扎。

(4)电缆测试

进行电缆切割前,对整盘电缆进行电缆的第一次测试,做好记录,写明盘号、芯数。

(5)电缆切割

将整盘电缆用短钢管支放在电缆起动支架上,核对电缆型号、芯数,按电缆预配表标明的长度，从长到短依次用钢锯切割电缆（从长到短顺序可避免电缆的浪费）。抽拉电缆时宜从电缆盘下方拉出，切割后立即在切割下的电缆两端用细铁丝绑上相应的电缆铭牌（综合扭绞和数字信号电缆尚需注意A、B端区别）。

整盘电缆一般长500 m左右。干线电缆长度超过整盘电缆时，不足长度需另配短电缆补足（一般应大于100 m）。整盘电缆在盘上用油漆写明电缆号，在短电缆上绑扎电缆铭牌。

（6）电缆临时封端

每次对电缆测试完毕后及电缆预配切割后的待用电缆和剩余电缆两端，均要在当天及时用热缩端帽或30号胶进行封端，以防潮气和雨水进入，造成电缆电气特性的降低。

下面介绍两种电缆封端的方法：

①采用热缩端帽封端法

a. 用钢锯将电缆测试端整齐锯断，去掉已开剥的部分。

b. 用清洁布将电缆端头擦净，然后用砂布条对电缆端头外护套100 mm部分进行打磨。选择与电缆外径相适合的热缩端帽套在电缆端头上。

c. 点燃喷灯，待喷灯火苗正常后用喷灯对热缩端帽均匀加热，当热缩端帽均匀的包裹在电缆上且热溶胶流出后停止加热。电缆封端方法如图3.32所示。

注意：用喷灯加热时，要随时观察热缩端帽的变化，避免因过度加热而影响封端质量。同时要注意人身安全，避免烫伤。

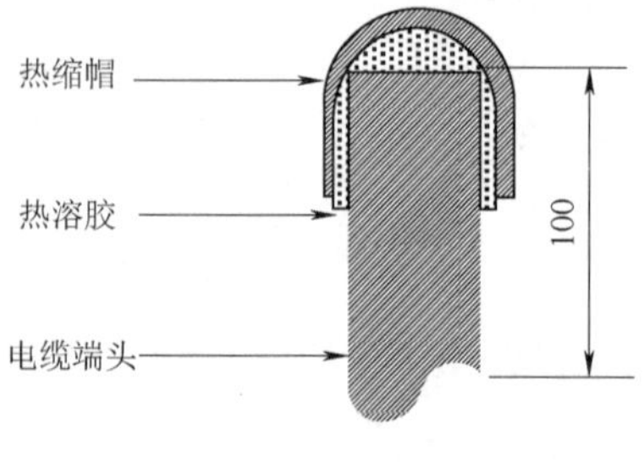

图3.32 电缆封端方法示意图（单位：mm）

d. 待热缩端帽冷却后，用尼龙扎带或铁丝等将电缆端头绑扎固定在电缆盘上。

e. 清理现场。

②采用30号胶封端法

a. 将测试过的电缆两头锯齐，擦拭干净，对沾上的油污要用汽油清洁干净。

b. 将30号胶切成小块放入铁容器中（不要装满），用喷灯或炉火加热熔化，并及时搅拌，当胶具有流动性且温度达到150 ℃时即可（不超过180 ℃）。

c. 将电缆端头再用棉纱擦拭一遍，将其插入融化的胶液中，使浸入长度在60 mm左右，时间10～30 s，然后拿出，使其自然冷却。

d. 电缆头若有未黏住胶液的地方，可以补浸或用油刷沾上胶液予以涂抹。

e. 胶液冷却凝固后，用绝缘黑胶布缠绕严密，再浸第二遍胶。

（7）电缆存放

中、长电缆封端后可以用空盘盘卷；短电缆可盘成半径大于电缆外径15倍的圆圈，用细铁丝绑扎2～3处，分咽喉按顺序堆放，以便于日后搬运、查找。

2）电缆埋设

（1）开挖电缆沟

在电缆工程施工前，施工单位要复核实际电缆径路是否与电缆径路图的走向、长度、过道地点等相符。同时根据电缆径路的实际情况选择正确的电缆径路、电缆防护方法，做好防护工作量的统计，防护件加工。掌握电缆径路上的土质、地形情况，准备相应的施工工具；掌握径路上有无笨重障碍物，提前与有关单位联系或自行组织劳力搬移，以免影响工程施工。同时在电缆径路施工时，要做好对道床及其他铁路设施的防护工作，避免泥土污染。做到环保施工也是施工单位文明施工的重要施工环节。

电缆埋没深度距地面不得小于 700 mm,石质地带不得小于 500 mm。

电缆沟沟底宽度与电缆根数及每根电缆外径有关,一般为 200～400 mm。太窄不便于人员在沟内站立工作;太宽会增加工作量。电缆沟内敷设多条电缆时,应排列整齐、互不交叉。当电缆多时可分层置放。

电缆沟要求沟直底平,沟内无石块和杂物,电缆沟允许拐弯和起伏,但弯曲半径不得小于电缆外径的 15 倍。

电缆与铁路平行埋设时的要求如图 3.33(a)所示。直埋电缆到最近钢轨轨底边缘水平距离 L 在线路外侧不得小于 2 m,在线路间不得小于 1.7 m。电缆与公路平行埋设时的要求如图 3.34(b)所示。电缆与上下水管道、燃气或液体燃料管道、热力管道及建筑物平行埋设时的要求分别如图 3.34、图 3.35、图 3.36 和图 3.37 所示。

电缆线路与树木的距离为 2 m,如图 3.38 所示。与电力杆及防雷地线的距离如图 3.39 所示。

电缆沟挖沟时的安全注意事项:

①挖电缆沟前,应了解站内地下管道、线路等设施有关情况。

②挖电缆沟和过道应事先与工务部门和车站取得联系,征得同意。

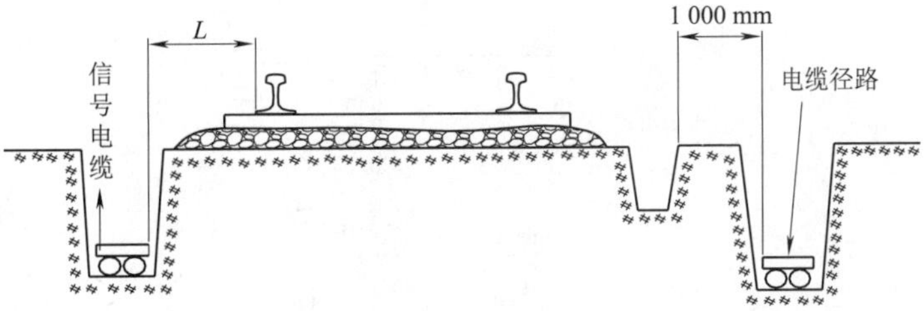

(a)　电缆与铁路平行埋设时的要求

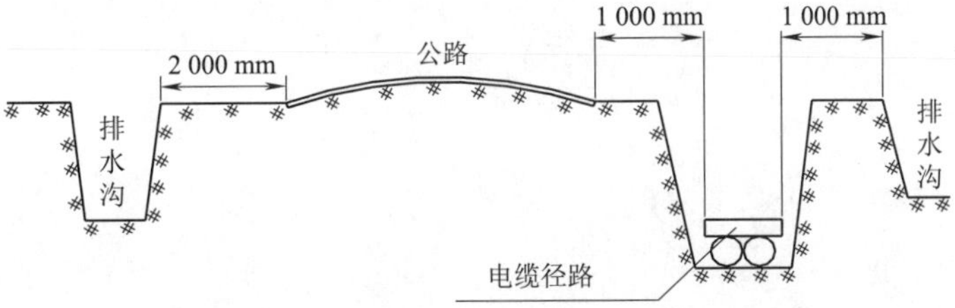

(b)　电缆与公路平行埋设时的要求

图 3.33　电缆与铁/公路平行埋设时的要求

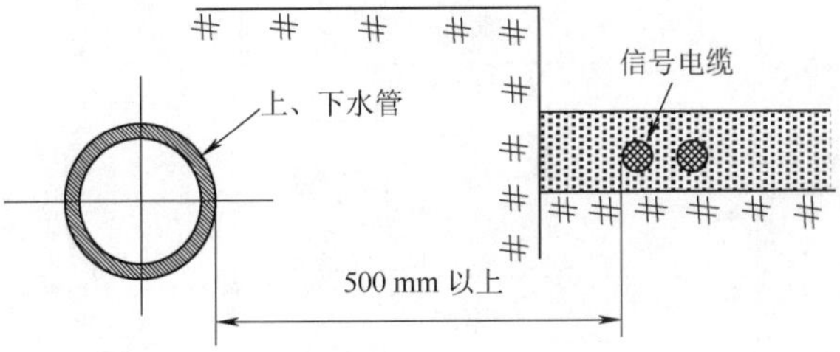

图 3.34　电缆与上下水管道平行埋设时的要求

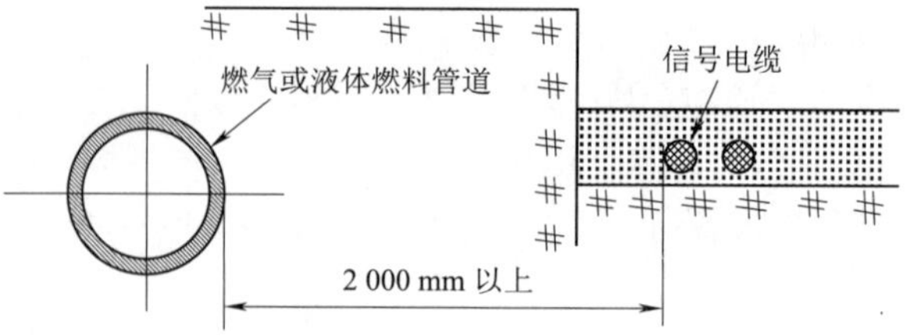

图 3.35　电缆与燃气或液体燃料管道平行埋设时的要求

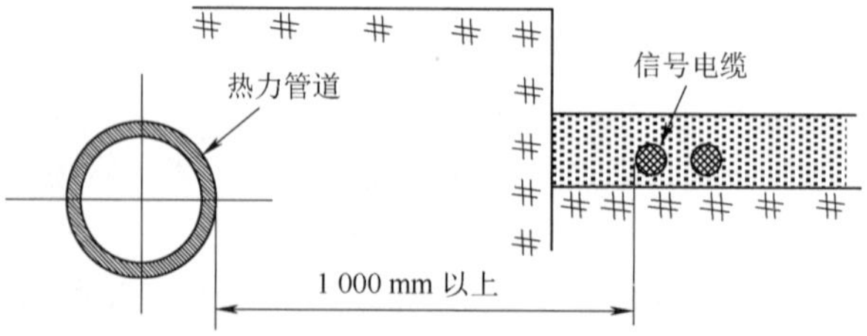

图 3.36　电缆径路与热力管道平行埋设时的要求

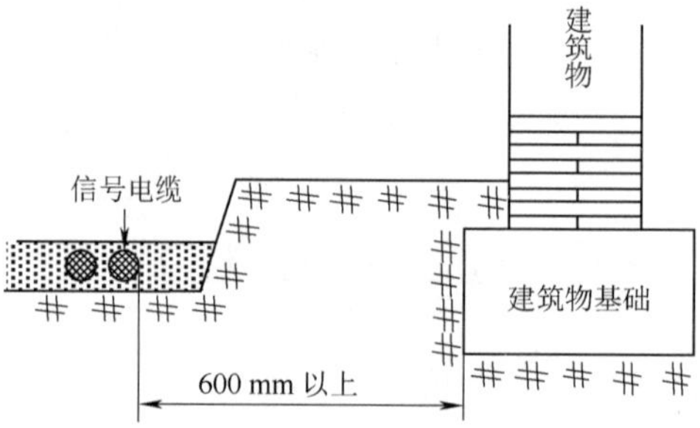

图 3.37　电缆径路与建筑物平行埋设时的要求

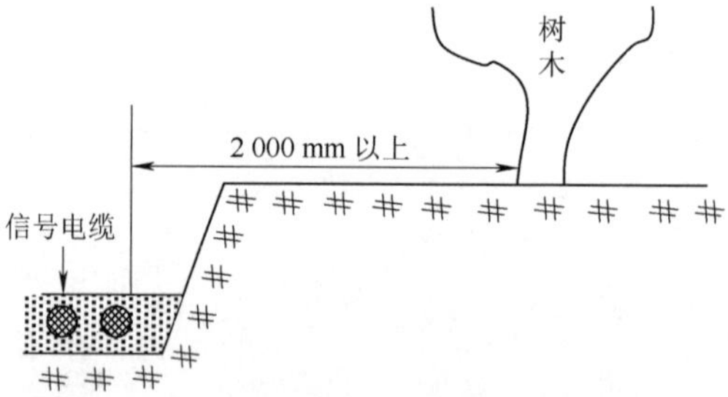

图 3.38　电缆径路与树木的距离

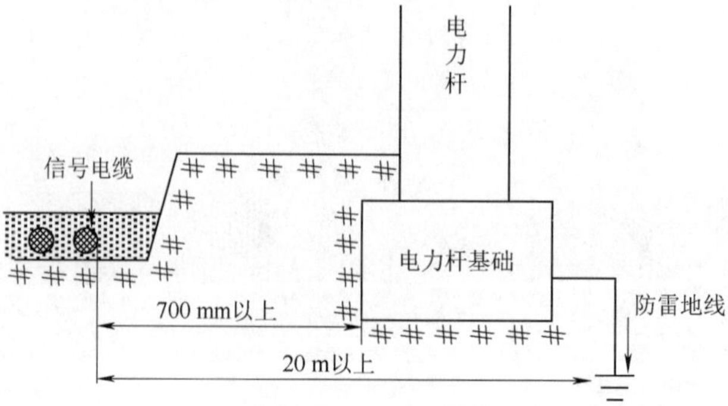

图 3.39　电缆径路与电力杆及防雷地线的距离

③挖电缆沟和置放电缆、防护回填，特别是挖过道和电缆穿越防护管，要设专人负责瞭望，进行防护。当有来车时，必须离开线路。

④在同一电缆径路上挖沟，两挖沟人员之间距离应在 5 m 以上，防止碰伤。

⑤挖出的泥土堆放不得侵入限界，也不要与石砟混放，可采用麻袋片或彩条布做好防护，避免污染道床。

⑥电缆沟有塌方可能时，应及时用木板支撑。

⑦电缆沟应避免敞口过夜，无法避免而又可能影响车站工作人员安全时，除通知车站有关部门注意外，对车站工作人员和行人跨越的主要地段要用木板、铁板或枕木覆盖，还可设照明灯防护(线路附近禁用红灯)，必要时应派专人看守。

(2)挖过道

过道应根据电缆径路图定测结果，避开岔尖、辙叉和钢轨接缝。挖过道常用敞口开挖和顶钢管钻进两种方式。采用敞口开挖方式，应选择两轨枕之间进行。先在线路两侧正对两轨枕间隔的路肩位置，开挖直径约 500 mm、深约 800 mm 的电缆坑，再将两轨枕之间石砟扒尽，从土面向下掏挖 800 mm 深沟，沟底平坦，随即置放防护管。防护管两端处的沟底应略深些，以防日后防护管受力下沉时管口上边缘割伤电缆。防护管两端用油浸麻袋片堵严，以防进土和穿入的电缆被管口边缘割伤。防护管置放后，立即回填过道沟，回填土应分层夯实，回填道砟需捣固。敞口开挖过道应速战速决，不要中途停工，更不许过道敞口过夜。

根据施工规范要求，电缆穿越轨道时要采用防护管对电缆进行防护。防护管可采用钢管、铸铁管、电缆槽及硬塑料管。防护管内径应大于电缆外径或堆积外径的 1.5 倍。防护管长度应超过轨枕头两端各 500 mm 以上，埋于地面 200 mm 以下。钢管用作防护管的规格、尺寸见表 3.3。

表 3.3 钢管用作防护管的规格、尺寸表

材料名称	单位	过 1 股道	过 2 股道
		长 3.6 m	长 8.5 m
内径为 50 mm 焊接钢管	kg	17.6	41.5
内径为 70 mm 焊接钢管	kg	23.9	56.5
内径为 80 mm 焊接钢管	kg	30.0	70.9

顶管钻进方式适用于高速行车的正线。先在轨枕两端各挖一段与线路成直角、深800 mm 的沟。一端与电缆沟接通，另一端要求沟宽 500～700 mm，长度比顶入的钢管略长。先在钢管前端安上与钢管直径尺寸相应"顶撞头"。使"顶撞头"在沟底对准过道壁，钢管尾部与顶管机相连，开动顶管机，随着钢管的钻进，应随时用水平尺检测钢管水平状态，以便及时校正。当线间距离受限或穿越不止一条线路时，可将钢管接续，事先将钢管端部进行丝扣加工，钻进一段，用管箍接续一段，边进边接。钢矢在线路另一侧出土并到达规定位置后，取下"顶撞头"，用油浸麻袋片堵塞管口。

(3)电缆置放

电缆盘的支架固定如下：

①将电缆用吊车运输到工作区，没有吊车的情况下，可以组织足够的人力按电缆盘的滚动方向将电缆盘推到工作区。

②电缆到位后，一般用一根直径不小于 50 mm、长 3.5 m 的实心铁棍从电缆盘中间的圆孔中穿出，电缆盘两端露出的铁棍要平均，否则电缆盘架起后影响电缆盘的稳定性。将电缆支架平稳地放在电缆盘两边铁棍的下面，电缆支架和电缆盘的距离一般在 400 mm 左右(图 3.40)。

③将电缆盘架起，电缆盘离地面的高度不要超过 150 mm，支架架起高度要一致，以免在电缆的拉动过程中影响电缆支架的稳定。

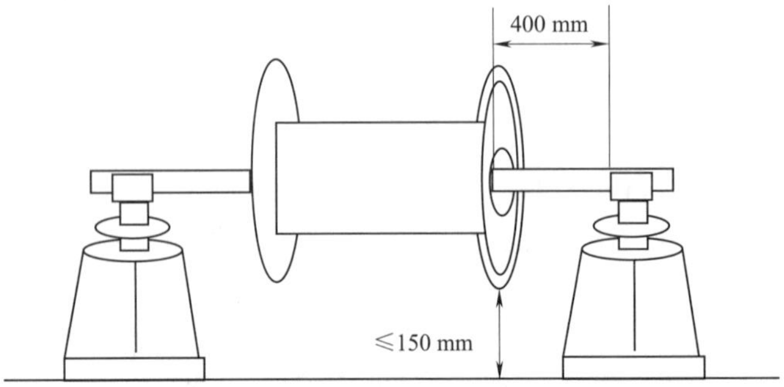

图 3.40　电缆盘支架固定示意图

电缆置放应根据电缆径路图，从信号楼开始，先放干线电缆，后放分支、末端电缆。电缆置放的基本要求如下：

①电缆敷设时，要严格按设计的要求确定电缆 A 端的朝向，同时电缆要 A、B 端对接。

②贯通地线或分支地线敷设在电缆沟或电缆槽的最底层及大地侧，贯通地线采用截面积为25 mm^2 的铅包铜缆或 35 mm^2 的裸铜缆。分支地线一般采用聚乙烯外护套 25 mm^2 的多股铜缆。

③电缆沟内，距信号楼最近端的设备电缆排列在线路侧，由近端电缆到远端电缆顺序排列整齐。电缆敷设顺序如图 3.41 所示。

④电缆敷设时弯曲半径要大于电缆外径的 15 倍，不能出现背扣、小弯及损伤电缆外护层现象。

⑤敷设时要有专人负责、统一指挥。

⑥检查确认电缆的敷设位置、规格型号与电缆径路图相符。

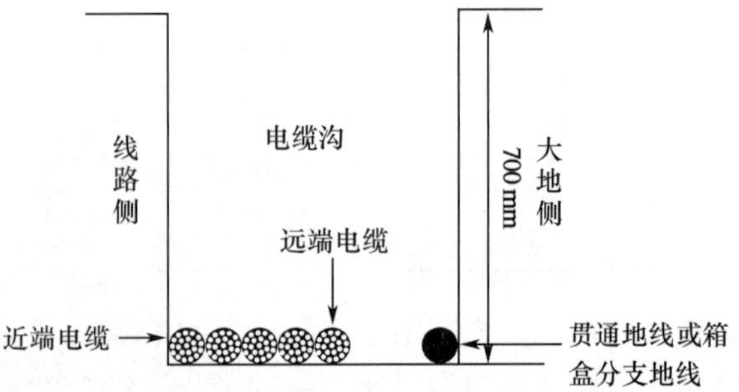

图 3.41　电缆敷设排序示意图

置放电缆应同心协力、相互照应。特别是置放干线电缆，从信号楼开始，一人肩扛一段，拉开适当距离，不使电缆拖地，沿电缆沟边向远方牵引。当遇到沟内交叉的管道、障碍物或过道时，应及时将电缆从沟内或过道防护管中穿过。牵引时，应匀速拉放，严禁生拉硬拽。待电缆的首尾位置合适后，再从头到尾缓缓地将电缆放入沟内，保持电缆的自然弯曲度，不要绷直受力。沟内电缆应平直置放，不得交叉。多层电缆间应铺以 100 mm 厚砂(软)土。

电缆全部入沟后，应根据电缆径路图，认真核对沟内电缆根数、电缆铭牌，查验规格和芯数。综合扭绞数字信号电缆还需查验 A 端和 B 端的连接顺序，并清理沟内的石块和杂物，然后方可进行电缆防护。

(4)电缆的防护和回填

①当电缆的埋设深度大于或等于 700 mm 时，可采取分层夯实的直埋防护方式。

施工步骤如下：

a. 电缆上先覆盖 200 mm 软土。当电缆为多层时，两层电缆之间覆盖 100 mm 软土或砂。

b. 回填深度达到 500 mm 后，用木夯夯实。木夯示意如图 3.42所示。

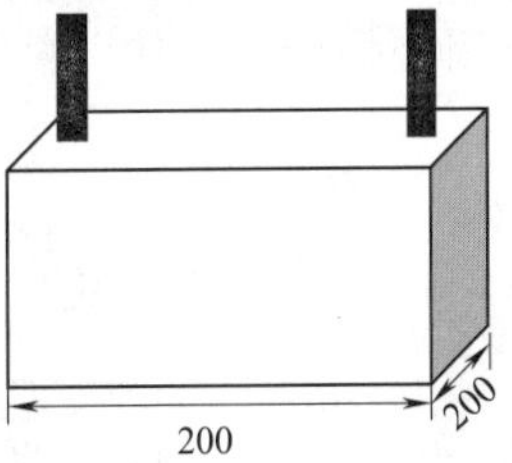

图 3.42　木夯示意图(单位:mm)

c. 把剩余的土回填入电缆沟内，再用木夯夯实。

d. 电缆沟回填至地面后，再在电缆沟上隆起高出地面 100 mm的土堆。

e. 收拾工具，清理现场。

电缆防护

②电缆穿越轨道的防护

电缆穿越轨道，在防护管管口处，用麻袋片将电缆缠绕后将管口封堵，如图 3.43 所示。

③站台上电缆的防护

电缆在站台上时，一般采用站台上专用的电缆沟槽防护；没有专用电缆沟槽时，要采用混凝土电缆槽或复合电缆槽进行防护。混凝土电缆槽或复合电缆槽的埋设深度为槽盖顶面距地面 200～300 mm。站台上电缆的防护如图 3.44 所示。

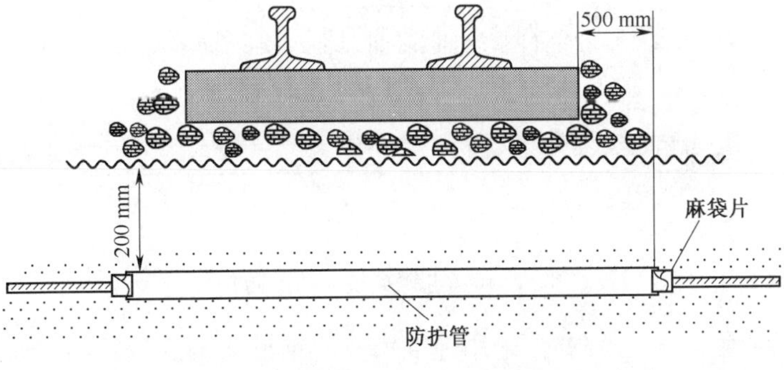

图 3.43　电缆穿越轨道的防护

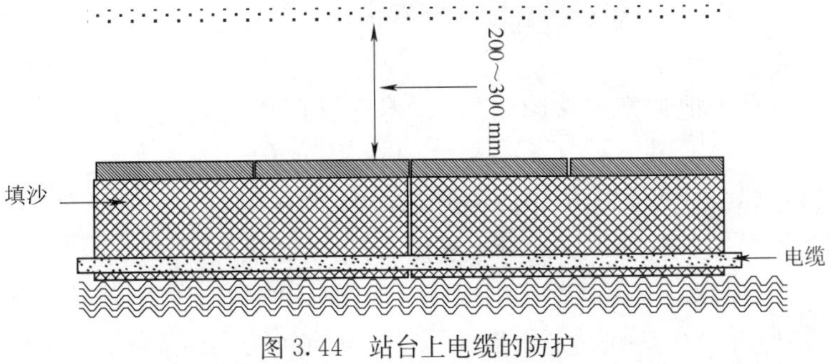

图 3.44　站台上电缆的防护

站台电缆槽防护的施工步骤如下：

a. 将电缆槽对齐，接口处不留缝隙。

b. 在电缆上填沙并将电缆槽填满，这样做是为了避免电缆槽形成水道。

c. 盖上电缆槽盖板，盖板接口处不留缝隙，并用混凝土砂浆封堵。

电缆槽一般采用分歧和直形两种形式，做到规范施工，如图 3.45 所示。

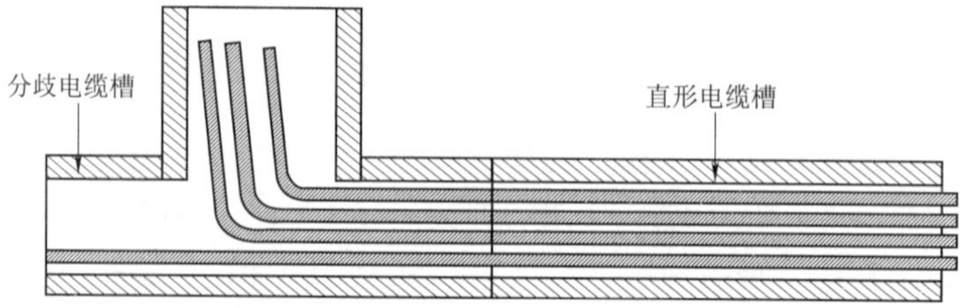

图 3.45　分歧和直通电缆槽的连接示意图

④电缆穿越公路的防护

电缆穿越公路时，一般采用钢管对电缆进行防护，钢管埋深不低于 500 mm，埋深大于 1 200 mm时，防护管可以采用硬塑料管。防护管两端露出公路边缘不小于 500 mm。在防护管管口处，用麻袋片缠绕电缆后将管口封堵。防护前用卷尺等测量工具，测量公路的宽度，提前预制防护管。电缆穿过公路的防护如图 3.46 所示。

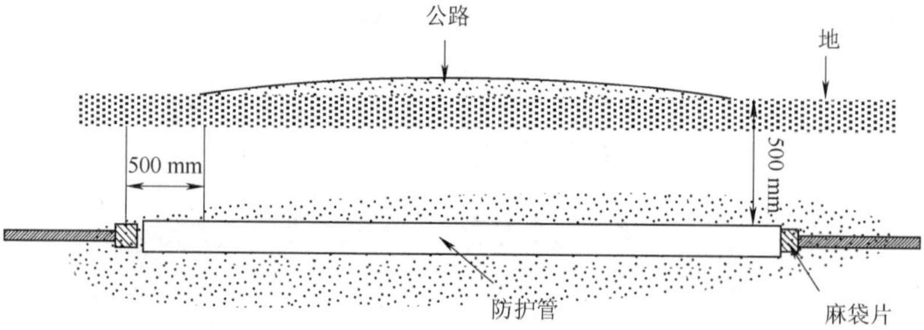

图 3.46　电缆穿过公路的防护

⑤电缆过小混凝土桥或涵洞时，采用标准尺寸的钢槽或钢管进行防护。当利用既有钢槽时，应当首选靠近线路侧的钢槽。

采用钢槽防护施工步骤如下：

a. 准备工具，测量小桥或涵洞的长度配制钢槽，电缆防护用钢槽示意如图 3.47 所示。

b. 用 M6×20 螺栓把钢槽连接起来后，将钢槽放在和电缆沟一致的位置。

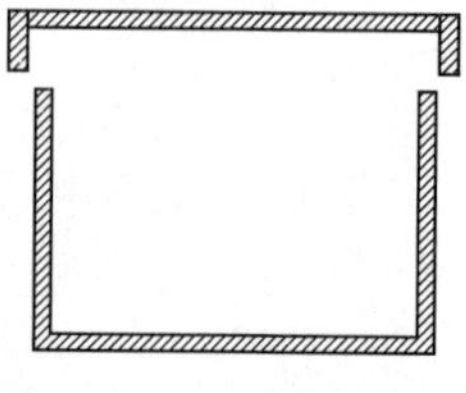

图 3.47　电缆防护用钢槽示意图

c. 钢槽的转弯部位采用 120°角的特殊钢槽。

d. 小桥或涵洞两侧各放置一块混凝土基础，对钢槽固定。

e. 在钢槽口处，用麻袋片等材料把电缆缠绕后，将钢槽堵塞严密，防止钢槽口割伤电缆。

f. 将槽盖盖好，每隔 0.5 m 套上钢槽卡箍，用 200 mm 扳手将钢槽专用卡箍螺栓拧紧。

g. 用钢槽卡箍将钢槽固定在基础螺栓上，并用 200 mm 扳手紧固。

h. 如小桥或涵洞的长度超过 3 m，则在两个基础中间每隔 1.5 m 用混凝土砂浆灌注，将钢槽固定在小桥或涵洞上。

i. 收拾工具，清理现场。

⑥电缆过带铁护栏长桥的防护

电缆过带铁护栏长桥时一般采用钢槽防护。为了便于工务维护线路，钢槽应当采用下挂安装方式。带铁护栏桥防护钢槽钢安装示意如图 3.48 所示。

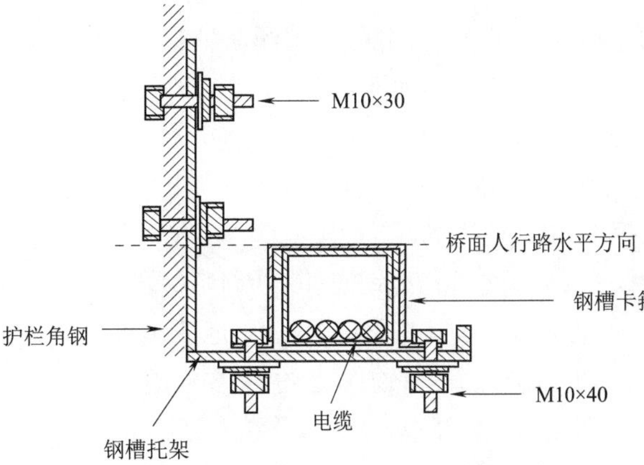

图 3.48　带铁护栏桥防护钢槽钢安装示意图

钢槽的下挂式安装步骤如下：

a. 首先用测量工具测量桥的长度并配制钢槽。

b. 用钢卷尺从钢轨平面水平方向往角钢护栏上拉一条直线，用记号笔在护栏上做好标记，作为托架安装的水平基准线。

c. 用手锤和号眼冲子在需要钻孔的位置号眼。号眼要准确，否则将影响钻孔及安装质量。用 13 mm 手电钻钻 ϕ10 mm 孔，并用毛刷将钻孔中的铁屑清扫干净，从线路往大地方向穿上 M10×30 托架固定螺栓。

d. 装上托架，套上垫片、弹簧圈，用扳手将螺母拧紧。

e. 用 M6×20 接头螺栓、螺母、垫片、弹簧圈把钢槽连接成每段 3 m 的长度，用扳手拧紧后，与桥端入地 800 mm、转弯 120°角的特殊钢槽连接。

f. 钢槽全部放到托架上，盖上槽盖并用卡箍固定，注意把装好的钢槽调平调直。

⑦电缆过隧道的防护

电缆过隧道时，一般采用电缆槽或预留的槽道对电缆进行防护。如遇到不采用电缆槽道防护的隧道，也可以采用电缆壁挂防护方式，如地下铁道通常采用电缆壁挂方式。而电缆壁挂又有电缆挂钩或托臂两种方式，挂钩或托臂的安装间距一般在 1 m 左右。采用壁挂防护时，隧道口可采用图 3.49 所示的方式防护。隧道电缆托臂侧视如图 3.50 所示。

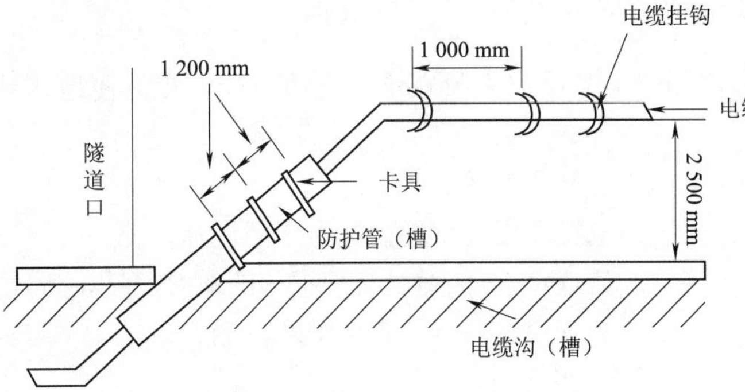

图 3.49　隧道入口电缆的防护管

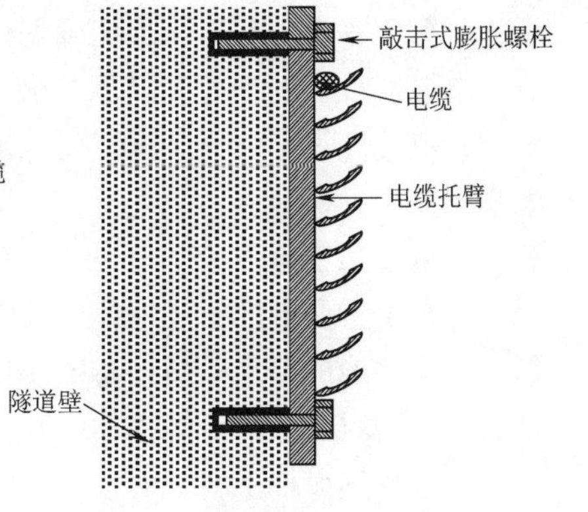

图 3.50　隧道电缆托臂侧视示意图

⑧电缆过水沟、水渠一般采用钢管防护

首先需要测量水沟的跨度，然后配制适当长度的钢管。防护钢管的两端要伸出水沟边沿500 mm以上，如图3.51所示。为了预防防护钢管被野火燃烧的隐患，电缆防护管一般敷设在地下。钢管顶面距水沟底面的埋设深度要大于200 mm；防护钢管的内径要大于电缆外径的1.5倍。

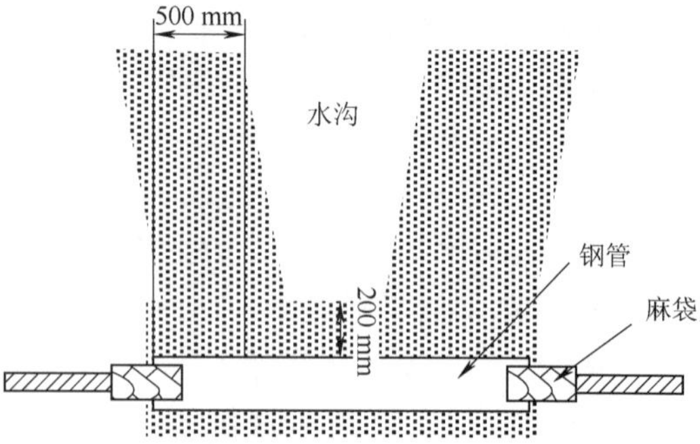

图3.51 电缆过水沟钢管防护示意图

⑨电缆通过坚石等地段或埋深不足700 mm时，一般采用电缆槽或钢槽对其进行防护。

⑩电缆要尽量避免在居民点、地下排水沟、取土坑等附近通过，必须要通过时，要在电缆上、下各敷设软土(或砂)100 mm，并在上面敷砖(管、槽)防护。电缆的砂砖防护如图3.52所示。

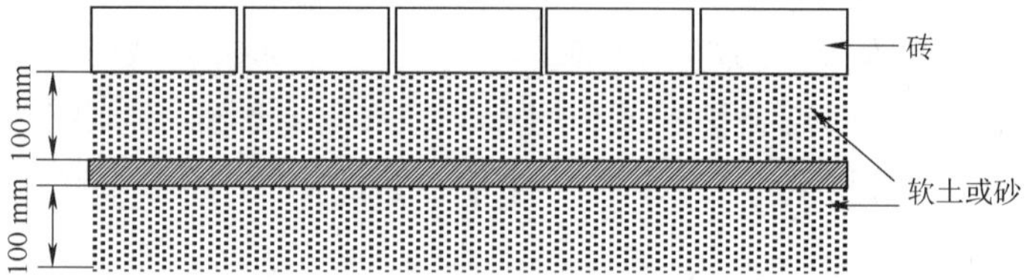

图3.52 电缆的砂砖防护

在一些特殊地区敷设电缆，应进行针对性的防护。如有白蚁危害的地区，在电缆敷设过程中，应及时通知、配合当地的白蚁防治部门进行白蚁的预防治理，加强电缆的防护。

在室内的电缆(线)引入孔处，按引入孔尺寸用防火、防鼠材料或水泥砂浆将电缆(线)引入孔封堵严密。

要注意的是，在进行电缆防护封沟之前，要进行电缆的第二次测试并做好测试记录，以免封沟后再发现电缆有问题造成处理的困难。

(5)电缆埋设标

信号电缆工程属于隐蔽工程，为了便于后续工程的开展和以后的维修工作，必须对埋入地下的电缆工程在地面上作出明确的标记，为此而设电缆埋设标。

电缆埋设标的埋设有以下要求：

①电缆埋设标的设置位置要准确，以便于电务维修人员在维护电缆时能够很方便地找到电缆。

②电缆长度超过500 m的直线的中间点应设置电缆埋设标。

③在桥梁两端的备用电缆处及隧道两端的电缆埋设处都要设置电缆埋设标。

④在电缆的分支处、转向处、接近建筑物的最近点、可能遭受意外损伤的地点、穿越障碍物点、箱盒设备接地点、电缆接续处及与其他电缆和管道交叉点设置电缆埋设标。

⑤电缆埋设标上要标明埋设标的编号、用途和电缆的埋深及日期。

电缆埋设标的类型：

①按电缆方向分。直向标、转向标、分歧标，如图 3.53 所示。

②按名称分为。电缆标、接续标、地线标，如图 3.54 所示。

电缆埋设标的施工步骤：

①准备施工工具和材料，并运到施工现场。

②用铁锹在电缆径路上挖长 0.5 m、深 0.3 m 的坑。

③坑挖好后，用木夯将坑底整平夯实。注意不要过度用力，防止损伤电缆。

④将埋设标放入坑内，埋设标高出地面 300 mm。

⑤把坑填平后夯实，预防自然沉降。

⑥使用字模和红色(或黑色)自喷漆印上埋设标对应的编号、作用、日期及电缆埋深。

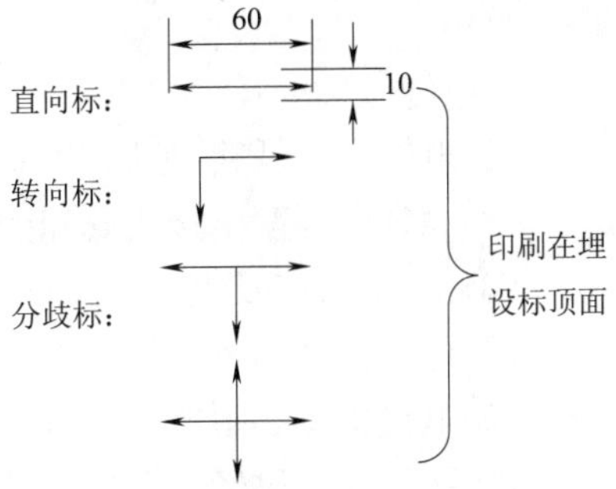

图 3.53 电缆埋设标的分类示意图(单位:mm)

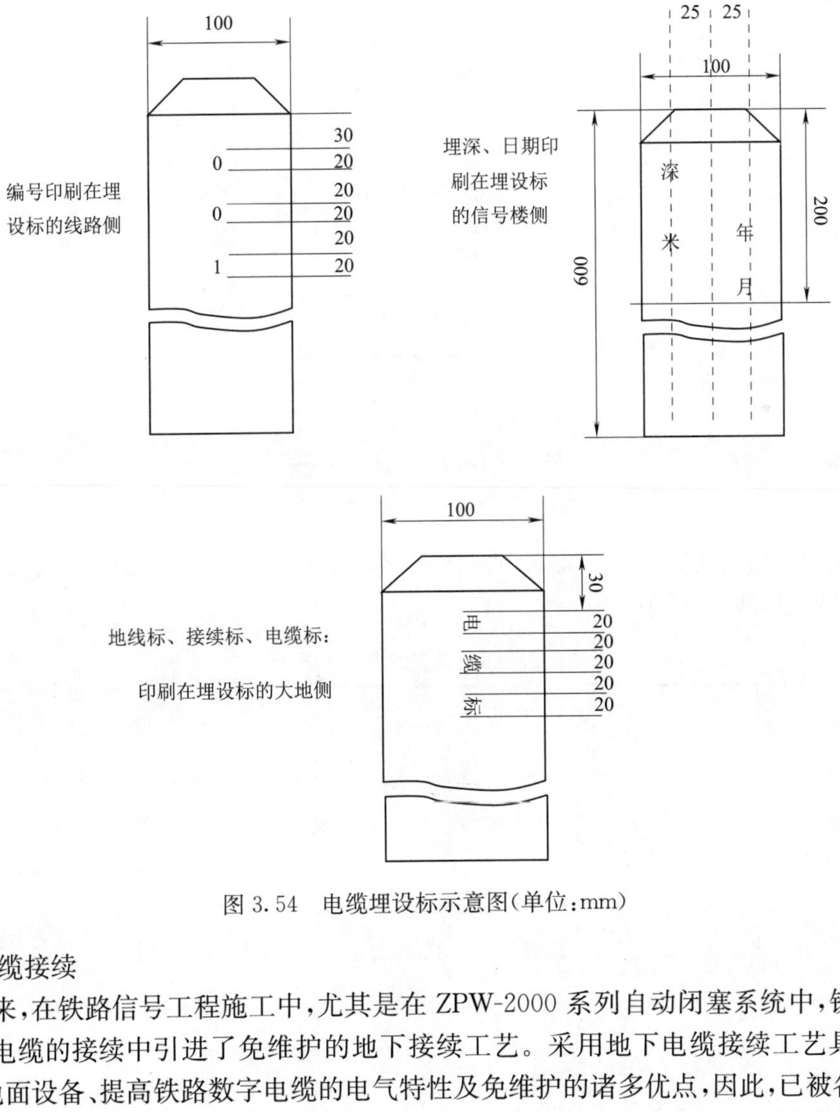

图 3.54 电缆埋设标示意图(单位:mm)

3. 电缆接续

近年来，在铁路信号工程施工中，尤其是在 ZPW-2000 系列自动闭塞系统中，铁路内屏蔽数字信号电缆的接续中引进了免维护的地下接续工艺。采用地下电缆接续工艺具有施工方便、减少地面设备、提高铁路数字电缆的电气特性及免维护的诸多优点，因此，已被各施工单位广泛采用。

1)电缆接续的技术要求

(1)电缆在距铁路、公路、道口、河流、桥梁、涵洞 2 m 范围内不得进行电缆的接续。

(2)同径路的两个接头盒间的距离不得小于 1 m。

(3)雨、雪天气及气温低于－10 ℃,不能进行电缆的地下接续。

(4)地下接续的备用量集中放在接头的一端,长度不小于 2 m。

(5)电缆接续必须符合 A、B 端对接的原则。

(6)接续人员要经过严格的技术培训,考试合格后持证上岗。

2)电缆接续的施工流程

电缆接续的施工流程如图 3.55 所示。

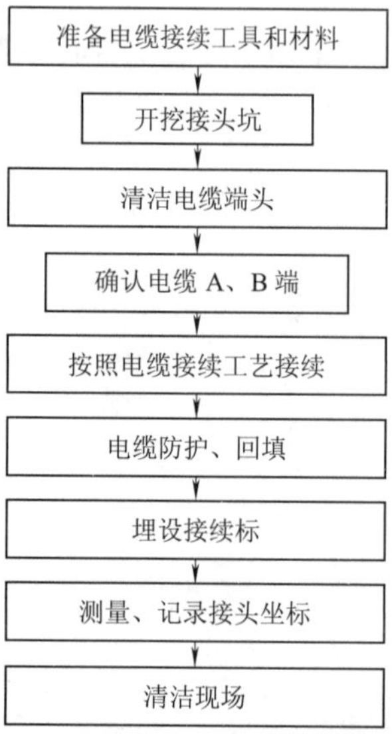

图 3.55 电缆接续的施工流程图

电缆接续所使用的工具见表 3.4,电缆接续所需的材料主要有:HDM-T-P 型接头盒(含密封胶、膨胀胶)、棉纱、钢锯条、砂布等。

表 3.4 电缆接续主要工具表

序号	名 称	规 格	备 注
1	钢锯		
2	壁纸刀		
3	克丝钳		
4	偏口钳		
5	剥线钳		可控剥线尺寸
6	剪刀		
7	压线钳	VS. J1	
8	呆扳手	10 mm	

续上表

序号	名　称	规　格	备　注
9	螺丝刀		
10	棘轮扳手	10 mm	
11	切胶刀		接续材料配备
12	专用扳手		接续材料配备
13	内屏蔽专用压接钳		

3)电缆接续的施工步骤

(1)电缆接续前准备工作

①接续施工人员必须培训合格并持证上岗。

②熟悉接续施工工艺流程。

③清理好作业场地,开挖好电缆备用坑。

④接续的电缆必须测试,确认电缆特性良好。

⑤准备好记录表格,施工完毕后及时填写。

⑥接续时通知监理和电务监护单位。

⑦接续材料准备,一般为:HGM免维护电缆接续灌封盒1套,密封胶1套,电缆槽1套,电缆接续标1块。接续材料如图3.56所示。

⑧接续工具准备:HGM免维护电缆接续灌封盒1套,电缆成端小工具1套,钢锯1把,锹镐1套,兆欧表1块。

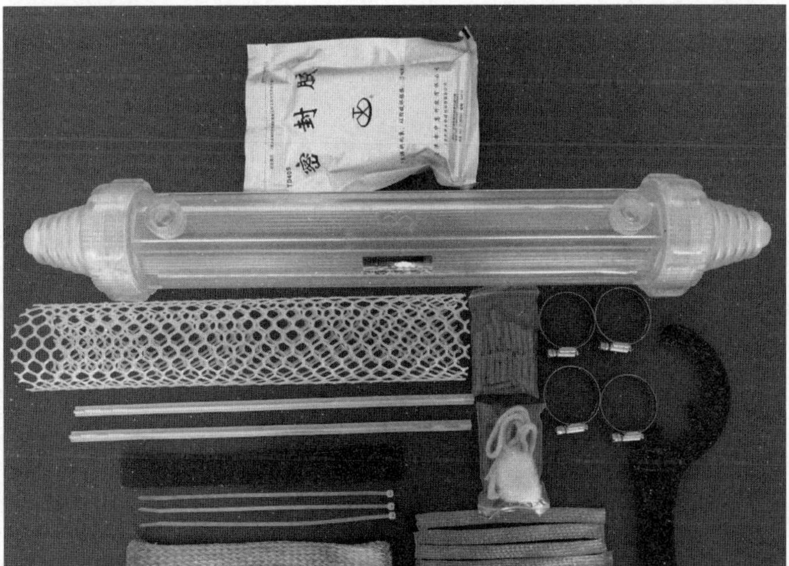

图3.56　HGM型接续材料

电缆芯数适用范围见表3.5;HGM免维护电缆接续灌封盒配料见表3.6。

表 3.5 电缆芯数适用范围表

序号	电缆卡环标识直径(mm)	适用电缆芯数					
		SPTYW03	SPTYW23	SPTYWA23	SPTYWL23 SPTYWP03	SPTYWP23 SPTYWPA23	SPTYWPL23
1	无标识	4-14	4-6	4-1			
2	Φ20	16-33	8-21	16-33	4-6	4-6	
3	Φ25	37-48	24-37	37-44	8-14	8-14	
4	Φ30	52-61	42-61	48-61	16-33	16-19	8-14
5	Φ35				37-42	21-30	16-19
6	Φ40				44-61	33-42	21-30
7	Φ45					44-61	33-61

表 3.6 HGM 免维护电缆接续灌封盒配料表

序号	材料名称	单位	数量	备注
1	套筒	套	1	
2	端挡套	个	2	
3	电缆卡环	个	2	
4	密封胶套	个	2	硅橡胶
5	定位网	张	1	防止电缆接头偏芯
6	300 mm 尼龙扎带	个	3	固定定位网用
7	密封胶	袋	4	灌封用
8	砂布条	条	1	打磨电缆用
9	布带(棉团)	条	1	堵塞芯线间的空隙
10	通扣喉箍	个	4	固定在铝护套和钢带上
11	外屏蔽网	条	1	连接铝护套和钢带
12	内屏蔽网	条		连接内屏蔽
13	压接端子	个		接芯线用
14	100 mm 尼龙扎带	个		连接内屏蔽用,每个点用双扎带
15	勾扳手	把	1	拧端挡套或套筒
16	铝加强杆	根	2	固定两端电缆钢带上
17	电缆接续铭牌	个	1	接续后拴电缆上

(2)电缆接续准备工作操作程序

①根据电缆的外径尺寸大小,切割时根据接续电缆外径,选择与电缆卡环相近的直径,用钢锯截断,如图 3.57 所示。

②用剪刀在胶套比卡环长 2 cm 处剪断。注意:胶套要比电缆的直径小,使其密封,如图 3.58所示。

图 3.57 切割电缆

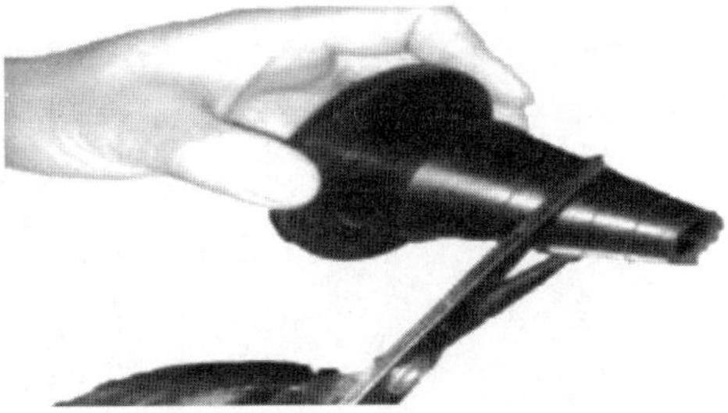

图 3.58 剪断锥形密封胶套

③电缆两端依序套入下列部件:a 端挡套→b 电缆卡环→c 密封胶套→d 大喉箍→e 小喉箍→f 外屏蔽网→g 主套筒。然后查看确保无误,用钢锯锯断电缆端头,确认电缆 A 端与 B 端相接,用棉纱将电缆端头 1 m 范围内的外护套表面擦拭干净,如图 3.59 所示。

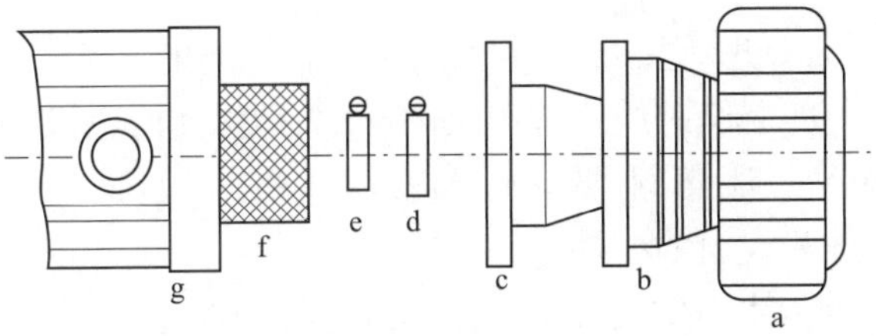

图 3.59 组装示意图

(3)开剥电缆

①用清洁布将电缆做头部分外护套清洁干净。

②距电缆端头 185 mm 处,用割刀环切电缆外护套一周,并向端头纵向切割将其去除。

③距电缆外护套端头 25 mm 处,用割刀环切电缆外护套一周,并向端头纵向切割将其去除,露出 25 mm 铝护套,并用砂纸打毛。

④距铝护套端头 25 mm 处用割刀环切电缆外护套一周,并向端头纵向切割将其去除,露出 25 mm 钢带,并用砂纸打毛,如图 3.60 所示。

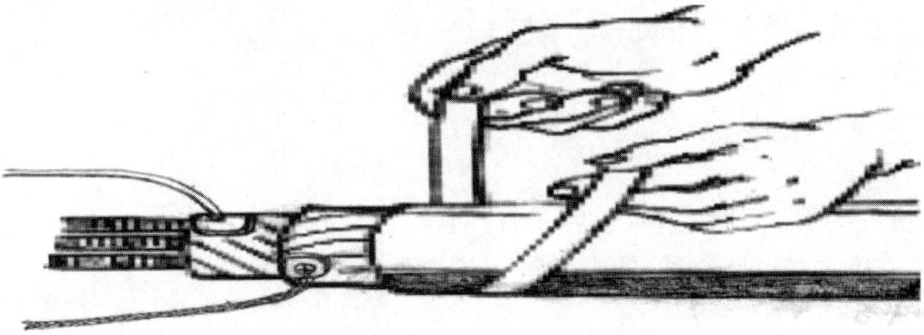

图 3.60 砂纸打毛电缆钢带

⑤去除石棉纸、玻璃纸,露出芯线组。

⑥保留内屏蔽层 50 mm。

⑦将屏蔽网全部推向固定侧，露出电缆芯线，如图 3.61 所示。

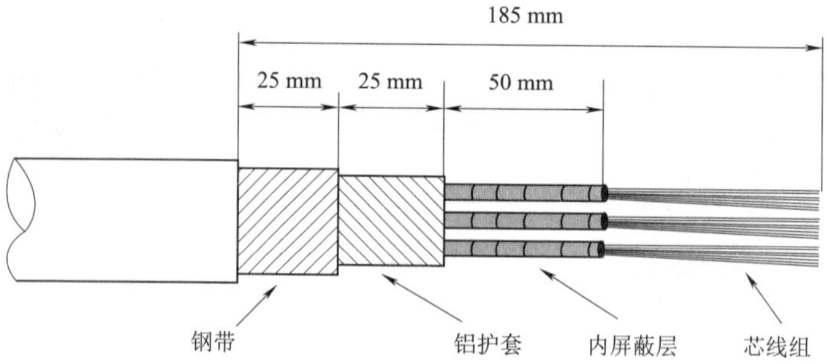

图 3.61　电缆芯线内部结构图

(4)屏蔽四芯组接续

屏蔽四芯组接续顺序为先接内层四芯组，后接外层四芯组。具体每个屏蔽四芯组接续方法如下：

①保留内屏蔽层 50 mm，并剥去 25 mm 聚乙烯复合层，露出内屏蔽铜箔，清除铜箔上杂质。

②将两端所有内屏蔽四芯组芯线全部剪去 20 mm(即保持两电缆钢带根部距离330 mm)，并剥除 7～8 mm 芯线绝缘。注意：不要剪短导流线。

③将小屏蔽网穿入屏蔽线组的一端。

④将一个方向的四条芯线用接线端子压接，方法是：将裸铜线穿入压接端子筒，通过检查孔观察裸铜线端头穿至压接端子筒的根部，然后用“芯线压线钳”压接，如图 3.62 所示。

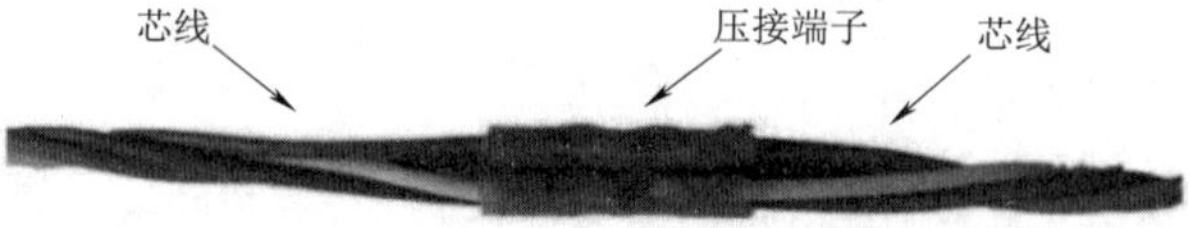

图 3.62　芯线压接示意图

⑤芯线一端压接完成后，再用同样方法将对应的另一侧电缆同组芯线压接。完成后，检查核对压接的线组线对，确保芯线接续正确。压接注意事项：

a. 在芯线压接过程中始终保证电缆芯线在压接端子筒内的位置正确。

b. 压线钳与压接端子筒及芯线呈垂直状，压接时压线钳不得晃动。

c. 压线应一次压紧，压线钳压紧后，能自动松开，表明压接成功，严禁对压接后的端子进行再次压接。

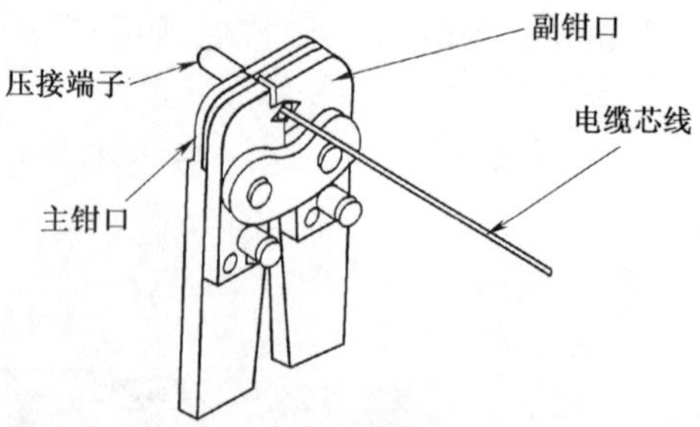

图 3.63　芯线与压接钳位置示意图

d. 压线钳与压线筒及芯线的位置必须如图 3.63 所示。

⑥芯线及内屏蔽层连接。

a. 将导流线从内屏蔽层距切口 25 mm 左右处引出。

b. 将屏蔽网没接续完的芯线恢复成直线状，小屏蔽套的两端分别与屏蔽层搭接 20 mm。

c. 用导流线将小屏蔽网与内屏蔽层扎紧。

d. 用尼龙扎带在搭接处连导流线和小屏蔽网一起绑紧，如图 3.64 所示。

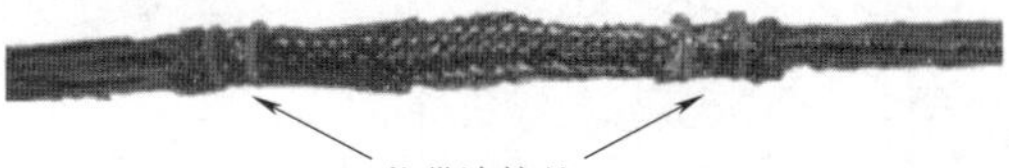

图 3.64　绑紧导流线和小屏蔽网

(5)铝护套屏蔽网与铝护套、钢带的连接

①全部芯线接续完毕后，整理接续后的芯线。

②用干燥的纱线、棉填塞护套、电缆芯线间的缝隙，避免灌胶时漏胶。

③将铝护套屏蔽网沿接好的芯线拉至两侧电缆的铝护套、钢带处，先用喉箍在被连接的电缆两端固定于铝护套上，再用喉箍固定两道加强铝拉杆并卡在钢带上，如图 3.65 所示。

图 3.65　喉箍固定

④当完成以上程序后，用尼龙扎带将中心定位网松散的包裹在屏蔽网外侧。完成接头的中心定位如图 3.66 所示，此举为防止接续的电缆屏蔽网及内部芯线偏芯。

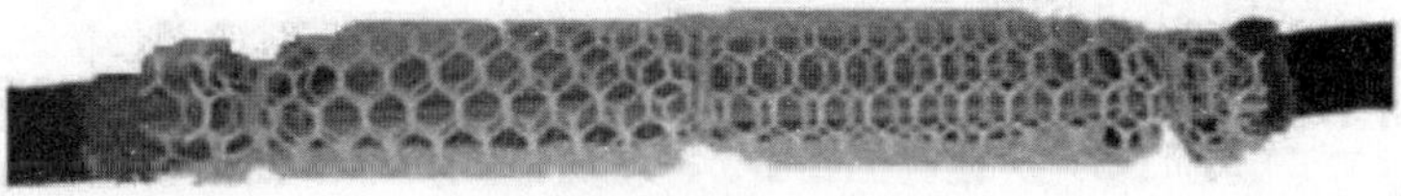

图 3.66　接头中心定位

(6)接地

按现行有关标准，一般在电缆接续处不做接地。特殊情况下，电缆接续处需要接地时，按以下方法连接：

①灌胶前将屏蔽四线组的屏蔽层与铝护套屏蔽网连接在一起。

②用两根 1.5 mm^2 线一端焊“U”形卡子与电缆接续盒内设施连接。

③用手枪钻在电缆接续盒主管上两个灌胶孔盖中间钻专 2 mm^2 的圆孔，分别引出两根 1.5 mm^2线与地线相连接地。

(7)盒体组装

①将主筒移至电缆接续的中间部位，保持在中心。

②将锥形密封胶套、电缆卡环拉至主管一端。

③使端挡套与主管拧紧，完成组装，如图 3.67 所示。

④填写工程检查证，见表 3.7。

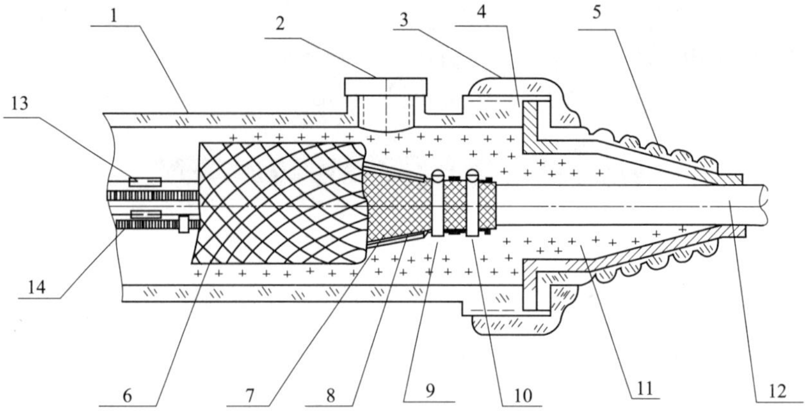

图 3.67 内部结构示意图

1—主套筒;2—灌胶孔盖;3—端挡套;4—密封胶套;5—电缆卡环;6—中心定位网;7—铝加强杆;8—外屏蔽铜网;9—喉箍(连接铝护套);10—喉箍(连接钢带);11—无腐蚀性密封胶;12—数字信号电缆;13—芯线压接端子;14—芯线内屏蔽网

表 3.7 工程检查证

电缆接续质量			
编号: 合同号:		第 页 共 页	
工程名称		施工地点	
施工单位		施工日期	
天气情况		电缆编号	
电缆规格		电缆芯数	
关键过程质量情况: 1. 芯线连接 2. 屏蔽连接 3. 密封防护 4. 电缆绝缘: 接续前:A 端线间 对地 B 端线间 对地 接续后: 线间 对地			
接续质量:			
检验依据		检测工具	
接头坐标		接头标桩	
其他事项:			
作业人员:		培训体格证书:	

主管工程师: 质检工程师: 施工负责人:

监理工程师: 年 月 日

(8)灌注密封胶

①取出接头盒密封胶,顺胶的外袋小口撕开外袋(剪开时避免在虚线以下)。

②取出内袋,按袋上的图示方法混合胶体,打开注胶口,灌注胶液。

③至接续盒的另一端液体溢出,先暂停注胶,将电缆与接头调整水平也可将灌胶一端稍稍略低,待盒内胶体流平后,将胶全部灌满。

④拧紧注胶孔盖、完成接续。

(9)机械防护、回填

在接续部位安装接头防护槽,先填埋 200 mm 的松土,然后将接头坑全部填满。

4. 电缆成端

在电缆线路中,将电缆的两端称为电缆的终(始)端,而在终(始)端处对电缆进行做头、接地、密封处理,称为电缆成端。

传统的电缆终端施工方法为:在电缆箱盒的灌胶室内将电缆引入孔周围部分与电缆护套间用绝缘胶灌注,由于电缆芯线与电缆护套间长期暴露在空气中,受环境影响,如箱盒被水浸泡、雨水、潮气渗入电缆内部,使电缆绝缘性能下降。

铁路内屏蔽数字信号电缆在电缆结构及芯线绝缘材料等方面与普通信号电缆有较大区别,并且绝缘性能要求更高,一旦电缆绝缘下降,将造成传输衰耗增大、串音增大的情况,直接影响系统可靠性。因此,在铁路内屏蔽数字电缆施工时必须对电缆的始(终)端进行密封处理。此外,内屏蔽数字信号电缆的接地连接也是保证电缆传输性能的关键,所以内屏蔽数字信号电缆的成端工艺是电缆施工的关键环节。

铁路内屏蔽数字信号电缆在结构上与普通信号电缆相比,增加了内屏蔽层及排流线的屏蔽连接引出部分,因此成端密封所需要的胶室高度有所增加,现有的箱盒胶室已无法满足其成端的要求,为此可通过增加辅助保护管来完成电缆的成端密封工作。辅助保护管如图 3.68 所示。

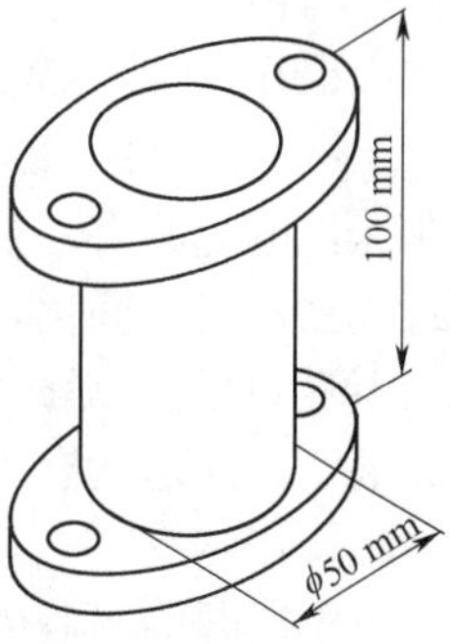

图 3.68 辅助保护管

由于电缆外径比较大,因此需根据电缆的外径大小,在电缆成端前完成箱盒的电缆引入孔扩孔工作。

电缆成端的施工方法:

(1)开剥电缆

①用清洁布将电缆做头部分外护套清洁干净。

②将电缆穿入保护管、辅助保护管及密封套。

③电缆芯线开剥长度按箱盒配线要求确定。

④用电工刀环切电缆外护套一周,并向端头纵向切割将其除去。保留 10 mm 钢带,剩余部分去掉,露出铝护套,注意在锯钢带时不要伤及铝护套。

⑤保留 10 mm 铝护套,剩余部分锯断后抽出,露出内屏蔽层。注意:在锯铝护套时不要锯伤金属内屏蔽层及电缆芯线。

⑥用电工刀将保留的 10 mm 铝护套护层剔除,并用砂纸将铝护套和钢带打毛。

⑦保留 40 mm 内屏蔽层,剩余部分去掉,露出电缆芯线。

⑧除去屏蔽层端口绝缘层,再剥开屏蔽层纵缝,将内衬管套入芯线后放置在芯线和屏蔽层间,随后将压接管套入屏蔽层外侧。

⑨开剥电缆时应注意保持电缆芯组的自然排序,并用电缆的编号扎纱将芯线组缠紧,避免配线时造成芯线混乱。

⑩用脱脂棉或白布带将芯线和电缆护套之间的缝隙填塞严密,防止灌胶时胶液渗漏。

(2)接地引出

①钢带和铝护套分别用 U 形屏蔽连接夹固定牢固，按环接方式引出两根长 500 mm 的7×0.52 mm 屏蔽连接线。接地引出示意如图 3.69 所示。

②将截面积 1.5 mm^2 的扁平铜网和排流线放在屏蔽连接压接管和金属内屏蔽层之间，用专用压接钳压接后引出。

(3)固定电缆

①将密封套退回到满足灌注冷封胶要求的位置。

②将固定卡箍(图 3.70)套在外护套上，并拧紧紧固旋钮，卡箍在外护套上不得滑动。

③将卡箍的两个固定片夹在保护管和辅助保护管之间，并用螺栓组将保护管和辅助保护管连接紧固。

④将电缆从箱盒底部电缆引入孔穿入，用螺栓组将辅助保护管与箱盒底部连接固定。

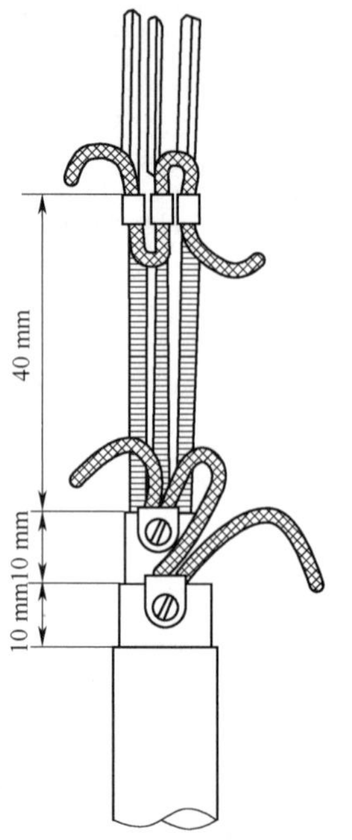

图 3.69　接地线引出示意图

(4)灌注冷封胶

电缆的成端密封采用 JL 冷封胶及信号电缆冷封技术，它在保证电缆原有性能前提下具有阻水、防潮的作用，由于 JL 冷封胶在常温下固化，不会因加热或固化温度过高而造成电缆绝缘不良，对封灌后的电缆起到防水、防潮、保气、密封及提高电缆绝缘性能的作用，达到了电缆成端密封处理的要求。

操作步骤：

①撕开冷封胶外袋，取出内袋。

②两手分别捏住内袋卡条两侧边缘，向两侧用力拉，至胶条由槽中滑出，一手抓住塑料槽，一手用力向外拉胶条，让 A、B 两种胶液混合。

③两手分别抓住胶袋两端，反复上下倒折胶袋，并充分揉搓，使 A、B 两种胶液充分混合，不留死角。

④将胶袋的一角撕开，沿芯线侧方向胶室灌注胶液，同时将芯线轻摇几下使冷封胶更充分进入线间，胶面要求平整且高于金属内屏蔽层 20 mm 以上。冷封胶灌注完成后，灌封头在 8 h 内严禁挤压、振动等外力破坏。箱盒成端、接地示意如图 3.71 所示。

图 3.70　固定卡箍

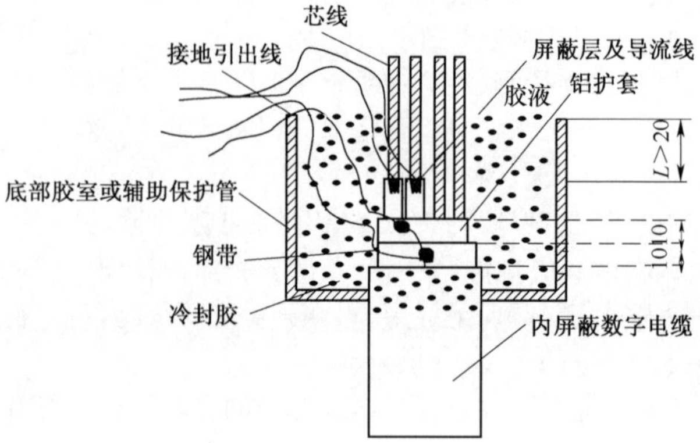

图 3.71　箱盒成端、接地示意图(单位：mm)

(5)接地连接

①将箱盒接地端子排用螺栓固定在箱、盒内。接地端子排用铜板制作。变压器箱接地端子排和分向电缆盒接地端子排分别如图 3.72 和图 3.73 所示。

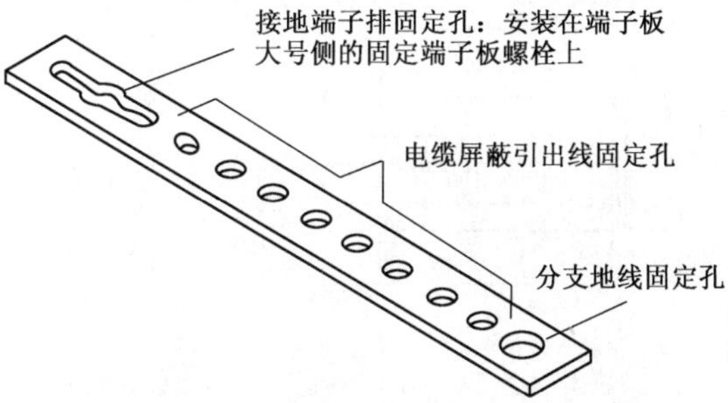

图 3.72 变压器箱接地端子排

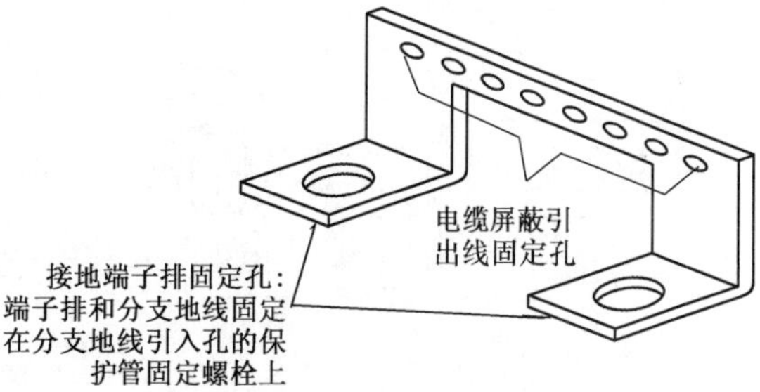

图 3.73 分向电缆盒接地端子排

②将分支地线端头压接 2.5 mm²、ϕ10 mm 舌形接线片后用螺栓与接地端子排牢固连接。

③将钢带及铝护套的接地引出线端头压接 2.5 mm²、ϕ6 mm 舌形接线片后与接地端子排牢固连接。

④将屏蔽四线组屏蔽引出线端子压接 2.5 mm²、ϕ6 mm 舌形接线片后与接地端子排牢固连接。

5. 箱、盒安装

箱盒安装

1)变压器箱的安装

信号设备广泛使用的变压器箱有两种：XB_1 型和 XB_2 型。XB_1 型变压器箱体积较小，箱内可引入四根信号电缆，最多可设 14 个二柱接线端子，一般用于轨道电路区段的单送、单受电端、一送多受的单受电或双受电，高柱二显示、三显示色灯信号机、电动转辙机的启动箱等。XB_2 型体积较大，可引入 5 根电缆，箱内设 18 个二柱端子，一般用于轨道电路的双送电、一送一受，高柱信号四显示、五显示色灯信号机等。变压器箱有关数据见表 3.8。

表 3.8 变压器箱相关数据

型号	最多可容纳数		电缆引入孔		安装尺寸(mm)	质量(kg)
	二柱端子	电缆保护管	孔径(mm)	允许电缆 PYV22(芯)		
XB_1	14	4	22×4	16×4	4 孔 ϕ14 240×520	62
XB_2	18	5	25×5	24×5	4 孔 ϕ14 240×610	82

(1)轨道变压器箱的安装

无论是单引还是双引，轨道变压器箱均与轨道平行安装，分别如图 3.74 和图 3.75 所示。变压器箱纵向中心距轨道中心不小于 2 100 mm(安装时，用卷尺测量箱边距相近的轨道内侧不小于 1 200 mm 即可)。而变压器箱横向中心，单引使用时，与所对两轨枕间隔中心线对齐；双引时，与两钢轨绝缘连线对齐。其基础顶面与钢轨底面相平，基础露出地面不大于150 mm，必要时应培土夯实。

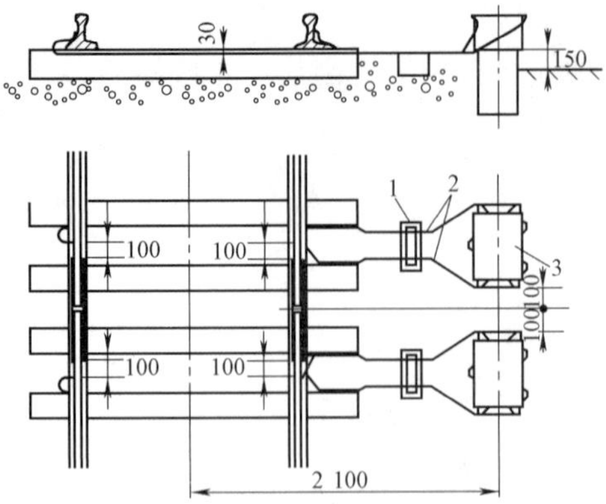

图 3.74　单引 XB_1 型变压器箱安装(单位:mm)

1—小枕木;2—钢轨引接线;3—变压器箱

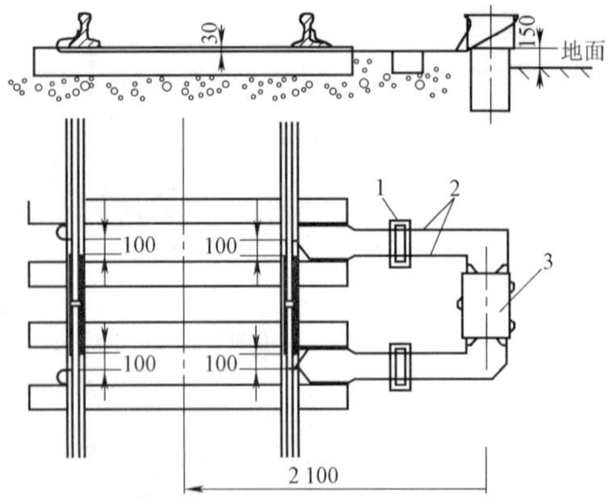

图 3.75　双引 XB_1 型或 XB_2 型变压器箱安装(单位:mm)

1—小枕木;2—钢轨引接线;3—变压器箱

电气化区段轨道电路还需要安装扼流变压器,不同安装位置分别如图 3.76 和图 3.77 所示。要求扼流变压器纵向中心线距线路中心线 1 900 mm;扼流变压器横向中心线距钢轨绝缘连线 325 mm,即两台扼流变压器横向中心线相距 650 mm。扼流变压器的基础面与钢轨底面相平,露出地面不大于 150 mm。单引变压器箱的安装有两种方式:一种是将变压器箱放在扼流变压器的外边,即将变压器箱的横向中心线放置在扼流变压器横向中心线的延长线上,其纵向中心线距线路中心线 2 600 mm;另一种是将变压器箱放在扼流变压器的两侧,纵向中心线距线路中心不小于 2 100 mm,变压器箱边缘距扼流变压器的边缘 300 mm。双引时,变压器箱的安装同第一种方式,其纵向中心线距线路中心线 2 600 mm,其横向中心线与两钢轨绝缘连线对齐。变压器箱基础的高低可以与无扼流时相同,也可以按变压器箱上面与扼流变压器上面在同一平面上安装。

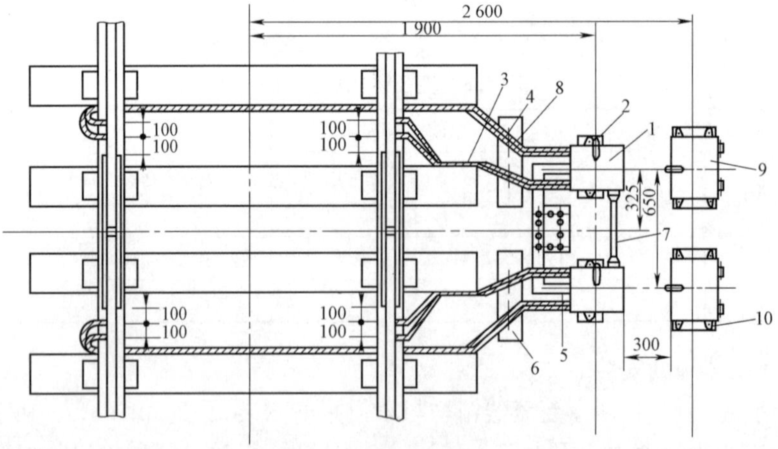

图 3.76　扼流变压器及变压器箱的安装(单位:mm)

1—扼流变压器箱;2—扼流变压器基础;3—扼流变压器连接线 $L=1\ 600$ mm;4—扼流变压器连接线 $L=3\ 600$ mm;
5—中性连接板;6—水泥小枕木;7—夹线橡胶管(内径 16 mm、长为 520 mm);
8—卡钉($\phi 4.0$ mm 镀锌铁线);9—轨道变压器箱(XB_1 型);10—变压器箱水泥基础

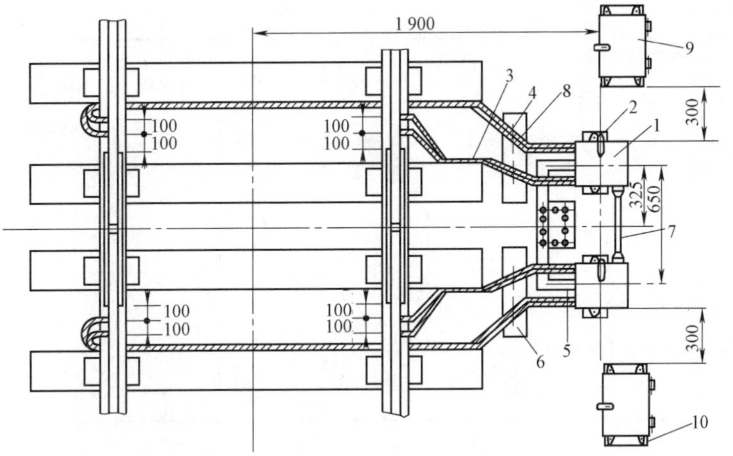

图 3.77 变压器箱设于两侧的安装(单位:mm)

1—扼流变压器;2—扼流变压器基础;3—扼流变压器连接线 L=1 600 mm;4—扼流变压器连接线 L=3 600 mm;5—中性连接板;6—水泥小枕木;7—夹线橡胶管(内径 16 mm、长为 520 mm);8—卡钉(ϕ4.0 mm 镀锌铁线);9—轨道变压器箱(XB_1 型);10—变压器箱水泥基础

(2)信号变压器箱的安装

高柱(或矮型)色灯信号机的信号变压器和灯丝转换继电器需安放在变压器箱内。变压器箱安装在显示方向的一侧,其引线孔对准信号机柱中心,用电线引入管贯通连接,要求电线引入管与所属线路平行,高低与轨面持平。变压器箱最近基础螺栓中心距机柱边 470 mm,基础面高出地面 150～250 mm,必要时培土砌围,高柱色灯信号机用变压器箱安装如图 3.78 所示。

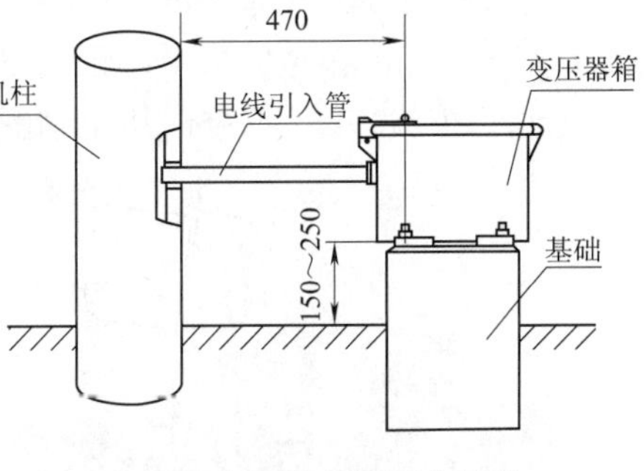

图 3.78 高柱色灯信号机用变压器箱安装示意图(单位:mm)

2)电缆盒的安装

电缆盒有终端电缆盒、分向电缆盒等不同规格,其类型及规格见表 3.9。

表 3.9 电缆盒类型及规格表

型号		电缆引入孔			电线引入管		端子(个)	避雷器(个)	熔断器(个)	备注
		孔径(mm)	引入电缆		孔径(mm)	引入电缆(根)				
			PVV2	PYV22						
终端电缆盒	HZ_0	22	12	16			0			重 7.5 kg
	HZ_6	22 28		16 30			6			重 14 kg
	HZ_{12}	28	27	30	25	8	12			重 10 kg
	HZ_{24}	24 28	19 27	21 30	30	12	24			重 20.5 kg

续上表

型号		电缆引入孔			电线引入管		端子（个）	避雷器（个）	熔断器（个）	备注
		孔径（mm）	引入电缆		孔径（mm）	引入电缆（根）				
			PVV2	PYV22						
分向电缆盒	HF-4	24×3 28×2	19×3 27×2	21×3 30×2			24			附塞孔板2个
	HF-7	22×4 28×3 32	12×4 30×3 48	16×4 30×3 48			42			附塞孔板4个

(1)信号电缆盒安装

矮型信号机普遍用终端电缆盒。当信号机基础按信号机安装标准埋设后，只要将电缆盒引线口对准信号机基础法兰盘即可。电缆盒基础埋设深度随信号机基础埋深要求如图3.79所示。

(2)道岔电缆盒安装

转辙机用终端电缆盒安装在岔尖侧，电线引入口朝向转辙机，盒边距道岔第一连接杆中心为700～750 mm。电缆盒中心距线路中心线2 400～2 450 mm。基础顶面与钢轨底面相平，高出地面为150 mm，必要时培土砌围，如图3.80所示。

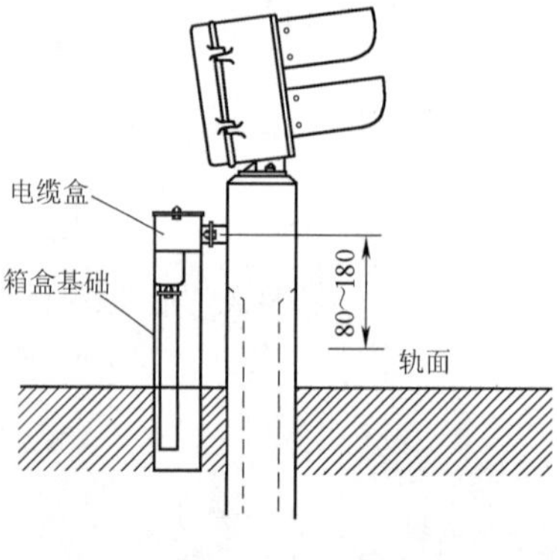

图3.79　矮型色灯信号机用电缆盒安装(单位:mm)

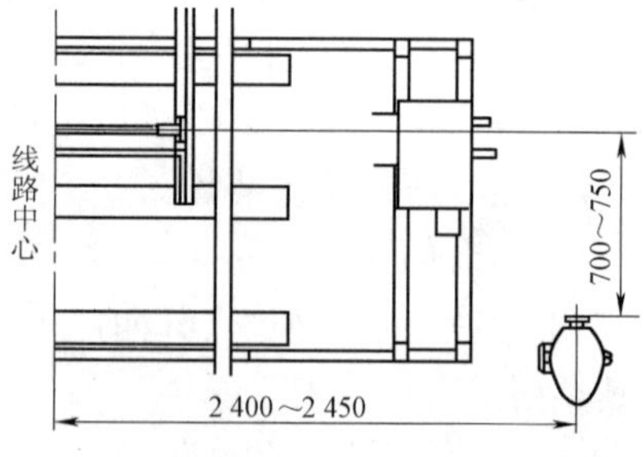

图3.80　道岔电缆盒安装(单位:mm)

(3)分向电缆盒安装

分向电缆盒设于电缆径路上时，基础应与钢轨垂直，分向电缆盒纵向中心距线路中心应在1 900 mm以上，其安装如图3.81所示。基础顶面露出地面150 mm，要求排水良好，不得积水。

分向电缆盒与其他箱盒靠近安装时，埋设高度应兼顾其他箱盒，尽量使它们集中培土砌围。当两个及其以上分向电缆盒成排埋设时，应使其高低、间距一致，并且与线路或建筑物平行。

安装变压器箱和电缆盒时，还需注意备用电缆的埋没，以方便日后电缆重新做头时寻找。

变压器箱和终端电缆盒的备用电缆，应呈“Ω”状或“S”状，应按规定盘成半径大于电缆外径 15 倍的圈，平放在背向信号设备一侧的电缆坑内，安放基础时，切记不可使基础处在备用电缆上方和备用电缆圈内。变压器箱备用电缆的放置如图 3.82 所示。

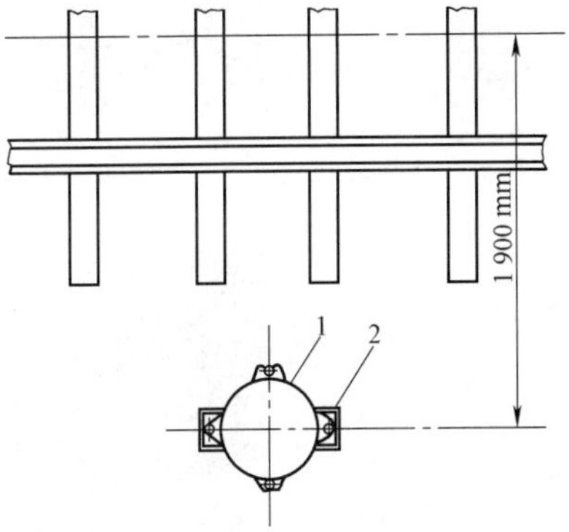

图 3.81 分向电缆盒安装

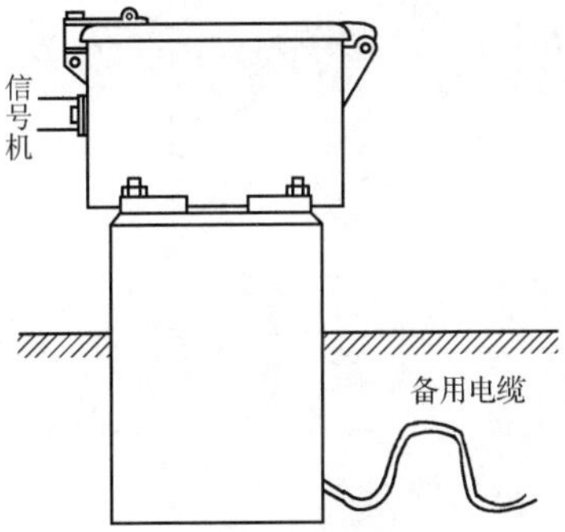

图 3.82 变压器箱备用电缆的放置

分向电缆盒的备用电缆盘成“Ω”、“S”状，要平放在背向线路一侧，若在两线之间，则平放在较宽敞的一侧。

6. 电缆配线

电缆配线前应进行第三次电缆测试，并做好测试记录。

电缆配线要求正确无误、整齐美观。正确无误的关键在于“按图施工”，就是要按照“电缆配线图”和“室外设备配线图”进行配线。前者表示引入变压器箱、电缆盒的第几号电缆(电缆预配时已编电缆号)的第几号芯线接在箱、盒的第几号端子上；后者表示作为电缆终端连接设备，电缆不同用途的电缆芯线(实际上是第几号芯线)经过箱，盒的第几号端子，与箱、盒内的变压器、变阻器、继电器及断路器如何连接的，然后又经过箱、盒的第几号端子，与信号机、转辙机引入的电线及轨道电路引入的钢轨引接线进行连接的。

显然，除了箱、盒内的信号器件要正确的接线之外，重要的是要搞清楚电缆芯线如何编号及箱、盒内的端子如何编号。

1)电缆芯线编号

综合扭绞信号电缆的芯线编号，是先外层后内层，每层要按红、绿、白、蓝、白、蓝……的玻璃丝颜色顺序绕行编星绞组序，每一星绞组内则按红、白、蓝、绿的绝缘颜色顺序编芯线号；对绞组序先从星绞红组旁的对绞组开始，按顺时针方向编，每一对绞组内有两根芯线组成，其中一根为标志线按红、绿、白、蓝的顺序排列，另一根一般为白线(第三组为了和白色标志线区分，采用其他颜色芯线)。每一对绞组内先编排标志绝缘芯线，后编白色绝缘芯线；层绞单芯电缆从星绞红组旁红色绝缘芯线开始编，顺时针顺序编绿、白、蓝、白……绝缘芯线，先编外层后编内层，如图 3.83 所示。

信号数字电缆 A 端线序如图 3.84 所示。芯线编号与综合扭绞型信号电缆相同(只是多一种棕色)。

以上均以 A 端为例，B 端芯线编号以 A 端编号为准。只是 B 端绕行方向为逆时针方向。

2)电缆芯线线环制作

电缆芯线做环的方法有两种，一是直接绕环；二是压接线环。

图3-83 综合扭绞信号电缆A端线序

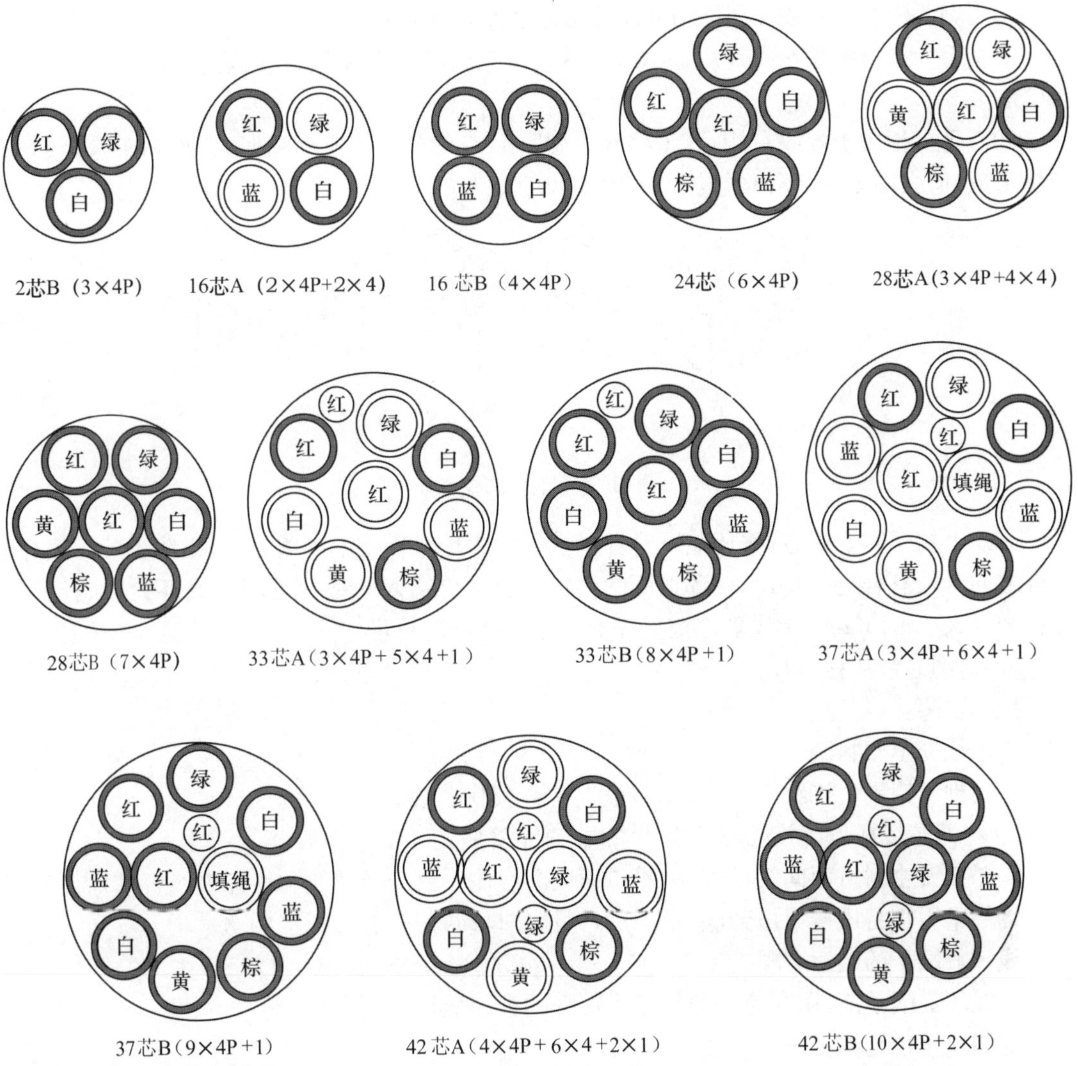

注：红 绿 白 蓝 表示红、绿、白、蓝 皮—泡— 皮绝缘线芯色标。

红 绿 白 蓝 棕 黄

表示红、绿、白、蓝、棕、黄四线组扎纱色标。

红 绿 白 蓝 棕 黄

表示红、绿、白、蓝、棕、黄屏蔽四线组扎纱色标。

图 3.84 铁路内屏蔽数字信号电缆 A 端线序

(1)电缆芯线直接绕环

①用剥线钳剥去线皮 40～50 mm,剥线时注意勿损伤芯线。

②左手大拇指甲顶在离线皮 2～3 mm 处,右手将线端向左拉,使其在拇指处与线身成约 120°角。

③左手食指放于裸线右侧,右手将线头做圆形带动裸线形成半圆时,慢慢向下弯,线环便渐渐形成,剪去圈尾,线环便形成了,如图 3.85 所示。

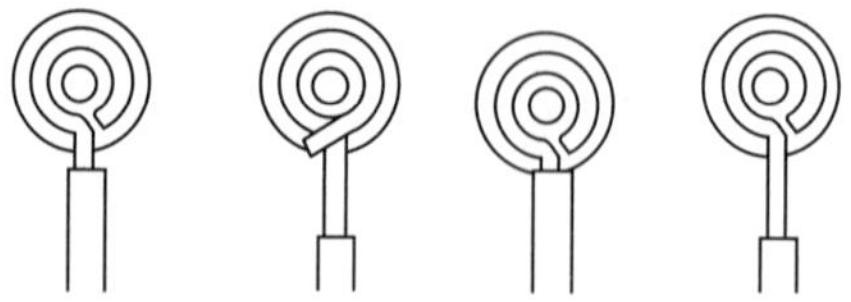

图 3.85 电缆芯线线环

芯线上端子时要注意:线环应顺时针上端子。制环时环尾不可留太长,以防压脖。线环与线环之间必须有合适的垫片,线环根部的塑料护套不得塞入两垫片之间。线环大小应比端子螺杆直径大 1～2 mm。上线环之前应先充分紧固螺杆的根母。

(2)电缆芯线压接线环

操作步骤:

①芯线套上塑料胶管。

②用剥线钳剥去绝缘 5～6 mm,剥线时不得损伤芯线。

③ 将裸芯线插入压接线环的引线管内,直至管底。

④压接钳主钳口面向线环侧,副钳口面向芯线侧。钳身与芯线和线环引线管呈垂直关系。

⑤握紧钳把将压接钳压到底,松手后,钳口应自动打开,表示压接成功。

线环上端子的注意事项:

①线环上端子前,用套筒先拧紧端子螺杆的根部螺母。

②线环直径比端子螺杆直径大 1～2 mm。

③环尾不可过短,以防开口;也不可过长,以防压脖。

④线环与螺母及线环与线环之间均应有合适的垫圈。

⑤线环根部塑料皮不可过长,以免压在两垫圈之间;也不可过短,露出过长裸铜线。

⑥一个端子上最多上三个线环。

⑦线环上完后,用套筒拧上螺母,力矩要适度。过松会使导电不良;过紧会损伤线环。最后用压紧螺母压紧。

3)变压器箱配线

(1)端子编号

站在变压器箱引线口一侧,面对箱内端子,自右向左依次编号,靠箱壁侧为奇数端子,靠设备一侧为偶数端子,变压器箱端子排列及配线如图 3.86 所示。当箱内端子使用数量不十分紧张时,不要使用右侧第一个二柱端子(将其拆下),而从第二个二柱端子开始编号。因为第一个二柱端子离箱壁引接线螺栓太近,不便施工和维护。

箱盒配线

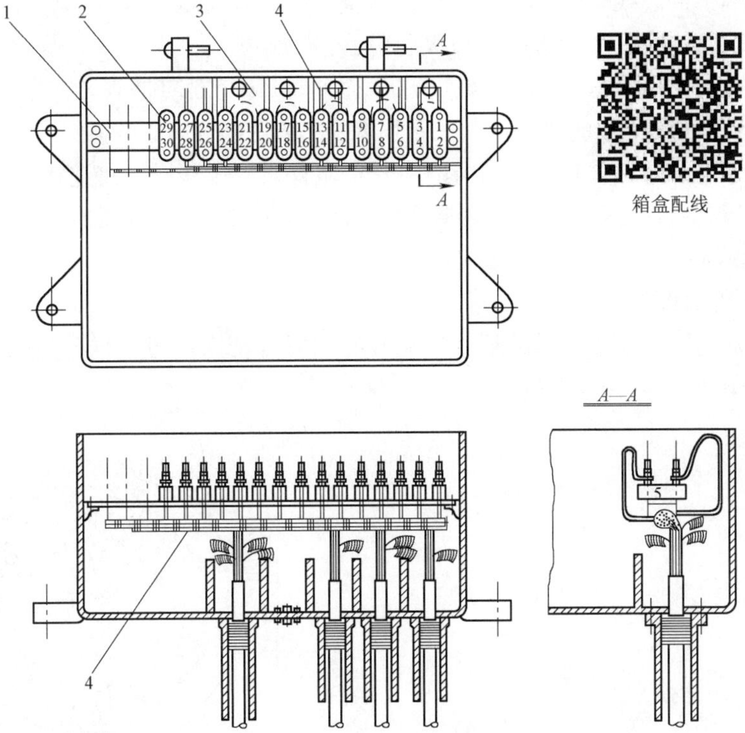

图 3.86　变压器箱端子排列和配线

1—端子坐板；2—二柱端子；3—灌胶室；4—电缆芯线

变压器箱引入电缆一般按照电缆芯数多少顺序，由右向左（站在引线口一侧看）依次从灌胶室底部电缆引入孔引入。这正符合作为终端连接信号设备的电缆芯线使用较小号端子的要求。

（2）电缆配线

为方便绑扎芯线线把，配线前先卸下二柱端子。配线的方法是：

①每根电缆从胶室出来，先用透明塑料绑线或线卡绑扎第一道。

②分出每根电缆的备用芯线，按上最远端端子留足长度，缠绕成直径 15～20 mm 的弹簧状，置放在本电缆周围。

③每根电缆的剩余芯线向上理顺捋直，在离端子板下方 40 mm 处绑扎第二道。

④根据“对号入座”原则，先从第一胶室的电缆中分出 1、2 号端子的芯线，其他芯线在端子板下方 30 mm 理顺折成直角向后面胶室方向抻直。如果 1、2 端子还有过渡端子，随即合入其他电缆引过来的上 1、2 号端子的芯线（也是从端子板下方 30 mm 处理顺折成直角捋过来），在直角拐弯处绑扎成横把，向第二胶室方向捋直。

⑤依次边分边绑，邻近几号端子，就将所有上该两个端子的芯线分出，剩下芯线合股后理顺绑横把，直至最后一根电缆。

⑥将上奇数端子与上偶数端子的芯线分到胶室两侧，装上二柱端子板。

⑦核对芯线号及所上端子号与“电缆配线图”一致无误，留出统一的可接 3 次线环的长度，做线环。

⑧上奇数端子的芯线，从线把水平分出，垂直于线把方向，在离箱壁 10 mm 处直角拐弯竖直向上，距箱顶 10 mm 将余量弯成鹅头状上端子。

⑨上偶数端子的芯线，从线把水平分出，垂直于线把方向抻直，在离二柱端子板边缘 10 mm的下方经直角拐弯。竖直向上，在所上端子上方做高 30 mm 的鹅头弯后上端子。

⑩在端子上电缆芯线线环的同时，还要根据“室外设备配线图”，将连接箱内信号器件及从信号机、转辙机和钢轨引接线引来的电线及时做环，套在端子上，及时加垫圈螺母拧紧。

4)电缆盒配线

(1)终端电缆盒配线

终端电缆盒的 6 柱端子均是从近基础端开始顺时针依次编号。HZ_{12} 电缆配线和 HZ_{24} 电缆配线分别如图 3.87 和图 3.88 所示。

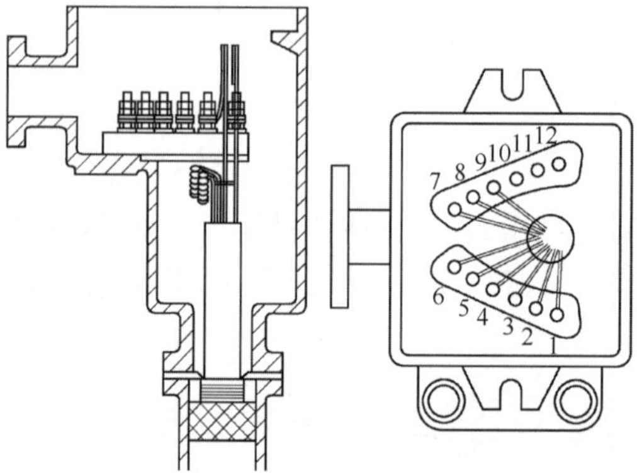

图 3.87 HZ_{12} 电缆配线

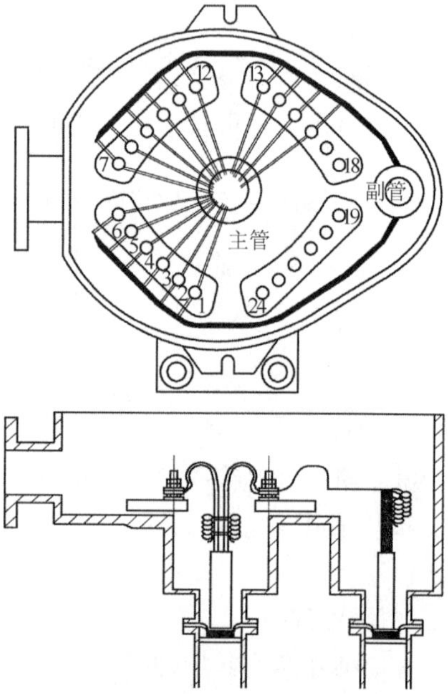

图 3.88 HZ_{24} 电缆配线

终端电缆盒电缆配线步骤和方法与变压器箱电缆配线相同。需注意的是，HZ_6 和 HZ_{24} 有两根电缆引入时，近信号楼侧芯数较多的电缆需引入主管，远信号楼侧芯数较少的引入副管。配线时，先主管后副管。HZ_{24} 的主管电缆芯线的备用量是做成竖立鹅头弯在盒中间成辐条状分布的。副管电缆芯线备用量做成鹅头弯形沿盒边分线的，副管的环状线把距盒壁顶面 20 mm。

(2)分向电缆盒配线

HF-4 和 HF-7 电缆盒端子均是面向信号楼方向，从“1 点钟”位置开始顺时针编号的。HF-7 电缆盒的外圈 7 个 6 柱端子编完后，再编内圈的 4 个 6 柱端子，顺序与外圈相同，HF-4 电缆配线和 HF-7 电缆配线分别如图 3.89 和图 3.90 所示。因此，埋设 HF-7 电缆盒时，要求胶室间隔正对盒座固定螺栓孔的一侧朝向信号楼。

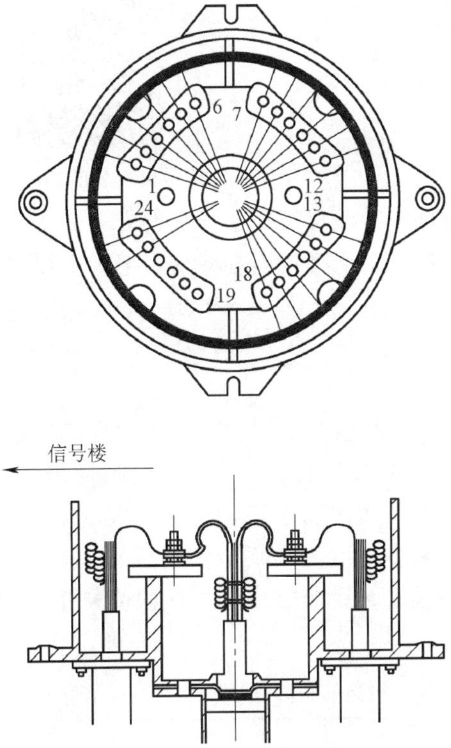

图 3.89 HF-4 电缆配线

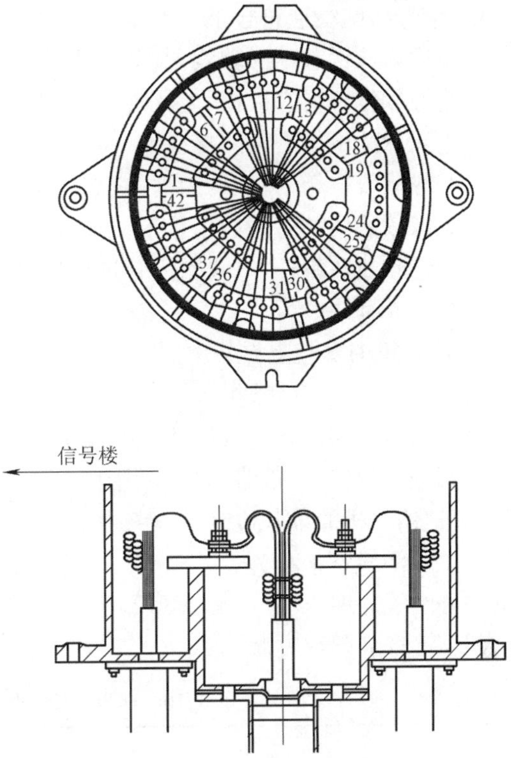

图 3.90 HF-7 电缆配线

分向电缆盒主、副管电缆确定和配线方法同 HZ_{24} 电缆盒配线。为了使副管的环状走线均匀美观，在绑至某端子处抽出该端子上的一根芯线后，随即用相同颜色废电缆芯线填入抽出芯线的空位，在接头处用塑料绑线绑扎一道，既为紧密，也为遮掩，从外观上看仍是直线贯通。这样，边分边补边绑，一圈下来，圆形横把粗细均匀。最后对所绑线把进行整理，使主管芯线与同端子上的副管芯线处在同一“半径”上，并使主管芯线鹅头弯大小、高低一致，使副管鹅头弯形状、尺寸相同，整个分向电缆盒配线恰似一朵盛开的五光十色的鲜花。

典型工作任务 4　信号机安装

3.4.1　工作任务

掌握信号机的施工方法，确认信号机施工的安全注意事项。

3.4.2　知识链接

1. 信号机安装的一般规定

(1)信号机应设在列车运行方向的左侧或其所属线路的中心线上空。不得已需设于右侧时，必须按现行《铁路技术管理规程(普速铁路部分)》的规定执行。

(2)信号机的设置位置和显示方向，应保证从列车、车列上不至于误认为是邻线的信号机。

(3)信号机配线应符合下列要求：

①采用多股铜芯绝缘软线，其截面积不得小于 1.5 mm^2。

②绝缘软线不得有破损、老化现象。

③绝缘软线不得有中间接头。

④绝缘软线在箱盒、机构内部，应绑扎整齐。

信号机安装的一般规定

⑤绝缘软线两端芯线可用爪形线环、铜线绕制线环或冷压接线端子压接等方式做头。

⑥绝缘软线在机柱、电线引入管进出口处应加防护。采用橡皮电缆或塑料绝缘电缆时，可不加防护。

2. 信号机的安装限界

1)高柱信号机安装限界

色灯信号机的安装地点应按照设计文件由施工定测确定，并不得侵入建筑限界。根据《铁路技术管理规程(普速铁路部分)》附图 1 中“基本建筑限界图”，在正线和通过超限货物列车站线旁，高柱信号机的设备边缘距线路中心为 2 440 mm，不通过超限货物列车站线的高柱信号机设备边缘距线路中心为 2 150 mm。一般信号机的基本宽度为 380 mm，所以正线高柱信号机的中心距线路中心不少于 2 630 mm，站线则为 2 340 mm。非电力牵引区段高柱信号机在直线线路上安装限界见表 3.10。

表 3.10　非电力牵引区段高柱信号机建筑限界　　单位：mm

序号	使用名称	形　　式	机柱长度	埋深	最下方灯位中心距轨面	机柱中心至所属线路中心	
						限界 2 440	限界 2 150
1	进站	四灯位带引导	11 000	2 000	5 000	2 630	2 340
2	进站或进路	四灯位带引导及进路表示器	11 000	2 000	5 000	2 630	2 340
3	进站或进路	五灯位带引导	11 000	2 000	5 000	2 630	2 340
4	出站或发车进路	四灯位带进路表示器	11 000	2 000	5 400	2 630	2 340
5	出站或发车进路	四灯位带二排进路表示器	11 000	2 000	5 400	2 630	2 340
6	出站或发车进路	五灯位	11 000	2 000	5 300	2 630	2 340
7	出站或发车进路	四灯位	10 000	2 000	5 300	2 630	2 340
8	出站或发车进路	三灯位带进路表示器	10 000	2 000	5 400	2 630	2 340
9	出站或发车进路	三灯位	8 500	1 700	5 300	2 630	2 340
10	出站、调车、预告	二灯位	8 500	1 700	5 300	2 630	2 340
11	复示	方板一灯	8 500	1 700	5 500	2 630	2 340
12	通过	三灯位	8 500	1 700	4 500	2 630	—
13	通过	三灯位带容许	8 500	1 700	3 500	2 630	—
14	遮断	方板一灯	8 500	1 700	5 500	2 630	—

电力牵引区段沿线埋设有杆塔、支柱及腕臂，对信号显示会有遮挡，也为避免接触网对信号维修人员造成伤害，高柱信号机一般采用 8.5 m 机柱，并有下列要求：

(1)电力牵引区段信号机导电体边缘距接触网带电部分不得少于2 000 mm。

(2)信号机导电体边缘距回流线应大于1 000 mm;当小于1 000 mm且大于700 mm时,要对回流线用绝缘物包扎,但最小不得少于700 mm。

(3)信号机导电体边缘距电力软横跨不得少于3 500 mm。

电力牵引区段直线线路上高柱进站、预告信号机安装限界见表3.11。进站信号机安装如图3.91所示。

表3.11 电力牵引区段高柱信号机安装限界 单位:mm

序号	使用名称	型式	机柱		最下方灯位中心距轨面	所属线路中心		说明
			长度	埋深		机柱中心	机构中心	
1	进站	四灯位带引导	8 500	1 700	3 500	2 900	2 670	第一、二机构中心1 200,第二机构下方灯位中心至引导机构中心720
2	预告	二灯位	8 500	1 700	4 500	2 900	2 600	机构改装在所属线路侧
3	通过	三灯位	8 500	1 700	4 500	2 900	2 600	机构改装在所属线路侧
4	通过	三灯位带容许	8 500	1 700	3 700	2 900	2 700	机构改装在所属线路侧

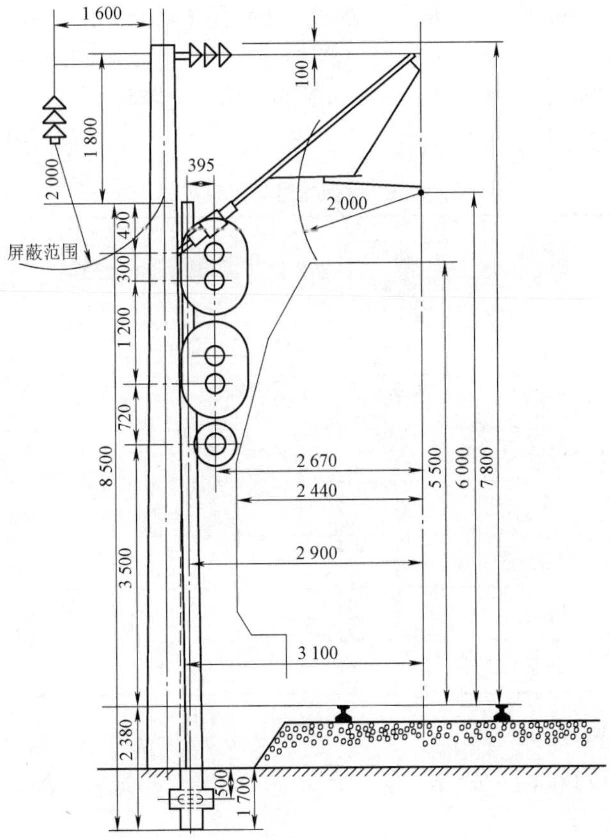

图3.91 电力牵引区段进站信号机安装图(单位:mm)

电力牵引区段内两线路间设置高柱出站信号机，两线路间均通过超限货物列车时，线间距离不得少于 5 530 mm；只有一条线路通过超限货物列车时，线间距离不得少于 5 300 mm。高柱出站信号机安装限界见表 3.12。

表 3.12 电力牵引区段高柱出站信号机安装限界 单位：mm

序号	使用名称	型式	机柱		最下方灯位中心距轨面	所属线路中心至		邻近线路		说明
			长度	埋深		机柱中心	机构中心	限界 2 440	限界 2 150	
1	出站	二灯位	8 500	1 700	5 300	2 900	2 700	—	2 400	线间距 5 300
2	出站	三灯位	8 500	1 700	5 200	2 900	2 700	—	2 400	线间距 5 300
3	出站	四灯位	10 000	2 000	4 700	2 900	2 700	—	2 400	线间距 5 300
4	出站	二灯位	8 500	1 700	5 300	2 900	2 700	2 630	—	线间距 5 500
5	出站	三灯位	8 500	1 700	5 200	2 900	2 700	2 630	—	线间距 5 500
6	出站	四灯位	10 000	2 000	4 700	2 900	2 700	2 630	—	线间距 5 500

2）矮型信号机安装限界

矮型信号机的安装高度均在距轨面高度 1 100 mm 以下。而根据《铁路技术管理规程（普速铁路部分）》直线建筑限界的规定，信号设备边缘距线路中心限界为 1 875 mm。双机构矮型信号机基础宽度为 640 mm，所以，基础中心距线路中心不得少于 2 195 mm（取 2 199 mm）。双机构中邻近线路的机构中心距基础中心为 170 mm，其距线路中心不得少于 2 025 mm（取2 029 mm）。各种类型矮型信号机建筑限界见表 3.13。

表 3.13 矮型信号机建筑限界 单位：mm

序号	使用名称	型 式	机构间距	基础埋深	基础顶面至轨面	基础中心距所属线路中心	机构中心距所属线路中心
1	出站或进路	五显示	340	400	200～300	2 199	2 029
2	出站或进路	四显示	340	400	200～300	2 199	2 029
3	出站或进路	四显示带进路表示器	340	400	100～200	2 199	2 029
4	出站或进路	三显示	—	500	200～300	—	2 029
5	出站或进路	三显示带进路表示器	—	500	80～120		2 163
6	出站或调车	二显示	—	500	200～300	—	2 029
7	复 式	方板一显示	—	500	200～300	—	2 095

3）曲线上建筑限界

信号机安装在曲线线路上，安装限界应予加宽。曲线上建筑限界加宽计算公式如下：

曲线内侧加宽（mm）

$$W_1=\frac{40\ 500}{R}+\frac{H}{1\ 500}h$$

曲线外侧加宽(mm)

$$W_2=\frac{44\ 000}{R}$$

曲线内、外侧加宽共计

$$W=W_1+W_2=\frac{84\ 500}{R}+\frac{H}{1\ 500}h$$

式中　R——曲线半径,m;

H——计算点自轨面算起的高度,mm;

h——外轨超高,mm。

曲线上建筑限界加宽数值也可通过查表 3.14 获得。

表 3.14　曲线上建筑限界加宽　　单位:mm

序号	曲线半径(m)	无外轨超高的曲线内侧加宽	外轨超高	曲线内侧加宽		单线区段外轨超高	单线区段曲线内侧加宽		曲线外侧加宽
				H-1100	H-3000		H-1100	H-3000	
1	4 000	11	25	28	60				11
2	3 000	14	35	39	84				15
3	2 500	16	45	49	106				18
4	2 000	20	55	61	130				22
5	1 800	23	60	67	143				24
6	1 500	27	75	82	177				29
7	1 200	34	90	100	214				37
8	1 000	41	110	121	261				44
9	800	51	135	150	321	125	143	301	55
10	700	58	150	168	358	125	150	308	63
11	600	68	150	178	368	125	160	318	73
12	550	74	150	184	374	125	166	324	80
13	500	81	150	191	381	125	173	331	88

注:①H 采用 3 000 mm,适用于高柱信号机;

②H 采用 1 100 mm,适用于矮型信号机;

③曲线外轨超高计算公式:

$$h=\frac{7.6v_{max}^2}{R}$$

式中　h——外轨超高,mm;

R——曲线半径,m;

v_{max}——最高行车速度,按 120 km/h。

④线路容许速度达不到 120 km/h 时,可按实际规定计算。

3. 信号机的安装

1)信号机安装的技术要求

(1)信号机安装应符合《铁路信号施工规范》安装尺寸要求。

(2)信号机构的型号、规格和灯光配列应符合设计规定。

(3)高柱信号机机柱应垂直于地面埋设,与地面垂直的倾斜量,在距离钢轨顶面 4.5 m 高处使用吊线坠,在轨面处的横向偏移不应大于 36 mm。

(4)高柱信号机梯子规格应与机柱配套,梯子中心线与机柱中心线一致,两中心线构成的垂直面应与所属线路平行。梯子应平直,支架安装应水平。

(5)矮型信号机基础应埋设平稳,与地面垂直,与地面的倾斜度不应大于 60∶1。

(6)高柱信号机同一机柱同方向安装的各机构的灯位中心应在一垂直线上(引导机构、表示器及柱下附调车信号机构除外)。固定机构的托架安装应水平。

(7)高柱信号机进路表示器机构安装位置,应以列车允许显示(绿灯)灯位中心为中轴线,分清左右方向。

(8)矮型双机构信号机的进路表示器安装位置,应以左侧机构列车允许显示(绿灯)灯位中心为中轴线,分清左右方向。

(9)信号机各部件应齐全,不得有破损、裂纹现象。紧固件应平衡拧紧。开口销劈开对称,角度为 60°～90°。

(10)信号机构门严密,盘根密封作用良好。

(11)信号机柱顶端及电线引入管口应用水泥砂浆封严。

(12)信号机机柱和矮型信号机基础埋深不足时,应培土夯实或砌围。

(13)信号机机构内部、外部、遮檐、背板、托臂涂黑调和漆,梯子涂灰色调和漆。颜色一致,厚薄均匀、完整。

2)高柱信号机的安装

各种类型的高柱信号机的安装尺寸如图 3.92 所示。

(1)挖坑

高柱信号的坑一般为 500 mm 见方。在软土质地区机柱底部需加底盘,以防止机柱下沉。此时信号机坑的尺寸应以底盘顺利放入为原则。坑深应根据机柱埋深和路基情况而定。放底盘时,坑深需增加 80 mm。

高柱信号机

高柱信号机的基坑开挖作业需二人进行。一人在坑内施工;一人在上面负责接应及安全防护。坑挖至 1.5 m 时,需使用短把锹镐进行,否则无法将土扔出坑外。在两线间挖坑,遇到石砟较厚时(超过 0.5 m),挖坑时需设专人防护。坑边的石砟除尽后,应在地面加设木板防止石砟塌落。挖坑过程中遇有车辆通过时,必须及时出坑躲避,待车辆通过后再继续施工。

因为高柱信号机所处的地理位置所限,一般无法使用吊车进行立杆,现场多采用“把杆立杆法”。为使立杆工作顺利和安全,需在坑内的一定深度背向立杆方向开出一条立杆槽道,现场称为“马槽”。马槽应尽可能地深一些,长一些且洞口不要过阔,这样机柱头部稍稍抬起,根部就能进入杆坑的中下部,不但便于立起,而且不会左右摆动,有利于安全。一般马槽的长度为 1.5 m,深 0.5 m,开挖“马槽”如图 3.93 所示。为装卡盘,需在距坑底 1 m 深处将“马槽”一侧的坑边向两侧扩出 200 mm。

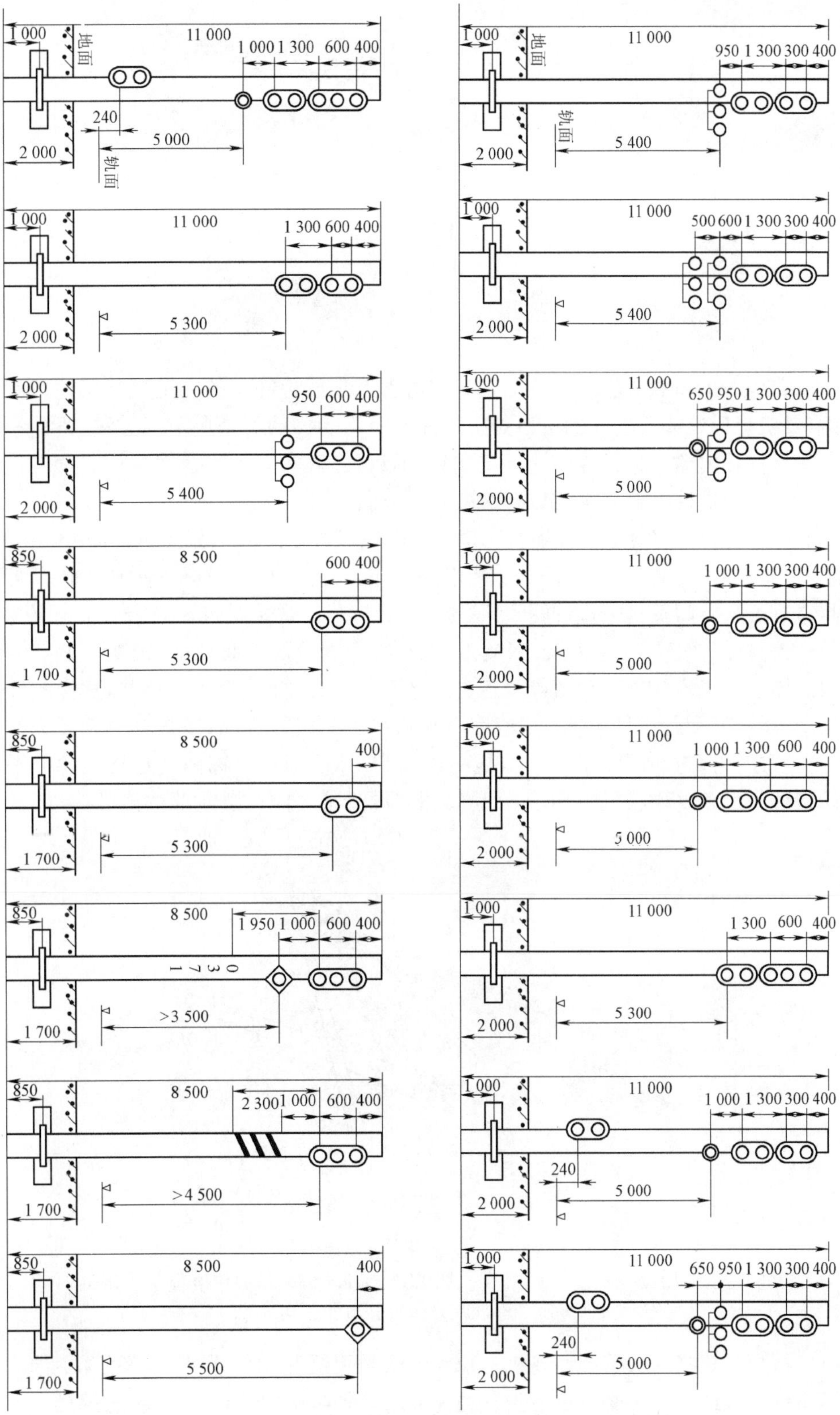

图 3.92　高柱信号机安装尺寸(单位:mm)

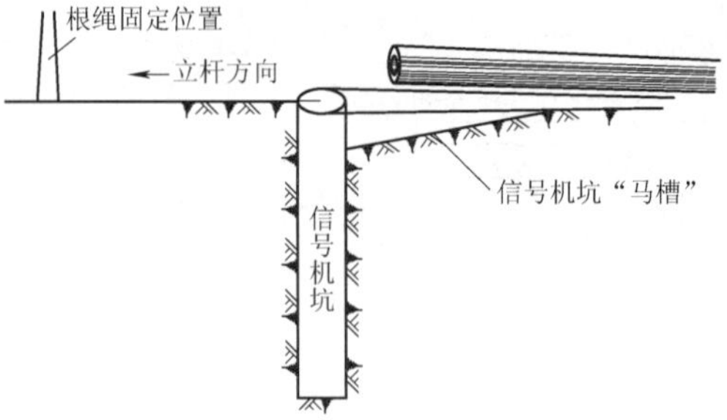

图 3.93　开挖“马槽”示意图

(2)立机柱

在现场,一般采用双滑板绳索拉动装车和绳索逐步放松卸车的方法进行机柱搬运。机柱应卸在信号机坐标处或已挖好的坑口处。机柱近距离的移动可采用下列方法:用绳索套住机柱根部,在机柱孔内插入钢钎或木棒,压住绳索不致脱落,然后大家合力拉动绳索使机柱向用力方向窜动,直至机柱根部移至坑口并对准立杆方向。

采用“把杆立杆法”如图 3.94 所示。8.5 m 机柱需 12 人,10 m 以上机柱需 15 人一组。立机柱是一项危险性较大、施工组织要求严格的工作,因此参加人员必须听从指挥、协调一致。立杆时,需有 1 人专门负责瞭望、防护。必要时,要与车站联系要点。其余人员可按掌把杆 2 人、滑板 1 人、根绳 1 人、边绳 4 人、溜绳 1 人、拉绳 6 人分配。起杆前,根绳 1 人宜沿起杆方向,把根绳拴系在树木、电杆、轨道等固定物上,使根绳与地面夹角尽量小些,这样起杆会轻松些;滑板 1 人将滑板顺在“马槽”对面坑壁,并用撬棍控制机柱方向;掌把杆 2 人要选好把杆支立地点,要考虑把杆与地面成 45°角时,拖绳被拉紧,并使把杆对称地处在机柱起立平面的两侧,为防把杆脚滑动,可在杆脚处挖一小坑。根绳、大绳、边绳、溜绳都被拉紧,起杆准备工作就绪。

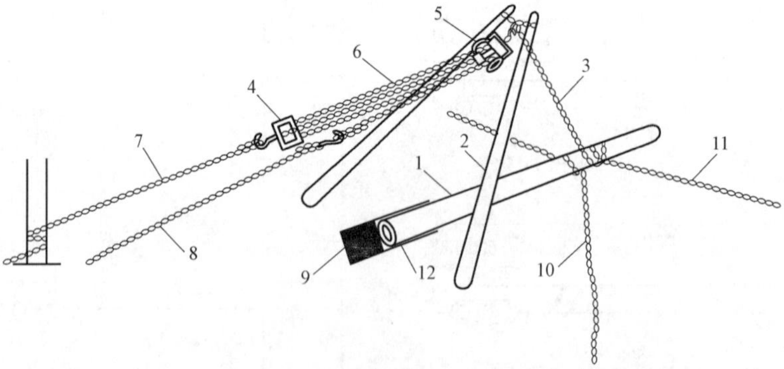

图 3.94　把杆立杆示意图

1—信号机柱;2—把杆;3—拖绳;4—动滑轮;5—定滑轮;6—滑轮组钢丝绳;7—根绳;
8—滑轮组大绳;9—信号机柱坑;10—边绳;11—溜绳;12—“马槽”

起杆时,要听从指挥人员统一指挥。拉大绳人员要缓缓均匀用力,不可猛拉猛拽,双脚不许离地,不许将大绳缠在腰间及手臂上。边绳 2 人要平衡用力,防止机柱左右摇摆。当机柱与地面角度近 80°时,溜绳 1 人要适当用力带紧,防止机柱竖直后,起杆过度。机柱落入坑底后,根据需要从大绳端抽出数人对机柱做必要旋转，以使机柱上部引线口朝向机构方向，并准确测量机柱中心线与线路中心线距离及机柱的垂直度，然后回填土 500～800 mm，并及时分层捣固。此时，可拆除根绳、拖绳和把杆。当回填土至 850 mm(10 m 以上杆为 1 000 mm)，安装机柱卡盘，用 U 形螺栓拧紧，再继续回填捣固。确认机柱埋设符合安装尺寸要求，方可拆除边绳和溜绳。

(3)吊机构组装

梯子、托架、机构在进行上杆安装之前应进行检查、调整和组装，把一些能在下边进行的项目尽量在下边做好，以减少杆上施工的工作量，保证杆上安装能顺利进行。

梯子组装：色灯信号机梯子分为上、下两部，用螺栓连接，梯子支架有4～6 挡不等。将梯子的上、下两部平置地面，对齐连接眼孔，螺栓自内向外穿，螺母未充分拧紧之前将整架梯子校直，然后拧紧螺母。将带弯的梯子支架装最上部，并将卡箍装齐，但卡箍螺栓不要拧紧。其余支架由短至长，依次向下固定在梯子上，在每道支架上只拧一只卡箍螺栓，以便吊起梯子，后半部卡箍可靠拢机柱。

托架组装：每一组色灯信号机构均需使用上、下托架各一个，安装前上部托架应将吊耳调整螺栓由下往上穿入，将 U 形螺栓试套入托架两孔内，均将丝扣注油试拧螺母，不合适的进行调整更换，以免杆上安装时造成麻烦。下部托架只将两只 U 形螺栓试套和试拧螺母即可。

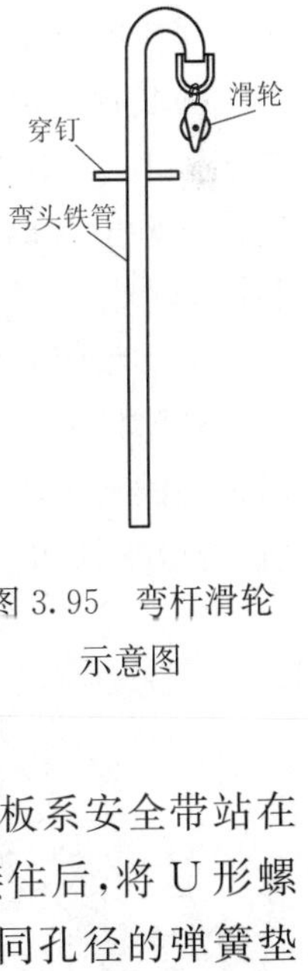

图 3.95 弯杆滑轮示意图

吊装机构时，先由一人使用登杆脚扣或三角板登杆，将小拉绳头拴在腰带上带至杆顶，系牢安全带后解开小拉绳抓在手中，把弯杆滑轮(图 3.95)提到杆顶，并插入机柱顶部孔内，再解开绳结，将绳头穿过滑轮挂上弯杆并往杆下倒绳。移动脚扣或三角板到梯子安装方向的另侧，先用滑轮吊绳将预先组装好的梯子吊起，在离机柱顶端 400 mm 处将梯子第一支架初步固定，依次将其余支架水平安装。待支架全部撑起后，按要求调整梯子方向和支架水平，逐个拧紧每个支架的卡箍螺栓。将梯子与置放在基础坑内的梯子基础用螺栓连接，并培土捣固。

梯子安好后，可有两人在杆上进行作业，一人站梯子上，另一人踩三角板系安全带站在机柱外侧。首先安装上托架，方法是：将上托架吊至柱顶稳住，机上二人接住后，将 U 形螺栓套入机柱，固定在离机顶约 150 mm 处。U 形螺栓先加铁垫片，再加相同孔径的弹簧垫圈，然后拧紧螺母。上部托架安装完毕后，即可用同样方法起吊下部托架。下部托架比较重，绑绳时应使其正面朝上并便于在安装完毕后松开绳扣。上、下托架的方向必须一致，力求准确：下托架的上部 U 形螺栓中心，离上托架 U 形螺栓中心，二灯位机构约为 746 mm，三灯位机约为1 046 mm。托架安装完成后就可以进行机构吊装，起吊机构应有 3～4 人，在离开机构垂直方向处拉绳，以免机构绑绳滑脱掉下伤人。机构吊起的过程中，有可能会碰挂梯子支架，所以拉绳时不可莽撞，应平稳用力，让机构稳稳地上升，防止碰损机构。尤其是机构过下部托架时更应小心，放慢起吊速度，以便杆上人员接应。机构转盘吊过下部托架顶面后，稳住绳索，杆上一人抓住机构顶上的绳索，一人抓住机构往上、下托架之间移动，对准下托架固定眼孔稍稍抬起转盘，转动螺栓即穿入孔内。此时，绳索稍稍放松，让机构落在下托架面上，从托架下部套上弹簧垫圈并稍稍拧紧螺母。需要注意的是，转盘转动螺栓必须在杆下预先插入或在杆上当机构即将落在托架面上抬起转盘之前插入，如果待机构完全落在托架上，因为眼孔在机构底，螺栓就很难插入了。转盘固定螺栓套上螺母后，扶住机构，将调整螺栓穿入固定在上部托架吊耳螺栓的固定眼孔内，迅即拧上两只螺母。此时，上、下托架受机构压力，绳索不可再用力，但尚不可撤绳。将转盘固定螺栓插入弧槽孔内，也从托架下部套入弹簧垫圈并稍稍拧紧螺母，同时给转动螺栓补加开口销。

检查机构安装方向是否合适，上、下托架中心线是否在同一垂直面上，并与钢轨成 45°角，进一步检查各部分安装尺寸是否正确、机构转动是否灵活、机构前后调整是否受阻等，如不合适，可借助绳索之力进行调整，全部符合要求后，用扳手充分拧紧全部螺母，解去绳索。非电力牵引区段进站信号机的五个托架安装尺寸如图 3.96 所示。

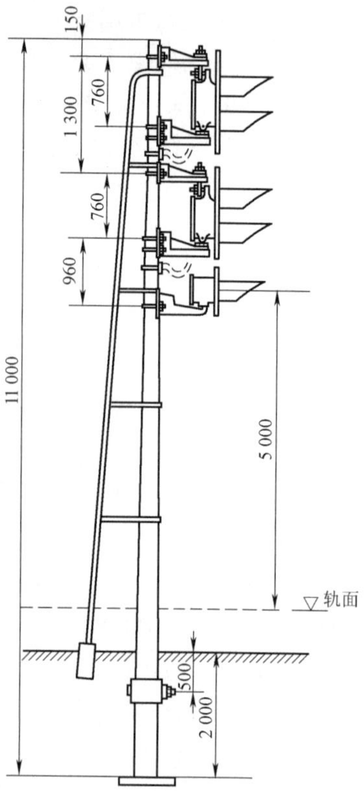

图 3.96　非电力牵引区段进站信号机的五个托架安装尺寸（单位：mm）

吊装机构时，杆上作业人员必须系安全带，吊绳必须结实无断股，绑拴吊绳必须得法，既牢固又便于解扣。机构吊起和安装时，机构下方不许站人，禁止上、下抛递工具和同时作业。

3）矮型信号机安装

矮型信号机就是将机构直接安装在混凝土基础上，并通过基础上预设的螺栓进行固定。施工内容包括：挖基础坑、埋设基础和固定机构。各种矮型色灯信号机安装尺寸如图 3.97 所示。

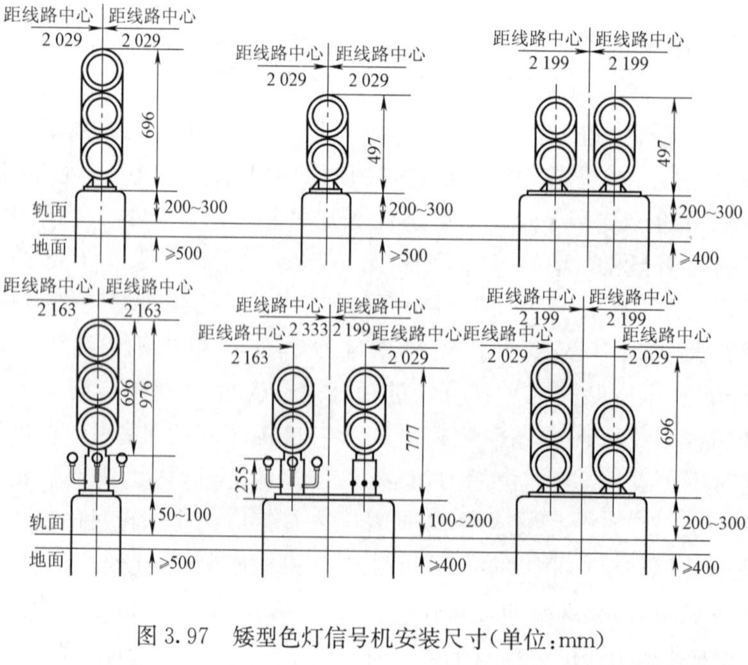

图 3.97　矮型色灯信号机安装尺寸（单位：mm）

矮型色灯信号机

(1)挖基础坑

矮型信号机可分为单机构和双机构两种。基础坑中心线距线路中心线距离:单机构不少于2 029 mm;双机构不少于2 199 mm。单机构基础宽300 mm、厚220 mm、高1 100 mm;双机构基础宽640 mm、厚220 mm、高1 000 mm。坑的大小比基础尺寸稍大即可,深度视地面与轨面相差尺寸而定,以基础面高于轨面200～300 mm为标准。

(2)埋设基础

基础坑挖好后,经测量限界和深度合适后即可将混凝土基础放入坑内,要注意基础引线管方向与显示方向相反,准确测量安装尺寸,同时用水平尺抄平基础面,基础不得倾斜。然后回填土200～300 mm并捣固,基础埋深不得少于500 mm,必要时培土夯实。需要注意的是,设于较高道床的矮型信号机基础,只用石砟掩埋是不够稳固的,必须砌围加固。

(3)安装机构

安装机构前,先将1.6 mm铁线穿入弯管引线管,从电缆盒引线口引出。将机构座按显示方向要求套入基础螺栓,加弹簧垫圈拧紧螺母。

4. 信号机配线

信号机配线分为高柱信号机和矮型信号机两种。因为机构类型的不同,配线方法有所不同。

1)高柱信号机的配线

高柱信号机的配线包括机构配线和设备配线。机构配线是指点灯变压器BX-34Ⅱ次侧、灯丝转换继电器(或点灯单元)与杆上信号机构灯座端子间的长配线;设备配线是指变压器箱内部从变压器箱端子至点灯变压器Ⅰ次侧和灯丝转换继电器之间的较短配线。

(1)机构配线

按室外设备配线图确定机构内线条数量,根据机柱高度和箱盒配线要求留足长度,放线并编号后,用白布条将线条一端扎紧。同时,从机柱上方引线口穿入一根0.8 mm^2铜芯塑料线10 m,在端部拴上一个ϕ16 mm的螺栓,使其由下部引线口穿出,作为引线。将预配的机构线条绑扎在引线上,使其从上部引线口穿入,从下部引线口穿出。在上、下引线口处套以粗塑料管防护,避免柱孔边缘磨伤线条绝缘。上部线条经蛇形管引入机构,在机构内按照编号进行绑把、做线环导通后上灯座端子。下部线条经电线引入管穿入变压器箱。在变压器箱内绑把、做线环、导通后按照配线图上相应端子。

(2)设备配线

变压器箱、转辙机、矮型信号机等配线,多采用样板配线,既便于在室内预制,又易做到配线式样统一、美观。

高柱四显示出站信号机变压器箱配线样板如图3.98所示。配线样板选用15～20 mm厚松木板或四周有边框的五合板制成。图中小圆圈表示50 mm长铁钉,细实线表示走线方向,细实线旁阿拉伯数字表示两铁钉间走线长度,圆圈旁的字母、数字示意端子、接点编号。

一般按以下步骤进行:

①看懂配线图纸

要看懂信号机配线图上的相互连接关系、端子编号;看懂信号机配线样板图上的各钉子位置、线段长度等。

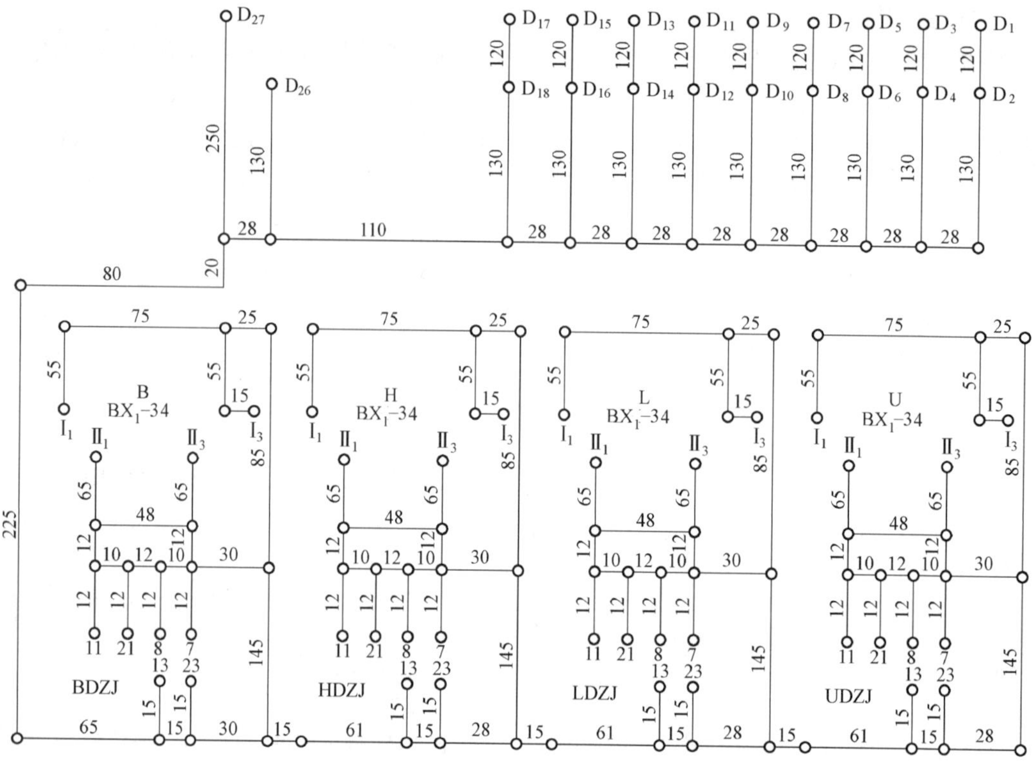

图 3.98 高柱四显示出站信号机变压器箱配线样板图(单位:mm)

②制作模板

取大于线把样板图长度和宽度的厚松木板或五合板作为配线模板(一般做成长方形)。根据配线样板图在模板上相应位置钉钉子,并复核各钉子之间距离与样板图相符。

③放线绑把

按照先短后长的顺序进行放线,全部放完后进行检查复核,并清查线头数量确认无误后进行线把整理,把较长线条放在线把上表面,短线放在线把中间,捋顺线条后开始进行绑把。无论是采用塑料绑线或使用线卡绑扎,均应做到扎扣间距均匀,一般两扣之间间距为 20 mm 左右。线把应做到横平竖直、美观合理、出线位置准确。

④导通做环

线把绑完后应对照设备配线图进行逐根导通,发现问题及时纠正,确保配线全部正确。然后进行线环制作,做环前应按照技术规范要求和本工程的具体规定留足线头余量,每根出线应做到长短一致、整齐美观。最后给线把挂标志牌入库待用。

2)矮型信号机配线

矮型信号机的底部设有引线孔,与基础内的弯通对接,弯通的另一端与电缆盒对接。矮型信号机的门内侧安装点灯变压器和灯丝转继电器,所以矮型信号机只需配一个机构内的线把,通过引线孔将电缆盒内端子和点灯变压器相连即可。

矮型调车信号机的配线样板如图 3.99 所示。

线把的配线方法同高柱信号机配线。

3)线环制作

室外设备配线一般采用 7×ϕ0.52 mm 多股铜芯塑料软线，通过线端制环与端子相连。线环制作质量的好坏，直接影响电气回路的接触良好和线端与端子连接的机械强度。现场一般采用两种方法制作线环：一是单股铜线密绕法制环；二是铜线环冷压制环。

(1)单股铜线密绕法制环

①用剥线钳剥去 40 mm 线皮，露出裸铜线，套入 ϕ4×15 的塑料管，如图 3.100(a)所示。

②用长约 350 mm 的 7×ϕ0.52 mm 裸线中的一根，在裸线根部约 4 mm 处(作为制环颈部)，留出 10 mm 长的铜丝线头，然后顺时针紧密缠绕多股铜裸线。制 5 mm 直径线环密绕 35 圈，制 6 mm 线环密绕 40 圈，如图 3.100(b)所示。

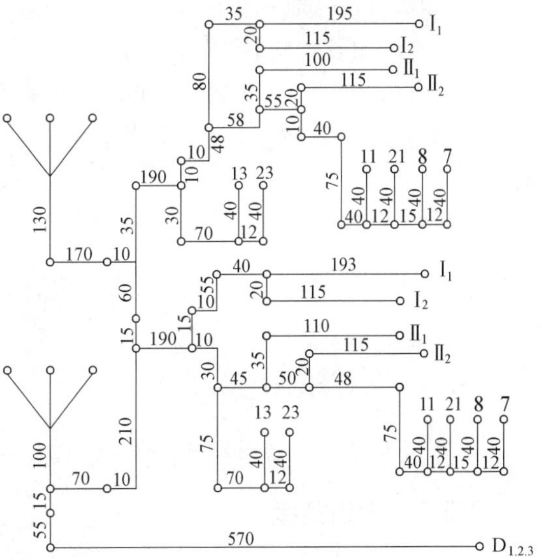

图 3.99　矮型调车信号机配线样板图(单位：mm)

③按线环大小将裸线头弯成圆环状，用尖嘴钳使裸线端部与颈部相接，多余的裸线用偏口钳剪掉。切记不可剪断缠绕用的铜丝，如图 3.100(c)所示。

④继续用铜丝在颈部将裸线颈部与铜线头一并密绕 4 圈，再将铜丝线头和线尾拧绞在一起，用偏口钳剪去多余部分，如图 3.100(d)所示。

⑤套入塑料胶管，如图 3.100(e)所示。

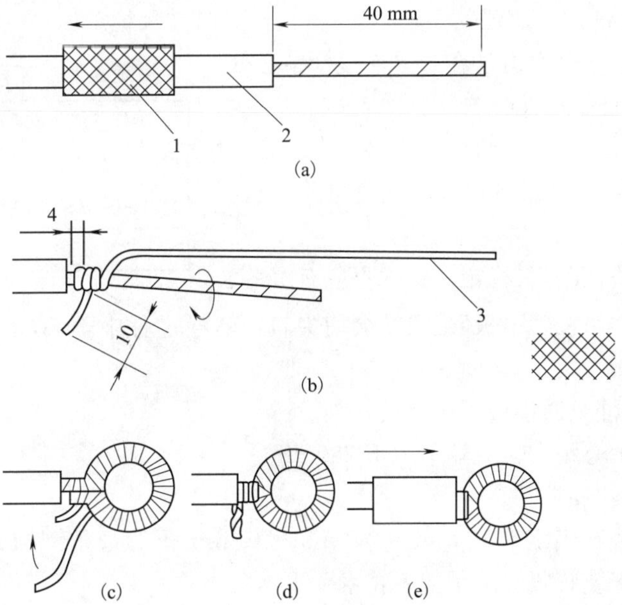

图 3.100　密绕法制环示意图

1—塑料套管；2—7×ϕ0.52 mm 铜芯线；3—单股铜丝

(2)铜线环冷压制环

①用剥线钳剥去塑料皮 5～6 mm。

②套入内径 5～6 mm、长 15 mm 的塑料套管。

③用压接钳冷压铜线环。机构内连接点灯装置用 ϕ4 mm 线环,连接变压器用 ϕ6 mm 线环。

④将套管套住爪形线环尾部。

典型工作任务 5　转辙机安装

3.5.1　工作任务

掌握 ZD6 系列电动转辙机、S700K 型交流电动转辙机和 ZYJ7 型电液转辙机的安装方法。

3.5.2　知识链接

1. ZD6 系列转辙机的安装

1)技术要求

(1)对道岔的要求

转辙机施工之前,必须对道岔进行全面调查,做好记录。有不符合技术标准的,应要求工务部门予以整治:

①道岔要方正。用专门的方尺(图 3.101)放在直股基本轨上测量,两尖轨尖端应处在同一直线上,前后偏移不得大于 10 mm。

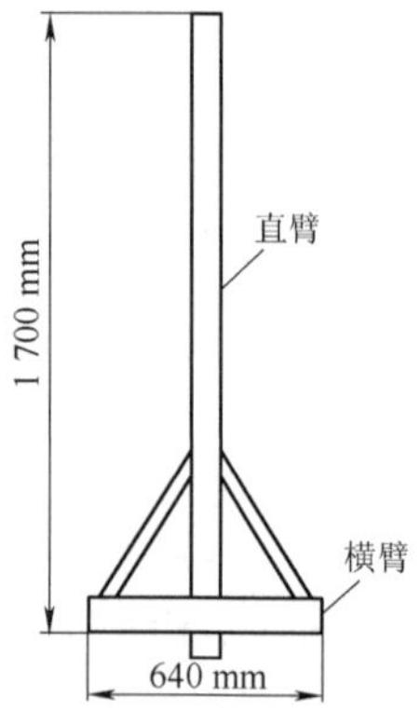

图 3.101　方尺

②轨距符合标准。不同型号道岔,尖轨长度和尖轨端轨距都各不相同,见表 3.15。工务部门应使道岔尖轨端轨距符合标准,并且稳定。

③道岔开程正确。普通道岔在第一连接杆中心处的开程应调整在 140～152 mm 之间。

表 3.15　不同尖轨长度的轨距

尖轨长度(mm)	轨距(尖轨端)(mm)
不足 6 250	1 453
6 250～不足 7 700	1 450
7 700 以上	1 445

④相关轨枕位置适宜。尖轨第一连接杆中心距尖轨端轨枕中心的距离不少于 330 mm;距岔心端轨枕中心距离不少于 285 mm。

⑤有滑床板的轨枕踏实、稳定。枕木不应有沉落、窜动情况,否则出现“吊板”“窜板”现象都会使尖轨在转换过程中颤动,增大阻力,影响道岔转换的平稳性。

⑥连接杆、轨距杆及通垫板都应有良好绝缘。

⑦第一连接杆中心距尖轨尖端不少于 380 mm。

(2)对安装装置的要求

转辙机的安装装置应使用 125 mm×80 mm×10 mm 不等边角钢构成,要求平直无弯,保证有足够的强度。安装装置应满足如下技术要求:

①长基础角钢应与单开道岔直股钢轨(或对称道岔的中心线)垂直,其偏移量不得大于 20 mm。

②固定长基础角钢的角形铁(L 铁)应与钢轨腰部密贴(中腰部除外)。

③固定电动转辙机的短基础角钢与长基础角钢垂直。

④密贴调整杵、表示连接杆、尖端杆均应与长基础角钢平行，其偏差不应超过 20 mm。

⑤所有经过轨底器件，距钢轨底面应有不少于 10 mm 的空间。

⑥各种绝缘齐备，安装正确无破损。

⑦各部螺栓应紧固，并达到规定的紧固力矩。

(3)对转辙机的要求

①转辙机的底壳长边侧与长基础角钢垂直，其偏差不得大于 10 mm。

②动作杆与密贴调整杆应安装在一直线上，表示杆与表示连接杆平行。

③密贴调整杆动作时，应有不少于 5 mm 的空动距离。

④各种连接杆的调整丝扣露出螺帽部分应不少于 10 mm。

⑤当道岔处在定位或反位时，自动开闭器的相应两排接点闭合，动接点与静接点接触深度不得少于 4 mm，与静接点座应有 2 mm 以上的间隙。

⑥检查柱落入检查块缺口内，两侧间隙为 1～2 mm。

⑦道岔尖轨必须密贴基本轨，在第一连接杆处的尖轨与基本轨之间插入厚 4 mm、宽 20 mm铁板进行检查时，道岔不得锁闭，自动开闭器不得接通表示电路。

⑧挤岔时，自动开闭器动接点应处于中间四开位置，断开表示电路。

⑨电动转辙机的配线要求整齐美观，线条无损伤，导线与机内活动部件无磨蹭、卡阻现象。

⑩电动转辙机机内无尘清洁，可动部分注有润滑油，转辙机外壳完好无损并涂漆。

2)安装转辙机的安全注意事项

(1)转辙装置安装作业应遵守下列规定：

①施工道岔的转辙机安全接点应断开。

②不得用手指探校销孔。

③需转动道岔时，应确认尖轨与基本轨之间无作业人员和工具、材料。

④道岔转辙设备安装完毕后，应确认各紧固件、开口销及防松卡安装正确、齐全、牢固。

(2)在既有线上进行道岔施工时，应符合下列规定：

①在车站行车室设驻站联络员；在施工地点设安全防护员进行施工防护。

②车站值班员同意后，应将有关防护道岔操纵至不通向施工地点的位置或关闭防护信号机。

③对失去联锁的道岔，室外应断开转辙机安全接点，室内应单锁并断开启动电路。严禁封连端子、人为给出道岔表示或人为开放信号。

④在道岔作业区应设安全防护员。

⑤车辆通过前必须将钻具提前撤离到线路以外且不妨碍行车的地点。

⑥在有轨道电路的道岔上作业时，工具、材料等不得将轨道电路短路。

⑦施工完毕应单独操纵道岔，经试验良好后方可办理销点手续。

3)安装方法

电动转辙机所需安装工具、材料分别见表 3.16 和表 3.17。

表 3.16 电动转辙机安装工具

名　称	规格	数量	名　称	规格	数量
方尺		1	活口扳	300 mm	1
钢卷尺	3 m	1	活口扳	450 mm	1
冲子		1	圆锉		1
特种笔	红色	1	扁锉		1
手锤	1 磅	2	钢锯		1
电钻、钻架		1	管钳	350 mm	1
钻头		若干	大、小撬棍		各 1
L 形角尺		1	油、水壶		各 1

表 3.17 单开道岔 ZD6 系列电动转辙机使用材料表

名　称	数　量	材　料	规　格	
			使用 50 kg/m 轨(mm)	使用 43 kg/m 轨(mm)
角形铁	4	扁钢$\frac{20\times80}{A3}$	165×108.9×20×80	165×98.75×20×80
绝缘垫板	4	3240 环氧酚醛玻璃布板	225×85×5	225×85×5
绝缘垫圈	8	3240 环氧酚醛玻璃布板	外径 40,孔径 21	外径 40,孔径 21
垫　板	4	扁钢$\frac{10\times80}{A3}$	123×80×10	123×80×10
绝缘管	8	3640 环氧酚醛玻璃布管	外径 27,孔径 21	外径 27,孔径 21
角钢垫板	4	扁钢$\frac{5\times80}{A3}$	24×80×5	24×80×5
螺　栓	4	螺杆全丝扣	M20×60	M20×60
螺　栓	6		M20×70(头部厚 13)	M20×70(头部厚 13)
螺　栓	2		M20×70(头部厚 10)	M20×70(头部厚 10)
螺　栓	8		M20×90	M20×90
螺　母	20		M20	M20
弹簧垫圈	20		M20	M20
垫　圈	20		外径 40,孔径 20	外径 40,孔径 20
基础角钢	2	角钢$\frac{80\times125\times10}{A3}$	80×125×10×3 150	80×125×10×3 150
短基础角钢	2	角钢$\frac{80\times125\times10}{A3}$	80×125×10×1 575	80×125×10×1 575
密贴调整杆	1	钢$\frac{\phi36}{A3}$	1 820×36(丝扣长 500)	1 820×36(丝扣长 500)
表示连接杆	1	钢$\frac{\phi30}{A3}$	1 480×30	1 480×30
尖端杆	1	钢 A3		

(1)安装角形铁(L铁、座铁)

角形铁分43 kg/m、50 kg/m、60 kg/m型三种,安装图如图3.102所示。

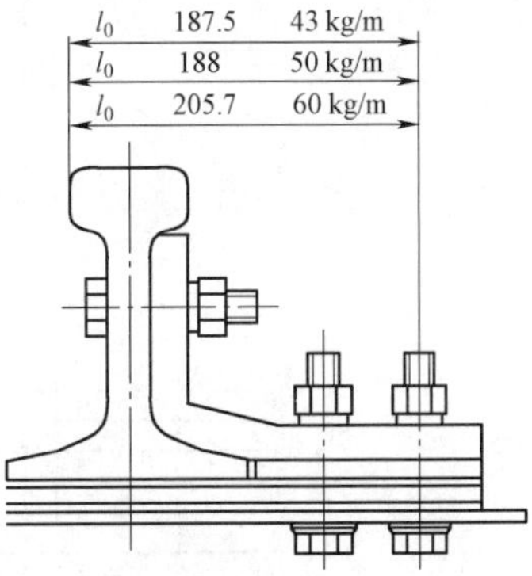

图3.102　角型铁安装图(单位:mm)

角形铁安装的施工步骤:

①将方尺卡在道岔直股基本轨上,使横臂贴紧直股基本轨,直臂边线与第一连接杆中心线对齐,用特种红色笔在两基本轨轨面上做出标记。

②从上述标记向岔尖方向量1 035 mm距离,做出标记,标出岔前两角形铁即岔前长基础角钢中心位置;向岔心方向量460 mm距离,在两基本轨上做出标记,标出岔后两角形铁即岔后长基础角钢中心位置。

③事先在四只角形铁顶面上画出中线。将角形铁竖面贴紧钢轨外侧腰部,使每只角形铁中线照准各自位置的轨面标记,用特种笔沿竖面的孔内沿在轨腰画出圆圈。取下角形铁,用冲子铳出圆圈中心。

④架好电钻,用ϕ21 mm钻头钻孔。孔钻好后,用圆锉除去毛刺。注意,钻孔前必须与站内取得联系,有足够行车间隙方可施工。

⑤用M20×70螺栓从钢轨内侧由孔穿出,将钢轨与角形铁连接,套以弹簧垫圈,拧紧螺帽。岔后角形铁宜采用头部厚10 mm螺栓,以免影响尖轨密贴。岔前角形铁则用厚13 mm螺栓。

⑥用卷尺复核钢轨同侧两角形铁中心线间距1 495 mm。若有出入,可松开螺母,予以调整。最后用450 mm大扳手充分紧固。

⑦用卷尺分别测量岔前和岔后两角形铁水平面靠近钢轨的两孔中心间距离L'和L,做好记录,以备长基础角钢划线使用,显然$L>L'$。

(2)安装基础角钢

长基础角钢的安装分为划线、钻孔、涂漆(现在一般使用镀锌角钢,可不用涂漆)和安装等几个步骤,下面分步骤进行介绍:

长基础角钢安装如图3.103所示。站在岔尖处,面对道岔,单开道岔分左直右弯和左弯右直两种,而ZD6系列电动转辙机可装在左侧或右侧。因此,安装装置分成四种类型。但无论哪种类型,安装电动转辙机的短基础角钢始终与长基础角钢保持垂直,长基础角钢上连接短基础角钢的四个孔位置是一致的。在同一长角钢上两孔中心距离为360 mm;靠近长角钢端部孔的中心距离端部为60 mm。

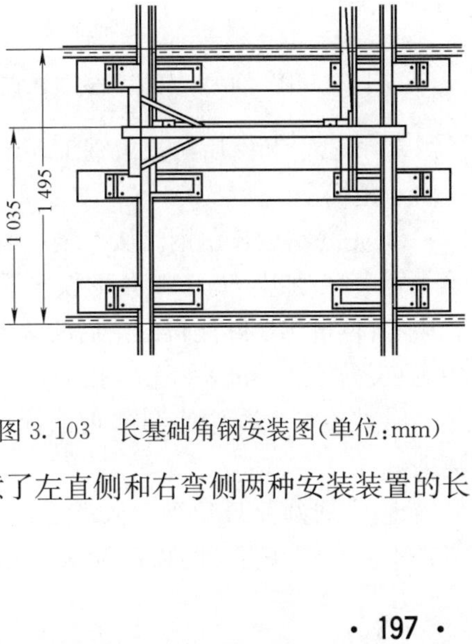

图3.103　长基础角钢安装图(单位:mm)

因此,四种类型的区别就在于与角形铁相连的长基础角钢的8个孔位置的确定有所不同。图3.104示意了左直侧和右弯侧两种安装装置的长基础角钢的8个连接孔的位置。

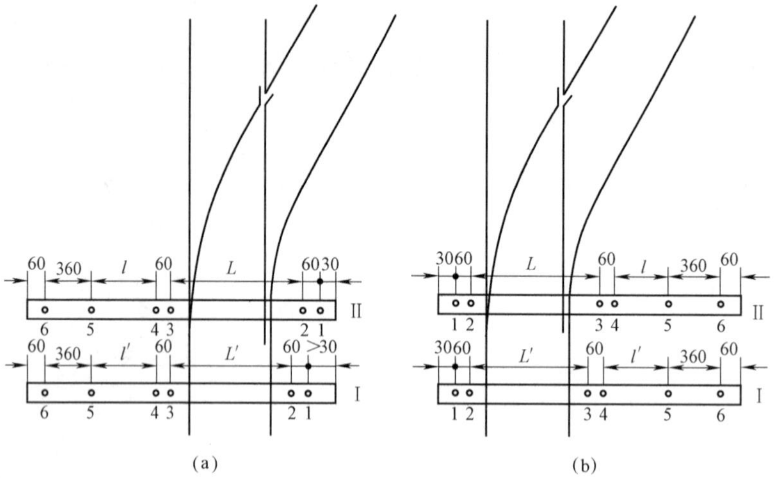

图 3.104 长基础角钢连接孔位置示意图(单位:mm)

基础角钢的划线方法如下:

①转辙机装在直股侧的长基础角钢划线

电动转辙机直股侧又分为左直型和右直型,这两种情况划线步骤相同。下面以左直型为例介绍其方法(图 3.105)。

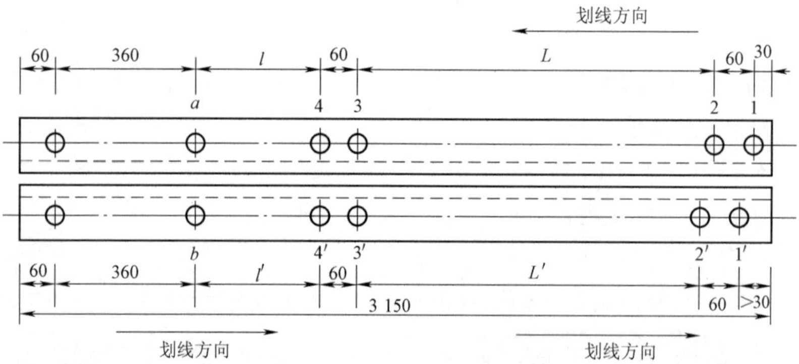

图 3.105 转辙机安装在直股侧(左直)时长基础角钢划线示意图(单位:mm)

a. 将岔前和岔后两长角钢 125 mm 边相靠,两头插入带槽木垫,如图 3.106 所示,使角钢平置于地面上。

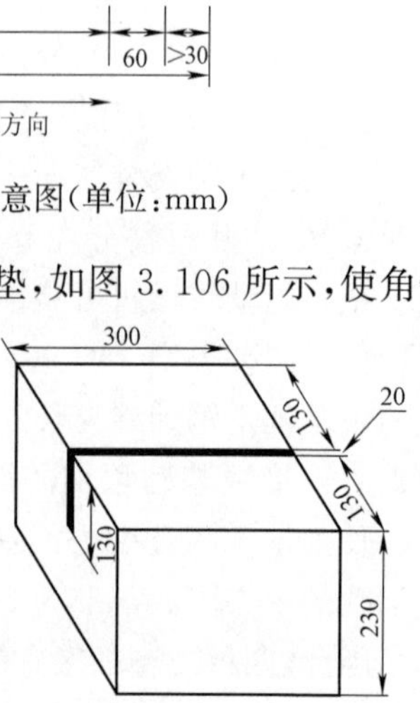

图 3.106 带槽木垫(单位:mm)

b. 先划岔后长角钢。从不装转辙机一端量出 30 mm,划出第 1 孔中心;加上 60 mm(角形铁水平面两孔中心距离),为第 2 孔中心;再量出实际测得的岔后两角形铁中心距离 L,为第 3 孔中心;又量出 60 mm,为第 4 孔中心。

c. 测量第 4 孔中心与邻近的固定短基础角钢孔 a 中心距离 l。

d. 后划岔前长角钢。从靠近钢轨的固定短基础角钢孔 b 量得上一步骤获得的距离 l,为第 $4'$ 孔中心;加上 60 mm,为第 $3'$ 孔中心(其实,是使 $4'$、$3'$ 孔中心线与岔后长角钢 4、3 孔中心线对齐);再量出实际测得的岔前两角形铁中心距离 L',为第 2′孔中心;又量得 60 mm,为第 1′孔中心。由于 $L>L'$,第 1′孔中心距长角钢端部距离>30 mm。

②转辙机装在弯股侧的长角钢划线

转辙机装在弯股侧也分左弯型和右弯型,两种情况划线步骤相同。下面以右弯型为例(图 3.107)予以介绍。

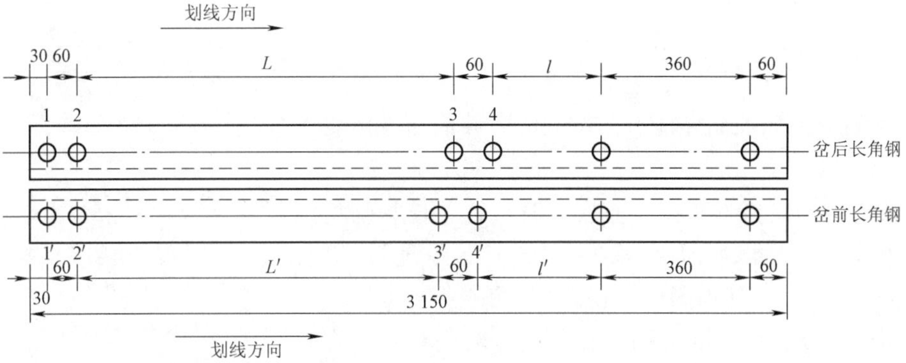

图 3.107 转辙机装在弯股侧(右弯)时长基础角钢划线示意图(单位:mm)

a 和 b 两步和转辙机装在直股侧方法相同。

c. 后划岔前长角钢的方法与岔后长角钢划法相同。实际上,使 1′、2′两孔中心线与岔后长角钢的 1、2 两孔中心线对齐。从 2′孔中心再量出实际测得的岔前两角形铁中心距离 L',为第 3′孔中心;加上 60 mm,为第 4′孔中心。

由于 $L>L'$,因此岔前长角钢 4′孔中心距邻近安装短角钢孔中心距离 $l'>$岔后长角钢 4 孔中心距邻近安装短角钢中心距离 l。

由此可以得出结论:无论哪种类型安装装置,都是先划岔后长角钢的 1~4 四个孔,后划岔前长角钢的四个孔;在划岔前长角钢时,要先对准直股基本轨侧两角形铁两孔中心,再向弯股侧划另两孔中心。如现场划线口诀所述:

先划岔后,由 1 到 4;
对准直股,向弯股划。

③短基础角钢划线

短基础角钢长 1 575 mm。划线步骤如下:

a. 将两短基础角钢短边相靠平置于地面,用带槽木垫支起。

b. 从两端量得 40 mm,为与长基础角钢连接孔中心。

c. 从岔前连接孔中心量得 595 mm,为固定转辙机孔 2 和 2′的中心;加上 610 mm,为固定转辙机孔 1 和 1′的中心,如图 3.108 所示。

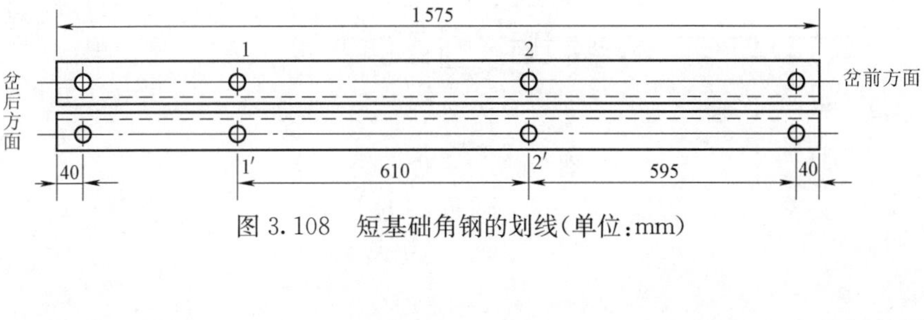

图 3.108 短基础角钢的划线(单位:mm)

④钻孔、涂漆和安装

角钢划线工作完成后，统一钻孔和涂漆，其方法如下：

a. 基础角钢的孔中心位置确定后，用铳子铳出记号，随即用 6 mm 电钻钻以 3～4 mm 深的小孔，然后统一用钻床钻孔。长角钢上连接角形铁的八个孔用 28 mm 钻头钻孔；其他则用 21 mm 钻头钻孔。钻完孔，用圆锉除去毛刺。

b. 短基础角钢短边两端还需切割 80 mm，以便搭架在长基础角钢上。

c. 用钢刷除锈，涂防锈漆、深灰调和漆，并用油漆标明道岔号，以免装错。

d. 长角钢的安装一般在开通换装时进行。长基础角钢按道岔号、岔前岔后，对号从轨底穿过，与角形铁连接，组装图如图 3.109 所示。任何附件不得漏装。

e. 用方尺查看长基础角钢与直股基本轨是否垂直。若有出入，可松开螺母，利用螺孔余量予以调整。最后用扳手拧紧螺母。

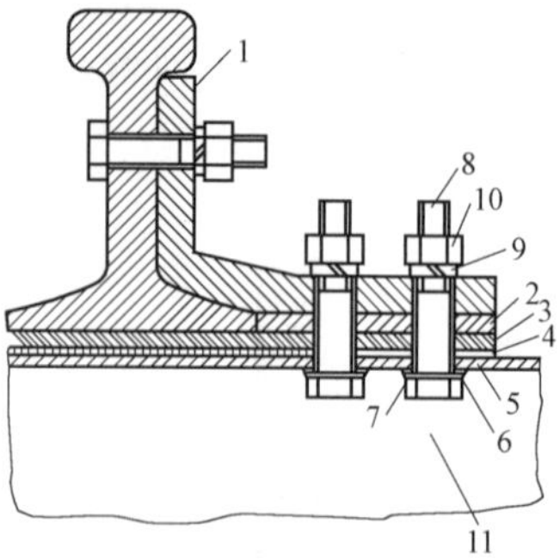

图 3.109　角形铁与基础角钢组装示意图

1—角形铁；2—垫板；3—角钢垫板；4—绝缘垫板；5—绝缘管；6—绝缘垫圈；7—垫圈；8—螺栓；9—弹簧垫圈；10—螺母；11—基础角钢

f. 将短基础角钢架在长基础角钢上(须注意岔前、岔后方向)，并使 80 mm 竖边放于内侧。从长角钢下方由下向上将 M20×60 螺栓穿出，加弹簧垫圈，拧紧螺母。

(3)电动转辙机安装

电动转辙机的安装图见《铁路信号基础(第三版)》。安装时一般用专用工具，须四人合力将电动转辙机抬上基础短角钢，并注意将电动转辙机的电机端朝岔前方向，对准电动转辙机与短基础角钢连接的四个孔，由下向上穿出 M20×70 螺栓，套上弹簧垫圈，拧紧螺母。

(4)密贴调整杆、尖端杆和表示连接杆的安装

密贴调整杆、尖端杆和表示连接杆称为道岔安装的“三杆”，其安装步骤如下：

①密贴调整杆的安装

a. 首先将杆架安装在第一连接杆上。

b. 将卸下远端螺母、挡环、轴套的密贴调整杆从转辙机一侧穿过轨底，伸入杆架，使止挡缺口朝外拧入远端轴套，再使挡铁面朝内顺丝扣凹槽套入挡环，最后拧上紧固螺母。

c. 拔出密贴调整杆另一端的联结螺栓，插入转辙机动作杆，三孔照齐，由下向上插入螺栓销，套垫圈拧紧螺母，并穿开口销劈开，如图 3.110 所示。

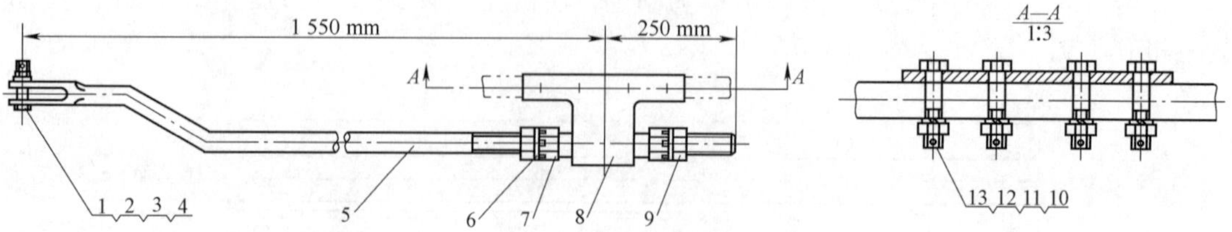

图 3.110　密贴调整杆

1、2、3、4—螺栓组；5—拉杆；6—挡环；7—轴套；8—立式杆架；9—螺母；10、11、12、13—螺栓组

②尖端杆安装

尖端杆如图 3.111 所示。安装时，使尖端铁朝向尖轨，尖端杆中线与第一连接杆中线间距 162 mm。安装后，将舌铁调到杆长的中间位置，左、右用螺母拧紧。

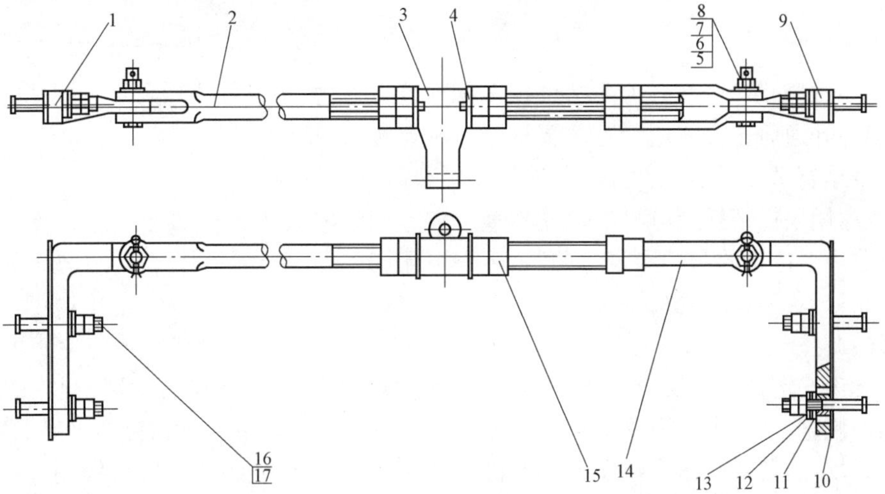

图 3.111　尖端杆

1—A 尖端杆；2—拉杆；3—舌铁；4—挡环；5、6、7、8—螺栓组；9—B 尖端杆；10—绝缘板；11—绝缘管；12—绝缘垫圈；13—垫圈；14 螺栓接头；15—螺母；16、17—螺栓组

③表示连接杆的安装

表示连接杆如图 3.112 所示。将连接杆 H 接头铁与转辙机表示杆连接，另一端卸下联结螺栓，套在尖端杆舌铁上，三孔对齐，由下向上穿出联结螺栓，加垫圈拧紧螺母，并在端部穿开口销劈开。

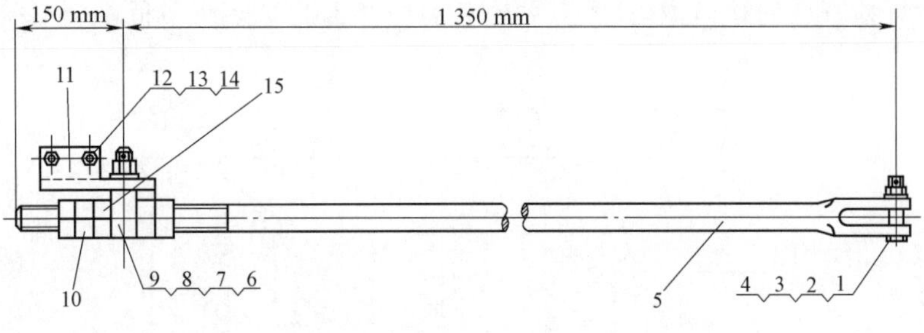

图 3.112　表示连接杆

1、2、3、4—螺栓组；5—拉杆；6、7、8、9—活接螺栓组；

10—螺母；11—H 接头铁；12、13、14—螺栓组；15—套

(5)转辙机倒边

转辙机出厂时均按正装装配，即站在电机侧面向转辙机，动作杆和表示杆是从机壳右侧伸缩的。正装转辙机适用于在道岔的左边安装，安装在右侧时，需对转辙机倒边，将正装改为反装。方法如下：

①打开转辙机机盖，用手摇把摇动转辙机至四开位置。

②拔出齿条块上两只挤切销，圆形动作杆便可从机壳右侧抽出，同时抽出表示杆。

③将右侧方孔套、圆孔套与左侧罩筒、调整筒互相换位。

④从左侧将动作杆、表示杆插入，重新安装两只挤切销。

⑤调整表示杆连接头位置，如图 3.113 所示。以维持表示连接杆中心线与动作杆中心线距离不变。

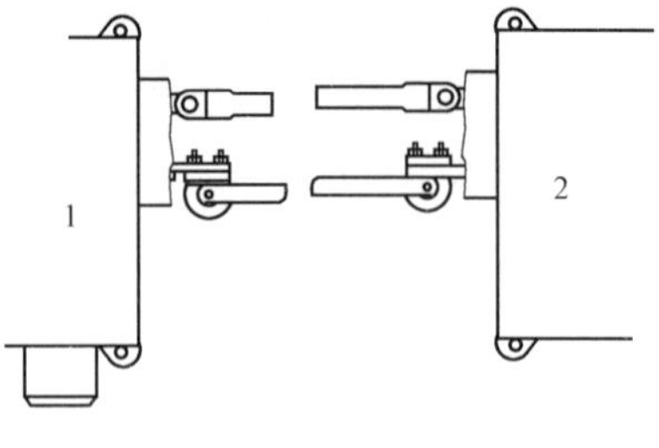

图 3.113 表示杆连接头位置

1—表示杆右伸（正装）时连接法；

2—表示杆左伸（反装）时连接法

(6)道岔调整

电动转辙机安装完毕，必须严格按技术标准进行道岔调整，以确保开通后正常使用。道岔调整是否符合要求对列车的安全运行关系重大，必须认真进行。调整时，应断开安全接点，用手摇把摇动电机使道岔转换变位。调整项目包括道岔两个位置的密贴和表示调整、摩擦电流调整和表示接点及移位接触器调整。

①密贴调整

道岔无论在定位或是反位，尖轨必须密贴基本轨。假如转辙机已转换到底且锁闭，但尖轨仍未密贴左侧基本轨，说明道岔太松。此时，需逐步旋紧密贴调整杆嘴唇铁右侧轴套螺母，使尖轨密贴。反之，若尖轨已密贴左侧基本轨，但转辙机尚未转换到底和实行锁闭，说明道岔过紧。此时，需旋松嘴唇铁右侧轴套螺母，使转辙机能转换到底并实行锁闭。道岔松紧程度的把握上，要求用手摇把摇动转辙机，当尖轨靠拢基本轨后，再继续摇动 2.5～3 圈，使尖轨与基本轨间有一定压力，此时动接点打入静接点，获得表示，比较合适。

左侧调好后，手摇转辙机使道岔转换，再调右侧密贴，调整合适后，密贴调整杆轴套应有大于 5 mm 的空动距离，螺杆两侧丝扣长度基本相当。最后，将轴套两侧挡环对位，拧紧两侧螺母，在螺母外侧再用 $\phi1.6$ mm 铁丝绑扎两道，以防螺母松动。

②表示杆缺口及连接杆调整

表示杆缺口的调整直接关系着道岔的表示与锁闭。道岔密贴并被锁闭后，左侧检查柱恰好落在前表示杆检查块的缺口内，并且其两侧各有(1.5±0.5) mm 的间隙，如图 3.114 所示。

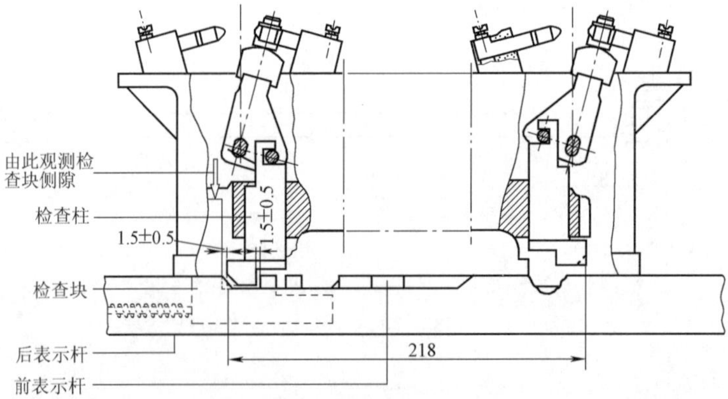

图 3.114 表示杆与检查柱动作关系(单位:mm)

道岔转换时，尖轨移动通过尖端杆、表示连接杆带动表示杆向右移动，尖轨密贴右侧基本轨并被锁闭后，右侧检查柱才能落入后表示杆检查块的缺口内，与检查柱联动的动接点才接通第 2 排静接点组，构成反位表示电路。两检查块缺口之间的距离过大或过小都将影响右侧检查柱的准确落入，影响道岔的表示与锁闭。

若两检查柱外侧之间相距 218 mm，考虑到检查柱两侧要有(1.5±0.5) mm 的间隙，定位时前表示杆检查块缺口的左内侧至反位后表杆检查块缺口的右内侧的距离 L 为

$$L=218+1.5\times 2=221(\text{mm})$$

不难看出，两检查块缺口间距离 d 与道岔尖轨行程 S、L 三者之间有下列关系：

$$d=L-S$$

a. 检查块缺口距离调整。道岔密贴调整后，在第一连接杆中心处即可测得道岔转换时尖轨的行程 S，例如 152 mm。那么两检查块缺口之间距离 d 为

$$d=221-152=69(\text{mm})$$

摇动转辙机，使检查柱退出检查块缺口，抽出表示杆，松开两表示杆之间的横穿螺栓。拧动后表示杆尾端的调整螺栓，使两检查块之间距离等于 69 mm。然后，拧紧横穿螺栓，将表示杆插入转辙机，使其与表示杆、连接杆连接。

显然，检查块缺口之间距离调整宜在表示连接杆安装之前进行。

b. 表示连接杆调整。摇动转辙机使尖轨密贴左侧基本轨后，再摇动摇把 2.5～3 圈，对道岔实行锁闭，此时表示杆伸出，左侧检查柱应落入前表示杆检查块缺口内，其两侧应各有(1.5±0.5) mm 间隙。若达不到要求，则需松开表示连接杆活节螺栓两侧的螺母予以调整。

c. 摇动手摇把，使道岔变位。尖轨密贴右侧基本轨后，右侧检查柱应恰好落入后表示杆检查块缺口，并在其两侧留有(1.5±0.5) mm 间隙。否则，说明两检查块缺口之间距离尚不合适，需按步骤 l 重新调整(此时无须抽出表示杆)。

d. 4 mm 间隙复查。调整好后，应摇动道岔进行两次复查。在第一连接杆中心位置，尖轨与基本轨之间插入厚 4 mm、宽 20 mm 的铁板，摇动转辙机至密贴位置，此时转辙机主轴不应转至锁闭状态，检查柱不应落下。取出铁板后，再摇至密贴位置，检查柱方能落入检查块缺口，并维持侧隙大小不变。摇动道岔变位，进行另一侧 4 mm 间隙不锁闭复查。

③摩擦电流调整

摩擦联结器是转辙机中电动机与道岔的软联结装置。当道岔转换中途卡阻或因转至终点(道岔太紧)而不能继续移动动作杆时，使电动机带动摩擦联结器空转，达到保护电动机的目的。此时，由于电动机转速降低，促使电流值增大，这便是摩擦电流。最大摩擦电流定为额定电流的 1.3～1.5 倍。ZD6 系列电动转辙机的额定动作电流为 2 A，最大摩擦电流一般定为 2.6～2.9 A。

a. 测量摩擦电流。打开转辙机机盖，断开安全接点，在接点间串入量程为 5 A 的直流电流表(注意：05 为正；06 为负)。同时，在第一连接杆处的尖轨与基本轨之间插入厚 4 mm 以上的硬物(如 4 mm×20 mm 铁板)。然后，接通转辙机电源，使道岔转换。当尖轨被卡阻时，直流电流表的读数便是摩擦电流值。

b. 调整摩擦电流。摩擦电流值过大或过小时，均应予以调整。调整时拧动摩擦联结器的调整螺母即可，旋松可使摩擦电流减小；旋紧使摩擦电流升高。太松会使电动转辙机力矩变小，滑床板稍不润滑便会使转辙机空转，影响道岔转换，太紧会使摩擦联结器变成“硬”联结，当真正卡阻时，电动机骤停，电流值过大，以至烧毁电机。根据经验一般调整为 2.8 A 为宜。

④表示接点及移位接触器调整

转辙机内设有四排静接点、两排动接点。动接点在静接点片内的接触深度不得少于

4 mm;在动接点两侧与静接点接触深度差不得超过 1.5 mm;速动爪落下前,动接点在静接点内窜动,须保证接触深度不少于 3 mm;动接点和静接点沿插入方向的中分线偏差不得超过 0.5 mm;各接点片的压力均匀,接触压力不少于 500 N。

a. 表示接点的调整

先拧松速动爪背部螺钉的螺母,再拧动螺钉,即可调整动接点在静接点片内的插接深度。拧松相应静接点组整体弹片的固定螺栓,可对动接点两侧接触深度差及中分线偏差予以调整。适当改变静接点整体弹片开合形状,便调整了接点压力。

b. 移位接触器的复位

移位接触器有两个,分别与齿条块伸出或拉入时的顶杆位置相对应,移位接触器触头与顶杆两者相距 1.5 mm。接触器其实是两组非自复式常闭接点,分别串接在道岔定位和反位表示电路中。挤岔时,来自尖轨的挤岔力达到(3 000±200) N 时,连接齿条块和动作杆的两挤切销受横向剪切力作用先后会被挤断,动作杆在齿条块内产生移动。当移动量仅有刚开始移动的 3 mm 时,动作杆内 45°斜度的锥形坑便推动齿条内顶杆向上同样移动 3 mm。经过 1.5 mm动程,顶杆与移位接触器触头接触,使其上升 1.5 mm,而触头的断电行程只需(0.7±0.1) mm,从而使移位接触器常闭接点断开,表示电路断电,给出挤岔报警表示。

移位接触器的常闭接点一旦断开,便不会自动复原。必须在有关人员打开转辙机,确认挤切销完好或被切断的挤切销已被换新,方可从移位接触器上方的窗孔,用螺丝刀向下压下弹片,使接点复原,接通表示电路。压弹片时压力不可过大,以免接点板变形。

2. S700K 型交流电动转辙机安装

目前,提速道岔普遍采用交流转辙机和分动外锁闭装置。交流转辙机又有 S700K 型电动转辙机和 ZYJ7 型电液转辙机两种类型。至于每组道岔使用转辙机的数量则随道岔的辙叉号码的增大及心轨可动而增加。表 3.18 列出了各种提速道岔各牵引点的动程。

表 3.18　提速道岔各牵引点动程表

辙叉号	转辙器(mm)			可动辙叉(mm)		
	牵引点序	尖轨动程	锁闭杆动程	牵引点序	心轨动程	锁闭杆动程
12	1	160±3	220	1	117±1.5	220
	2	75±3	150	2	68	150
18	1	160±3	220	1	98±1.5	220
	2	122±3	220	2	56	150
	3	68±3	150			
30	1	120±5	220	1	97.5±5	220
	2	110±5	220	2	/	220
	3	100±5	220	3	/	150
	4	85±5	150			
	5	80±5	150			
	6	70±5	150			

下面以 12 号可动心轨辙叉单开道岔为例,介绍钩式分动外锁闭装置和 S700K 型电动转辙机的安装。

1)钩式外锁闭装置的安装

外锁闭装置

(1)对道岔的要求

①道岔始端轨距为 $1\ 435^{+3}_{-2}$ mm。

②尖轨尖端轨距为(1 435±1) mm。

③尖轨轨头至刨切点处轨距为(1 435±1) mm[日常养护维修标准为(1 435±1.5) mm]。

④尖轨头部至第一牵引点处的缝隙应不大于 0.2 mm,第一牵引点至刨切处的缝隙均不得大于 1.0 mm。

⑤尖轨应无弯腰、拱背,与滑床台应密贴,在连续 4 块滑床台中至少有 3 块密贴(指有磨痕或缝隙不大于 1 mm),其他部分缝隙不得大于 2.0 mm。

⑥顶铁与尖轨轨腰间隙小于 1.5 mm。

⑦尖轨工作边的直线度不大于 2.0 mm(指由尖轨尖端至刨切点拉直线的最大弯曲处的横向距离)。

⑧直线远视方向应顺直,用 10 m 弦量偏差不超过 4.0 mm。

⑨轨面高低用 10 m 弦量,不得大于 4.0 mm。

⑩尖轨尖端与基本轨接头距离为(2 968±2) mm。两尖轨尖端所连直线垂直于直股基本轨,偏差不得大于 6 mm。

(2)尖轨钩式外锁闭装置安装

①先将两锁闭铁与固定螺栓从锁闭框上拆下。

②将一侧锁闭框上的螺栓卸下,从该侧基本轨内侧对应眼孔向外穿出,连接该侧锁闭框与基本轨,但导向销先不用开口销固定。

③将两侧尖轨连接铁安装在两侧尖轨的外侧,销轴应予卸下。

④把该侧锁钩缺口扣在锁闭杆同侧的凸台上,然后一起穿入已连接在基本轨上的锁闭框中,并使导向销进入锁闭杆两侧导向槽,穿入开口销将导向销固定。

⑤将另一侧锁钩缺口扣在锁闭杆另一侧凸台上,并一起套入另一锁闭框,使导向销进入锁闭杆导向槽,用开口销将导向销固定。

⑥用该锁闭框上的螺栓将锁闭框与该侧基本轨连接。

⑦穿入销轴将两锁钩分别与相应的尖轨连接铁连接,销轴应从岔前向岔后方向穿入,以免影响表示杆的尖端铁安装。用开口销将销轴固定。

⑧安装两侧锁闭铁,并用固定螺栓将其与基本轨连接固定。

(3)尖轨钩式外锁闭装置调试

①调整两锁闭框,使两锁闭框对正,保证锁闭杆及锁钩动作平稳,无别卡现象。

②通过调整锁闭铁和锁闭框之间调整片的数量,进行尖轨密贴的微调,满足 2 mm 锁闭和 4 mm 不锁闭。

③调试完成后,安装合适限位块,使其在锁闭侧与锁闭框的距离小于 2 mm。

(4)可动心轨用钩式外锁闭装置安装

钩式心轨外锁闭装置在心轨的各牵引点的结构相似。图 3.115 和图 3.116 列出了 12 号可动心轨两牵引点的外锁闭装置安装图。外锁闭装置都是由锁闭杆钩和两块锁闭铁构成的。心轨外锁闭装置的安装与调试,与尖轨处的相同。

2)S700K 型电动转辙机安装

12 号可动心轨辙叉单开道岔的 S700K 型电动转辙机安装如图 3.117 所示。图示装在直股基本轨一侧，若安装在弯股侧，则按图对称布置，其零件不变。

(1)构件组成

①转辙机托板用来安装转辙机，它通过螺栓固定在轨枕端部，使转辙机及外锁闭装置与道岔连成一个整体。尖轨处托板如图 3.118 所示。心轨处托板只是弯板处尺寸有所不同(图中括号所示)。

②动作连接杆用来连接转辙机动作杆和锁闭杆，以便动作杆动作时带动外锁闭装置，使尖轨和心轨转换位置并被锁闭。尖轨处第一、二牵引点处动作连接杆如图 3.119 所示。

心轨牵引点处的动作连接杆结构完全一样，只是杆长有所不同。

③短表示杆用来连接转辙机近侧尖轨，可通过轴套和螺母调整表示杆的长度，如图 3.120 所示。

④长表示杆用来连接离转辙机远侧的尖轨，也是通过旋动轴套和螺母调整表示杆长度，如图 3.121 所示。

⑤心轨表示杆只用在心轨第一牵引点，将转辙机检测杆与心轨予以连接，杆中螺母和轴套用来调整表示杆长度，如图 3.122 所示。

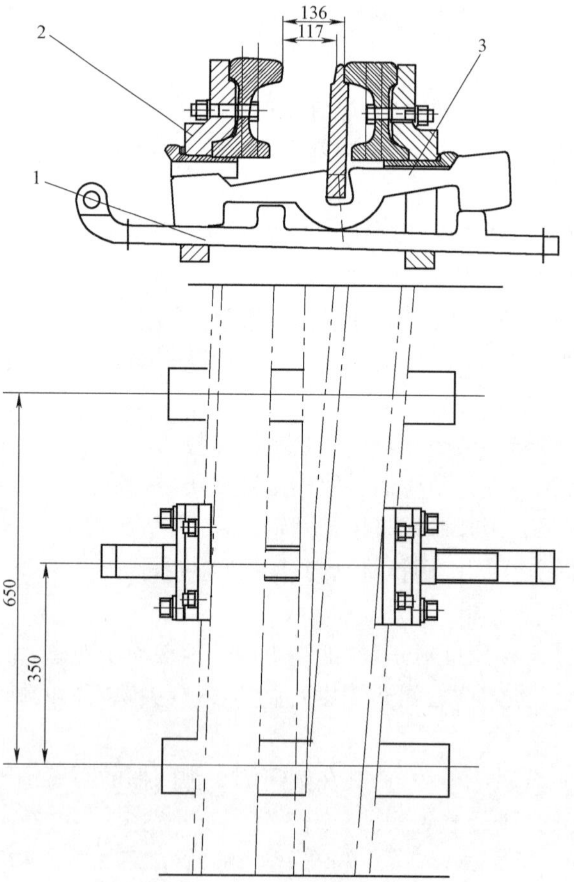

图 3.115　12 号单开道岔可动心轨第一牵引点安装图(单位：mm)

1—锁闭杆；2—锁闭框；3—锁钩

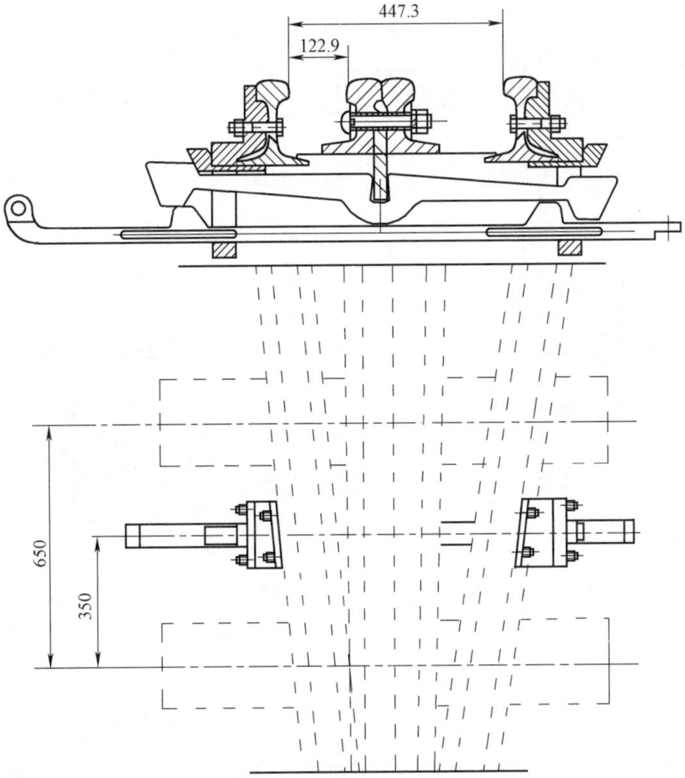

图 3.116 12 号单开道岔可动心轨第二牵引点安装图(单位:mm)

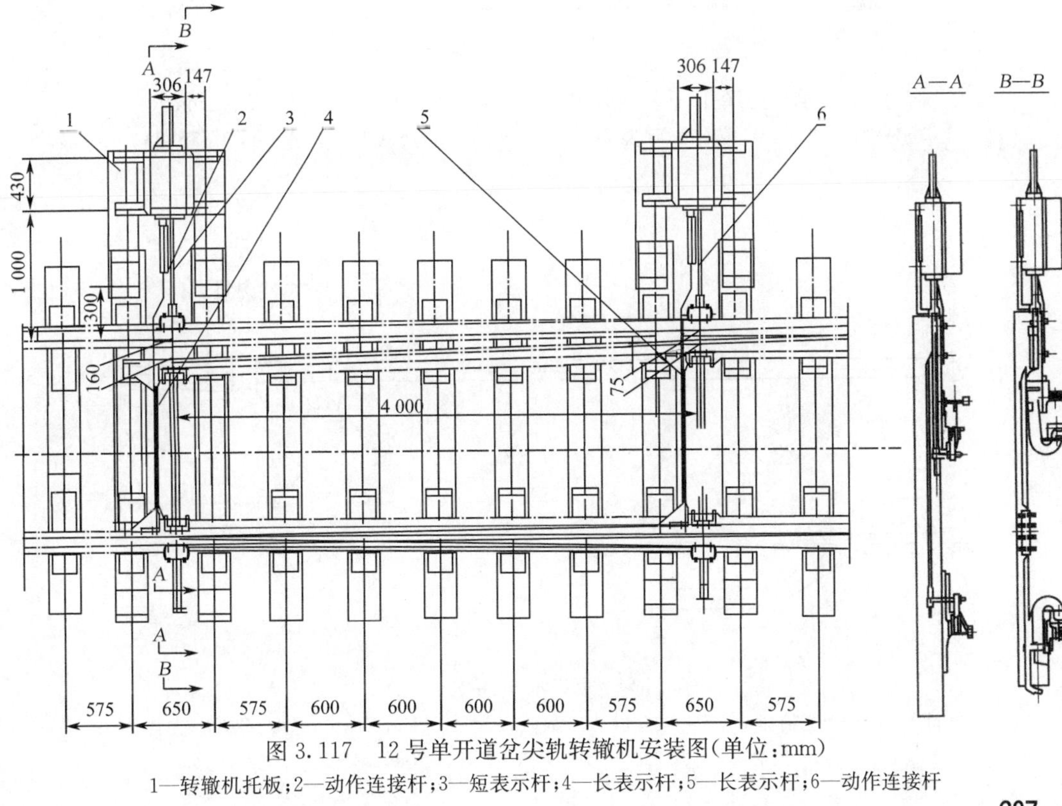

图 3.117 12 号单开道岔尖轨转辙机安装图(单位:mm)

1—转辙机托板;2—动作连接杆;3—短表示杆;4—长表示杆;5—长表示杆;6—动作连接杆

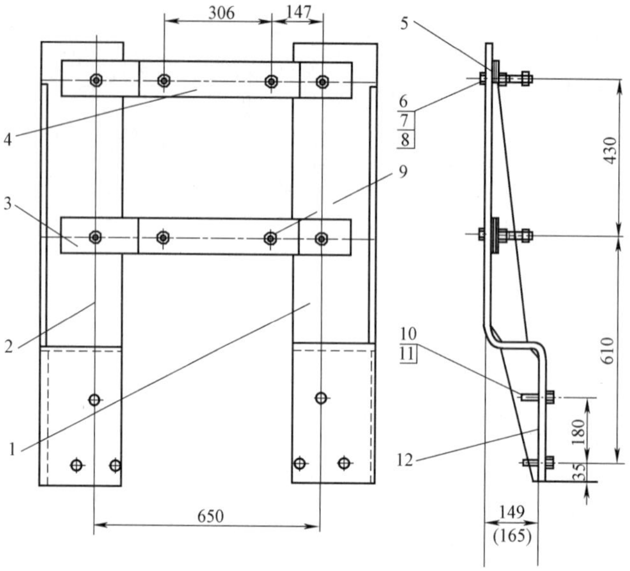

图 3.118　转辙机托板示意图(单位:mm)

1、2—弯板;3—转辙机垫板;4—调整板;5—橡胶垫;6—螺栓 M20×55;7—螺母 M20;8—垫圈 20;9—螺栓 M20×90;10—螺栓 M24×90;11—垫圈 ϕ24;12—橡胶垫

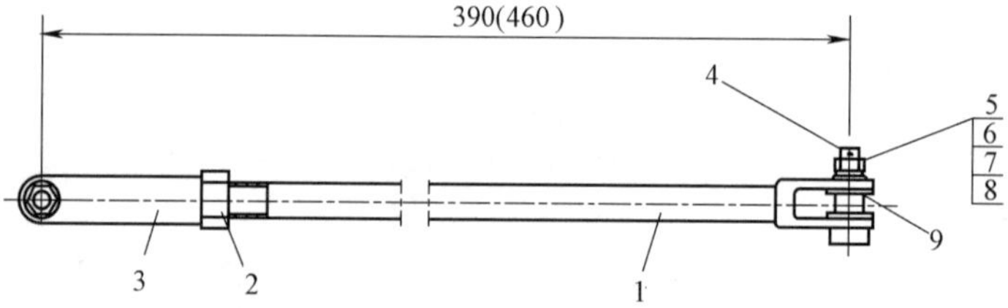

图 3.119　动作连接杆(括号内数字为第二牵引点和心轨牵引点)(单位:mm)

1—动作杆;2—螺母;3—接头;4—螺栓销;5—螺母 M20;6—垫圈 ϕ20;7—垫圈 ϕ20;8—开口销 5×40;9—绝缘管

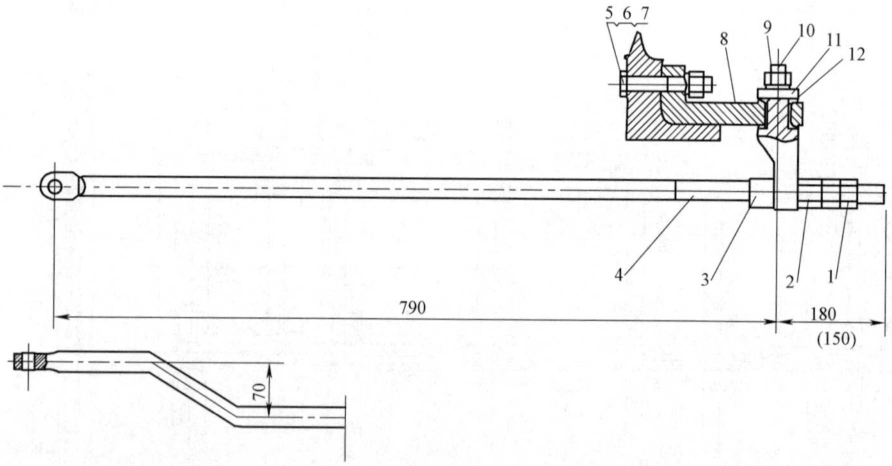

图 3.120　短表示杆(单位:mm)

1—螺母 M24;2—有扣轴套;3—无扣轴套;4—表示杆;5—螺栓 M20×100;6—螺母 M20;7—垫圈 ϕ20;8—尖端铁;9—接头;10—开口销 5×40;11—垫圈;12—绝缘管

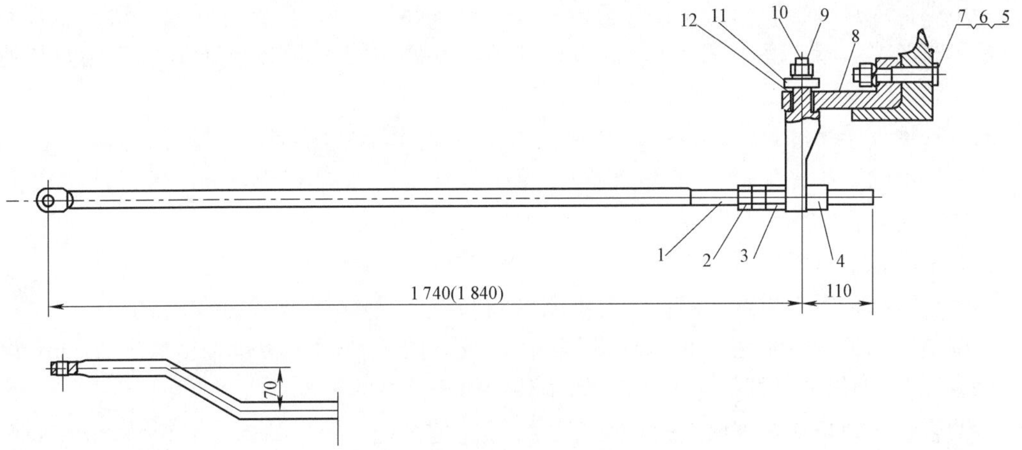

图 3.121 长表示杆(单位:mm)

1—表示杆;2—螺母 M24;3—无扣轴套;4—有扣轴套;5—螺栓 M20×100;6—螺母 M20;7—垫圈 ϕ20;8—尖端铁;9—接头;10—开口销 5×40;11—垫圈 ϕ30;12—绝缘管

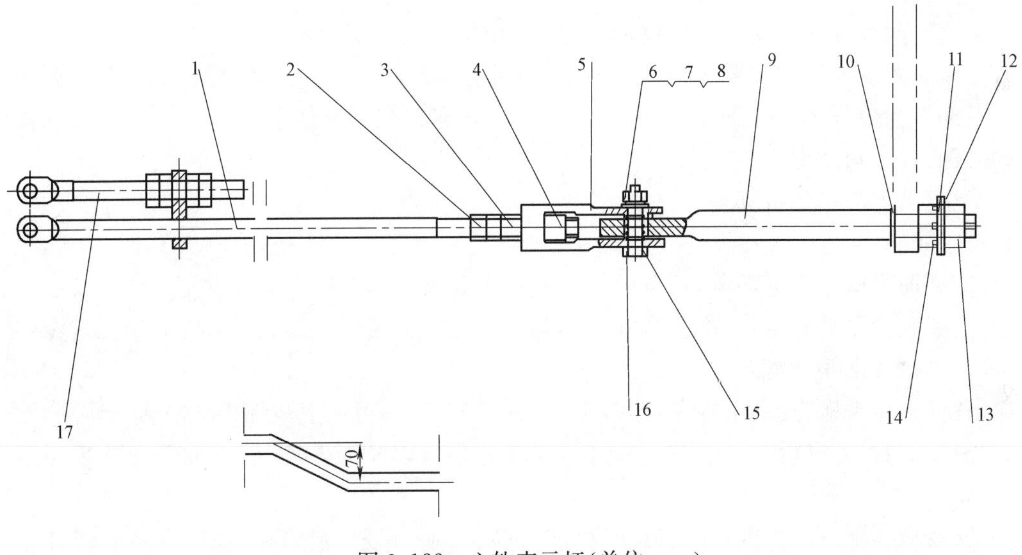

图 3.122 心轨表示杆(单位:mm)

1—表示杆;2—螺母 M24;3—无扣轴套;4—有扣轴套;5—接头;6—螺母 M20;7—垫圈 20;8—垫圈 ϕ20;9—表示接头杆;10—垫片;11—挡环;12—开口销 5×40;13—螺母 M30;14—开槽螺母 M30;15—螺栓销;16—绝缘管;17—表示杆

(2)安装方法和技术要求

安装 S700K 型电动转辙机之前,工务部门除了按要求调整好道岔各牵引点轨距,还需按要求整治轨枕位置,并将固定转辙机托板的岔枕铺设到位。由于岔枕及道岔构件上已预制好各种眼孔,所以无须划线、钻孔。

①在固定转辙机的岔枕端部安装转辙机托板。要求弯板与直股基本轨垂直,而垫板与弯板垂直。

②将转辙机固定在垫板上,通过增减调整板数量,调整转辙机高低,使杆件动作平顺。

③在各牵引点,由尖轨内侧向外穿出 M20×100 的螺栓,将尖轨与该牵引点的长、短表示杆连接。

④用动作连接杆将转辙机动作杆与锁闭杆相连，同时，将长、短表示杆及心轨表示杆与转辙机检测杆连接。要求动作杆、动作连接杆和锁闭杆处在同一直线上，而表示杆则与检测杆平行。

⑤各杆件连接平顺，无别卡现象。连接销置入或退出容易，不得用手锤强行敲击。

⑥调整道岔宜按先尖轨、后心轨，由第一牵引点到第二、第三牵引点顺序进行，用摇把摇动转辙机调整时，需几个牵引点相互配合。

⑦调整时，先调密贴，再调锁闭量，最后调表示缺口。

⑧调整密贴松紧是通过增减锁闭与锁闭框间调整片厚度类型和数量进行的。

⑨调整锁闭量应测量定反位两侧的锁闭量大小，两侧锁闭量相差不得大于 2 mm，过大时，可通过旋转动作连接杆的接头和螺母，调整动作连接杆的长度进行。

⑩调整表示缺口应观察密贴时检测杆缺口标记是否处于检测缺口中心位置，应使两侧间隔相等(1.5±0.5)mm。若有偏离，则通过旋动表示杆的轴套和螺母，调整表示杆的长度来进行。

⑪手动调整结束，应电动转换道岔，检查尖轨在各牵引点与密贴基本轨间及心轨第一牵引点与密贴翼轨间有 4 mm 及以上间隙时，不得锁闭道岔和接通表示。

⑫安装装置及外锁闭装置各种零件齐全，质量合格；各部绝缘安装正确、无遗漏、不破损。

⑬各部螺栓应紧固并达到规定的紧固力矩，丝扣露出螺帽外的余量在 5～10 mm；开口销齐全，并按照标准角度劈开。

3. ZYJ7 型电液转辙机安装

1)技术要求

(1)安装前要检查工务部分，符合道岔有关技术要求后方可安装电务设备。

(2)安装装置零件齐全，各部绝缘安装正确，不遗漏、不破损。螺栓应紧固并达到规定的紧固力，开口销按标准角度劈开。

(3)各杆连接平顺，无别卡现象，连接销置入或退出时不得用手锤强行敲击。

(4)液压油管出入槽钢时应用胶管防护，并留有余量以减缓振动受力，油管弯曲半径不小于 100 mm。

(5)安装应保证开口正确，在定位或反位时尖轨必须与基本轨密贴，在第一牵引点外锁闭装置锁闭杆中心处的尖轨与基本轨间插入厚 4 mm、宽 20 mm 的钢板时，外锁闭装置和电液转辙机不锁闭且不得接通表示。任意位置的尖轨与基本轨间插入 10 mm 厚、20 mm 宽的钢板时，外锁闭装置和电液转辙机不锁闭且不得接通表示。

2)安装方法

ZYJ7 型电液转辙机安装如图 3.123 所示。

(1)安装前对工务部分主要有以下要求(一、二动尺寸相同)：

①两水泥枕中心距为 650 mm。

②基本轨上外锁闭框连接孔中心距前一个水泥枕中心均为 350 mm。为保证安装位置，可在前、后增设拉板以确保使用中不产生大的变化。

③水泥枕头部预埋螺栓孔距钢轨内侧分别为 390 mm 和 570 mm。

(2)按标记分别安装第一、第二牵引点处基础托板，其安装尺寸如图 3.124 所示。

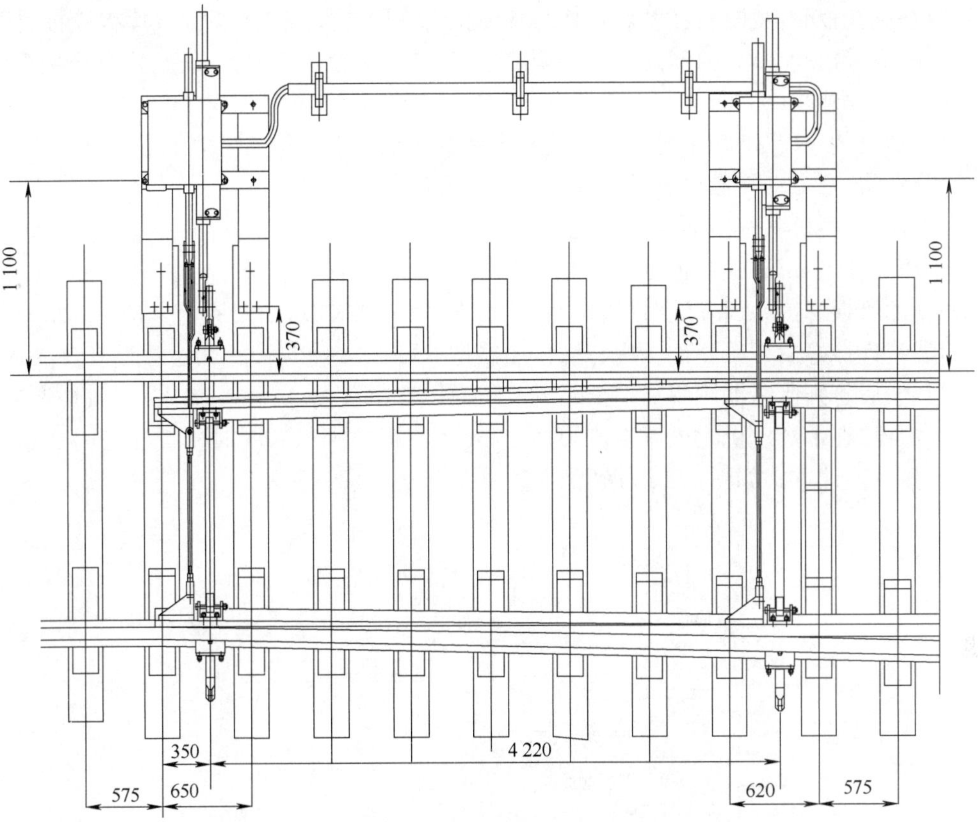

图 3.123　ZYJ7 型电液转辙机安装示意图(单位:mm)

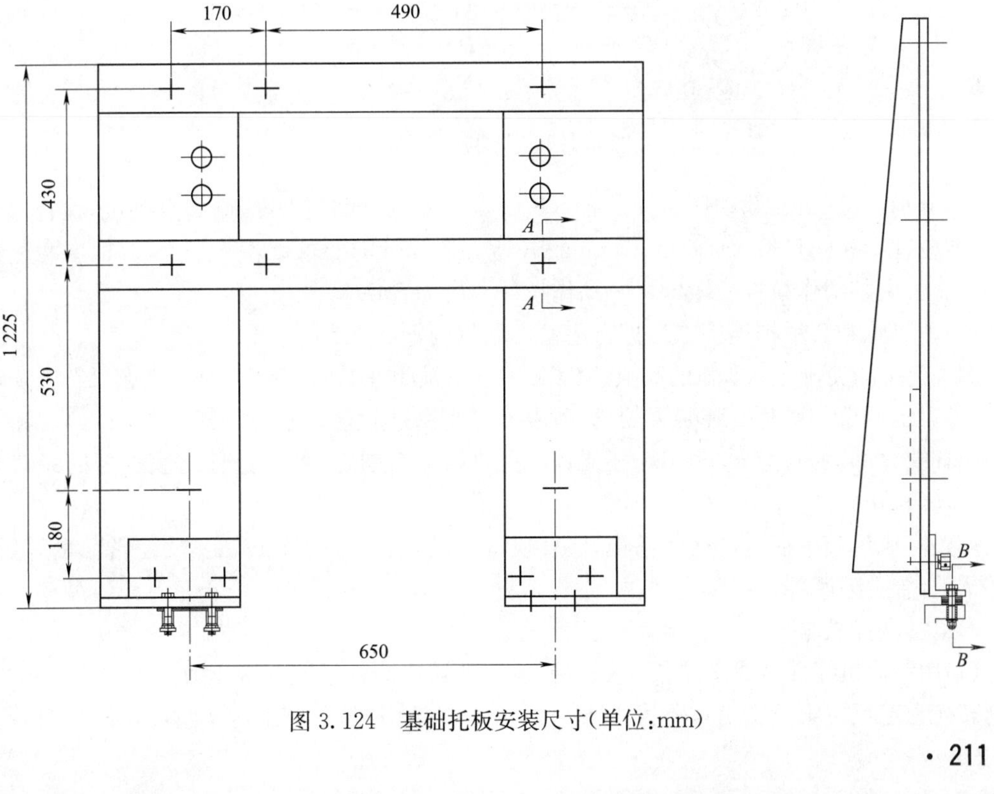

图 3.124　基础托板安装尺寸(单位:mm)

安装基础托板时应注意：在基础托板与水泥枕上平面之间应垫上 5 mm 厚橡胶板；横连接板与弯板间应装橡胶垫，必要时还应加装调整垫，以便于调整转辙机的高低；安装连接板时，注意确认转辙机安装孔的方向。一动单孔在前，二动近距两孔在前。

(3)分别安装一、二动表示拉杆。安装时应使有扣轴套永远位于尖轨下方。

(4)分别将一、二动转辙机和转换锁闭器安装就位。

(5)连接主、副机油管。油管的安装方式有地面安装和地下铺设两种，要注意使油管的弯曲半径不小于 100 mm，并保证油管进出槽钢和地面时留有一定余量，用橡胶防护管做好防护，以防止油管损坏。地面安装时用管卡紧固牢靠，地下铺设时，铺设深度应符合要求。

(6)油管连接好后开始注油。用专用注油器将 YH-10＃航空液压油由注油孔注入油箱至油标上限，然后打开遮断器用手摇把摇动电液转辙机转换数次，排掉系统中的空气(排气方法：松开油标螺栓，在手摇电机时松紧溢流阀，使空气从油箱中排出)，同时检查油箱内油量，补充至油标上限。注油方式如图 3.125 所示。

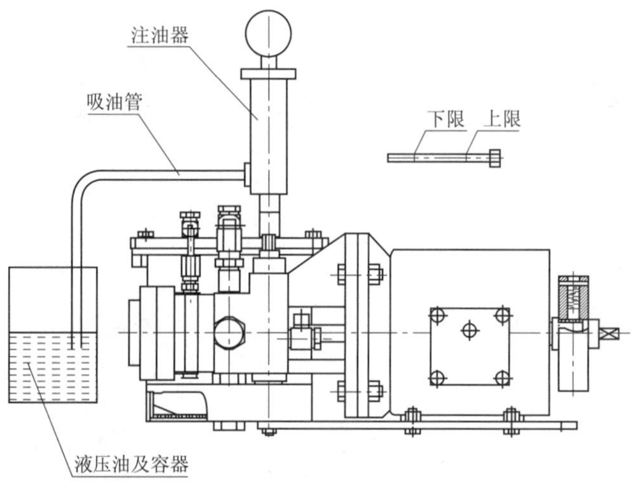

图 3.125　注油方式示意图

(7)分别连接一、二动动作拉杆及表示拉杆。手摇或电动使一、二牵引点到位，检查道岔开口，两侧应基本相同且符合(160±3) mm 和(75±3) mm 的要求。若不符合，应根据两侧开口差除以 2 去调整动作拉杆长短即可。动作拉杆上齿为 3 mm。

(8)动作感和表示杆连接之后进行道岔密贴的调整。

观察到位的尖轨与基本轨的间隙，增减锁闭铁与锁闭框的调整垫片，使尖轨密贴符合要求。

(9)表示调整。调整安装装置的长、短表示杆使密贴轨(尖轨、心轨第一牵引点)的锁闭柱与锁闭杆缺口间隙为(2±0.5) mm，密贴轨(尖轨第二牵引点)的检查栓与表示杆的缺口间隙为(4±1.5) mm。

调整完成后应手摇道岔往复动作，检查缺口无误，道岔开口正确，定、反位密贴良好后，拨出手摇把，合上遮断器。

3)道岔电操试验

(1)用转辙机综合测试仪或专用仪表检查，正常转换油路系统两侧压力小于或等于 9 MPa，道岔转换力定反位第一牵引点不大于 1 810 N；第二牵引点不大于 4 070 N；并将两侧溢流压力调整至10～11 MPa，电液转辙机有关电气特性符合产品技术要求。

(2)电操电液转辙机在尖轨第一、第二牵引点、心轨第一引点外锁闭装置锁闭杆中心处的尖轨与基本轨、可动心轨和翼轨间插入厚4 mm、宽20 mm的铁板，在尖轨第一、第二牵引点间的尖轨与基本轨间任一点间插入厚10 mm、宽20 mm的铁板时，外锁闭和电液转辙机不锁闭且不得接通机内表示接点。在第一、第二牵引点和心轨第一牵引点处插入厚2 mm、宽20 mm的铁板外锁和转辙机应锁闭。

4)ZYJ7型电液转辙机常见故障处理

(1)电机正常转动，油缸不动作

油箱严重缺油，应用专用注油器注入YH-10＃航空液压油。

(2)油缸动作而不到位

看是否油箱缺油，如是，应注入YH-10＃航空液压油。

如尖轨已密贴，则应检查知否机械卡阻，应去掉卡阻物；或是外锁闭器未调整好，应调整外锁闭器。

如果尖轨没有密贴，则应检查：

①机械或外锁闭器及道岔有卡阻物，应调整或去除卡阻物。

②电液转辙机溢流压力低，调整至10～11 MPa。

③道岔转换阻力超标应与工务进行整治道岔。

(3)油缸到位，接点不转接

①锁闭柱或检查柱落不到锁闭杆或表示杆缺口内，应调整安装装置的长、短表示杆，使密贴杆(尖轨、心轨第一牵引点)的锁闭柱与锁闭杆缺口间隙为(2±0.5)mm，和密贴杆(尖轨第二牵引点)的检查柱与表示杆的缺口间隙为(4±1.5)mm。

②锁闭柱或检查柱在固定座内动作不灵活，应调整注油。

(4)油缸到位，反弹断表示

①要确认油路系统是否有气，若有气，应松开油标螺栓，在手摇电机时，松紧溢流阀，使空气从油箱中排出。

②判定惯性轮是否失效，判断方法：使电机轴不转用专用测扭矩工具，拉动惯性轮看是否符合规定的扭矩，如扭矩过大可从弹簧孔处滴2～5滴润滑油使其转动力矩达到规定要求，如达不到规定要求则应更换惯性轮装置。

(5)主机与副机动作不同步

可将动作慢的牵引点相对应的调节螺栓(在两侧椭圆孔盖内)逆时针方向调整，使两点动作同步；如仍不同步，则应将动作快的机子相应的调节螺栓适当调紧，减少该机油量流速达到宏观同步要求。

(6)挤脱的判断与恢复

①判断

a. 挤脱后，SH6型转换锁闭器应可靠切断表示电路。

b. 锁闭铁横向移动处于不对称状态，可提前加标记线等，挤脱后便于判断。

c. 挤脱后，锁闭铁移动使挤脱块上移3 mm。

②恢复

a. 手摇转辙机至道岔处于四开位置，使动作杆不变力且处于解锁状态。

b. 打开铅封，松开调整螺母，注意不必拿下，只要使环形簧不受力即可。

c. 用小棍或螺丝刀拨动副机锁闭铁至原位，同时挤脱块落下 3 mm 后，拧紧调整螺母到原位即可。

d. 经挤脱后的安装，外锁及转辙器还应经检查确认后，方可投入正式使用，尤其是外锁闭道岔。按规定提速道岔不允许挤，但目前为止还是不可避免的。

(7)遇特殊情况时的应急措施

如遇到油管被砸破或液压系统处于瘫痪状态，无压力，道岔又处于四开位或必须用另一个位置时，怎么处理呢?

根据转辙机外锁闭装置的动作原理，可按下述方法进行：

①首先松开溢流阀，然后用撬杠或其他工具分别撬动一、二动转辙机和转换锁闭器的油缸，使动作杆解锁。

②用撬杠撬动斥离轨，使一、二动外锁闭解锁并至另一个位置，再撬动另一斥离轨。

③再用小撬杠撬动一、二动油缸，使转辙机和转换锁闭器锁闭，接点落下，给出另一表示即可。

(8)电液转辙机伸出方向的调整

当电液转辙机伸出方向与安装使用方向不一致时，可按以下方法进行调整：

①拆下电液转辙机及转换锁闭器动作杆、锁闭杆、表示杆的保护管。

②扳起接点使锁闭柱、检查柱抬起，将锁闭杆、表示杆从原侧拉出，旋转 180°从另一侧插入。

③将动作杆、锁闭杆、表示杆的保护管安装到另一侧即可。

典型工作任务 6　轨道电路施工

3.6.1　工作任务

掌握轨道电路的施工方法，包括钢轨绝缘、轨端接续线、道岔跳线及有关设备的安装和轨道电路的调试。

3.6.2　知识链接

1. 轨道电路施工的一般规定

(1)轨道电路安装一般包括轨旁设备安装、钢轨绝缘安装、接续线、跳线、引接线安装等。

(2)在轨道电路区段内，连接两轨条间具有导电性能的各种装置，应装设绝缘。移频轨道电路护轮轨长度大于 200 mm 时，除护轮轨两端各装设备绝缘外，每隔不超过 200 mm 的距离在护轮轨上安装轨端绝缘。

(3)相邻轨道电路的极性(相位或频率)应交叉。

(4)在钢轨上钻孔应使用专用钻孔机具。

(5)轨道电路施工应认真执行有关安全技术规程。

①在进行轨道钻孔，安装轨道接续线、道岔跳线或钢轨连接线时，施工地点及人员宜集中作业。

②在电力牵引区段更换扼流变压器、连接线、钢轨绝缘时，应按规定办理停电手续，确认停电后方可进行施工。

③更换钢轨绝缘时，在双轨条轨道电路中严禁断开接向扼流变压器连接线中任何一侧或两个扼流变压器中点的连接线。

④更换轨端连接线时，不得将双线同时断开。

⑤拆除轨端绝缘时，应先将绝缘两端轨道电路连通，之后再更换钢轨接头夹板。

⑥在既有线安装或更换轨道电路设备时，必须在车站行车室设驻站联络员，在施工地点设安全防护员进行施工防护。安装或更换钢轨绝缘时，应有工务人员配合，方可进行施工，未经车站值班员同意，严禁利用列车间隔时间施工。

2. 钢轨绝缘安装

1)安装钢轨绝缘的技术要求

(1)钢轨绝缘的安装位置应符合设计要求。

(2)异型钢轨接头处不得安装钢轨绝缘。

(3)两根钢轨的绝缘应尽量设在同一坐标上，当错开距离超过规定时，应用标准短轨更换调整或进行锯轨。

(4)安装钢轨绝缘的两钢轨轨端间轨缝应保持在 6～10 mm，以便安装一至两片轨端绝缘。

(5)安装钢轨绝缘的两钢轨头部应在同一高度，高度相差不得大于 2 mm 且支撑轨端的轨枕应保持坚固，道床捣固良好。

当上述后四项技术要求不能满足时，应请工务部门予以配合整治。

2)安装方法

(1)根据施工定测钢轨绝缘位置，统计各种钢轨绝缘种类和数量。

(2)分咽喉和作业区，按种类和数量组装钢轨绝缘，并送往安装地点。

(3)安装钢轨绝缘直接关系行车安全，因此，必须重视安全和防护。安装前必须办好要点登记手续，值班员室内设专人盯台，随时掌握列车动向。

(4)正式要点前，先拧下轨缝两边钢轨各一只螺栓，拧松其余四只螺栓，注油后重新拧紧。

(5)要点后，迅速拧下四只螺栓，取下两侧接头夹板，用钢刷或棉纱除去轨腰过多的铁锈或油污。在轨缝处插入一至两片轨端绝缘，在轨腰两侧加槽形绝缘(注意：槽形绝缘短边在上，长边在下)。然后，合上与钢轨绝缘配套的接头夹板。

(6)迅速穿上两根钢轨中间的两只螺栓(注意：一只方向朝线路内侧；另一只朝线路外侧)。螺栓入孔前，先顺序套上一端的铁垫圈、绝缘垫圈和绝缘管；出孔后，再套入另一端的绝缘管、绝缘垫圈、铁垫圈和弹簧垫圈，拧上螺母。此时，不必拧紧。而绝缘垫圈和铁垫圈的长边应水平放置。待第二只加齐附件的螺栓穿入眼孔后，适当拧紧两只螺栓。

(7)当按方向要求穿入其余四只螺栓后，相继平衡地拧紧螺母。43 kg/m、50 kg/m 钢轨的每只螺栓的扭矩应不小于 700 N·m；60 kg/m 及其以上钢轨应不小于 900 N·m。可以边用锤敲击接头夹板或螺栓边拧紧螺母，以便使各部件密贴吻合，但不得用力过大将螺栓打弯。

(8)安装绝缘应考虑钢轨热胀冷缩因素，夏季施工宜在早晨和傍晚进行；冬季最好利用中午气温较高时安装。

在行车线上安装钢轨绝缘，应约请工务部门配合施工，以防遇到特殊情况无法应付，危及行车安全。遇有无轨缝、轨缝过小或轨缝有“飞边”，应请工务部门提前进行撞轨、换轨、锯轨或使用拉轨器拉轨后，方可进行绝缘安装。

3. 钢轨接续线安装

钢轨接续线有两种类型：塞钉式钢轨接续线和焊接式钢轨接续线。

1)塞钉式钢轨接续线安装

(1)技术要求

①钢轨接续线应安装在钢轨外侧，以防车轮碾压导线。在道岔辙叉根部，不得已安装在钢

轨内侧时，需将接续线反装，使线条处于下方。

②接续线线条应密贴接头夹板上部槽面，高度不超过轨头底部，线条应平直无弯曲和隆起现象。

③两塞钉离接头夹板边缘距离应相等。JS-940 型接续线塞钉孔距接头夹板端部边缘约 60 mm；JS-1130 型约 15 mm。塞钉孔高度略大于轨高的一半。

④塞钉不得被打弯或打堆，塞钉端部在钢轨内侧露出 1～4 mm，并能承受 49.05 N 的拉力，铁线不得从塞钉的焊接处拉出或松动。

(2)安装方法

安装塞钉式钢轨接续线所用的工具见表 3.19。

表 3.19 塞钉式接续线施工工具

工具种类	数量	单位	工具种类	数量	单位
1.7 kW 内燃发电机	1	台	水壶	2	把
电钻(19 mm)	2	台	红色防护旗	2	把
手锤	2	把	喇叭	2	把

①塞钉式接续线安装的第一步是钢轨钻孔，钻孔可采用要点登记方式，也可利用行车间隙在线路上进行，但采用第二种方式也须征得车站值班员同意，并能保证来车时能随时将人员和工具、物件撤出线路。两种方式都需在施工地点前后 50 m 处，设专任防护人员，配带喇叭和红色防护旗，负责防护。

②在 19 mm 电钻上安装 9.8 mm 直柄麻花钻头给钢轨钻孔。电钻被固定在一专门制作的电钻架上，电钻架能方便地卡在钢轨上，采用丝扣或齿轮方式推进或退出电钻。

③钻孔应从钢轨外侧向内侧进行，钻头顶住轨腰均匀用力，边钻边浇水降温。当听到正常转动声变“闷”、钢轨即将被钻透时，要减少进钻压力，防止卡住、损坏钻头或烧毁电钻。

④铆接续线时，先将塞钉头对准眼孔(注意线条的上、下方向)，用 4 磅手锤轻打塞钉尾部，待塞钉头入孔后，再用力击打尾部，一般 4～5 下即可铆接完毕。

⑤若接续线稍有长短不一，可使用手锤把对两端云形圈半径大小加以调整，以满足孔距要求。

⑥塞钉孔应当天铆上接续线，以便眼孔生锈。若当天不能铆接时，需涂油润滑。

⑦塞钉与塞钉孔缘，应涂灰色调和漆封闭。

2)焊接式钢轨接续线安装

焊接式钢轨接续线正在逐步扩大使用。焊接式钢轨接续线的规格种类及适用范围见表 3.20。

表 3.20 焊接式钢轨接续线的规格种类及适用范围

序号	单根导线			线股数	截面积 (mm^2)	长度 (mm)	适用范围
	材质	直径(mm)	根数				
1	低碳钢镀锌钢绞线	0.5	19	7	26	200	非电气化区段
2	低碳钢镀锌钢绞线	0.7	19	7	50	250	电气化区段
3	低碳钢镀锌钢绞线	0.7	19	7	26	1100	非电气化区段
4	裸铜线	2.14	19		70		电气化区段

(1)技术要求

①焊接线应焊接在钢轨头部的外侧面。

②两焊接点相距 110 mm,离轨缝距离相等。焊接点顶面距轨面不小于 8 mm。

③焊接线焊接牢固,呈弧形下垂。

④焊接点应饱满,成椭圆或圆形,表面光滑完整,无凹凸、毛刺、裂纹和缺口。

(2)焊接方法

①使用打磨机将两钢轨焊接部位打磨干净,打磨面积为 50 mm×20 mm,打磨后用干净白纸将浮尘擦净。

②将两模具平放在定位架上,使模具空腔向上,两模具空腔进线口相对。把钢轨接续线两端放入两模具空腔内,线环平面向上。接续线放置应稳妥,线头不得扭转。

③将定位架放在钢轨上,使两模具空腔紧靠两焊接部位,整个焊模由镶在模具中的磁铁与钢轨顶部吸牢。

④将两焊料管的料管盖打开,分别放入两个模具的底部,予以压紧。

⑤在两料管上面盖上模具盖。

⑥用打火枪对准料管内焊药,依次点火。

⑦焊料引燃后 3~5 s,熔化的焊料进入模具腔,焊接过程结束。

⑧冷却后,将模具、定位架拆下,用扁铲铲去焊接点周围的多余焊料,必要时,可用打磨机将焊接点打光。

⑨在焊接点处涂以灰色调和漆。

目前焊接还有采用光焊接、电弧焊钎焊、冷挤压焊接、爆炸式焊接等多种方式。

轨道连接线

4. 道岔跳线的安装

1)技术要求

(1)道岔跳线应按规定位置安装,敷设应平直。在木轨枕上,用 U 形卡钉固定(图 3.126),余量部分可作"S"形弯固定;混凝土轨枕,宜用引接线卡具固定,如图 3.127 所示。

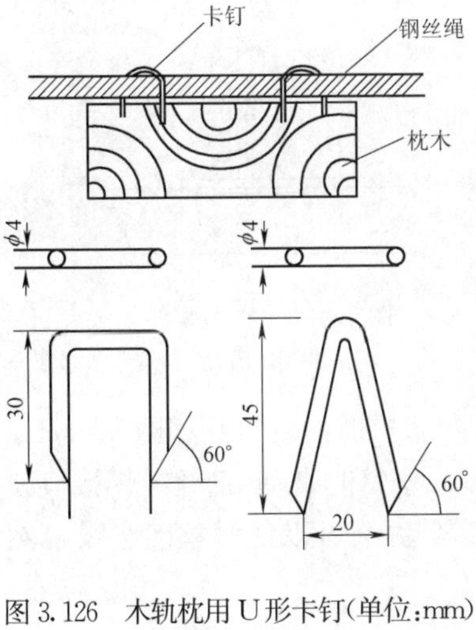

图 3.126 木轨枕用 U 形卡钉(单位:mm)

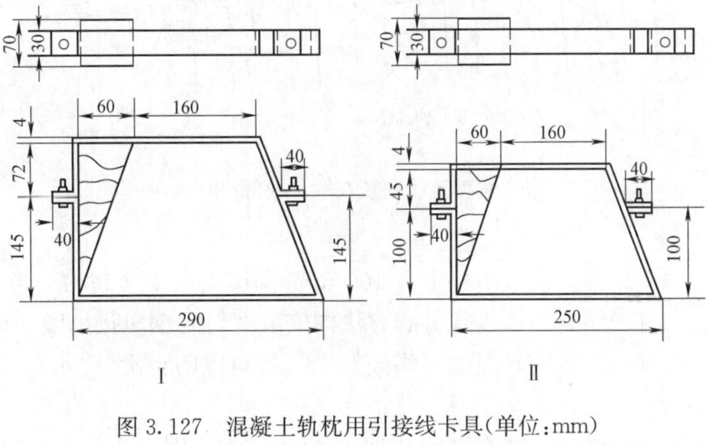

图 3.127 混凝土轨枕用引接线卡具(单位:mm)

(2)钢丝绳敷设时不得有松弛或拧劲现象。

(3)跳线应无断股、伤痕和锈蚀现象。跳线应涂以机械油或调和漆,塞钉与塞钉孔缘应涂漆封闭。

(4)单开道岔的长跳线,宜安装在道岔绝缘节后第三轨枕间距处。

2)安装方法

安装道岔跳线使用工具、要点登记和防护方法同钢轨接续线的安装。单开道岔用的Ⅰ、Ⅲ、Ⅳ型道岔跳线的安装分别如图 3.128、图 3.129 和图 3.130 所示。

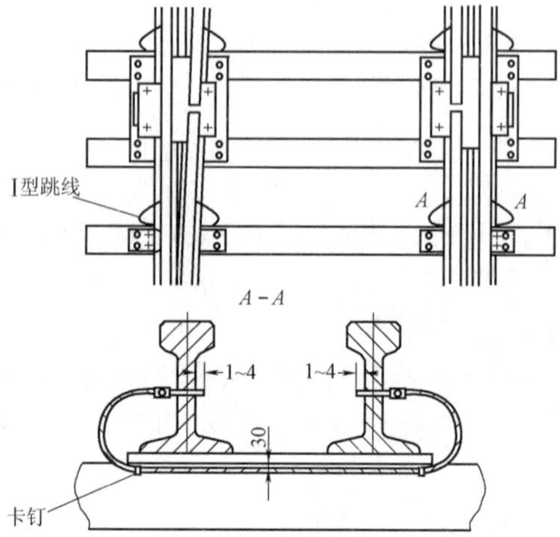

图 3.128　Ⅰ型跳线安装在尖轨根部(单位:mm)

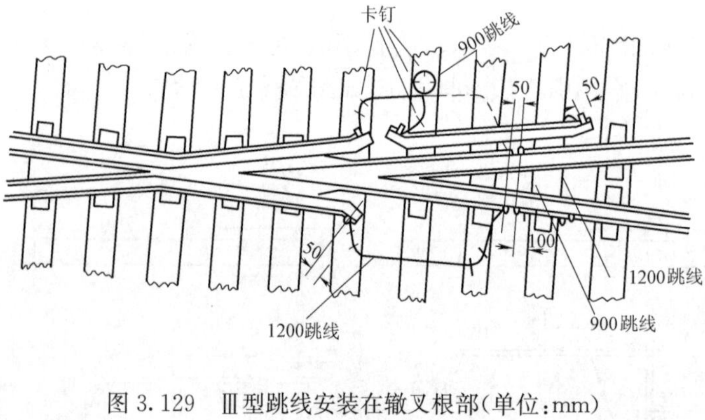

图 3.129　Ⅲ型跳线安装在辙叉根部(单位:mm)

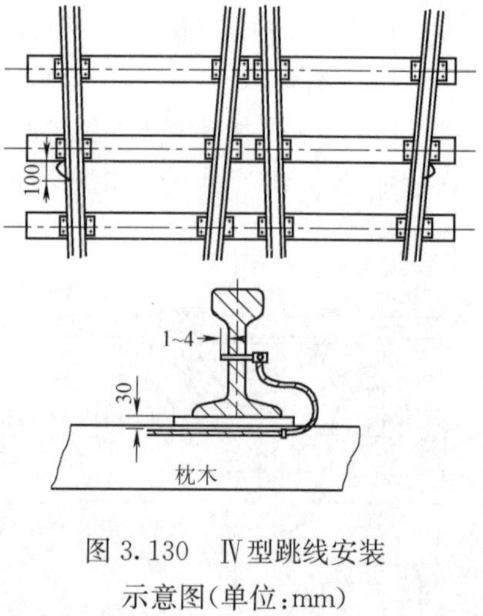

图 3.130　Ⅳ型跳线安装示意图(单位:mm)

(1)塞钉孔应距枕木边 100 mm,高度略大于轨高的一半,双塞钉时的塞钉孔相距 50 mm。

(2)钻孔与铆接塞钉的方法同安装塞钉式钢轨接续线。铆入塞钉时,应使钢丝绳焊接口朝下,并向敷设钢丝绳的一侧倾斜 45°,既可以防止雨、露水渗入焊缝,又可以使钢丝绳敷设自然平直。

(3)铆入一端塞钉后,应将塞钉根部钢丝绳沿原拧入方向拧紧,再敷设钢丝绳。

(4)钢丝绳穿越轨底，应距轨底不少于 30 mm，并不得被道砟掩埋。

(5)在过轨处，应稍离垫板，用双卡钉斜跨钢丝绳成“八”字钉入岔枕内，并且钉入位置要错开道岔的钉入方向，以免日后工务移动垫板时，使道钉与卡钉在岔枕内“接触”。

(6)钢丝绳过轨处有防爬器时，不得将钢丝绳压在防爬器防爬方向内侧。必要时，请工务部门移设防爬器。

(7)道岔跳线也应当天钻孔，当天铆接。

3)电气化区段的交叉渡线上增设钢轨绝缘

为防止扼流变压器中点连线形成迂回电路，影响平行进路轨道电路的正常工作，在电气化区段的菱形交叉渡线(包括复式交分道岔)上，需在渡线上增加两组钢轨绝缘，以便将平行进路的轨道电路彻底隔开，而不至于影响平行进路的排列，如图 3.131 所示。另外，电气化区段道岔区段的Ⅳ型跳线应设为双跳线。

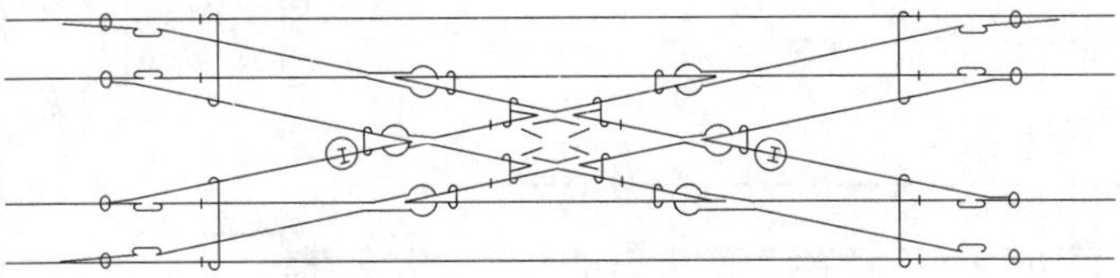

图 3.131 电气化区段交叉渡线增加钢轨绝缘位置

5. 钢轨引接线安装

1)技术要求

(1)钢轨引接线塞钉孔距接头夹板边缘 100 mm 左右，高度略大于轨高的一半。穿越钢轨时，距轨底不少于 30 mm。

(2)引接线敷设时，在木轨枕区用 U 形卡钉固定，卡钉距钢轨不小于 100 mm。在股道内使用卡钉不少于 5 只，在混凝土轨枕区用引接线卡具固定。

(3)变压器箱、电缆盒与钢轨间，应牢固地埋设小混凝土枕，将引接线的余量部分作“S”形弯，固定在轨枕头。

(4)安装后的引接线，应涂以机械油或调和漆，塞钉与塞钉孔缘应涂漆封闭。

(5)引接线敷设时，不得有松弛或拧劲现象，钢丝绳不得有断股、伤痕和锈蚀。

(6)引接线与变压器箱、电缆盒连接时，应将螺母拧紧，不得有松动和绝缘垫圈、绝缘管缺少或破损现象，绝缘性能良好。

2)安装方法

轨道电路钢轨引接线设备端，按用途分送电、受电两种；按引线数量分单引和双引；按设备类型划分变压器箱和电缆盒，加上电气化区段和非电气化区段的区别，种类达十几种。这里举例介绍非电气化区段变压器箱用钢轨引接线安装。一个变压器箱双送、双受或一送一受的引接线安装是相同的，如图 3.132 所示。两个变压器箱单送、单受的引接线安装如图 3.133 所示，前者示意在混凝土轨枕区用引接线卡具固定钢丝绳；后者示意在木轨枕区用 U 形卡钉固定钢丝绳。各种轨道电路用钢轨引接线规格和数量见表 3.21。

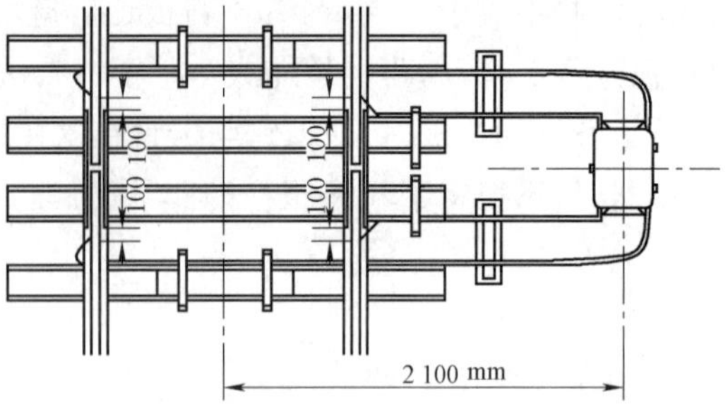

图 3.132 变压器箱双引接线安装(单位:mm)

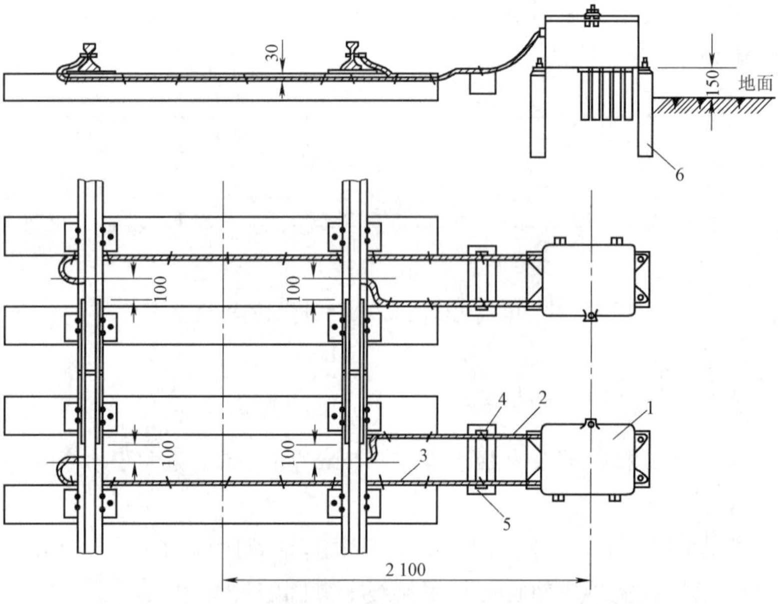

图 3.133 变压器箱单引接线安装(单位:mm)

1—变压器箱;2—左轨道引接线;3—右轨道引接线;4—卡钉;5—方木;6—基础

表 3.21 各种轨道电路用钢轨引接线数量表

轨道电路类型	YG-1200(mm)Ⅰ 数量(根)	YG-1600(mm)Ⅱ 数量(根)	YG-2700(mm)Ⅲ 数量(根)	YG-3600(mm)Ⅳ 数量(根)
变压器箱单引		1		1
变压器箱双引		2		2
电缆盒双引	1		1	
电缆盒单引	2		2	

(1)钢轨引接线塞钉端的安装与钢丝绳敷设方法同道岔跳线。

(2)过轨引接线要沿远离轨缝的轨枕侧面敷设过轨,近轨引接线则沿邻近轨缝的轨枕侧面敷设。

(3)出轨枕头后,用卡钉将引接线固定在小混凝土枕的方木上。

(4)连向箱、盒时,钢丝绳不得交叉。双引时,过轨引接线连接箱、盒外侧引接孔,而近轨引接线则连接箱、盒内侧引线孔。单引时，两引接线需平行的连接箱、盒的引接孔。

(5)连接引接孔时，要使螺栓的焊接口向下，以免雨露水渗入。螺栓要先顺序套上铁垫圈、绝缘垫圈、绝缘管，再穿入箱、盒的引接孔，最后顺序套上绝缘垫圈、铁垫圈、固定螺母、两压线垫片、两压线螺母等附件。

(6)拧紧螺母时，一手要握住螺栓根部钢丝绳，不使其转动，另一手用200 mm小扳手在箱、盒内侧拧紧固定螺母，拧紧程度以从箱外抓住钢丝绳转不动螺栓为宜。压线螺母待配线时再拧紧。

3)电码化区段钢轨引接线的安装

图3.132和图3.133所示的远轨引接线要贴着距轨缝的第二根轨枕内侧敷设过轨，该引接线距轨缝600～800 mm。在电码化区段，当机车跨越绝缘节时，会形成一个空间上的接收盲区，在绝缘节两边有一小段钢轨使机车的接收线圈根本接收不到或接收不到足够强度的电码化信息。绝缘节处的接收盲区如图3.134所示。机车接收线圈从图中B点运行到C点，由于这一段钢轨中无电流流通，接收线圈无信息接收。机车前部的接收线圈距第一轮对的距离最大可达1 000 mm 。只有第一轮对跨过轨缝，对轨缝右侧的轨道区段实行有效分路时(如图中虚线所示)，机车的接收线圈才接收到右侧轨道区段钢轨传送的电码化信息，此时的接收线圈位于图中D点。不难看出，接收的盲区约为1 600～1 800 mm。解决的办法是对远轨引接线的敷设进行改进。绝缘处钢丝绳的安装如图3.135所示。将远轨引接线加长，在钢轨外侧沿轨条方向迂回2 000 mm后，再从轨底穿越接向远侧钢轨。当列车第一轮对刚进入左侧区段，分路轨缝左侧区段时，迂回的钢丝绳内的电流 $I_{迂} \geqslant I_{入}$，机车信号设备能可靠工作。

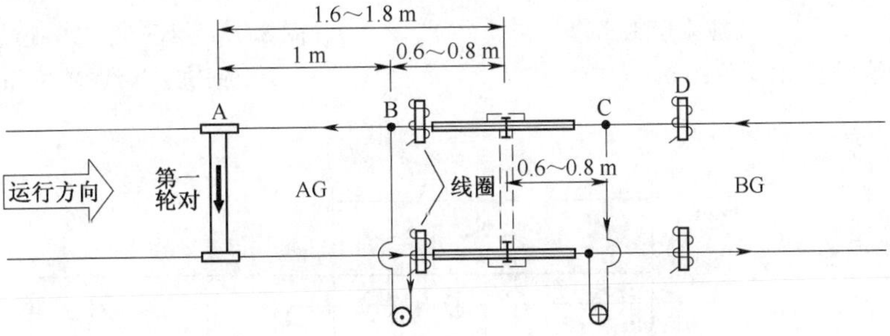

图3.134　绝缘节处的接收盲区

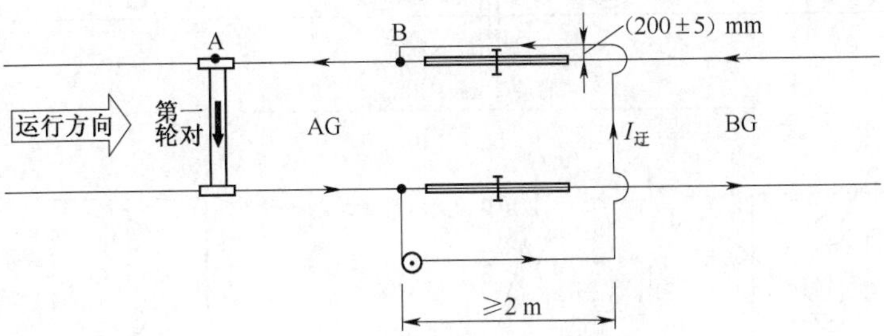

图3.135　绝缘处钢丝绳的安装

列车向前行驶，第一轮对在区段中部可靠分路，试验证明：距发码端$\frac{1}{2}L$处分路时的$I_{迂}$比L处分路时的$I_{入}$大2倍以上。当接收线圈在接收盲区上方移动时，列车第一轮对已靠近轨缝，$I_{迂}$已是区段的出口电流，而$I_{出}=10I_{入}$，此时接收线圈虽只有一个在接收钢丝绳中传输的电码化信息，但机车信号设备连续、可靠地工作是没有问题的。

6. 扼流变压器用钢轨引接线安装

电气化区段的轨道电路需加装扼流变压器，采用25 Hz相敏轨道电路的电气化区段，安装扼流变压器用的钢轨引接线分别如图3.136和图3.137所示。扼流变压器中点连接板如图3.138所示。双轨条两个扼流变压器钢轨引接线安装示意如图3.139所示。扼流变压器钢轨引接线安装的技术要求和方法同一般钢轨引接线的安装。

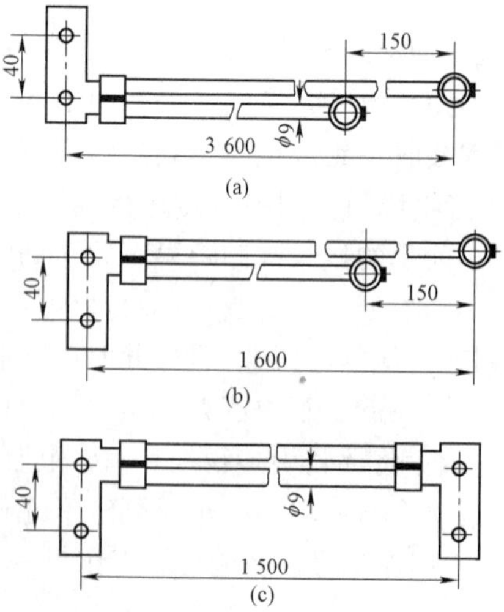

图3.136 BE-400/25扼流变压器的钢轨引接线（单位：mm）

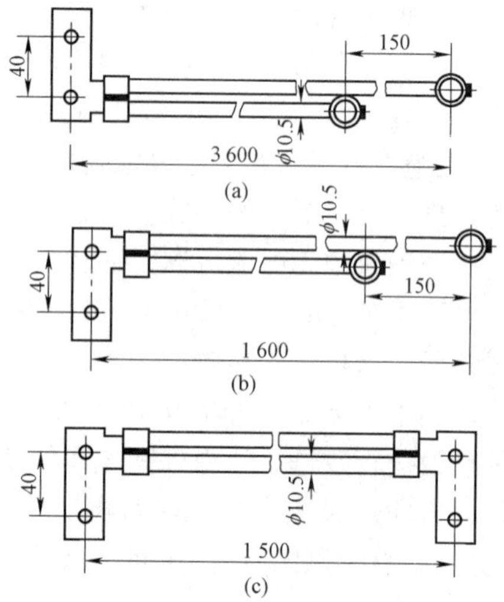

图3.137 BE-600/25扼流变压器的钢轨引接线（单位：mm）

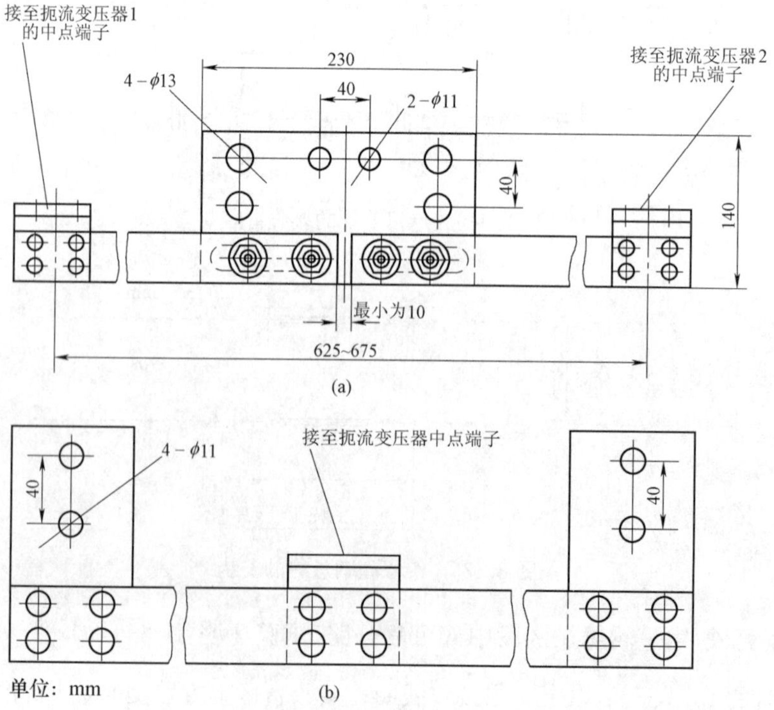

图3.138 BE型扼流变压器的中点连接板

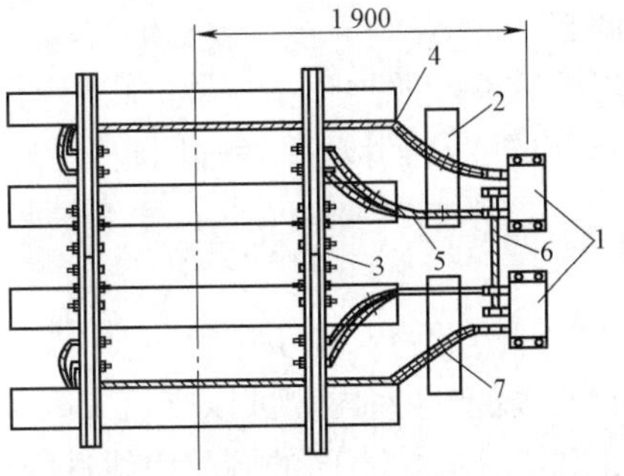

图 3.139　双轨条两个扼流变压器钢轨引接线安装(单位:mm)

1—扼流变压器;2—混凝土枕;3—钢轨绝缘;4—右轨道引接线;5—左轨道引接线;6—中点连接线;7—卡钉

7. 轨道电路的调整

信号设备采用的轨道电路种类繁多,它们的调试方法大同小异。本典型工作任务以使用较多的 25 Hz 相敏轨道电路为例介绍轨道电路的调试方法。

25 Hz 相敏轨道电路采用集中调相方式供电。在轨道电路调整前先测试、调整 25 Hz 轨道电源屏,使其满足以下条件方可进行轨道电路调整工作。

电源屏输出电源在外电网波动变化条件下,轨道电压应控制在(220±6.6) V,局部电压控制在(110±3.3) V,局部电源相位超前于轨道电源相位 90°±1°。轨道电路的调整主要是指供电电压的调整,也就是在轨道电路送电端调整向轨道上输送的电压值,使受电端轨道继电器获得的端电压符合技术要求。

1)技术标准

(1)调整状态时,轨道继电器轨道线圈上的有效电压应不小于 18 V[即高于轨道继电器工作值(15 V)的 20%];电子接收器轨道接收端有效电压应不小于 16 V,直流电压输出为 20～30 V,以保证继电器可靠吸起。

(2)残压。用 0.06 Ω 标准分路线在轨道电路送、受电端轨面上分路时,二元二位轨道继电器端电压≤7.4 V;电子接收器的轨道端电压≤10 V,输出直流电压≤2 V,继电器可靠落下。

(3)入口电流。在电码化轨道区段,于机车入口端用 0.15 Ω 标准分路线分路时的短路电流,1 700 Hz、2 000 Hz、2 300 Hz 不小于 500 mA,2 600 Hz 不小于 450 mA。

(4)轨道继电器至轨道变压器间的电缆电阻不大于 150 Ω。

2)调整步骤

(1)确定送、受电端变压器 BG_{25} 变比

受电端变比按照是否有扼流变压器设定不同的变比,并加以固定。调整时要在送端进行送电电压的调整。受端变压器变比变化调整见表 3.22。注意调整变压器、轨道、扼流变压器时,不要将同名端接错,以满足相位的要求。

表 3.22　受端变压器变比调整表

变压器类型	变比		使用端子	
	有扼流	无扼流	有扼流	无扼流
BG_1—65/25	1∶18.3	1∶40	Ⅱ-1～Ⅲ-3 Ⅱ-3～Ⅲ-1 连	Ⅱ-2～Ⅲ-3 Ⅱ-3～Ⅲ-1 连
BG_1—72/25	1∶16.7	1∶36.4		

(2)送、受电端限流电阻调整

首先应对送电端限流电阻的数值按照扼流变压器的设置情况加以固定，有扼流变压器时，固定设为 4.4 Ω，即将两个限流电阻器的滑动手柄都固定在最大值位置上；无扼流变压器时，固定为 2.2 Ω，固定后不变。

(3)轨道电路调整

轨道电路的调整需室内、室外相互配合、同步进行，室内人员负责数据测试，并与室外调试人员做好沟通，直至所测数据符合规定。室内测试以交流二元继电器 3、4 线圈的端电压为标准，其数值要求随轨道电路长度的不同，按不同的调整曲线进行调整。

具体方法是：用万用表交流 50 V 挡，将两表棒接在交流二元继电器插座板 3、4 接点片上测试，也可将两表棒接在该区段防护盒的 1、3 端子上测试。当所测得电压不符合标准时就要进行调整。

①对于电码化区段，调整方法为改变室内调整变压器 BMT-25 的输出端子，同时测量轨道继电器端电压，使之符合规定的技术指标。

②对于非电码化区段，调整方法为按照调整参考表数值，改变送电端变压器Ⅱ次侧的输出电压，同时测量轨道继电器端电压，使之符合规定的技术指标。

道岔区段轨道电路，往往还有一送二受和一送三受轨道电路，这些轨道电路调整要相对比较复杂一些，在进行正常轨道继电器端电压调整的同时，还要兼顾几个受电端的平衡调整，也就是通过平衡调整使几个受电端的继电器端电压相等或尽可能接近，以优化分路灵敏度。

调整方法是：从几个受电端中继电器端电压最低的一个着手，对受电端限流电阻进行微调，边调整边测量，逐渐使几个端电压间的差值最小。一送多受轨道电路电气特性标准见表 3.23。

表 3.23　一送多受轨道电路电气特性调整表

一送多受类型	顺号	扼流变压器数		供电变压器Ⅱ次侧电压(V)		继电器轨道线圈电压(V)	
		送	受	最低	最高	最低	最高
一送二受	1	1	2	7.1	10.2	17.7	23
	2	1	1	7.0	11.1	16.6	
	3	1	0	5.1	11.8	15.4	
	4	0	0	3.7	14.9	15.0	
	5	0	1	5.7	14.3	16.4	
	6	0	2	6.7	11.8	18.0	

(4)分路灵敏度试验及测试

当采用 0.06 Ω 标准分路线在轨面上分路时，在交流二元轨道继电器 3、4 线圈上所测得的电压称为“残压”，是轨道电路的一个十分重要的参数。按技术标准规定 25 Hz 相敏轨道电路的残压应小于或等于 7.4 V，并保证交流二元轨道继电器可靠落下。分路灵敏度的检查一般在轨道送、受端、无受电分支处轨面进行分路试验。当所测得的残压大于规定数值是，应检查分路线是否与轨面接触良好，送电端的限流电阻是否符合规定数值，受电端轨面电压是否过高等。需要注意的是：如果轨面电压过高，切勿盲目改变送电端限流阻值和受端变比，避免使轨道电路的分路检查恶化和破坏受电端的阻抗匹配条件。只能微调送电端变压器的Ⅱ次侧供电电压值，使得满足分路检查的要求。

(5)极性交叉检查测试

25 Hz 相敏轨道电路极性交叉的检查方法有很多种,下面介绍三种常用的检查方法:

①绝缘破损检查法

用两根导线将两个绝缘节跨接起来,若两个轨道继电器均落下,说明极性交叉正确;如不落下,说明不存在极性交叉,应予以调整。

②电压比较法

用万用表交流电压挡(10 V)在图 3.140 的轨端绝缘处轨面测量绝缘节两侧各点间电压。若测量结果满足 $2V_{be} > V_{ce}$ 或 $2V_{be} > V_{bd}$ 或 $2V_{de} > V_{bd}$ 时,则说明极性交叉是正确的。

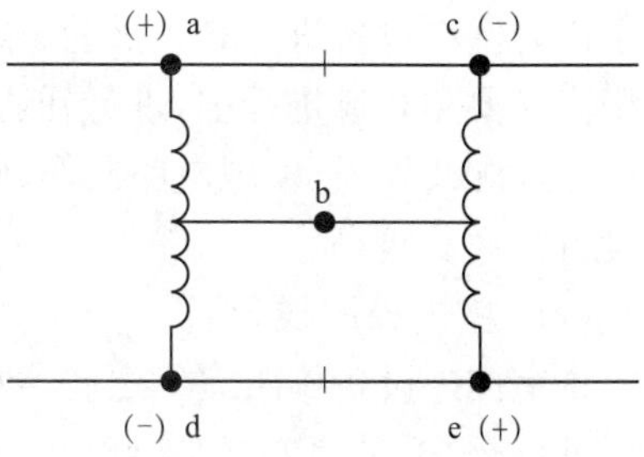

图 3.140　极性交叉测试

③仪表测试法

可以直接采用相关仪表进行极性交叉的检查。例如使用 CT268A 轨道电路相位、极性交叉检查仪,该测试仪有 4 条测试线,分别接于轨道电路绝缘节两端,可以方便地测试出该相邻两段轨道电路极性是否交叉。

(6)局部电压 U_J 引前轨道电压 U_G 理想角度为 90°,允许失调角 β 为 ±30°,一般调整为 ±10°。允许失调角 β 与轨道电压 U_G 的关系见表 3.24。

表 3.24　允许失调角 β 与轨道电压 U_G 的关系

U_{Jmin}范围(V)	失调角(°)	U_{GJ}(测试)值(V)	失调角(°)	U_{GJ}(有效)值(V)
15.0～15.23	≤10	18～18.27	0～10	18
15.3～15.53	≤15	18.63	15	18
15.6～15.96	≤20	19.15	20	18
16.0～16.57	≤25	19.87	25	18
16.6～17.32	≤30	20.79	30	18

失调角 β 严重超标时,应调整防护盒的有关端子,相位角调整端子使用说明见表 3.25。

表 3.25　相位角调整端子使用说明

使用端子	连接端子	参考使用范围
1-3	2-6-7-8	同原防护盒
1-3	4-7-8	可调相位角 15°～20°
1-3	5-8	可调相位角 30°～40°

典型工作任务 7　联锁试验

3.7.1　工作任务

掌握车站信号设备联锁试验的方法。

3.7.2 知识链接

车站信号设备全部施工完成后，要认真地对电路进行联锁试验，以检验系统各设备的性能、施工配线及联锁关系是否满足设计要求。为提高联锁试验效率，便于判断故障部位和性质，联锁试验一般分以下步骤逐步实施：首先将室、内外设备的联系断开，分别进行试验，即从分线柜将室内外设备断开，从分线柜向室外设备单独送电进行各设备的单项试验；通过制作假条件对室内设备进行联锁试验。第二步将室外设备分步骤与室内设备连接进行联通调试。第三步在要点开通进程中，进行开通联锁试验。车站信号设备联锁试验工作主要包括以下内容：室内外配线导通、模拟电路制作、电源屏调试、室外设备单项试验、室内设备联锁试验及室内外设备联通试验等。

1. 室内外配线导通

室内外设备施工完毕之后，要组织人员对室内外设备配线进行认真导通，发现错误及时纠正，以减少下步通电试验出现问题的概率，使联锁试验得以顺利进行。

室外配线导通依据电缆网络图和设备配线图，由分线盘开始直至终端设备，对每一根配线、所使用的端子号进行认真核对、导通。

室内设备在插继电器之前，要认真地对所有配线进行导通。导通前，在分线柜处，将室外电缆芯线从端子上全部拆下；在电源屏端，将接向组合柜、分线柜的电源线全部拆下；将分线柜、组合柜及组合侧面的所有断路器都扳断，以避免了电源屏或室外设备内部接线影响导通的真实性。为避免盯看万用表造成眼睛疲劳，可采用电铃导通。导通的内容包括：

(1)以组合侧面端子为主，导通组合侧面端子至其他组合侧面端子、组合柜零层端子及接口柜等柜端子之间配线。

(2)以分线柜为主，导通分线柜端子至组合侧面端子、综合柜端子之间配线。

(3)以电源屏为主，导通电源屏至组合柜、分线柜、轨道柜、隔离柜及站内移频等柜之间的电源线及其环线。

2. 模拟电路制作

因为已在分线柜处将室内、外电路断开，为了对室内电路进行单独的试验，必须要制作信号机点灯电路、道岔控制电路和轨道电路的模拟电路以替代室外电路。模拟电路制作方法如下。

1)信号机点灯模拟电路

(1)封连各信号机的去线和回线，以模拟室外点灯状态，使灯丝继电器吸起。可在分线柜上，将每一架信号机点灯电路的去线和回线用 0.5 A 熔丝封接起来。对于进站信号机，将 U、L、2U 和 LUH 封接，H 和 HH 封接，YB 和 YBH 封接。图 3.141 为 X_D 进站信号机点灯电路封接后的模拟电路。出站信号机的 U、L 和 LUH 封接，H、B 和 HBH 封接。调车信号机则将 A、B 和 ABH 一起封接，如图 3.142 所示。

(2)信号机输出回路封接之后还要在电源屏处对信号点灯电源进行置换，使其有 220 V 供电改为 12 V 临时电源供电。可在电源屏处，将引向电源屏端子的 XJZ、XJF 电源线端进行换接。可通过一台 BG_1-50 型变压器将电源屏输出的 220 V 信号电源变换为 12 V 临时信号电源。将引向组合柜的信号点灯电源线接到 BG_1-50 型变压器Ⅱ次侧输出端子上。调整 BG_1-50 变压器，使其输出为交流 11.8 V，如图 3.142 所示。

室内模拟试验

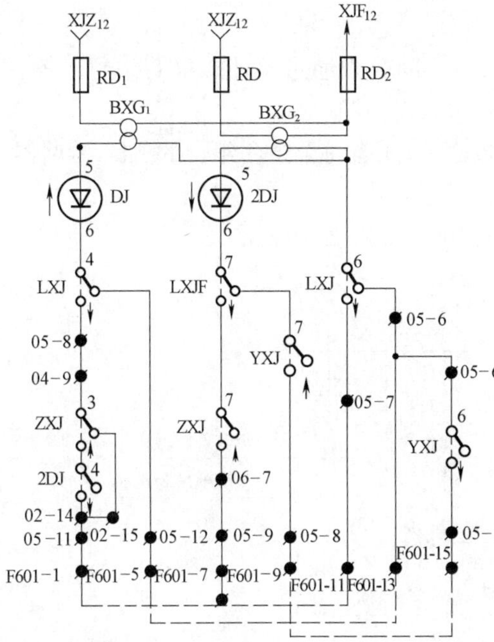

图 3.141　X_D 进站信号机模拟电路

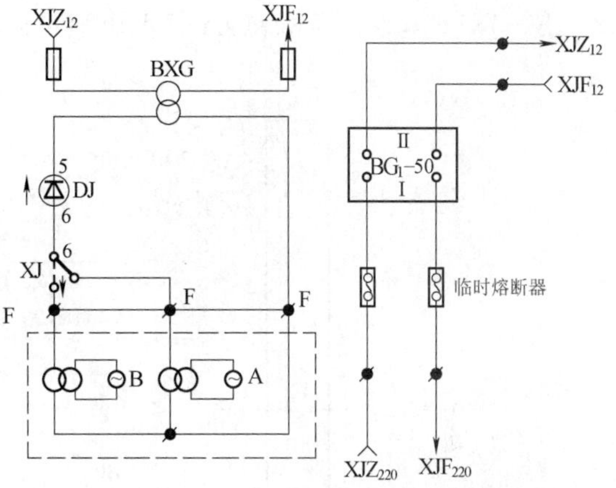

图 3.142　调车信号机模拟电路

(3)将 LXZ、YX、ZLXF、DX 和 BXG 组合中断路器临时安装 0.5 A 熔丝。

(4)两咽喉主灯丝断丝报警电缆线予以甩开,不做连接。

2)电动转辙机模拟电路

(1)ZD6 型电动转辙机模拟电路

对道岔控制和表示电路的室内部分做一些更动,使 DBJ、FBJ 随 2DQJ 的变位而动作。图 3.143为 ZD6 型电动转辙机模拟电路。

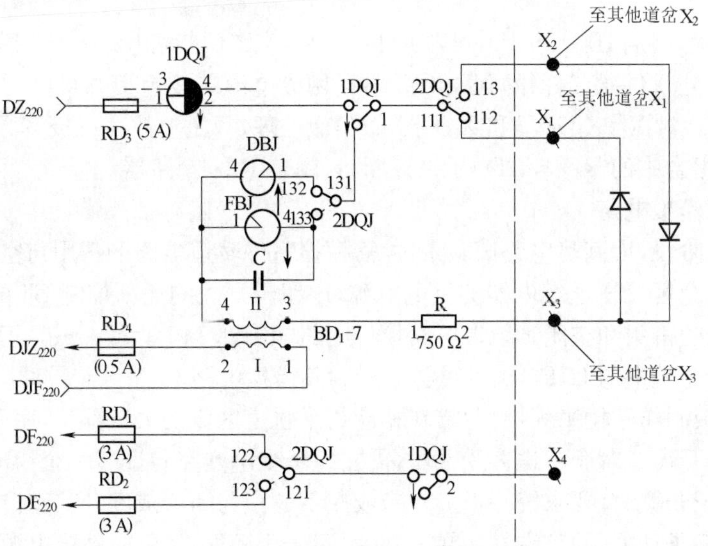

图 3.143　ZD6 型电动转辙机模拟电路

①在电源屏处，将 DZ、DF 引向组合柜的电源线取下，用黑胶布包扎严实，仅送出 DJZ、DJF 电源线。

②在分线柜处，将每组道岔的 X_1 和 X_3、X_2 和 X_3 之间分别通过整流二极管进行封连，并使 X_1 接二极管负极，X_2 接二极管正极。

③将 SDZ 和 DD 组合中的 RD_1～RD_3 均予以扳断，只闭合每个道岔组合的 RD_4 断路器。

(2)S700K 型电动转辙机和 ZYJ7 型电液转辙机模拟电路

S700K 型电动转辙机和 ZYJ7 型电液转辙机模拟电路如图 3.144 所示。

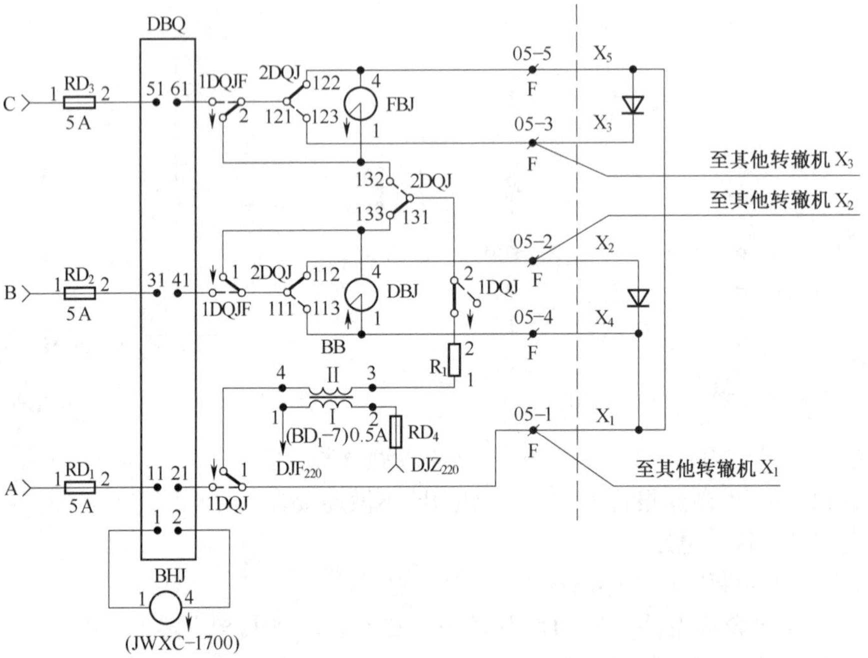

图 3.144　S700K 型电动转辙机和 ZYJ7 型电液转辙机模拟电路

①在电源屏处，将从 1D-16～1D-18 端子上拆下的 A、B、C 三相电源线端用黑胶布包扎严实。

②在分线柜处，将每组道岔的 X_5 和 X_1 端子用废电缆芯线封接并接向一整流二极管的正极，负极接向 X_3。对 X_4、X_1 端子和 X_2 端子做类似处理，只是要改变二极管方向。

③将 TDF 组合中的 RD_1～RD_3 予以扳断，只闭合 RD_4 断路器。

3)轨道电路模拟电路

在联锁试验阶段，为满足电路试验条件，需模拟室外轨道电路的占用与空闲，为此，可采用钮子开关控制每个区段轨道继电器的供电电源，用钮子开关的通断控制 GJ 的吸起和落下，从而模拟轨道区段的占用和空闲。轨道电路模拟电路如图 3.145 所示。试验正线电码化电路则要动作电码化组合柜中的 GJF_1，读者可尝试绘制其模拟电路。

(1)用五合板制作站场平面模拟盘，在相应每个轨道区段的关键部位，用手枪钻钻孔，安装一个两位式钮子开关。对于一送多受区段，需在每个受电支路各安装一个钮子开关。

(2)安装钮子开关时，要求统一扳上(左)或扳下(右)为闭合或断开状态。

(3)将所有钮子开关的“2”端并接在一起，引到分线柜处，接临时轨道电源 GJF。

(4)将钮子开关的“1”端分别连接 25 Hz 轨道区段 F 极位置。

(5)将分线柜 25 Hz 轨道区段 Z 极依次并接，接通临时轨道电源 GJZ。

(6)用一台 BMT-25 变压器送出 20 V 临时轨道电源 GJZ、GJF。连接轨道电源室需检查相位正确。

(7)给继电器局部线圈送 110 V 局部电源。

4)接近及离去模拟电路

在站场平面模拟盘对应 1JG、2JG、3JG 区段位置各安装一个钮子开关，用来控制接近离去组合中的 1JGJ、2JGJ 和 3JGJ 动作，模拟 1JG、2JG、3JG 的空闲和占用，接近轨道继电器模拟电路如图 3.146 所示。制作与轨道电路模拟电路相同。

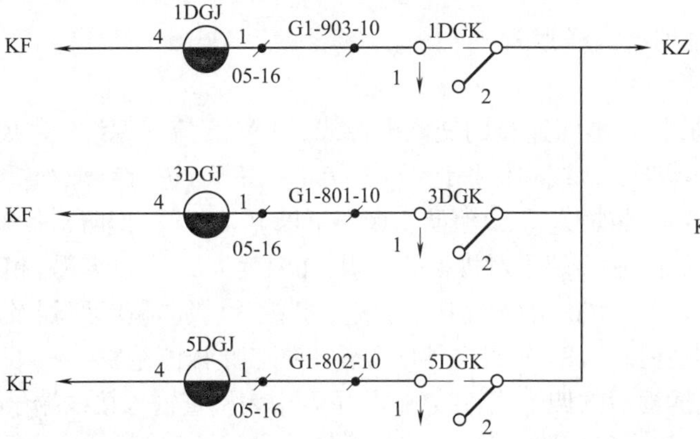

图 3.145　轨道电路模拟电路

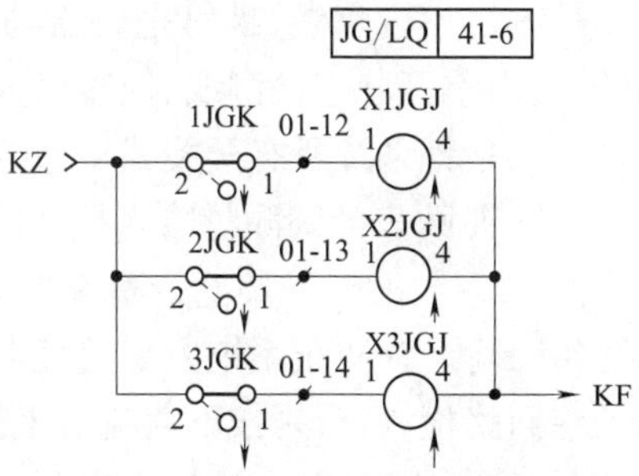

图 3.146　接近轨道继电器模拟电路

在站场平面模拟盘对应 1LQ、2LQ、3LQ 区段位置安装一个钮子开关，用来接通 1LQJ、2LQJ、3LQJ 励磁电路。钮子开关的通断模拟 LQ 区段的空闲、占用，控制 LQJ 的吸起和落下。制作时，将移频柜零层 D10-1 端子上外部连线拆下，用一根多股软线连接钮子开关端子“1”，而钮子开关端子“2”上需接通电源 KF。离去轨道继电器模拟电路如图 3.147 所示。

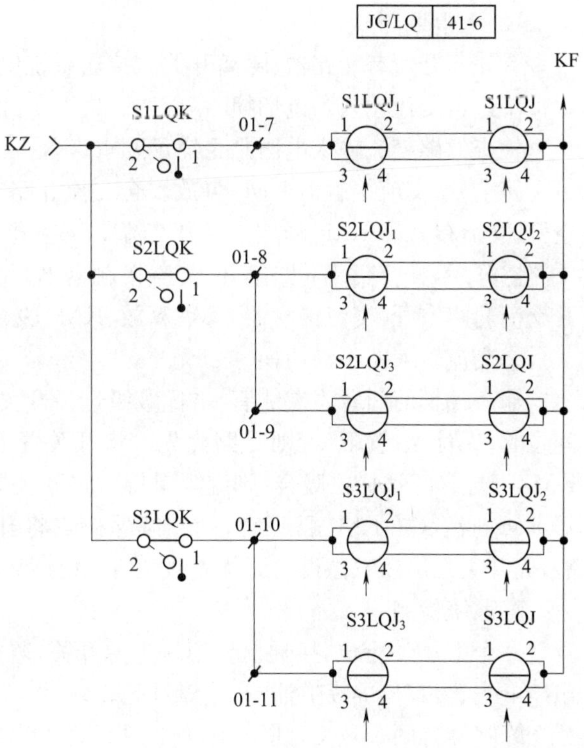

图 3.147　离去轨道继电器模拟电路

此外，在进行室内电路试验时，需将闭塞、场间联系等电路中控制本站联锁电路中的控制条件，用二位或三位(当被控继电器是偏极继电器时使用)的钮子开关的通断进行模拟，并将钮子开关装在站场平面模拟盘的相应位置，以利于试验时操纵。

3. 电源屏调试

1)电源屏调试的安全注意事项

电源屏安装、固定及组装完成后，应

严格按照调试步骤进行调整试验，方能投入运用。电源屏调试时属带电作业，因此必须注意以下安全事项：

(1)严格遵守带电作业的相关操作规程。不要佩戴手表、项链等金属物品。工具使用前应检查其是否绝缘良好。

(2)作业中要避免人体接触两个不同电位带电体。

(3)在作业过程中，需断电操作时，应在相关配电设备上悬挂禁“禁止合闸，有人操作”的禁止标识。

(4)在调试过程中，应密切观察设备动作情况，发现异常应立即关机，待查明原因后，再继续进行。

2)电源屏的调试步骤(以 PZG 系列电源屏为例)

(1)上电前的检查

检查机柜内配线、螺钉是否松动；检查屏间连接的交流电源线、24 V 直流电源线、模块通信线、输出空开状态检测线、地线(包括防雷地线和保护地线)连接是否正确；进行空载绝缘测试。方法是将系统所有开关置接通位置，将输入 C、D 级防雷断路器断开，断开输出防雷保险，用 500 V 兆欧表分别测量输入接线端子、输出端子对机柜的电阻，在温度为 20 ℃±5 ℃，相对湿度为 50%～80%的环境中不应小于 20 MΩ。测试完毕后，恢复 C 级、D 级防雷断路器及输出防雷保险。为防止系统内部监控电路损坏，24 V 继电器电源输出端禁止摇测绝缘。

主回路检查：分别按下直流屏上插框后部四个交流接触器，用万用表检查输入接线端子上各线，线间不得短路，所有输出空开之间不得短路。

系统完整性检查：检测核对模块配置是否正确；模块地址设置是否正确。

(2)上电调测

首先断开所有断路器、隔离开关。接通系统供电电源，直流屏Ⅰ、Ⅱ路输入电源指示灯亮。

①进行交流输入断电切换

检查两路交流输入电压是否满足要求。合交流Ⅰ路空开，交流接触器 KM_1 吸合；断开交流Ⅰ路空开，交流接触器 KM_1 释放。合交流Ⅱ路空开，交流接触器 KM_2 吸合；断开交流Ⅱ路空开，交流接触器 KM_2 释放。断开交流Ⅰ路空开，交流接触器 KM_1 释放、KM_2 吸合；合交流Ⅰ路空开后，再合交流Ⅱ路空开，交流接触器 KM_1 吸合；合交流Ⅰ路空开，KM_2 保持吸合；断开交流Ⅱ路空开，交流接触器 KM_2 释放、KM_1 吸合；合交流Ⅱ路空开，KM_1 保持吸合。

②交流输入的手动切换

输入插框前门背面左侧有一“优级级选择开关”，若将开关位置置上位，则一路优先；置中间位时，无优先；置下位，则二路优先。将开关置上位且此时一路电源正常，则应交流接触器 KM_1 吸合(如 KM_1 已吸合，则继续保持)；将开关置下位且此时二路电源正常，则应交流接触器 KM_2 吸合(如 KM_2 已吸合，则继续保持)；将开关置中间位置，交流接触器不动作。应注意，此开关在出厂时已设为无优先级位置，如无特殊需要，请不要随意操作。

③系统检测

一个 E 模块上电，接通监控模块电源开关，监控模块应报其他模块通信中断，显示各路输出断电告警，直流屏蜂鸣器响，故障灯亮。

蜂鸣器有两个开关，其中“1”为电源开关，“2”为消音开关。在正常情况下，将电源开关置“蜂鸣器开”位置，将消音开关置“故障告警”位置，当故障告警使蜂鸣器响时，将消音开关置“故障消音”位置以消音；排除故障、系统正常后，蜂鸣器再次响，此时将消音开关置“故障告警”位置以消音，使之恢复正常。

④模块调测

依次接通各模块的输入空气开关，对应模块的通信中断告警应消失，检查模块的工作状态：模块面板上的绿色电源指示灯亮，监控单元正常显示模块电压、电流值及工作状态；各模块输出无误后，接通所有输出防雷保险，对应输出防雷板指示灯亮；依次接通各输出空开，对应各路输出断电告警消失，检测实际输出电压、电流值应与监控模块显示相符(空载电流为 0 A)。

⑤电源功能与指标测试

通过监控显示依次测量两路输入电源各相和模块输出的各种信号电源的电压和电流值，并通过实际测量进行检验，并做好记录。

4. 试验送电

1)空载送电

模拟电路制作完毕，电源屏调试结束，组合柜先不要插继电器，进行空载试验送电。

(1)分设备、分电源、分柜试送电

采用分设备、分电源逐柜试送电的办法，便于对发现的问题进行性质和部位的判断，也便于尽快进行查找处理。以 KZ、KF 电源为例，在转换屏零层先连上引向 11 柜的 KZ、KF 两根电源线，观察有无断路器跳闸现象，若有说明 KZ、KF 电源环线有短路现象，应予以查找纠正，然后用直流电压表测量 11 柜零层 D_1-1 和 D_1-2 两电源端子，看电压是否正常，若正常说明连接良好。随后，要测量 D_1-1 与 D_2-1、D_2-2 等其他电源端子之间是否有直流 24 V 电压存在，若有电压，说明零层电源环线之间有“混电”现象，应及时予以排除，再换 D_1-2，查看它与其他电源端于之间有无电压。

“混电”测量进行完毕，开始逐排逐柜进行断路器试合。可从 11 柜开始，试闭合零层 DL1 的 KZ、KF 断路器，若一闭合就跳闸，说明 11 柜 KZ、KF 电源环线有短路现象，应立即查找排除。当 KZ、KF 断路器能闭合后，还要测 D_1-1、D_1-2 与其他电源端子间是否出现直流电压。如果正常，就可以测量 12 柜 D_1-1、D_1-2 两电源端子，并闭合 12 柜零层 KZ、KF 断路器，直至所有组合柜零层 KZ、KF 断路器都能闭合。最后，在电源屏处连上引往最后一个机柜的 KZ、KF 两根电源线，以形成环线供电。

KZ、KF 电源送完后，再往组合柜依次送 QKZ、QKF、DJZ、DJF 电源。由于采用模拟电路，DZ、DF、XJZ、XJZ 电源线均不要与转换屏连接，其铜端头要用黑胶布包好，以免触碰端子造成短路故障。

(2)混电判定与查找方法

在联锁试验时，混电故障的判断和查找颇为费事，因为无论是组合柜零层或是组合侧面电源端子都采用环线供电，因此查找一个“混电”故障往往要断开很多环连点才能找到故障点，查起来烦琐费时。因此查找这类故障必须要理清思路并掌握正确的方法。现场常采用“断线法”和“跨线法”进行“混电”故障的处理。下面结合一个故障予以说明。

假如闭合 11 柜 KZ、KF 断路器前，量得 D_1-1 与 D_2-1 之间有 24 V 直流电压，说明 QKZ 环线与 KF 环线中有混电情况，即 QKZ 环线中混有 KF。此时，可测量 D_1-2 与 D_2-1 两端子进行验证，该两端子之间不应有电压，用兆欧表测量应指零。

“断线法”是利用断线缩小故障范围以致最后找出故障点的方法。在 11～33 柜零层 02-3 连接共有 10 个连接点，采用“二分之一法”(优选法的一种)，将第 5 点至第 6 点，即 23 柜至 22 柜零层 02-3 连线断开(图 3.148 断点 1)，再测量 11 柜 01-1 与 02-3 端子，看混电是否还存在。若仍存在，说明混电故障在 11～23 柜之间的 02-3 端子连线上；若混电消失了，说明混电部位在 22～33 柜之间的 02-3 端子连线上，如果是前者，则用“二分之一法”断开中间的 13 柜与 14 柜之间的 02-3 端子连线(图 3-148 断点 2)；若是后者，则需先将 23 柜与 22 柜 02-3 端子连线恢复，用“二分之一法”，断开 22～33 柜中间的 31 柜与 32 柜之间的 02-3 端之间连线(图 3.148 断点 3)，仍测量 11 柜 01-1 与 02-3 端子，看混电是否存在。以此类推，逐渐缩小故障范围，直至将混电点查出。

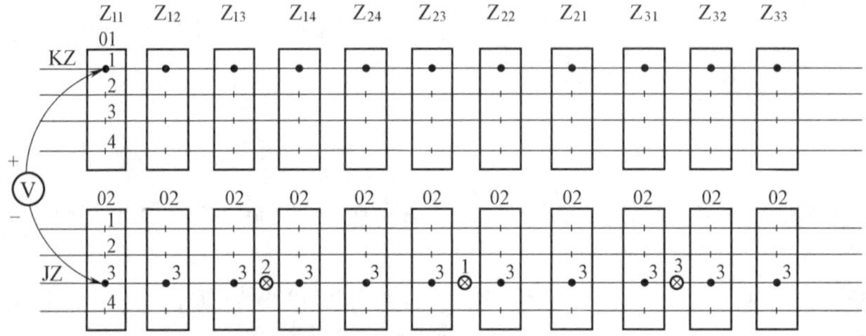

图 3.148 “断线法”查找混电示意图

“跨线法”是用跨线甩掉某段网络，逐步缩小故障范围以致最后查出故障点的方法，如上例，在断开 23 柜至 22 柜 02-3 端子连线的同时，还需断开 11 柜与 12 柜 02-3 端子连线(图 3.149中断点 1)，用一根临时跨线从 11 柜 02-3 端子跨过 12～23 柜，连到 22 柜 02-3 端子(图 3.149 中线①)，然后测量 11 柜 01-1 与 02-3 端子，看混电是否存在，如果存在，说明混电点在 22～33 柜之间的 02-3 端子连线上；若混电消失，说明混电点在 12～23 柜之间的 02-3 端子连线上。如果是前者，用“二分之一法”，将 22～33 柜之间中间部位的 02-3 连线断开(图 3.149中断点 2)，把跨线从 22 柜 02-3 端子摘下，连到该断开处远端(图 3.149 中线②)，再测 11 柜 01-1 与 02-3 端子，看混电是否存在，如果是后者，用“二分之一法”，将 12～23 柜之间中间部位的 02-3 连线断开(图 3.149 中断点 3)，把跨线从 22 柜摘下，连到该断开处远端(图 3.149中线③)，再测 11 柜 01-1 与 02-3 端子，看混电现象。以此类推，不断缩小故障范围，直至将故障点查出。相比之下，“断线法”稍简单些，一般查不该接通被接通的故障，比如混电、接地，短路等故障，用“断线法”较为方便。

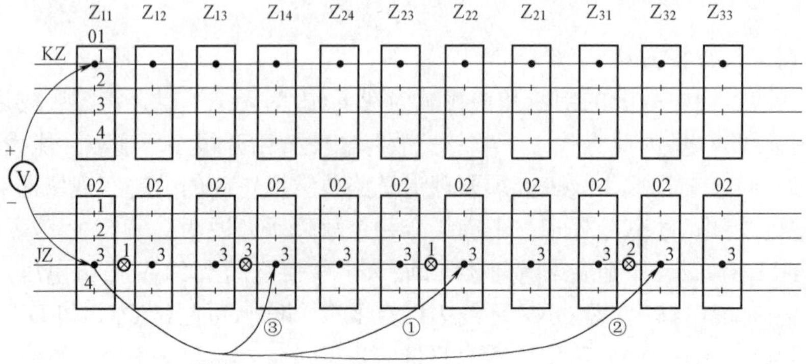

图 3.149 “跨接法”查找混电示意图

(3)短路故障的判定与查找

假如闭合 11 柜零层 KZ、KF 断路器,合一个还可以,但两个一合,断路器就跳闸,说明 11 柜的 KZ、KF 电源线间有短路现象。此时可用万用表电阻挡或兆欧表再验证一下。下面介绍用“断线法”查找短路故障的步骤和方法。

由于柜内 KZ、KF 是通过侧面 06-1、06-3 进行环连的,所以先在 11 柜零层 D_{11}-1 端子上,将一根 KZ 连线(一般是远端,连向 11-106-1 的连线)烫下。然后,用“二分之一法”,断开 11-6 与 11-5 之间 06-1 的 KZ 连线,再试合 KZ、KF 断路器,若能合上,说明短路点在 11-5 与 11-1 之间的电源连线上。如果仍合不上,说明短路点在 11-10 与 11-6 之间电源连线上。若是前者,先将 11-606-1～11-506-1 之间 KZ 连线恢复,仍用“二分之一法”断开 11-306-1 与 11-206-1 的 KZ 电源连线,再试合断路器。如果是后者,则用“二分之一法”,断开 11-806-1～11-706-1 的 KZ 电源连线,再试合断路器。以此类推,直至查出短路点所在组合。在组合内部的查找,与前相同,仍用“断线法”查找即可。

(4)接地故障的判断与查找

在送电的同时,还应用电压表查验电源端子与“地”(组合柜、分线柜角钢或地脚螺栓等处)之间是否有电压存在,若有电压,说明有“接地”故障,查找的步骤和方法与查找混电、短路故障相同。

2)静态负载送电

静态负载送电就是将继电器插上后进行试验送电。

(1)插继电器

①全部继电器应经电务段信号检修车间检修认可后方能使用。

②插继电器应根据定型组合和零散组合的继电器类型表进行。

③插继电器时,应认真核对继电器鉴别孔与插座的鉴别销位置。

④插继电器,先向上掀开大挂簧,左手托住继电器,使继电器接点插片对准插座的接点片间隙,右手握住继电器外罩,垂直于组合平面用力推挤,使继电器与插座密贴。必要时,可左右稍做晃动向里插,千万不可上下晃动或硬插猛晃,否则会使接点片间胶木隔断裂,为日后短路、混电埋下隐患。

⑤将大挂簧放下,挂在提把下方的外罩突出处,随手将提把下扣,避免大挂簧弹出。

(2)静态试验送电

事先将空载送电闭合的断路器全打开。送电与空载送电类似,要一柜一柜送、一种一种电源送。插完一柜的继电器,便送一柜的电源,闭合一柜的断路器。先闭合直流电源断路器,送直流电,挂该柜的 KZ、KF 断路器,再闭合交流电源开关,送交流电源 JZ、JF、DJZ、DJF,闭合相关断路器。边送电边测量电源端子,查看混电、短路和接地故障,发现后及时查找排除。临时信号点灯电源 XJZ(12)、XJF(12)也要一柜一柜,甚至分层(JZ、CZ2、CZ3 和 DX 组合)送电,在组合内闭合相关断路器。

5. 单项电路检查试验

室内设备试送电工作结束后,即可进行电路试验。电路的试验按照由简到繁的顺序进行,即先检查试验单项、单元电路;再进行联锁关系的检查试验。具体方法是以显示屏故障现象为依据,对故障进行分析判断,确定故障部位、故障性质,再进行查找处理。

1)检查轨道继电器电路

将钮子开关打向闭合一侧,相应区段轨道继电器吸起,显示屏相应区段应显示白光带;将钮子开关打向另一侧,相应区段轨道继电器落下,显示屏相应区段应显示红光带。所有区段逐一核对一遍。如果送电后,有轨道区段光带不亮白光带,却亮红光带,例如 11-13DG 亮红光带,说明 11-13DG 的轨道继电器可能未励磁。这时,应去组合柜 14 柜第 9 层查看组合内该轨道继电器状态。如果 DGJF 吸起,那就很可能接口电路有"断线"故障;如果 DGJF 未吸起,很可能是 DGJF 电路有"断线"故障,查找方法相同。假设是 DGJF 未吸起,那就检查 DGJF 电路,如图 3.150 所示。此时,假定 11-13DGRGJ 和 11-13DGJF1 继电器励磁并完好。

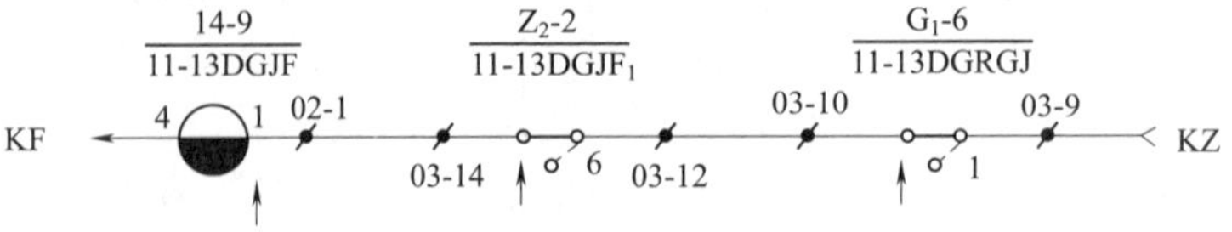

图 3.150　11-13DGJF 电路

查找的步骤和方法:

(1)用万用表直流电压挡测量 DGJF 的 1、4 端子,查看有无 KZ、KF。若有电,DGJF 未吸起,说明 DGJF 本身有问题,需更换 DGJF 继电器;若无电,表明是"断线"故障,可用"找电源法"和"补电源法"来查找故障点。

(2)判断缺电"极性"

用万用表的直流挡一个表棒先借一个 KF 电源,即将黑表棒插入 14-9 组合侧面 06-3 端子塑胶管内,使其良好接触,用另一红表棒去测 11-13DGJF 的端子 1,若指示有电,说明 DGJF 的端子 4 缺 KF 电;若指示无电,说明 DGJF 端子 1 缺 KZ 电。为慎重起见,也可以反过来验证一下。

(3)"找电源法"查断线

KZ 电源送至 11-13DGJF 端子 1,中间要经过五个连接点(假定组合内部已导通,连接良好),即 G_1-6 组合侧面 03-9、03-10,Z_2-2 组合侧面 03-12、03-14 和 14-9 组合侧面 02-1。用"二分之一法"测 KZ 是否送到了中间连接端子 Z_2-203-12 上,用万用表测 Z_2-203-12 端子和继电器端子 4 两端子间有无直流 24 V 电压,若有电压,说明 KZ 已送至 Z_2-203-12 端子,断线点应在 14-902-1 端子与 Z_2-203-14 端子之间(图 3.148 中"×"1);若无电压,说明 KZ 尚未送到Z_2-203-12 端子,断线点应在 G_1-603-9 和 Z_2-203-12 端子之间,很可能 G_1-603-10 和 Z_2-203-12 之间连线有问题(图 3.151 中"×"2)。以此类推,最终查出故障点。

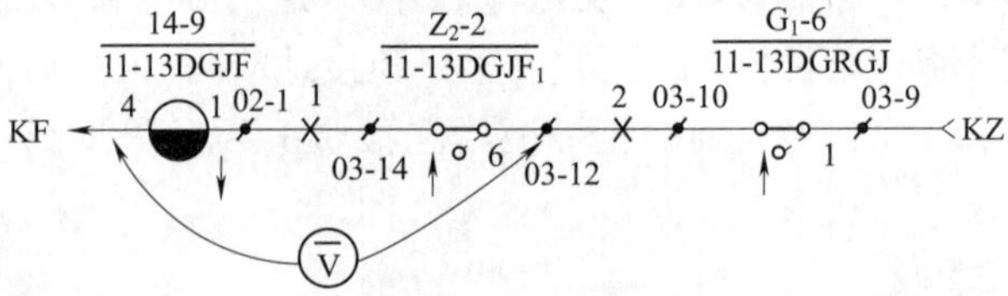

图 3.151　"找电源法"查断线

(4)"补电源法"查断线

从其他连接点先"借"一个 KZ 电源。将"借"有 KZ 电源引接线的另一端,连向根据"二分之一法"选定的中间连接点 Z_2-203-12 端子。若此时 11-13DGJF 吸起,说明断线点在 G_1-603-9

端子与 Z_2-203-12 端子之间(图 3.152 中“×”1);若 11-13DGJF 仍未吸起,那么断线点在 Z_2-203-12 端子与 14-902-1 端子之间(图 3.152 中“×”2)。直至查出断线点。

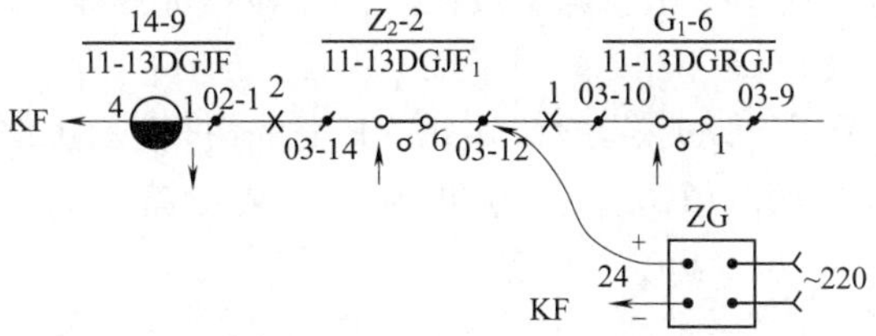

图 3.152　“补电源法”查断线

实践中,多采用“找电源法”查断线故障,而且使用耐压 24 V 的小灯泡或发光二极管作为测试工具。当灯泡或发光管亮度正常便表明有正常电压,而灯座常做成“试电笔”型,便于一只手持直验,比电表使用方便。使用“补电源法”查找断线故障,一旦将引接线端误接到电源另一极性连接点,易造成电源短路、断路器跳闸,实践中使用较少。

2)检查道岔控制模拟电路

同时单击 ZDA 和任一组道岔的 CA,相应道岔 2DQJ 转极(当道岔已在定位时 2DQJ 不转极),2DQJ 吸起,DBJ 吸起,操作显示屏相应道岔表示灯点绿灯,进路上的道岔开通位置在设计规定的定位状态。同时单击 ZFA 和任一组道岔的 CA,相应道岔 2DQJ 转极(当道岔已在反位时 2DQJ 不转极),2DQJ 落下,FBJ 吸起,操作显示屏相应道岔表示灯点黄灯,进路上的道岔开通位置在设计规定的反位状态。所有道岔逐一核对一遍。

3)信号机点灯电路试验

断开信号机点灯线与回线的封连线,相应信号机 DJ 落下,然后恢复封连线,DJ 吸起。DJ 落下时,操作显示屏相应信号机闪光;DJ 吸起,停止闪光。所有信号机逐一核对一遍。

正常情况下,显示屏上所有信号复示器均应显示禁止灯光。若有信号复示器闪灯,均表明该信号点灯模拟电路有故障,使得该信号的灯丝继电器 DJ 未能正常励磁,用查找 GJF 未能正常吸起的方法、步骤,将故障予以排除。一般的故障原因可能是 DJ 本身故障、DJ 未插好、组合内电源断路器故障、分线柜处临时封线接触不良或是配线有假焊、虚接等。若很多个信号复示器均闪 B 灯,很可能是信号机防雷组合所在隔离柜零层 XJZ12 临时电源环线断线故障所致。

4)进行其他各种结合条件假回路位置确认

(1)自动闭塞结合条件假回路位置确认

将钮子开关打向闭合侧,相应区段轨道继电器吸起,显示屏相应区段表示灯亮,接近区段电铃响(或语音报警)。将钮子开关打向另一侧,相应区段轨道继电器落下,显示屏相应区段表示灯亮红灯。所有条件应逐一核对一遍。

(2)机务段同意电路结合条件假回路位置确认

将机务段同意钮子开关打向闭合侧再恢复,JTJ 吸起,操作显示屏机务段同意表示灯亮,同时单击 ZQA 和机务段防护调车信号机 DA,JTJ 落下,操作显示屏将机务段同意表示灯灭。

(3)场间联系电路结合条件假回路位置确认

将结合条件钮子开关打向闭合侧,有关结合条件继电器吸起,操作显示屏表示灯亮,将结合条件钮子开关打向另一侧,有关结合条件继电器落下,操作显示屏表示灯灭。

5)显示屏按钮位置确认

(1)信号机按钮位置确认

单击信号机按钮(包括列车按钮和调车按钮),操作显示屏按钮表示灯闪光。

(2)专用按钮位置确认

单击ZQA按钮,显示屏ZQD亮红灯;单击ZRA按钮,显示屏ZQD、ZRD亮红灯;单击ZDA按钮,显示屏ZDD亮绿灯;单击ZFA按钮,显示屏ZFD亮黄灯。单击YZSA按钮,YZSJ吸起,然后逐一单操道岔,道岔应被锁在原位。

6. 办理进路试验

办理调车进路:顺序单击始端DA按钮、终端DA按钮,根据单击顺序,始端信号机闪白灯,有关道岔转至规定位置;进路锁闭,显示屏亮白光带,相关信号机开放。

办理列车进路:顺序单击始端LA按钮、终端LA按钮,根据单击顺序,始端信号机闪白灯,有关道岔转至规定位置;进路锁闭,显示屏亮白光带,相应信号机按规定显示开放。

办理变更进路:顺序单击始端按钮、变更按钮、终端按钮,根据单击顺序,始端信号机闪白灯,变更信号机闪白灯,有关道岔转至规定位置;进路锁闭,显示屏亮白光带,相应信号机按规定显示开放。

办理通过进路:顺序单击进站口TA按钮、另一咽喉出站口终端LA按钮,根据单击顺序,始端信号机闪白灯,有关道岔转至规定位置;进路锁闭,显示屏亮白光带,另一咽喉出站信号机和本咽喉进站信号机顺序开放(点亮绿灯)。

进路锁闭试验:进路锁闭后,单操进路上所有道岔,道岔均应被锁住。逐条办理与锁闭进路交叉的进路,交叉进路选不出,已锁闭进路不受干扰。

7. 联锁试验

1)进路锁闭,信号机开放后,按联锁表逐条逐项进行以下试验

(1)敌对进路试验。逐条办理与锁闭进路敌对的进路,敌对进路选不出,已锁闭进路不受干扰。

(2)道岔断表示试验。逐个断开进路上道岔的表示,信号机自动关闭,进路不解锁,显示屏亮白光带,进路上道岔处光带消失。

(3)封轨道试验(列车)。逐个占用锁闭进路上的轨道区段,信号机自动关闭,进路不解锁,显示屏亮白光带,被封区段亮红光带。逐个占用超限绝缘防护区段,信号机自动关闭,进路不解锁,显示屏亮白光带,被封区段亮红光带。占用与锁闭进路无关的轨道区段,信号机正常开放。

(4)封轨道试验(调车)。逐个占用锁闭进路上的轨道区段,信号机自动关闭,进路不解锁,显示屏亮白光带,被封区段红光带(信号机内第一个区段除外),其他同列车信号机。

(5)取消进路试验。信号机正常开放且接近区段空闲时,单击ZQA和始端信号按钮,信号机自动关闭,进路解锁。取消某一信号时,不影响其他已排好的进路和信号。

(6)接近锁闭试验。信号机正常开放且接近区段有车时,单击ZQA和始端信号按钮,信号机自动关闭,进路不解锁。

(7)重复开放信号试验。信号机开放后因某种原因关闭且接近区段空闲时,单击进路始端信号按钮,信号机重新开放。

(8)信号机正常关闭(列车)。占用列车进路信号机内方第一区段,信号机自动关闭。

(9)信号机正常关闭(调车)。占用、出清进路接近区段,信号机自动关闭。

(10)正线出站信号机未开放,进站或进路信号机不能开放通过信号。主体信号未开放,预告或复示信号不能开放;主体信号开放后,预告或复示信号应能自动开放。

(11)有关道岔位置与进路要求不符合,信号机不能开放。办理正线接车变通进路时,进站信号机开放侧线进站信号。

2)进路解锁试验

(1)正常解锁。信号机开放后,用轨道模拟盘模拟压车,按顺序占用和出清排列的进路,进路应自动解锁。不按顺序占用和出清排列的进路,进路不能够自动解锁,任何区段漏解锁,后面区段不能解锁。

(2)人工解锁。接近区段无车占用单击 ZRA,输入密码,单击始端信号按钮,信号机自动关闭,进路解锁;接近区段有车占用,单击 ZRA,输入密码,单击始端信号按钮,信号机自动关闭,进路延时解锁。

(3)故障解锁。由于某种原因轨道区段漏解锁时用故障解锁。单击 ZRA,输入密码,单击该区段轨道电路名称,该轨道区段解锁。

(4)调车中途返回解锁。调车信号开放后,车列未进入锁闭中的部分区段又返回,未进入的轨道区段自动解锁。

3)引导信号试验

进路中轨道电路故障时采用引导信号。

单操道岔至需要位置,再单击引导信号按钮 YXA,输入密码,引导信号开放;若进站信号机红灯断丝,再单击引导信号按钮 YXA,引导信号不开放;进路中有道岔失去表示,再单击引导信号按钮 YXA,引导信号不开放。

引导信号开放后,单操本进路中所有道岔,道岔应被锁闭不得变换位置。

引导信号开放后,模拟列车进入信号机内方第一区段,引导信号关闭。列车进入股道后,单击 ZRA 输入密码和单击进站信号机按钮 LA,进路解锁(故障轨道区段除外)。

引导总锁闭试验:进路中道岔出现失去表示故障时采用引导总锁闭。操作方法是:单操道岔至需要位置,再单击引导总锁闭按钮和引导信号按钮 YXA,引导信号开放。引导信号开放后,本咽喉所有道岔应被锁住。引导信号开放后,模拟列车进入信号机内方第一区段,引导信号关闭。单击引导总锁闭按钮,道岔解锁。

4)股道和无岔区段试验

先办理向某一股道接车进路,信号机开放后,再办理另一咽喉向此股道的接车进路和调车进路,后排的进路排不出。办理同一股道的迎面调车进路时,进路均可排出(股道有无车辆均可)。办理同一无岔区段的迎面调车进路时,后排的进路排不出。当无岔区段有车时,办理通过此区段的长调车进路,进路排不出。出发信号机开放后模拟列车出发(股道留车),进路正常解锁。由股道或无岔区段向外调车,调车信号机开放后模拟车列车出发(股道、无岔区段留车),进路正常解锁。

5)办理通过进路试验

顺序单击始端通过按钮和出口处列车终端按钮,通过进路锁闭,出发信号机先开放,进站信号机再开放(绿灯)。通过进路建立后,扳动通过进路各区段钮子开关,模拟列车通过,随着列车出清有关区段,通过进路上的进站信号机和出发信号机能自动关闭,通过进路自动解锁。

取消通过进路时，应先单击自动通过按钮，取消自动通过状态，先单击 ZQA 和出发信号机列车按钮，后单击 ZQA 和进站信号机列车按钮，信号机关闭，通过进路解锁，若操作顺序颠倒，则进路不解锁。

6)站内电码化试验

(1)准备工作

①根据站场形状和轨道区段制作做轨道模拟盘。

②正线的每个轨道区段和股道区段设一个钮子开关，控制站内移频柜中的轨道复示继电器 DGJF、GJF。

③每个区段的发送线配到分线柜后要核对正确，如果是运营中计算机联锁车站，发送线暂时不能与端子相连，以免发码后误动站内轨道继电器。

(2)试验过程

①分别开启发送器电源，检查、测试正线发送器、站线发送器是否正常，载频、低频是否正确。

②用模拟盘模拟接车进路或发车进路(控制 LXJF、ZXJ)。

③观察轨道传递继电器 DGCJ 励磁时机，预叠加发码时，在分线柜处相应的配线上(未与端子连接)，用综合测试仪测试轨道送电 GJZ、GJF 和发码信号。

④模拟列车依次进入各个轨道区段，测试预叠加发码和发码的电压、载频、低频及发码时机。

7)半自动闭塞结合条件试验

可将本站上行咽喉设定为甲站，下行咽喉设定为乙站，两站间办理闭塞进行试验。

甲站向乙站发车：

(1)甲站请求发车。甲站单击 BSA，乙站语音报警、JBD 点黄灯，然后甲站语音报警、FBD 点黄灯。此时甲站 BSJ、XZJ、ZKJ、GDJ 继电器吸起；乙站 BSJ、TJJ 吸起。

(2)乙站同意接车。乙站单击 BSA，乙站 JBD 由黄变绿，甲站 FBD 由黄变绿。甲站 BSJ、XZJ、ZKJ、GDJ、KTJ 吸起；乙站 TJJ 吸起。

(3)甲站列车出发。甲站模拟列车出发，列车压入 GDJ(进站信号机内方第一区段)FBD 由绿变红，并语音报警；乙站 JBD 由绿变红，并语音报警，甲站继电器全部落下；乙站 JCJ、GDJ 吸起。

(4)列车到达乙站。乙站模拟列车完全进入股道，单击复原按钮，两站继电器恢复定位状态。

(5)甲站取消复原。甲站请求发车后，乙站同意接车前，甲站单击复原按钮，此时甲站 FBD 黄灯灭，乙站 JBD 黄灯灭，两站继电器恢复定位状态。甲站请求发车后，乙站同意接车后，甲站 FBD 绿灯灭，乙站 JBD 绿灯灭，两站继电器恢复定位状态。

(6)甲站事故复原。甲站单击事故按钮 SGA 并输入密码，若闭塞已办好，则甲站 FBD 绿灯灭，乙站 JBD 绿灯灭，两站继电器恢复定位状态。

乙站向甲站发车办理方式、表示灯及继电器动作情况同上。

8)自动闭塞结合条件试验(以双线四显示为例)

发车进路结合条件试验：出站信号机开放，1LQ 有车，排发车进路，进路锁闭，但信号机不开放，1LQJ 落下，1LQG 亮红灯；1LQ 无车，2LQ 有车，此时，信号机开放，1LQJ 吸起，室外信号机点黄灯，2LQG 亮红灯；1LQ 无车，2LQ 无车时，信号机开放，1LQJ 吸起，2LQJ 吸起，室外信号机点绿黄灯。

9)列车接近试验

通过模拟盘，1JG 有车，接近电铃响(或语音报警)，1JG 亮红灯，1JGJ 落下；2JG 有车，接近电铃再次响(或语音报警)，2JG 亮红灯，2JGJ 落下。

10)机务段同意电路结合条件试验

扳机务段同意钮子开关，JTJ 吸起，显示屏机务段同意白灯亮。向机务段排调车进路，进路选出，信号机开放；模拟机车进入机务段，显示屏机务段同意白灯灭，进路解锁。

人工取消时应同时单击 ZQA 和防护机务段信号机的 DA，显示屏机务段同意白灯灭。

8. 室外设备单独试验

在利用模拟电路进行室内电路联锁试验的同时，应对室外信号机、转辙机、轨道电路分别单独进行试验，以复核室外电缆配线、设备配线，发现室外设备设计、施工中存在的问题，及时予以解决，为以后的竣工开通创造条件。

1)信号机的单独试验

(1)引接交流 220 V 电源到分线柜处，并在此电源上加装 0.5 A 的断路器予以保护。

(2)室内外施工人员相互配合，室内人员依据电缆配线图认真校对信号机名称、机构灯位和分线盘端子号，将电源送到从分线柜上临时拆下的电缆芯线上，点亮室外的信号机灯光。室外人员应认真核对信号机灯位、玻璃颜色与图纸的一致性。

(3)试验主、副丝转换

用一薄竹片或塑料片隔断灯座下部的主灯丝簧片，灯丝转换继电器失磁，其后接点接通副灯丝点灯电路，副灯丝应点亮。

(4)试验主灯丝断丝报警

室内试验人员用万用表电阻挡测量从分线柜临时拆下的断丝报警电缆芯线：主灯丝点亮时，报警电路应断开，电阻为∞；主灯丝断开时，报警电路被接通，电阻为 0 Ω。

(5)调整点灯电压

点灯变压器Ⅰ次侧电压为 180～220 V，Ⅱ次侧电压为 10.5～11 V，比灯泡额定电压低5%左右。当Ⅱ次侧电压过高或过低时，宜调整Ⅰ、Ⅱ次侧端子，使电压符合规定要求。

(6)调整显示距离

对已经就位的信号机，可以进行显示距离的调整。除了要调整好机构的显示方向，还要通过调整灯座位置来调整灯丝与透镜组的相对位置，以获得最佳显示距离(现多采用定焦盘式灯座，在室内调好后，到现场不必再调整)。

(7)试验、调整列车信号

此时，须注意是否有列车接近，一旦有列车接近，应立即暂停试验，以免影响列车运行。另外，要及时加装无效标。

2)电动转辙机的单独试验

(1)制作转辙机试验器

为了对电动转辙机进行单独试验，需制作转辙机试验器。既可利用现成的 DD 道岔组合进行改制，也可依据道岔控制电路原理用元器件单独制作长久使用。

ZD6 系列电动转辙机试验器电路如图 3.153 所示。

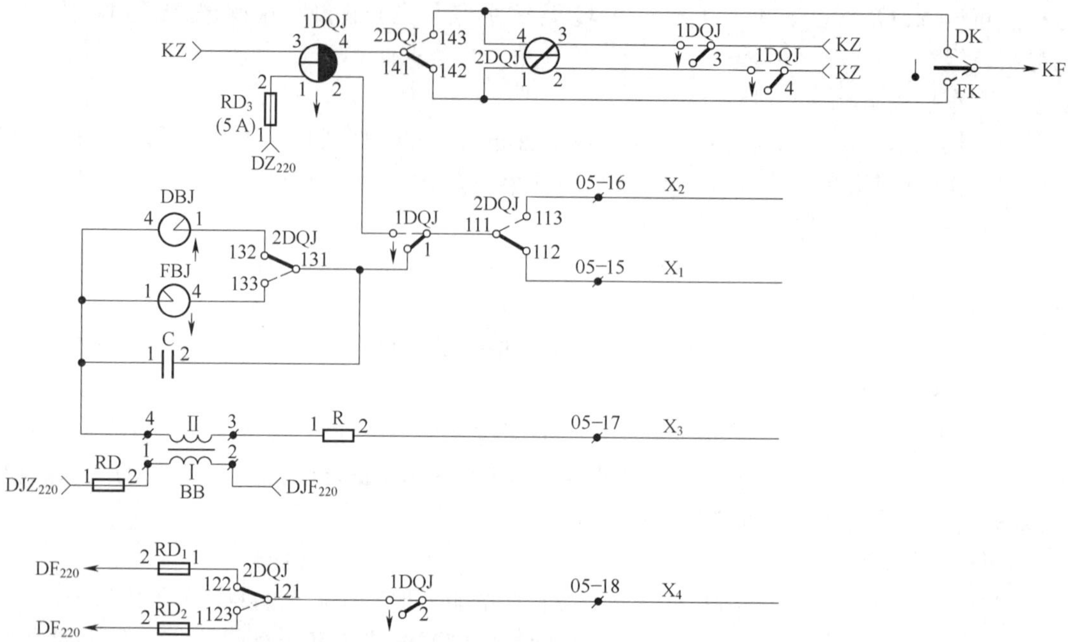

图 3.153　ZD6 系列电动转辙机试验器电路

①在一个 DD 道岔组合的第 10 个继电器位置上安装一个单刀双掷或双刀双掷开关。开关置于中间位置表示不操纵道岔，开关的上、下两个位置分别用来代替单动道岔控制电路中的 $CAJ_{21\text{-}22}$ 和 $CAJ_{11\text{-}12}$ 两组接点，向 1DQJ 线圈 4 送 KF 电源，将道岔单操到定位或反位。

②1DQJ 线圈 3 直接接 KZ 电源。

③组合中接入 DJZ_{220}、DJF_{220}、DZ_{220} 和 DF_{220} 电源。

④组合中只需插入 1DQJ、2DQJ、DBJ 和 FBJ 四个继电器。

⑤在 05 -15～05 -18 四个端子上分别引出 3 m 左右长、端部带有鳄鱼夹的连接线。

S700K 型、ZYJ7 型转辙机试验器模拟电路如图 3.154 所示。

制作方法是：

①在一个 TDF 组合的第 10 个继电器位置上安装一个单刀双掷开关。开关置于中间位置表示不操纵道岔，置于上方 DK 位置表示操纵道岔到定位；置于下方 FK 位置表示操纵道岔到反位。

②TDF 组合 01-3 接 KZ，01-1 接开关 DK 侧，01-2 接开关 FK 侧，开关中性接点接 KF。

③组合中接入 380-A、380-B、380-C、DJZ_{220}、DJF_{220} 电源。

④组合中除第 10 个继电器位置的 BB_2 不接外，其他 9 个位置的继电器、变压器和断相保护器均需装上。

⑤在 05-1～05-5 五个端子上分别引出 3 m 左右长的带鳄鱼夹的连接线。

(2)试验前将电动转辙机的表示杆抽出，做上标记，储存起来。

(3)试验时，室内分线柜处设 1～2 人，其余人员在室外配合。室内外人员做好沟通，相互配合，室内人员依据电缆配线图，认真核对道岔号码、分线柜端子号，将试验器的 05-15～05-18 的四根连线或 05-1～05-5 的五根连线，分别与从分线柜端子上拆下的 X_1～X_4 或 X_1～X_5 电缆芯线连接。接线顺序应正确。

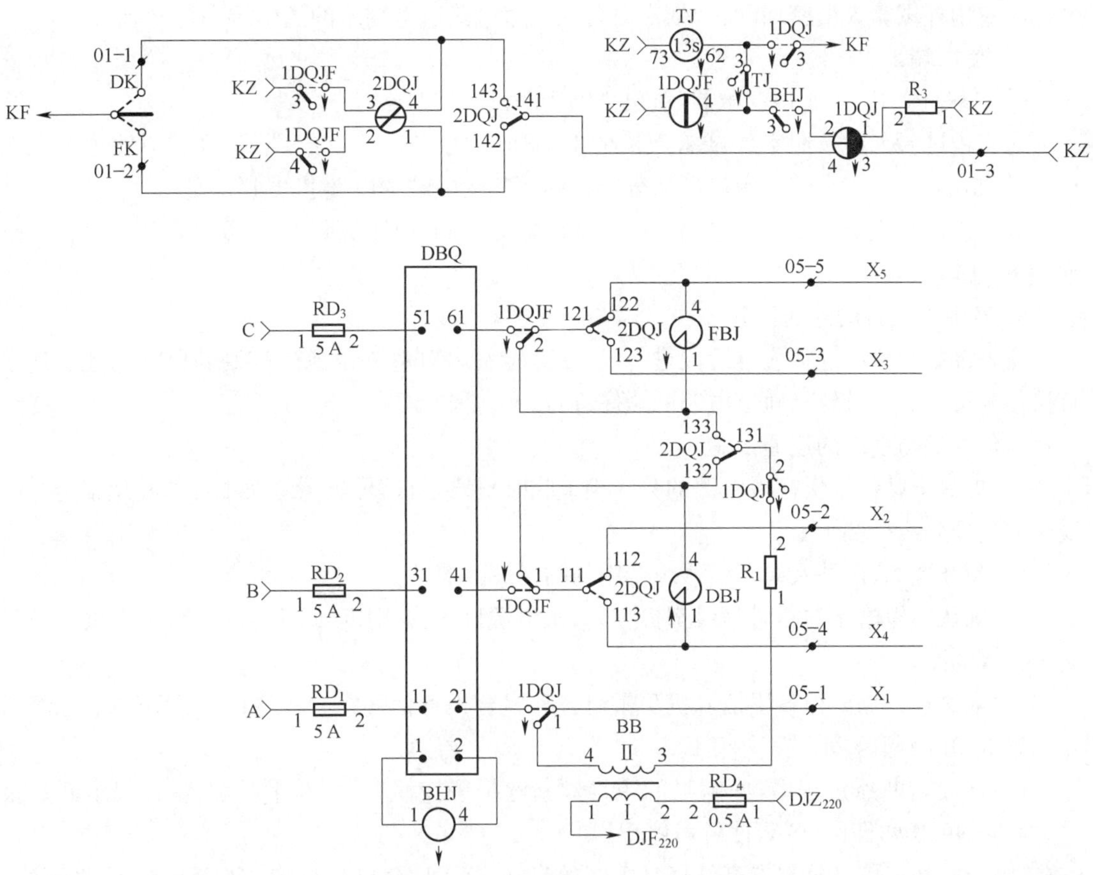

图 3.154 S700K 型转辙机试验器电路

(4)室内试验人员按照室外试验人员电话通知，扳动开关，操纵道岔向定位或反位转动。室内人员不可擅自扳动开关，以免误伤室外试验人员。

(5)室内外试验人员应按设计规定，认真复核电动转辙机动作杆伸出、拉入位置与道岔定、反位位置的对应关系。

(6)认真核对开关位置、2DQJ 状态、DBJ 和 FBJ 状态与转辙机动作杆位置四者之间的一致性。

(7)提速或非提速道岔，任何一台转辙机位置不符合设计要求，室内均不应有正确表示。

3)轨道电路的单独试验

对轨道电路来说，调整前的单独试验内容主要是对送、受电端的电缆芯线、内部线把及送、受电设备进行检测检验，及时发现问题尽早加以处理，以确保开通时轨道电路的顺利调试。

(1)送电端试验

①引接 25 Hz、220 V 电源经过 BMT-25 变压器串接装有 1 A 断路器，构成一组轨道电路送电电源。

②室内试验人员按照室外试验人员的电话通知，按设计的轨道送电分束要求，将送电电源接到从分线柜上临时拆下的一束室外轨道电路送电网络的电缆芯线上。

③室外试验人员用万用表分别测试该束轨道电路送电网络的每个轨道变压器Ⅰ次侧，应有不少于 180 V 的交流电压，Ⅱ次侧的低压输出值应符合变比要求。

④室内外试验人员密切配合，依次对各束轨道电路送电网络的送电端进行试验。

(2)受电端试验

①准备一个 BX_1-34 型变压器，供出 12～16 V 交流电压。

②室内试验人员按照室外试验人员的电话通知，依照电缆配线图，认真核对轨道区段名称、分线柜端子号，将交流电源接到从分线柜拆下的受电端的电缆芯线上。

③室外试验人员测试轨道电路受电端变压器Ⅱ次侧，应能量到 12～16 V 电压。用信号灯泡接上，应能点亮。

9. 室内外设备的连通试验

室外设备与室内连接应分阶段进行，以便试验室内对室外设备的控制和监督功能。连接宜按信号机、电动转辙机、轨道电路的顺序进行。

1)信号机与室内的连通试验

(1)拆除全站信号机模拟电路的分线柜上临时封线，将信号机点灯及主灯丝断丝报警电缆线全部连到分线柜端子上。

(2)断开进站、出站及调车信号组合中的临时熔断器。

(3)确认模拟电路的临时封线都拆完后，从电源屏送出 XJZ_{220}、XJF_{220} 电源，并提供主灯丝断丝报警电源。

(4)依次挂接隔离柜各层信号机防雷组合和组合柜各信号组合中 XJZ_{220}、XJF_{220} 电源熔断器。确认 DJ 吸起，显示器表示正确。

(5)挂接熔断器过程中，两咽喉的主灯丝断丝报警按钮 DSA 在平时位置时，提示断丝报警。此时，单击两咽喉 DSA，使铃声停止。

(6)全站列车信号机都点亮红灯且主灯丝完好，DSDL 会再次鸣响，而 DSD 的 H 灯灭灯。再次单击两咽喉 DSA，报警电路恢复正常。

(7)排列不同进路，试验信号机的显示符合设计要求。信号机构内，除规定灯光外，其他灯泡不应点亮，灯光转换时，其他灯泡不应闪光。

(8)无论是禁止灯光还是允许灯光，无论是一个灯位还是两个灯位，列车信号机任一点亮的灯泡主灯丝断丝时，除自动转换点亮副灯丝外，还要构成主灯丝断丝报警。试验时，用绝缘片将灯座下主灯丝簧片隔断，观察副灯丝点亮和室内主灯丝断丝报警情况。

(9)列车信号机显示两个灯光的允许信号时，其中任一灯位灭灯，则信号机立即转为红灯显示。试验时，用绝缘片将灯座下两簧片隔断，观察灯光转换情况。

(10)进站和正线出站信号机红灯灭灯时，不能开放允许信号(进站还包括引导信号)。侧线出站和调车信号机无此限制。

(11)自动闭塞区段进站信号机红灯灭灯时，红灯应能转移到前一架通过信号机。

(12)预告信号机只能当进站信号机开放时，才能显示绿色灯光。

(13)进行信号机各项电气指标的测试和调整。

2)电动转辙机的连通试验

(1)拆除道岔模拟电路的所有临时连线，恢复原配线，并反复确认无误。

(2)将道岔用电缆线重新连接到分线柜端子上。

(3)从电源屏送出 DZ_{220}、$DF2_{220}$，380-A、380-B、380-C 电源到组合柜，测量电源电压正确、

不混电、不接地。

(4)依次合上各道岔组合中断路器,确认无短路、混电和接地现象。

(5)送电后,经 13 s,挤岔电铃 JCDL 应鸣响,挤岔表示 H 灯点亮,这是道岔表示电路中室内外设备的位置不一致造成的。此时,单击 JCA,使铃声停止,挤岔表示 H 灯仍旧点亮。

(6)单独操纵每组道岔往返两次变换位置。认真复核道岔开通位置与 2DQJ 的状态、DBJ 和 FBJ 位置及操作目的的一致关系。

(7)在每组室外道岔转换过程中,显示屏上应有正确电流值显示。

(8)复核电动转辙机配线:

①道岔在定位时,若自动开闭器 1、3 两排接点闭合,室内通知室外人员用绝缘片分别插入 11-12、13-14、31-32、33-34 接点间,使其断开,每插入断开一次,室内道岔定位表示 L 灯应灭灯一次。

②室外将绝缘片插入 11-12 接点间,室内单独操纵道岔到反位,转辙机不应转动,电流表不应有读数。

③室内办理单独操纵道岔回定位手续,通知室外人员拿出 11-12 接点间绝缘片,并打开 01-02 移位接触器。此时不应影响道岔定位表示。

④室内再次单独操纵道岔到反位,道岔应予转换,转换过程中电流表应有指示。转换结束,自动开闭器 2、4 两排接点闭合。道岔反位应无表示,FBJ 不励磁。室内通知室外人员将 01-02 移位接触器恢复,FBJ 才吸起,道岔反位表示 U 灯点亮。

⑤此时,道岔在反位,自动开闭器 2、4 两排接点闭合。在操纵道岔向定位转换过程中,按照①～④的步骤反方向进行一次试验,复核道岔由反位向定位转换时的电动转辙机配线。

(9)断路器试验:

①扳断启动总断路器 RD_3,道岔不应被转换位置。

②恢复 RD_3,断反位启动断路器 RD_2,道岔不应转换到反位。

③恢复 RD_2,断定位启动断路器 RD_1,道岔可以转换到反位,但不能转换回定位。

④恢复 RD_1,道岔可以转换至定位。道岔转换恢复正常。

⑤断道岔表示断路器 RD_4,道岔失去相应表示,恢复 RD_4,道岔表示正常。

(10)道岔区段有车占用,道岔不能转换位置。

(11)遇有双动及多动道岔,应分别对每台转辙机进行一次试验。

(12)全站转辙机试验完毕,道岔均表示正确,挤岔表示灯应予灭灯,挤岔电铃再次鸣响,再次单击 JCA,铃声停止,报警电路恢复正常。

3)轨道电路的连通试验

(1)拆除轨道电路模拟盘和临时轨道电源,将分线柜处轨道电路的临时封线拆除干净,恢复轨道电路受电端电缆线与分线柜端子的连接。

(2)从电源屏送出 GJZ_{220}、GJF_{220} 电源,依次挂接分线盘第一层向两咽喉轨道电路送电的熔断器,测量电源正确,确认无混电、接地现象。

(3)对于不影响开通时倒装设备和不影响旧设备正常使用的轨道区段,进行轨道电路的电气参数调整。

10. 开通联锁试验

开通联锁试验在新旧设备倒装过程中,车站信号设备即将交付使用时进行,是检查联锁关系是否符合设计要求的最后一关，必须认真严格地进行，特别是那些前面联锁试验未曾进行的项目和内容。由于倒装设备往往是要点进行的，时间紧迫，因此联锁试验要集中精兵强将，利用一切可利用的时间进行，必须强化室内指挥中心的指挥功能，做到调度合理、指挥有效。

开通联锁试验前，室内模拟电路及其他临时连线都应全部拆除，恢复原配线。临时保险丝一律更换为正式断路器。

施工指挥负责人在登记封锁要点和调度发出封锁施工命令后，立即组织室外人员开始新旧设备倒装、试验。

1)转辙机

转辙设备换装时，该道岔区段不可能马上调整好，因而道岔仍处于区段锁闭状态，为便于转辙机的调整试验，可临时将启动电路中 YCJ 和 DGJ 前接点封连。封连工作要有专人负责，做好记录，试验完毕，应立即拆除，不可遗漏，以免日后给安全行车留下隐患。

(1)将储存的表示杆对号送回到每台转辙机内，用密贴调整杆、表示连接杆将转辙机与道岔尖轨相连，认真进行密贴和表示杆缺口的调整。

(2)检测转辙机机械特性符合要求后，确认道岔的操纵意图与道岔开通位置、室内继电器状态及显示屏表示四者的一致性。

(3)调整道岔摩擦电流使其符合设计要求。

2)轨道电路

(1)检验轨道电路的调整和分路状态符合《铁路信号维护规则》要求，确认每个区段室外状态与室内继电器及显示器表示的一致。

(2)一送多受或被分割的轨道区段，用 0.06 Ω 标准分路线分别分路每一个分支轨道区段，相应分支轨道继电器和主继电器均应可靠失磁。

(3)复核全站的轨道区段的极性交叉。

3)信号机

(1)将未就位的信号机构就位，进行灯光调整，及时加装无效标，直至正式开通。

(2)复核信号机显示与室内操作意图一致。

(3)当转辙机、轨道电路调整试好后，及时试验道岔、轨道区段与信号之间的联锁关系。

(4)当有自动闭塞和非自动闭塞两个方向发车口时，应核对不同发车方向及同一发车方向、不同闭塞条件下的出站信号机的显示是否符合设计要求，进行测试。

(5)条件允许时，用站内调车机车运行进路，试验主要调车进路的正常解锁和中途返回解锁。

4)结合电路

(1)自动闭塞

①核对接近、离去区段显示器表示与室外列车运行状态一致。

②进站口向区间发送的信息与进站信号机的显示状态一致。

③离去继电器的动作状态与在出站口由区间接收的信息一致。

(2)单线继电半自动闭塞

①闭塞的办理、取消和故障复原均能正常实现。

②列车进入区间后，不能再次办理闭塞和取消闭塞，只有列车到达后，方可办理正常复原。

③设备动作正常，显示器表示正确。

施工指挥负责人确认倒装试验成功后，便将设备交电务段进行试验。为了行车方便，可由试验人员按车站值班员要求办理进路，由车站值班员确认，仍用手信号指挥行车。与此同时，施工指挥负责人应及时取消施工封锁登记，并取得车站值班员的确认。

电务段经试验确认全部联锁关系正确后，即可向行车调度请求新设备开通使用。当行车调度下达新设备开通使用命令后，计算机联锁设备便交由车站使用，由车站值班员办理进路，指挥行车。至此，计算机联锁工程基本结束。

项目小结

本项目主要介绍计算机联锁工程施工的主要技术要求和方法。计算机联锁工程施工包括室内设备和室外设备的施工，室内设备的施工有三大任务，即设备的安装、配线和试验。任务1介绍室内各种信号设备安装的技术要求、安装方法和工艺要求；任务2介绍室内信号设备的配线方法和工艺要求。室内导通试验和室内外联通试验的内容在任务7做了详细介绍。室外信号设备的施工按照信号电缆工程、信号机、道岔和轨道电路四个施工项目分别介绍。任务3介绍信号电缆测试、电缆敷设、电缆接续、箱盒安装及配线等与信号电缆有关的施工标准和施工方法及安全注意事项；任务4主要介绍各种信号机的安装限界、施工方法及安全注意事项；任务5介绍转辙设备安装的技术要求和安装方法，以ZD6系列电动转辙机、S700K型交流电动转辙机和ZYJ交流电液转辙机为例，详细介绍了从转辙设备划线、安装及调试的整个施工标准和施工方法；任务6介绍轨道电路安装的技术要求、施工方法、轨道电路调整步骤及轨道电路施工的安全注意事项。

复习思考题

1. 叙述大站电源屏的安装方法。
2. 说明组合柜的安装步骤和安装标准。
3. 组合的导通和安装如何进行？
4. 防雷分线柜是如何进行施工安装的？
5. 如何进行多股线端子、扁平铜网编织线端头的压接制作及多股线的焊接和插接？
6. 如何进行组合柜本柜内侧面端子间的配线？
7. 简述组合柜柜间配线的步骤和方法。
8. 简述电源屏至组合柜的电源环线的配线步骤和方法。
9. 如何进行电缆的单盘测试？
10. 开挖与铁路线路平行的电缆沟，应注意哪些要求？
11. 怎样开挖“敞口过道”？施工时如何保证行车和人身安全？
12. 简述电缆接续的施工步骤。
13. 简述电缆成端时的电缆头制作过程。
14. 电气化区段和非电气化区段的轨道用变压器箱安装标准有什么不同？
15. 进站信号机用变压器箱的安装标准是什么？
16. 怎样安装ZD6系列电动转辙机用终端电缆盒？
17. HF-7分向电缆盒的端子如何编号？HZ24终端电缆盒呢？

18. 以 24 芯电缆为例，说明数字信号电缆和综合扭绞信号电缆芯线是如何进行编号的。

19. 说明电气化和非电气化区段进站信号机的建筑限界。

20. 举例站场 $S_{Ⅲ}$ 出站信号机的建筑限界是多少？

21. 简述进站信号机的安装方法和安装标准。

22. 简述矮型调车信号机机构线把预配的施工方法和工艺要求。

23. 叙述 ZD6 系列电动转辙机安装的技术标准。

24. 说明 ZD6 系列电动转辙机座铁的施工步骤和方法。

25. 画出右直侧和左弯侧两种长基础角钢的划线尺寸图。

26. 画图说明短基础角钢的划线方法。

27. ZD6 系列电动转辙机在道岔转换到底后，尖轨和基本轨之间仍有 5 mm 宽缝隙，应如何进行调整？

28. 如果测得 ZD6 系列电动转辙机的摩擦电流为 3.5 A，应如何调整？

29. ZD6 系列电动转辙机表示杆连接头如何使用？

30. ZD6 系列电动转辙机表示杆两检查块缺口间距离如何确定和调整？

31. 说明尖轨用钩式外锁闭杆的安装步骤。

32. 说明 S700K 交流转辙机的安装步骤。

33. 如何安装塞钉式钢轨引接线？

34. 进行时联锁试验时为什么要设置模拟电路？

35. 说明信号机点灯模拟电路的制作方法和注意事项。

36. 简述电动转辙机模拟电路的工作原理。

37. 说明轨道电路模拟电路的制作步骤和方法。

38. 电源屏提供的各种交流电源应如何检查和调整？

39. 通电试验时，电源屏的哪几种电源需要临时送出？哪几种电源暂改为低压送出？

40. 向设备试送电应如何进行？

41. 举例说明用“断线法”和“跨线法”查找混电故障的步骤和方法。

42. 什么时候开始插继电器？插继电器的注意事项有哪些？

43. 单项试验检查哪几项内容？

44. 联锁试验分哪几步进行？室内外设备连通试验和开通联锁试验各是在什么条件下开始进行的？

45. 电动转辙机单独试验应怎样进行？

46. 信号机与室内的连通试验进行哪些内容？如何进行？

47. 开通联锁试验应注意哪些事项？

项目 4　自动闭塞工程施工

项目描述

本项目主要介绍 ZPW-2000 移频自动闭塞区间信号工程的室、内外设备安装、调试方法。

学习目标

通过本项目内容的学习，掌握自动闭塞工程室内外设备的安装标准、施工方法及设备的调试方法，了解施工中的安全注意事项。

典型工作任务 1　室内信号设备的安装及配线

4.1.1　工作任务

掌握室内设备的安装，包括机柜安装及布线、配线、防雷及接地等内容。

4.1.2　知识链接

1. 室内设备安装的一般规定

(1)ZPW-2000 系列移频自动闭塞室内设备安装应符合设计要求，施工前应进行技术交底和施工技术培训。

(2)施工中应严格按图施工，严格执行相关施工工艺和技术标准。

(3)施工人员必须严格遵守《铁路工程施工安全技术规程》的有关规定，并经安全考试合格后方准上岗。

(4)施工时，必须制定相应的安全技术措施，确保运输、设备及人身的安全。

(5)施工中采用新技术、新设备、新材料时，必须制定相应的安全技术措施。

(6)试验前应对施工设备部件进行检查，并应确认各种地线符合要求。

(7)安装机柜电源屏等设备时，对使用中设备应有可靠的防护措施。

(8)新设备与既有设备结合部位，在设备运营管理人员的配合下，应确认结合部位实物与图纸相符。

(9)施工所用各种机具设备及测试用仪器仪表应定期进行安全检查及计量，不合格的严禁使用。

2. 室内设备的安装

室内设备安装前应检查复核信号机械室是否满足 ZPW-2000 系列移频自动闭塞设备安装的要求，包括：核对信号机械室内的沟、槽位置；地面是否按设计要求已铺设防静电地板；了解新建信号机械室及供电、照明等情况，以保证设备安装顺利进行。

室内设备安装所需的工具见表 4.1。

表 4.1 室内设备安装施工工具

序号	名称	规格	单位	备注
1	电钻	ϕ6.5 mm、ϕ13 mm	台	
2	冲击钻	ϕ13 mm	台	
3	曲线锯		台	
4	扳手	150 mm、300 mm	把	
5	钢锯	300 mm	把	
6	锉		套	
7	钻头	ϕ5 mm、ϕ7 mm、ϕ10 mm	根	
8	小工具		套	
9	直角尺	300 mm	把	
10	水平尺	600 mm	把	

1)机柜安装

(1)机柜安装的技术要求

①机柜的规格、型号应符合设计规定。

②机柜安装位置和排列顺序应符合设计规定。

③机柜与机柜、机柜与槽道应用螺栓连接牢靠。

④机柜安装应牢固、横平竖直、高低一致、底部着地不悬空。

⑤机柜和槽道涂漆颜色应协调一致。

⑥机柜与机柜间检测通道、机柜与墙间检测通道应符合设计规定。

(2)机柜安装的步骤

①按设计图纸在地板上测量出机柜位置,并画出框线。

②每个机柜下的防静电地板上钻两个 ϕ30 mm 孔,用于机柜和网格地线连接。

③将机柜移至方框内,机柜正面朝向图纸标定的方向。

④机柜与机柜侧面对齐,使上方的两个连接孔吻合,用 M8×30 mm 镀锌螺栓紧固,柜与柜连接密贴。

⑤当机柜的连接孔无法对齐,必须钻孔时,要采取措施防止铁屑掉入机柜内部。

机柜的具体安装方法可参阅车站信号机械室内设备安装方法。

2)电源屏的安装

电源屏安装与车站信号电源屏相同。

3)走线槽道的安装

走线槽道用于放置机柜、电源屏、组合柜之间各种电线、电缆,并对机柜起稳定作用。安装前应先根据图纸确定机柜与墙间支撑位置、长度、数量,确定电源配线进入槽道的位置,以及是否需要增加竖槽及在槽道对应位置预留入口。主要包括以下步骤:

(1)根据设计图纸进行安装。对照图纸核对每一段槽道,确定使用的部位。

(2)清点配件确定使用部位,连接是否适用,数量是否满足。

(3)走线槽宽 300 mm、高 150 mm,配备有槽盖起防尘作用,每段走线槽道两端的内方应焊接 M6×20 mm 的螺栓,用于地线连接。与工厂订货时应注明,以免遗漏。

(4)先安装机柜顶部的走线槽道,后安装排与排之间走线槽道。

(5)安装走线槽道需钻孔时,要采取措施防止铁屑掉入机柜内部,也不能遗留在槽道内。

(6)槽道与槽道之间用 10 mm^2 扁平铜网编织线连接;槽道与机柜之间用 10 mm^2 扁平铜网编织线连接。

(7)为了保证机柜稳定、牢固,在槽道连接完成之后,应用角钢使槽道与墙壁相连接。走线槽道与墙壁之间的连接如图 4.1 所示。

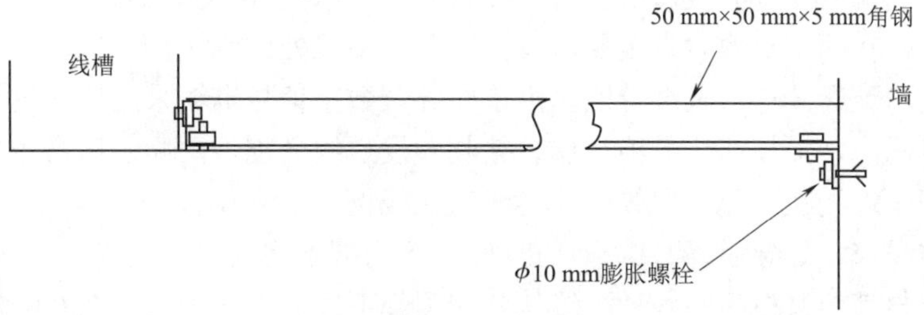

图 4.1 走线槽道与墙壁之间的连接

连接角钢可按以下方法进行安装:

①根据角钢在墙上的安装位置,划出标记。

②用冲击钻照标记打孔(冲击钻头直径与 ϕ10 mm 膨胀螺栓相吻合),用膨胀螺栓将直角连接件固定在墙上。

③测量连接件与机柜连接部位的距离,加工支撑角钢,并在角钢上用电钻打出连接孔,对角钢进行除锈,涂漆(颜色与机柜一致),待油漆干后进行安装固定。

3. 室内设备的配线

1)室内设备配线的技术要求

由于 ZPW-2000 系列移动自动闭塞设备传输的是较高频率的移频信号,因此,防干扰和电磁兼容是室内设备配线必须要考虑的问题。此外,防火阻燃及提高导线与接线端子连接的可靠性,也是室内配线需要特别注意的问题。为此,在室内进行配线施工时,应满足如下技术要求:

(1)信号机械室内部的各种线材全部采用阻燃型线材。与数据通信线共槽的线缆均应采用阻燃屏蔽线缆。

(2)室内线缆布线禁止出现环状。

(3)设备机柜的配线端子、组合侧面、零层及分线柜端子宜采用插接或压接方式。

(4)设备机柜上方走线槽中的电缆、电源线、发送线、接收线等应分别放置。

(5)机柜内的接收及发送电缆应与其他配线分开放置。

(6)各种配线不得有中间接头和绝缘破损现象。

2)移频柜的配线

从移频柜引到其他机柜去的配线,在移频柜正面上部零层端子处连接。移频柜背面为内部配线。移频柜两侧垂直安装的塑料线槽,与 3×18 零层端子板下方水平安装的塑料线槽对接。从槽道下来的配线可通过水平安装的塑料线槽连接到相应的端子。

(1)对应每块 3×18 端子板制作一块穿线板,板上穿线孔用于对应端子的配线。配线时可将配线临时穿在对应端子的穿线孔内。

(2)发送线布放在左侧塑料线槽内;接收线布放在右侧塑料线槽内。发送线、接收线在塑料线槽内靠外侧布放,其他配线靠内侧布放。

(3)需要注意的是,接收、发送条件配线必须分槽、分侧布放,以提高接收、发送的抗干扰性能。

3)分线柜配线

(1)电缆从地沟或防静电地板下引入分线柜。

(2)电缆的成端制作、电缆接地连接完成后将电缆固定。电缆成端制作时使电缆端头的体积有一定的增加,在固定电缆时一定要考虑分线柜下横梁处的空间。

(3)根据电缆配线图进行电缆分线。由于内屏蔽数字信号电缆采用皮泡皮结构,绝缘层强度较低,施工时需防止损坏芯线的绝缘层。接收和发送线分别从两侧线槽走线,在槽内单独绑扎,不与其他配线绑扎在一起。扭绞电缆芯线组在线槽内不开绞。

(4)电缆芯线与室外导通、测试,确认正确后,再与端子连接。

(5)分线柜与其他机柜间的各种配线从两侧顶部下线。发送线布放在左侧塑料线槽内;接收线布放在右侧塑料线槽内。

(6)发送线、接收线在塑料线槽内靠外侧布放,其他配线靠内侧布放。

4)移频组合柜配线

(1)与移频柜相配套,每个轨道区段使用两层组合。

(2)如果组合之间配线比较多,柜内线把配线可采用模板预制的方法,以节约材料和提高工作效率。

(3)柜间配线由于每根线条较长,无法预配,只能现场配线,为保证配线位置准确无误,每一组合两侧各配置一块 3×18 侧面端子配线板,放线时按图纸所标号将线穿进配线板线位孔中,留够使用长度。柜间放线完毕后,按配线图逐端子核对配线,正确后再连接到端子上。

(4)移频组合柜设置电缆网络模拟盘时,发送、接收线应分别走左、右两侧线槽,并与其他配线分别绑扎。

5)综合柜配线

(1)综合柜配线方法与移频组合柜配线方法相同。

(2)综合柜分为两种,一种安装隔离器,用于站内轨道区段受电端和送电端发码;另一种安装四线制方向电路组合,用于站间改变运行方向。

(3)去隔离器的扭绞线或屏蔽线与其他配线分开绑扎。

站内移频柜安装站内电码化设备,配线方法同移频柜。

站内防雷柜内安装的轨道区段发码防雷单元及匹配变压器,安装在整块树脂板上。内部配线工厂在生产时已配好,集中配线连接到柜上部零层 18 柱端子,去其他机柜和站内分线盘的配线通过 18 柱端子连接。

6)电源配线

电源配线根据电源配线图和柜间电源配线图进行。电源配线主要包括:电源引入防雷开关箱至区间电源屏配线、区间电源屏至机柜配线。

(1)电源配线从机柜、走线槽到电源屏,可采用走线槽延伸到电源屏上方,电源配线从屏侧进入走线槽道、机柜,也可使电源配线通过防静电地板从机柜侧面增加的竖槽中进入走线槽道、机柜。

(2)电源线放置在走线槽内靠机柜正面一侧。

(3)电源线敷设完成并与配线图核对正确后,在槽道下线口处开剥,将电源线从屏蔽网根部抽出,然后进行绑扎至上线端子处。屏蔽电源线线径如果较大,不易从屏蔽网中抽出时,可以在距外护套开剥处100 mm位置剪断屏蔽网,拆开屏蔽编织网。

电源线与端子连接可按以下方式进行:

①电源端子为万可端子,采用万可端子上线工艺。

②电源端子为四柱端子,采用压接端头或焊接方式。

多股铜芯电源线连接线环的制作如下:

①多股铜芯电源线应根据线径和接线端子的规格选择合适的压接线环,并用相应的压接钳进行压接。

②当采用焊接线环的方式时,小于6 mm^2以下的电源线使用平行线环,6 mm^2以上的电源线使用铜端头。线环或铜端头镀锡,将电源线剥10 mm长线头,套上25 mm长热缩套管,将线头穿进线环或铜端头尾管内,用100～200 W电烙铁用焊锡将两者焊牢,等熔化的焊锡溶液凝固后再放手,并用棉纱将铜端头上松香擦干净。加热热缩套管使其防护于线环或铜端头尾管。

7)机柜的布线工艺

(1)走线槽布线及防护

走线槽布线及防护如图4.2所示。

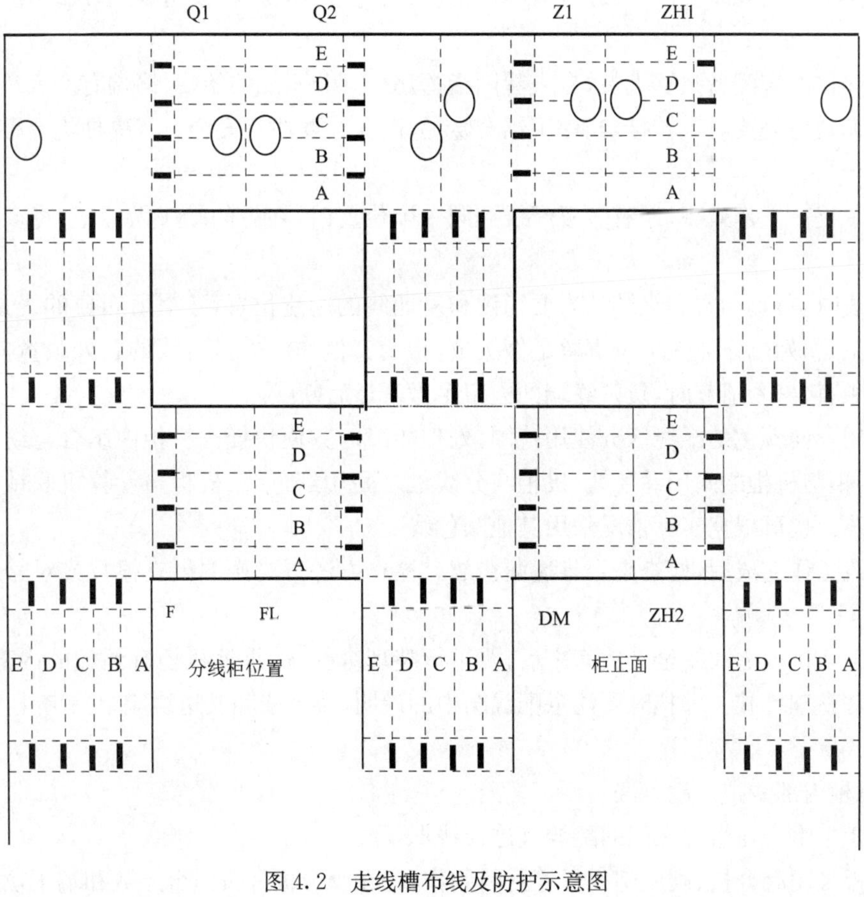

图4.2 走线槽布线及防护示意图

①走线槽道内设栅格，槽道被分成5条小槽道。其中A槽道布放电缆，用于机柜和控制台之间联系，作为按钮、表示灯条件传输线路，根数较少，对其他信号干扰较小。B槽道布放电源线，处于的位置有利于下线。C槽道布放发送线，和布放接收线的E槽道之间有D槽道隔离，D槽道布放通用线(23×0.15铜芯塑料软线)。

②栅格制作：采用塑料、树脂板、木材、金属材料均可。设置栅格的作用是将对抗干扰要求较高的线与其他线分开。栅格设置于槽道的转弯处和机柜下线口两侧，走线槽道直线距离超过1 m时，每隔1 m放置一个栅格，用以约束线在槽道内的走线位置。使不同性质的配线各行其道，降低接收、发送之间的相互干扰和来自其他配线的干扰。

③栅格安装：用螺栓紧固于走线槽道底部，不能影响槽道盖的关闭。需钻孔时，应防止铁屑进入机柜内部。

④机柜下线口用大小一致的塑料护圈或橡胶套防护。

⑤走线槽道的拐角容易将线硌伤、刮破，将制作好的聚乙烯护角固定在线槽的拐角处，防止配线在线槽的拐弯处被刮破而引起配线的接地、短路。

(2)机柜之间布线

①放线作业人员应熟悉机柜编号及端子的位置及各种配线图，了解每个部分用线规格及型号。

②不同类型的配线要分批布放，其顺序依次为：电缆、电源线、发送线、通用线(23×0.15)、接收线。

③布线作业应配备足够人员，专人看图指挥，分工明确，线的始端、终端有专人负责定位。

④槽道转弯处要有人转接，当使用铝合金梯、高凳时要注意安全。坚决杜绝登踏机柜攀高的不文明行为。

⑤为了提高工作效率，遇有多根配线到同一个位置时，在线的端头做标记，将多根线一同布放。

⑥布线时，负责始端和终端的人要诵读和复诵线的起止位置，核对所布放的线是否正确。线布放到位后，始端作业人员负责留足做头量，指示其他作业人员将线的各处余量向后轻拉，待线自然顺直，松紧适宜时，负责终端的人留足做头量后断线。

⑦采用不同颜色的配线区分使用范围，处理故障时方便快捷。机柜内组合与组合之间用蓝色线；机柜与机柜之间用绿色线；机柜与分线柜之间用红色线；机柜与计算机联锁组合柜之间用黄色线。也可根据实际情况采用其他颜色线。

⑧放线工作完成后，检查是否有遗漏错放。检查方法可对照图纸查根数或对号牌的方法确认。

⑨当确认机柜之间线全部放完之后，要进行整理绑扎，如果该机柜有预配的内部线把，也应纳入一并整理绑扎。绑扎时要注意配线图中的说明，接收线和发送线应单独绑扎，并应在线槽内分开放置。

(3)机柜内部线把预制方法

①机柜中组合与组合之间的配线宜进行线把预配。

②模板采用胶合板、硬质塑料板等材料制作，先在胶合板上按组合层数和端子位数画好位

置，每个端子钻1～2个 ϕ4 mm孔，写上端子号。

③模板制作好后按图进行布线。

④布完线后进行绑扎，并用塑料线绳给每一块端子的线从小到大进行编号。

⑤每个线把做标识，以便识别该线把的使用位置、作业人员及日期等，以备后查。

典型工作任务2　室外设备安装

4.2.1　工作任务

本任务主要介绍室外设备安装标准、安装方法，包括电气绝缘节、机械绝缘节、补偿电容、箱、盒安装、标志牌等。

4.2.2　知识链接

1. 电气绝缘节设备安装

1)设备组成

电气绝缘节处设备包括调谐单元、空芯线圈、匹配变压器、防雷单元、钢轨引接线、设备连接线、防护盒、基础桩、小枕木及钢轨、轨枕卡具等。电气绝缘节处设备布置如图4.3所示。

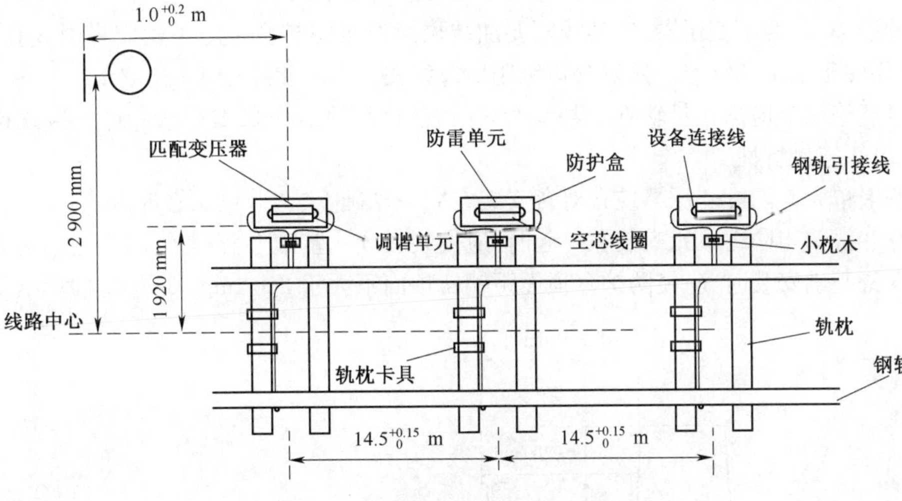

图4.3　电气绝缘节处的设备布置示意图

设备的规格及数量见表4.2。

表4.2　电气绝缘节处设备表

序号	名　称	规　格	单位	数量	备　注
1	调谐匹配单元	ZPW・PT	台	1	F_1:1 700 Hz、2 000 Hz
2	调谐匹配单元	ZPW・PT	台	1	F_2:2 300 Hz、2 600 Hz
3	空芯线圈	ZPW・XKD	台	1	
4	设备防雷单元		套	1	

续上表

序号	名　称	规　格	单位	数量	备　注
5	钢轨引接线	1 600 mm	根	3	钢包铜注油线
6	钢轨引接线	3 600 mm	根	3	钢包铜注油线
7	设备与设备连接	250 mm	根	2	7.4 mm^2 多股铜缆
8	设备与设备连接	500 mm	根	2	7.4 mm^2 多股铜缆
9	防护盒		台	3	双体防护盒
10	小枕木		块	3	
11	设备基础桩		根	3	
12	小枕木卡具		个	6	
13	钢轨卡具		个	6	
14	轨枕卡具		个	6	

2)技术要求

(1)电气绝缘节调谐区长度为 29^{+3}_{-0} m,空芯线圈距两端调谐单元为 $14.5^{+0.15}_{0}$ m。

(2)发送调谐单元防护盒中心距信号机中心(信号机内方)为 1 m。

(3)空芯线圈防护盒中心距信号机中心(信号机内方)15.5 m。

(4)接收调谐单元防护盒中心距信号机中心(信号机内方)30 m。

(5)调谐单元、匹配变压器、空芯线圈要加装聚酯纤维防护盒。防护盒应有引线孔且防护盒的开启要便于施工和维修。防护盒边缘距所属线路中心不得小于 1 920 mm。

(6)电气绝缘节应选在长轨处。若调谐区内有轨缝,轨缝应采用一塞一焊连接线连接,保证良好的电气连接特性。

(7)调谐单元与匹配变压器应背对背安装在同一基础上,调谐单元靠近钢轨侧。

(8)空芯线圈与防雷单元安装在一起时,应安装在同一基础上,空芯线圈靠近钢轨侧。

(9)设备基础安装时,应使防护盒顶面距钢轨顶面不大于 200 mm,如图 4.4 所示。

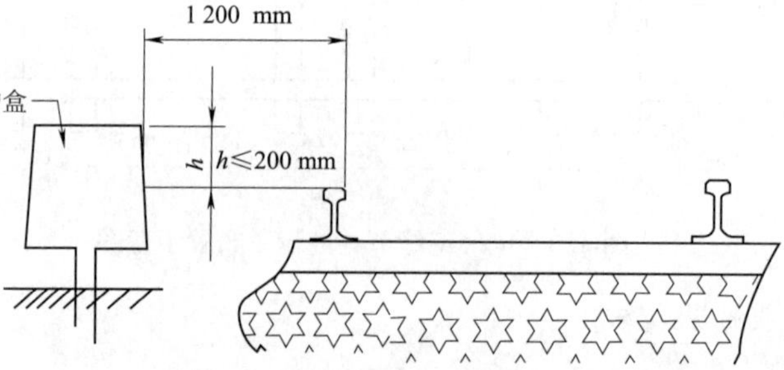

图 4.4　设备防护盒安装示意图

3)安装方法

(1)基础埋设

①距所属线路钢轨内侧 1 400 mm 处开挖长 500 mm、宽 500 mm、深 900 mm(坑底距轨面)的方坑。

②将基础放置于坑内,埋设深度不小于 500 mm。基础桩及在轨旁布置如图 4.5 所示。

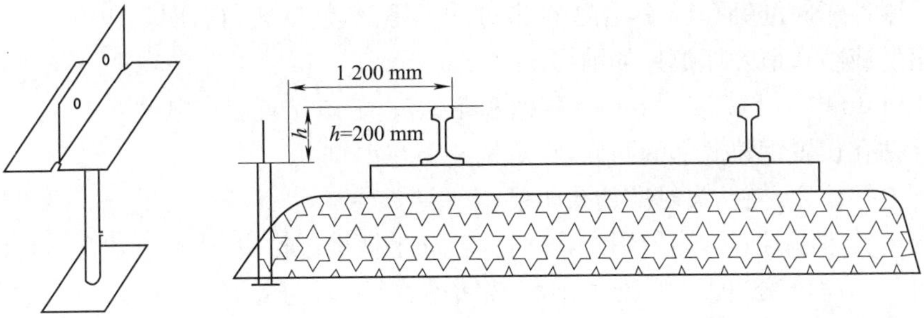

图 4.5 基础桩及在轨旁布置示意图

③基础周围予以培土，培土顶面距基础顶面 200 mm，防护盒中心距培土顶面边缘为 500 mm。

④基础桩引线口面向大地。

(2)设备安装

①调谐单元面向所属线路，匹配变压器面向大地，二者背对背放置在同一基础桩的固定板上，用其配套的 M10 螺栓将三者连接、紧固，调谐单元、匹配变压器安装如图 4.6 所示。

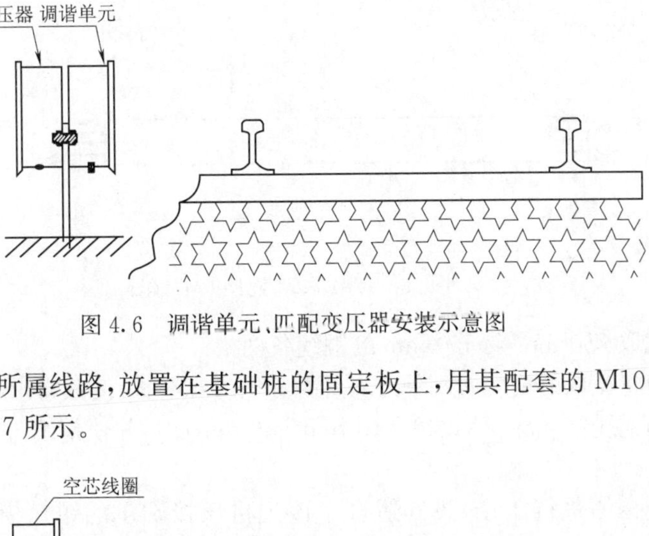

图 4.6 调谐单元、匹配变压器安装示意图

②空芯线圈面向所属线路，放置在基础桩的固定板上，用其配套的 M10 螺栓予以固定。空芯线圈布置如图 4.7 所示。

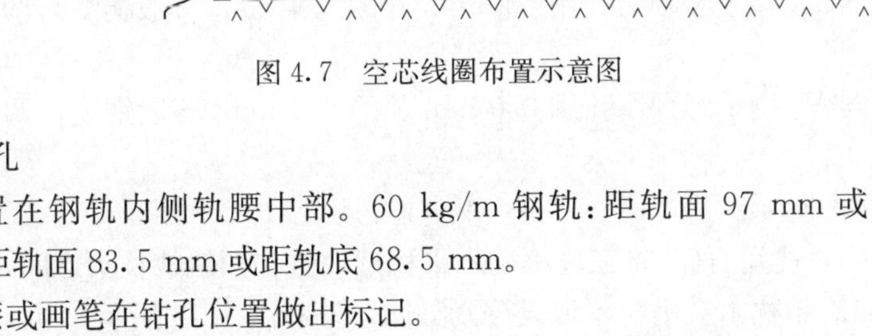

图 4.7 空芯线圈布置示意图

(3)钢轨钻孔

①钻孔位置在钢轨内侧轨腰中部。60 kg/m 钢轨：距轨面 97 mm 或距轨底 79 mm；50 kg/m钢轨：距轨面 83.5 mm 或距轨底 68.5 mm。

②用红油漆或画笔在钻孔位置做出标记。

③将号眼冲子对准钻孔位置，用手锤击打冲子尾部，使钢轨留有明显印痕。

④用扁铲或纱布清除印痕处的油污。

⑤在 19 mm 电钻上安装 9.8 mm 直柄麻花钻头，将电钻置放在电钻架上。

⑥清除钻孔位置钢轨底部的石砟，将电钻架卡在钢轨上。

⑦调整电钻位置，使钻头对准钻孔印痕。

⑧开启电钻，控制挡位，均匀用力，顺时针转动手柄推进钻头，边钻进边浇水降温。

⑨当听到转动声变"闷"时，钢轨即将被钻透，要减轻进钻压力，以防卡住、损坏钻头或电钻。

⑩钻头露出钢轨外侧 10 mm 时，断开电钻开关，逆时针转动后手柄，退出钻头。

⑪拆下电钻架。

⑫用清洁布或毛刷将钻孔内及周围的金属屑清除干净。

⑬将塞钉由钢轨内侧向外侧穿入塞钉孔，用手锤击打塞钉尾部，使其连接牢固，但不得打堆或打弯。

⑭塞钉两端应涂漆防护。

(4)7.4 mm^2 铜芯连接线的制作(图 4.8)

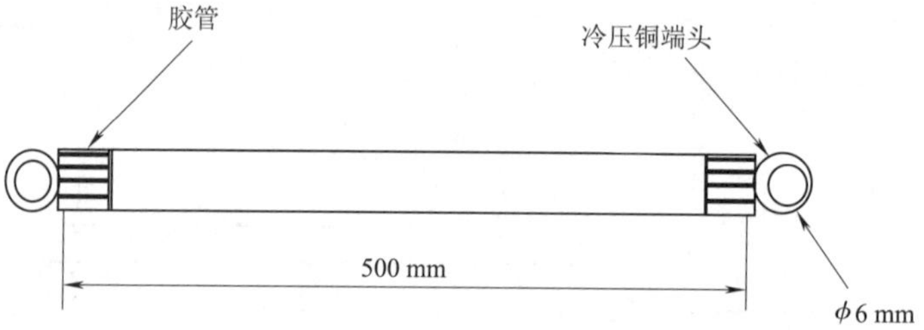

图 4.8　7.4 mm^2 连接线示意图

①用钢锯截取 250 mm 及 500 mm 的铜缆各两根。

②用电工刀将截取的铜缆两端外皮剥开并除去 6 mm 长，使其露出里面铜线。

③将剥好的铜线穿入冷压铜端头(10 mm^2/ϕ6 mm)内，并使铜缆外皮截面紧贴铜端头防护管。

④用专用液压钳进行压接，找到适合于该规格压接端子的钳口模块，将模块放在钳口内，拧紧放气螺栓，把要压接的端子放置于模块缺口内，这时，操作液压钳手柄，直到液压钳口、模块缺口对齐为止，此时压接完成。将放气螺栓松开，取出压接好连接线，整个制作过程结束。

(5)匹配变压器与调谐单元的连接

①匹配变压器 V_1 端子经预留孔用 500 mm 长的 7.4 mm^2 多股铜缆与调谐单元预留的远端端子相连。

②匹配变压器 V_2 端子经预留孔用 250 mm 长的 7.4 mm^2 多股铜缆与调谐单元预留的近端端子相连。

(6)设备与钢轨连接

①清理两钢轨轨枕间石砟，将三块小枕木平稳地放置在两轨枕枕头之间，使小枕木顶面低于钢轨底面 50 mm，小枕木及小枕木埋设分别如图 4.9 和图 4.10 所示。

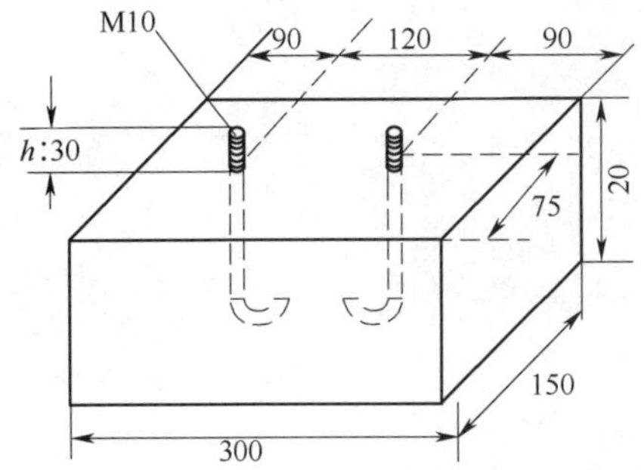

图 4.9　小枕木示意图(单位:mm)

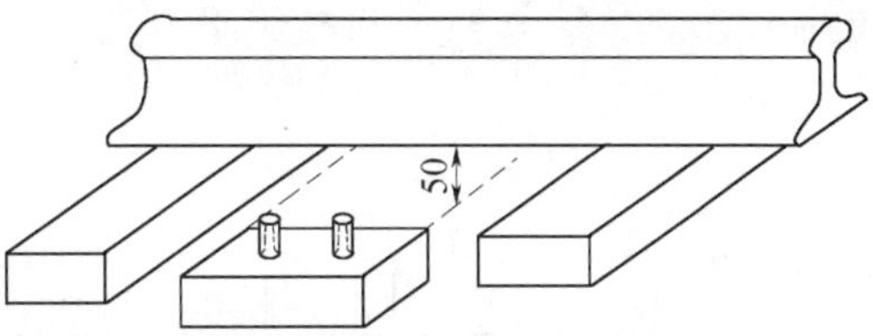

图 4.10　小枕木埋设示意图(单位:mm)

②将设备与钢轨引接线的内径为 ϕ12 mm 的铜端头通过引线孔分别与调谐单元、空芯线圈端子板的预留端子,用 M12 铜螺栓相连、紧固在一起。

③将引接线的另一端内径为 ϕ10 mm 的铜端头与钢轨轨腰上的塞钉用 M10 铜螺栓相连。1 600 mm 长的连接线与近侧钢轨相连,3 600 mm 长的连接线要从两根钢轨底部穿过,与外侧钢轨相连。

④引接线从设备引出后,要用小枕木卡具敷设在小枕木上,如图 4.11 所示。

⑤3 600 mm 长的引接线穿越轨底时,要用轨枕卡具敷设在轨枕一侧,如图 4.12 所示。

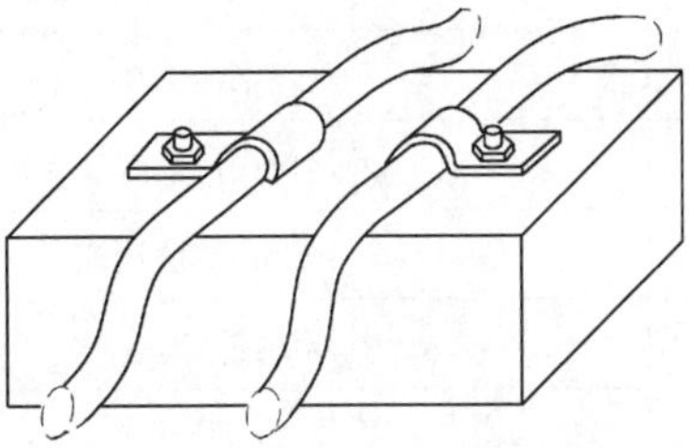

图 4.11　小枕木卡具安装示意图

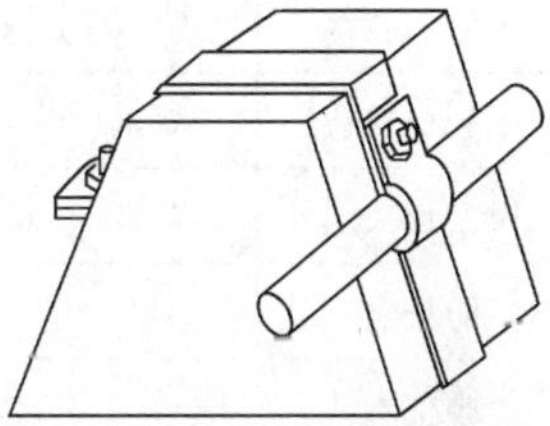

图 4.12　轨枕卡具安装示意图

⑥引接线顺钢轨外侧敷设时,要在钢轨轨底上部用钢轨卡具固定,如图 4.13 所示。

⑦引接线的铜端头套上塞钉后,要使引接线朝下并与水平面成 45°～60°角敷设,然后用垫圈、弹簧垫圈和 M10 螺母紧固,如图 4.14 所示。

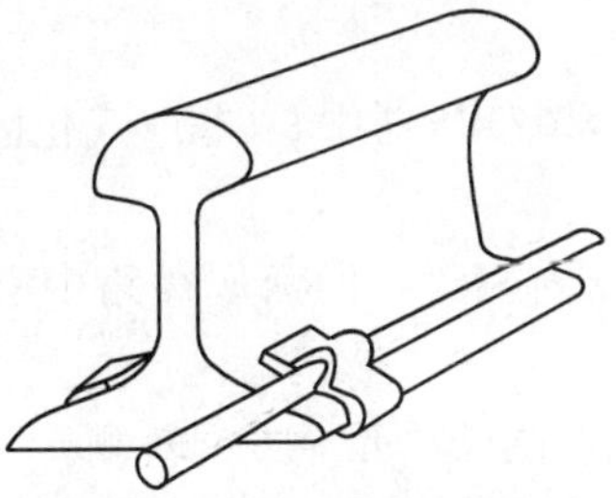

图 4.13　钢轨卡具安装示意图

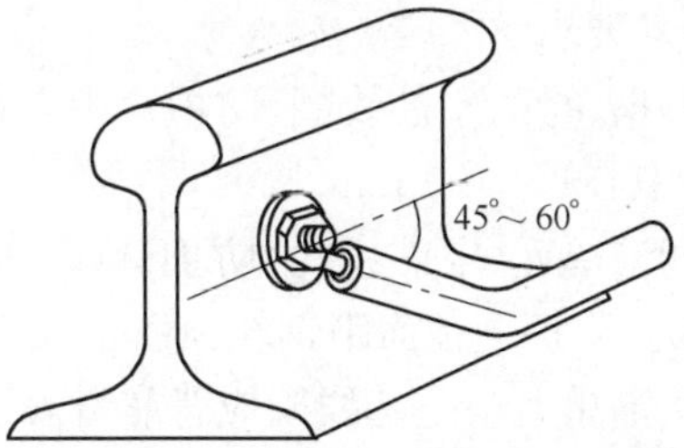

图 4.14　引接线安装示意图

⑧在调谐单元、匹配变压器和空芯线圈外面安装防护盒,使其与基础面固定在一起。用钢卷尺测量防护盒的安装限界满足图 4.12 的要求,并用水平尺放在防护盒顶部进行水平调整。

2. 电气—机械绝缘节处设备安装

1)设备组成

电气—机械绝缘节设备由扼流变压器、调谐单元、空芯线圈、匹配变压器、设备连接线等构成，如图 4.15 所示。电气—机械绝缘节处设备组成见表 4.3。

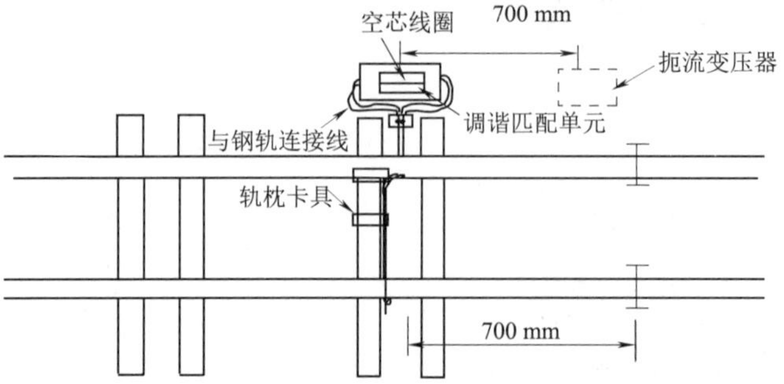

图 4.15　电气—机械绝缘节处设备安装示意图

表 4.3　机械绝缘节处设备表

序号	名　称	规格	单位	数量	备　注
1	调谐匹配单元	ZPW・PT	台	1	F_1：1 700 Hz、2 000 Hz；F_2：2 300 Hz、2 600 Hz
2	空芯线圈	ZPW・XKJD	台	1	1 700 Hz、2 000 Hz、2 300 Hz、2 600 Hz
3	钢轨引接线	1 600 mm	根	2	钢包铜注油线
4	钢轨引接线	3 600 mm	根	2	钢包铜注油线
5	设备连接线	2 700 mm	根	2	7.4 mm^2 多股铜缆
6	防护盒		台	2	双体防护盒
7	小枕木		块	1	
8	设备基础桩		根	2	
9	小枕木卡具		个	2	
10	钢轨卡具		个	2	
11	轨枕卡具		个	2	

2)技术要求

(1)调谐单元(空芯线圈)防护盒中心距电气化区段扼流变压器中心(非电气化区段应距机械绝缘节中心)为 700 mm。

(2)调谐单元(空芯线圈)防护盒、匹配变压器防护盒内侧边缘距所属线路中心不得小于 1 920 mm。防护盒顶面距钢轨顶面不大于 200 mm。

(3)调谐单元与空芯线圈应背靠背安装在同一基础上，调谐单元靠近钢轨侧。

(4)匹配变压器与防雷单元安装在同一基础上，匹配变压器应面向大地。

3)安装方法

安装方法参见电气绝缘节处设备安装方法，只是调谐单元与匹配变压器之间的连接线安装方法有所不同，如图 4.16 所示。

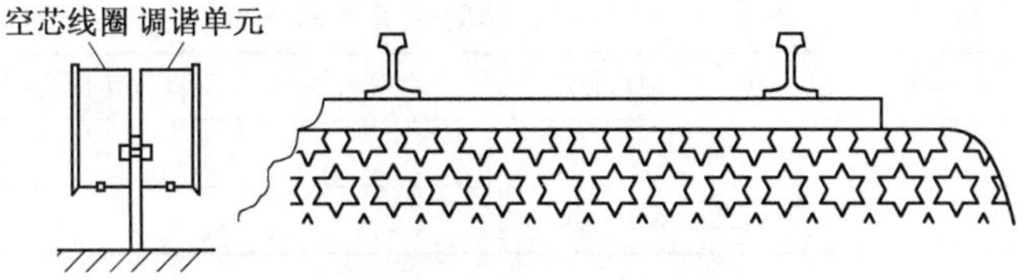

图 4.16 调谐单元、空芯线圈安装示意图

调谐单元、空芯线圈连接钢轨所用钢轨引接线的安装方法：

(1)埋设小枕木

参照电气绝缘节处设备安装埋设小枕木方法施工。

(2)调谐单元、空芯线圈引接线的安装

①从调谐单元、空芯线圈两端端子板上各连接一根冷压铜端头为 ϕ12 mm 引接线(站口用 1 600 mm、3 600 mm 引接线各两根)，并用转矩扳手将其紧固。

②将引接线从调谐单元、空芯线圈两端(双线)呈小圆弧状引出，引出部分用尼龙拉扣绑扎，并分别在小枕木上固定。

③将两根 1 600 mm 钢轨引接线(调谐单元、空芯线圈各一根)在钢轨外侧的部分用钢轨卡具固定，将加长塞钉(因为此塞钉上要连接两个铜端头)自钢轨内侧向钢轨外侧经塞钉帽穿出，将两根引接线一端的 ϕ10 mm 冷压铜端头分别连接到加长塞钉上，并用转矩扳手将其紧固。两个 ϕ10 mm 冷压铜端头在塞钉上安装有两种方法：一种是采用背靠背方式，而另一种是采用顺向方式(但要求两铜端头移开一定角度)；但无论哪种方式安装都要保证两个 ϕ10 mm 冷压铜端头之间紧密接接触。引接线与钢轨水平方向应成 45°～60°夹角。

④将两根 3 600 mm 钢轨引接线(调谐单元、空芯线圈各一根)在小枕木上固定后，将钢轨引接线沿轨枕侧面穿到线路外侧，引接线在两轨之间部分，用两套轨枕卡具固定；外轨外侧部分用钢轨卡具固定，用加长塞钉(因为此塞钉上要连接两个铜端头)自钢轨内侧向钢轨外侧经塞钉帽穿出，将两根引接线上的 ϕ10 mm 冷压铜端头分别连接到加长塞钉上，并用转矩扳手将其紧固。两个 ϕ10 mm冷压铜端头在塞钉上安装方法与上述 1 600 mm钢轨引接线的安装方法相同。引接线安装如图 4.17 所示。

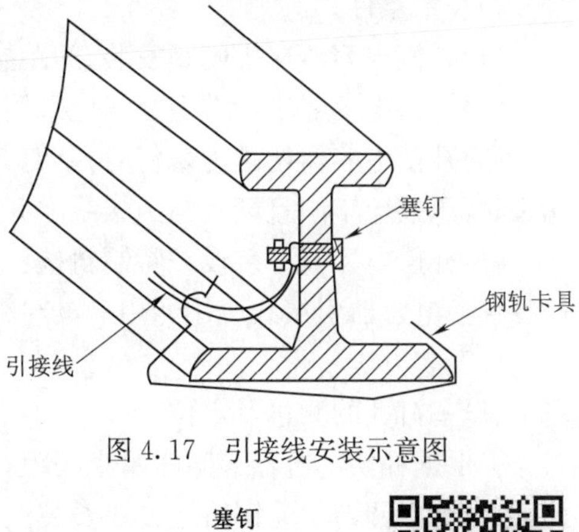

图 4.17 引接线安装示意图

3. 补偿电容器的安装

补偿电容器外形尺寸如图 4.18 所示。

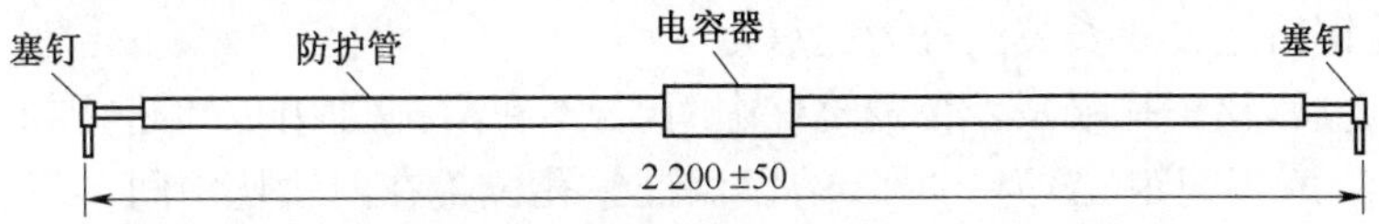

图 4.18 补偿电容器外形尺寸图(单位：mm)

补偿电容

补偿电容器的种类及规格见表 4.4。

表 4.4　补偿电容器的种类及规格表

序号	电容容量(μF)	频　　率(Hz)	序号	电容容量(μF)	频　　率(Hz)
1	55	1 700	2	50	2 000
3	46	2 300	4	40	2 600

补偿电容器安装工具见表 4.5。

表 4.5　补偿电容器安装工具

序号	名　　称	规　格	单　位	数　量
1	发电机		台	1
2	电钻		台	1
3	钻头	ϕ9.8 mm	盒	1
4	线路里程测距走行		台	1
5	钢尺	50 m	把	1
6	直尺	250 mm	把	1
7	手锤		把	1
8	扩眼冲子		个	1
9	小工具		套	1
10	通信工具		台	根据情况定
11	防护旗	红、黄	面	根据情况定
12	号眼冲子		个	1
13	扁铲		把	1
14	补偿电容器		套	1

1)技术条件

(1)补偿电容器应等间距安装,间距按照图纸测定。

(2)补偿电容器及两端引接线应采用专用护套防护,护套口热缩密封。

(3)补偿电容器两端为塞钉时,塞钉与引接线连接应采用嵌入式防水型结构;两端为压接端头时,压接应牢固且端头与引接线之间应进行防护。

(4)补偿电容器应装设在特制轨枕。条件不具备时,也可装设在普通轨枕一侧,但应加防护装置且电容器引接线应用专用卡具与钢轨固定。

2)安装方法

(1)塞钉孔的测量及定位

①根据补偿电容器等间距及半间距,用线路里程走行测距车(或钢尺)从进站(或出站)口开始测量(以调谐单元钢轨连接线安装位置为起点)。

②当钻孔位置确定后,核查孔眼是否在两轨枕中间,若不在两轨枕中间,可进行如下调整:半间距($\Delta/2$)为±0.25 m;等间距(Δ)为±0.5 m,以保证钻孔位置在两轨枕中间,以利于钻孔和安装电容。

③在确定的钻孔位置,用直尺、角尺量出钢轨轨腰中部并用红油漆或画笔做好标记。钢轨轨腰中部计算和测量方法如下:

50 kg 钢轨，钻孔位置距轨面为 83.5 mm(或距轨底底面 68.5 mm)。

60 kg 钢轨，钻孔位置距轨面为 97 mm(或距轨底底面 79 mm)。

(2)钢轨钻孔

钢轨钻孔的方法参照电气绝缘节设备安装钢轨钻孔方法。所不同的是补偿电容器塞钉孔是由钢轨外侧向内侧钻出，而钢轨引接线的塞钉孔是由钢轨内侧向外侧钻出。

(3)补偿电容器的安装

补偿电容器的安装一般有下述两种方法：安装在特制轨枕中和安装在普通轨枕中。

补偿电容器在特制轨枕中的安装方法如下：

①将补偿电容器置于特制轨枕中。

②补偿电容器引接线从特制轨枕两端引线孔中引出。

③将补偿电容器两端引接线用钢轨卡具固定。

④用手锤将引接线塞钉打入塞钉孔中，手锤击打塞钉时用力要均匀，以免将塞钉打歪。塞钉打入钢轨后以塞钉头露出钢轨内侧 1～4 mm 为宜。

(4)使塞钉引线朝下并与水平面约成 45°～60°夹角。

(5)塞钉两端涂漆防护。电容器塞钉安装及固定方式如图 4.19 所示。

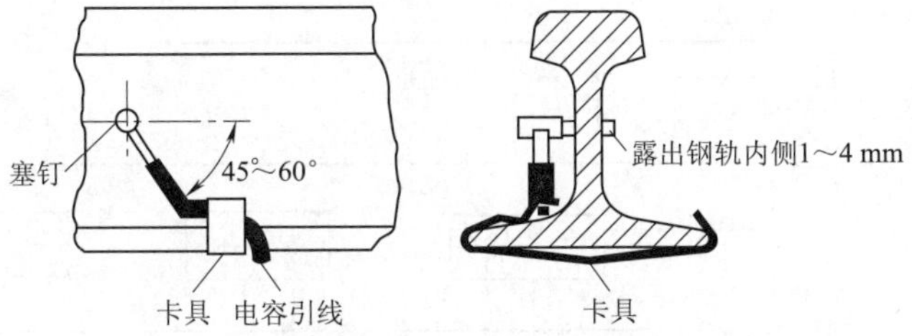

图 4.19　电容器塞钉安装及固定方式示意图

补偿电容器在普通轨枕的安装方法如下：

①将电容器卡具用 ϕ6 mm 胀管螺栓固定在轨枕侧面，并将补偿电容安装在卡具内。电容器卡具如图 4.20 所示。

②将引接线卡具用 ϕ6 mm 胀管螺栓固定在轨枕侧面，并将引接线两端安装在卡具内。如图 4.21 所示。

③用钢轨卡具将引接线两端在轨底上面走行部分固定在轨底上。

④电容器引接线塞钉安装方法及防护，参照特制轨枕安装方法。补偿电容器在普通轨枕处安装如图 4.22 所示。

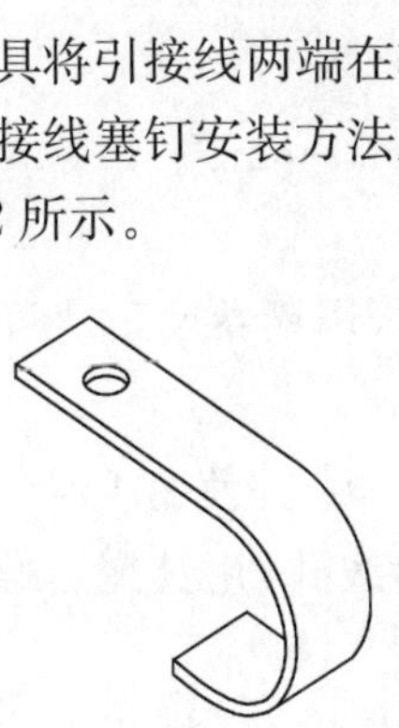

图 4.20　电容器卡具示意图

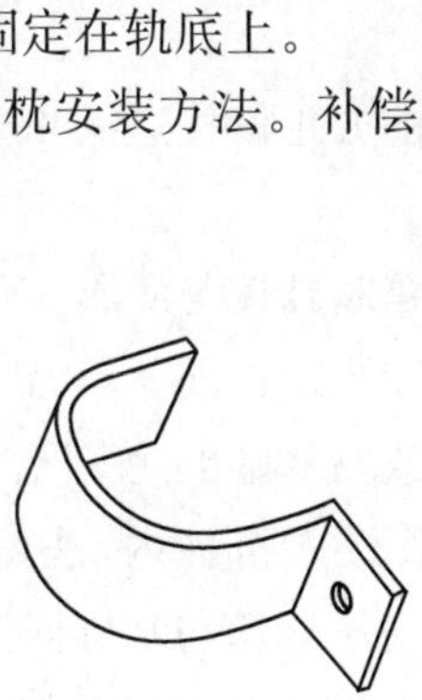

图 4.21　引接线卡具示意图

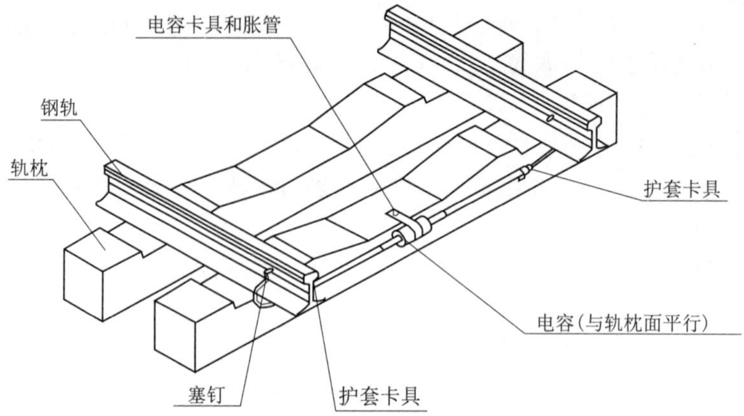

图 4.22 补偿电容器安装示意图

4. 箱盒安装

1)信号点处箱盒设备的安装

信号点处变压器箱、方向电缆盒设备布置如图 4.23 所示。

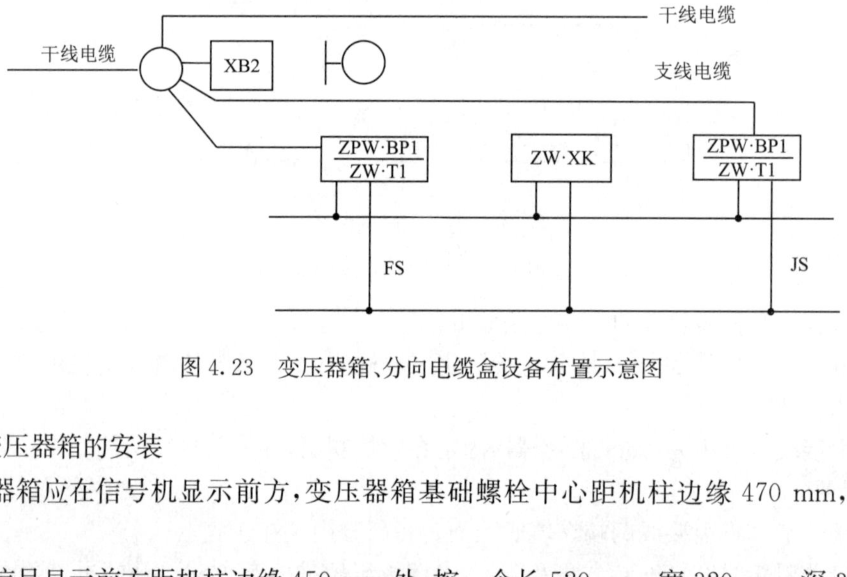

图 4.23 变压器箱、分向电缆盒设备布置示意图

(1)变压器箱的安装

变压器箱应在信号机显示前方,变压器箱基础螺栓中心距机柱边缘 470 mm,施工步骤如下:

①在信号显示前方距机柱边缘 450 mm 处,挖一个长 520 mm、宽 320 mm、深 300 mm 的长方坑。

②将两变压器箱基础按与所属线路平行方向放于坑内,用钢卷尺测量两基础螺栓中心距离应与变压器箱安装孔距相同。

③将变压器箱放在基础上,变压器箱引线孔面向机柱一侧,并使变压器箱引线孔与机柱引线孔对照,将引线管穿入机柱内,法兰盘对准变压器箱引线孔,用其配套螺栓进行紧固;用 M12 mm 的螺栓将变压器箱与基础固定在一起。

④变压器箱基础顶面距地面为 150～250 mm。用水平尺和钢卷尺对变压器箱进行水平和方正测量,当变压器箱水平方正测量完成后,将土回填到基础坑内并进行夯实。

(2)分向电缆盒安装

分向电缆盒宜设置在信号机显示前方,盒中心距变压器箱中心为700 mm,距所属线路中心为2 900 mm。施工方法如下:

①在距变压器箱边缘280 mm处,挖一个长540 mm、宽540 mm、深度为400 mm的方坑。

②基础坑挖好后,将基础放入坑内并与所线路垂直;用钢卷尺测量两基础螺栓中心距离应与分向电缆盒安装孔距相同。

③将分向电缆盒放在基础上,注意盒内配线端子"1"点钟位置应面向所属信号楼,用M16 mm的螺母将分向电缆盒固定在基础上。

④分向电缆盒基础顶面距地面为150~250 mm,分向电缆盒基础与变压器箱基础顶面在同一平面上且与机柱在同一中心线上。分向电缆盒及基础安装如图4.24所示。

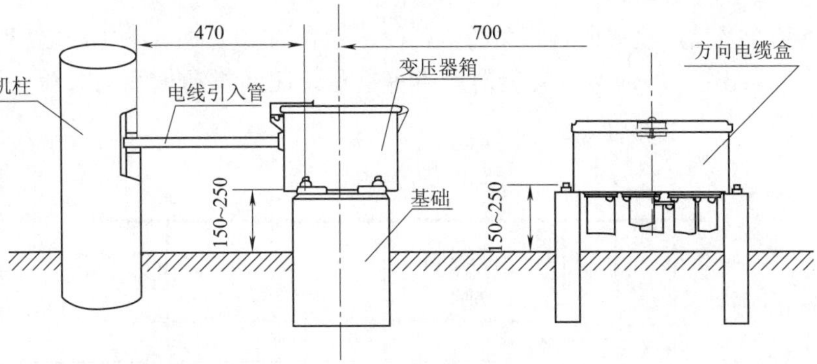

图4.24　分向电缆盒及基础安装示意图(单位:mm)

⑤用水平尺、钢卷尺测量分向电缆盒的水平和方正。当分向电缆盒水平方正测量完成后,将土回填到基础坑内并适当夯实。

2)机械绝缘节处分向电缆盒的安装

机械绝缘节分向电缆盒布置如图4.25所示。

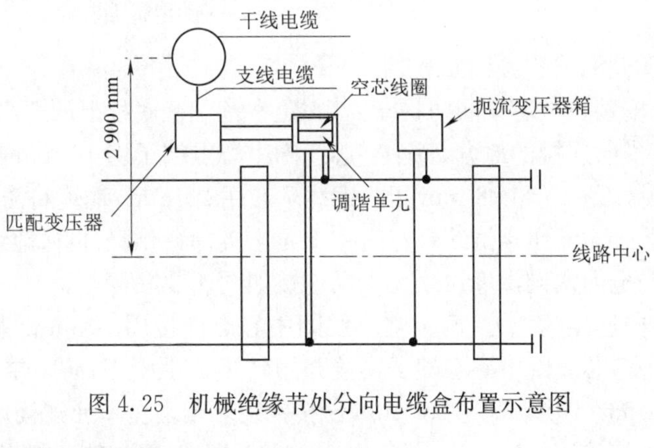

图4.25　机械绝缘节处分向电缆盒布置示意图

(1)分向电缆盒的安装位置

①分向电缆盒中心距线路中心为2 900 mm。

②分向电缆盒应放在匹配变压器外方同坐标位置。

(2)挖坑、埋设基础、安装分向电缆盒

施工方法及步骤与信号点处分向电缆盒一样,不再重复。

5. 防雷及接地施工

1)贯通地线

贯通地线是安全地线、屏蔽地线和防雷地线的综合地线,对于保证信号设备安全、雷电防护及防止外界电磁场对信号设备干扰都有非常重要的作用。在电气化区段,还起到保护维修人员人身安全的作用,其设置原则如下:

①贯通地线由 25 mm^2 铅包铜缆或 35 mm^2 的裸铜缆组成。

②贯通地线与电缆同沟直埋于地下,埋设深度及过桥、涵、公路、水沟等障碍物时与电缆做同等防护。

③贯通地线的接地电阻值应不大于 1 Ω。

④室外箱盒及信号机等所有相关的金属设备外壳的安全地线、防雷地线及屏蔽地线都应与贯通地线可靠连接,以确保所有金属设备等电位。区间贯通地线与各设备连接如图 4.26 所示。

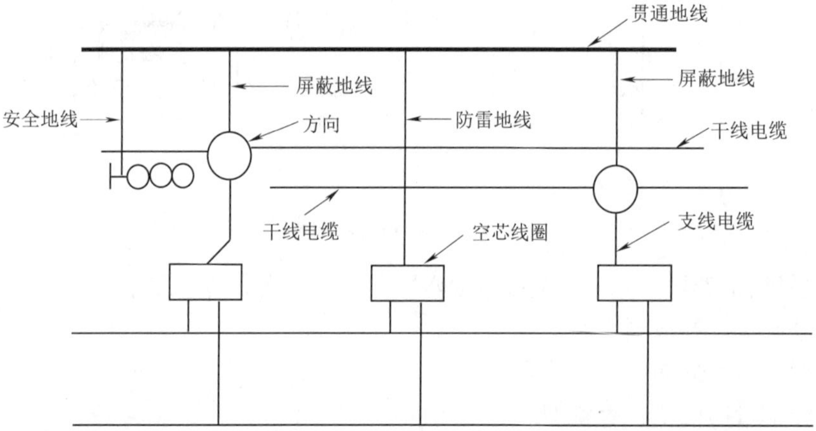

图 4.26　区间贯通地线与各设备连接示意图

2)室外设备防雷及横向连接线安装

(1)将防雷单元安装在空芯线圈防护盒内,固定在基础桩底板上的适当位置。

(2)轨道间没有横向连接的地方,每个空芯线圈中心点端子用 10 mm^2 铜缆与防雷单元连接,铜缆两端分别为 ϕ12 mm 和 ϕ8 mm 压接铜线环。用 25 mm^2 铜缆将防雷单元与贯通地线连接,铜缆的一端用 ϕ8 mm 压接铜线环与防雷单元连接;另一端与贯通地线焊接,该铜缆经电缆过道(钢管防护)与电缆沟同深埋设。无横向连接如图 4.27 所示。

(3)在有简单横向连接的地方,两个空芯线圈中心点连接用 70 mm^2 铜缆,铜缆两端用压接 ϕ12 mm 铜线环与空芯线圈中心点端子连接并用转矩扳手紧固;防雷单元与贯通地线连接用 25 mm^2 铜缆,25 mm^2 铜缆一端用 ϕ8 mm 压接铜线环与防雷单元连接;另一端与贯通地线连接。与贯通地线连接采用焊接方法,并与电缆沟同深埋设;穿越轨道施工及防护与电缆线路施工方法相同。简单横向连接如图 4.28 所示。

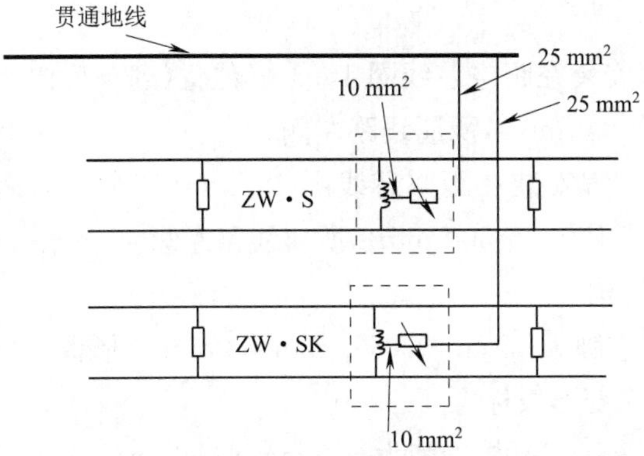

图 4.27　无横向连接

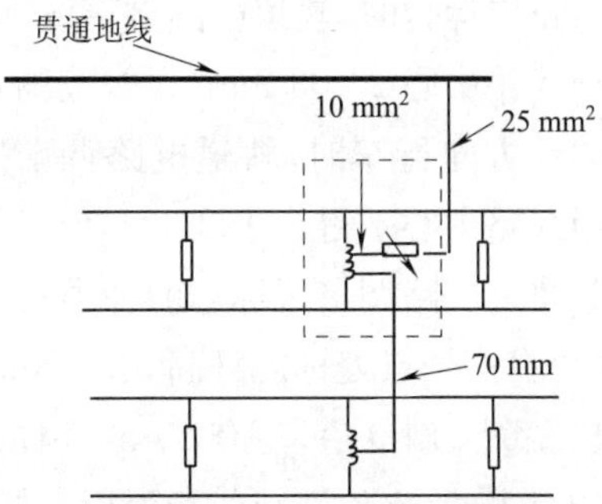

图 4.28　简单横向连接

(4)采用完全横向连接时，两个空芯线圈中心点连接用 70 mm² 铜缆，两端用压接 ϕ12 mm 铜线环与空芯线圈中心点端子连接并用转矩扳手紧固；空芯线圈中心至贯通地线用 70 mm² 铜缆连接，70 mm² 铜缆一端用 ϕ12 mm 压接铜线环与空芯线圈中心点端子连接，另一端与贯通地线连接。与贯通地线连接采用焊接方法，并与电缆沟同深埋设；穿越轨道施工及防护与电缆线路施工方法相同。完全横向连接如图 4.29 所示。

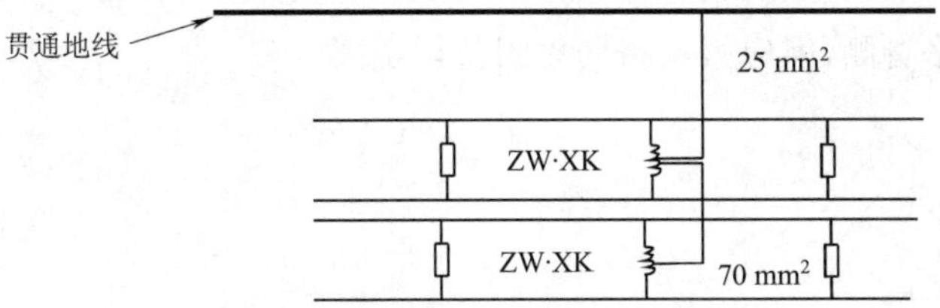

图 4.29　完全横向连接

3)信号机安全地线

信号机安全地线的连接方法有两种：

(1)信号机机构与梯子用 25 mm² 的铜缆连接，将 25 mm² 的铜缆两端分别与 ϕ6 mm 和 ϕ10 mm 的压接线环压接后，ϕ6 mm 压接线环与机构遮光板用 M6 的螺栓连接；ϕ10 mm的压接线环与梯子用 M10 螺栓连接。梯子与贯通地线用 25 mm² 铜缆连接，25 mm² 铜缆连接梯子一端用 ϕ10 mm 压接线环与之紧固，25 mm² 铜缆与贯通地线连接采用焊接方法。

(2)信号机机构与梯子用 ϕ10 mm 的低碳钢丝绳焊接连接。梯子与贯通地线用25 mm² 铜缆连接(该铜缆与分支电缆同沟埋设)，25 mm² 铜缆与梯子连接的一端可用焊接或压接线环的方式；25 mm² 铜缆与贯通地线连接采用焊接方法。

6. 轨道电路调谐区标志的安装

1)轨道电路调谐区标志的安装位置

(1)在信号点处

轨道电路调谐区标志志牌安装在距信号机 31 m 位置(列车正向运行方向)，距线路中心 2 900 mm(误差范围 0～+300 mm)，列车反向运行所属线路左侧。

(2)在分割点处

①正向运行时,轨道电路调谐区标志牌安装在距空芯线圈 15.5 m 位置(列车反向运行方向),距线路中心 2 900 mm(误差范围 0～+300 mm),所属线路左侧。

②反方向行车时,轨道电路调谐区标志牌安装在距空芯线圈 15.5 m(列车正向运行方向),距线路中心不得小于 2 900 mm(误差范围 0～+300 mm),所属线路左侧。

2)轨道电路调谐区标志的种类及外形结构

(1)在信号点处标志杆高 3 700 mm,标志牌为 650 mm×650 mm×8 mm 方形板,白底、黑框、黑"停"字、斜红道,写有 29 m 字样的反光菱形板标志。

(2)在分割点处安装位置处标志杆高 3 200 mm,标志牌为 650 mm×650 mm×8 mm 方形板,蓝底、白"停"字、斜红道,写有 29 m 字样的反光菱形板标志。

(3)在反方向行车困难区段安装容许信号标,标志杆高 3 200 mm,标志牌为 650 mm×650 mm×8 mm方形板,黄底、黑框、黑"停"字、斜红道,写有 29 m 字样的反光菱形板标志。

3)轨道电路调谐区标志的安装

在确定的位置处开挖一个深 1 000 mm(地面下)、长和宽均不小于 85 mm 的方坑,将轨道电路调谐区标志垂直立于坑内,复核标志距线路中心距离和显示方向,符合要求后回填土并分层夯实。轨道电路调谐区标志安装如图 4.30 所示。在复线安装,若限界不能满足要求时,可放置于运行方向线路右侧,但应报铁路局集团公司备案。

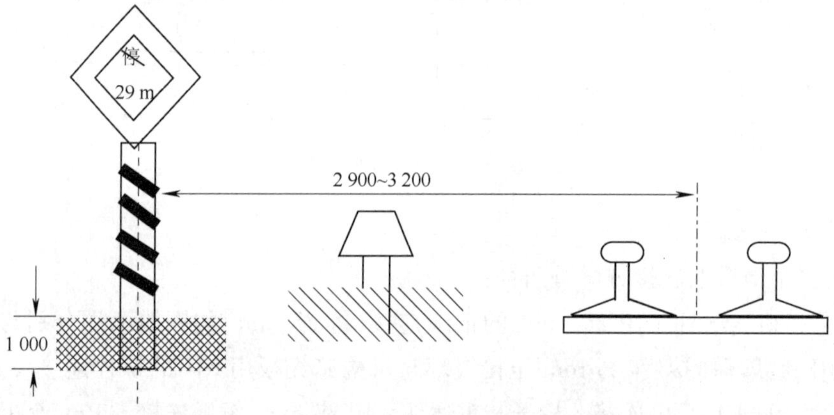

图 4.30　轨道电路调谐区标志安装示意图(单位:mm)

典型工作任务 3　区间设备模拟试验及开通调试

4.3.1　工作任务

掌握区间信号设备的模拟试验和开通调试的方法。

4.3.2　知识链接

ZPW-2000 系列自动闭塞设备施工完毕,应对室内外设备进行认真细致的试验,以检验各单项设备是否能正常运行及系统联通后可靠工作。检验内容包括室外设备的单项试验、室内设备的模拟试验，以及开通时的联通调试。模拟试验按照先局部、后系统的程序进行。模拟试验应准确无误，完整地模拟电路的状态，以确保设备开通时不出问题，一次成功。

1. 试验内容

ZPW-2000系列自动闭塞设备的试验内容分为室内和室外设备调试，室内主要包括电源屏调试、机柜试送电及插装设备、制作模拟电路、设备送电、设备调试及电路试验等。室外设备试验包括信号机点灯试验和信号点轨道设备的试验。区间信号设备试验流程如图4.31所示。

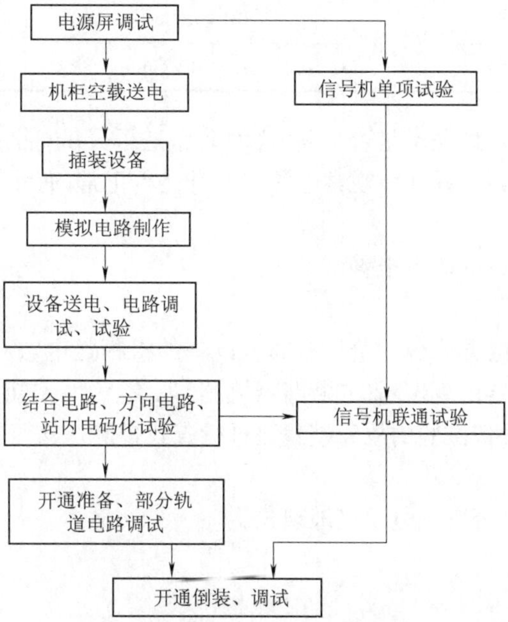

图4.31 区间信号设备试验流程图

2. 区间电源屏调试

电源屏调试是调试工作的第一步。首先保证供电设备的正常工作，才能使其他试验得以顺利进行。电源屏调试过程中要保证人身和设备的安全。调试前需对室内其他工作人员做出安全提示。在电源屏、电源引入防雷开关箱、机架电源端子等处做出安全标识。

(1)进行电源屏调试前应阅读电源屏的使用说明书，熟悉并了解其工作原理。依据电源屏的使用说明书及原理图对电源屏进行调试。还应检查电源屏、电源引入防雷开关箱的安全地线连接良好。

(2)将电源屏内各输出开关置于“断开”位置，防止电源误送入机柜。

(3)检查电源屏输入电源是否符合要求(电源屏输入电源为单相220 V或三相380 V交流电源)、电源波动范围是否满足要求。

(4)进行两路电源转换试验，可按下两路电源切换按钮手动转换或扳断一路电源断路器进行自动转换，其转换时间不大于0.1 s。

(5)核对电源屏表示并测量各路电源输出，其数值应符合表4.6的要求。由于此时处于空载状态，电源屏的各种直流电压会高于指标要求数值，可等设备全部接入之后再进行核对调整。

表4.6　电源屏输出指标

序号	项　　目	输出指标(5 kV·A)	输出指标(8 kV·A)
1	区间轨道电源	DC(24±0.5)V,25 A×4	DC(24±0.5)V,45 A×4
2	站内轨道电码化电源	DC(24±0.5)V,30 A×2	DC(24±0.5)V,30 A×2
3	信号点灯电源	AC(220±10)V,2 A×2	AC(220±10)V,3 A×2
4	站间联系电源	DC(220±10)V,2 A	DC(220±10)V,2 A
5	灯丝报警电源	DC 24(36、48、60)V,2 A	DC 24(36、48、60)V ,2 A

(6)检查电源屏各指示灯表示是否正确；仪表动作是否灵敏，无卡阻、碰针现象；开关及断路器应动作可靠、接触良好。并注意观察电源屏温升是否正常，有无异常噪声。如有要查明原因、及时处理。

(7)依据原理图对电源屏进行报警试验。

3. 机柜空载送电

可采取分电源、分柜的方式分别给没有插装设备的机柜送电，逐柜、逐电源挂临时熔断器(或合上断路器)，若熔断器出现熔断(或断路器跳闸)现象，说明本机柜内该电源有短路，可按照前面计算机联锁室内设备试验的故障查找法进行查找排除。核对机柜电源的电压和极性是否符合要求。

测试不同电源之间是否有混电及接地现象。

4. 机柜设备安装

1)继电器的安装

(1)继电器的安装应依照组合柜内部设备布置图进行，继电器型号应符合图纸要求；插装前要检查继电器外观是否良好、观察内部各部件是否有损坏、卡阻，有无检测标志。

(2)检查插座板是否清洁、无裂痕，接点片无卷曲及锈蚀，隔板无破损；鉴别销位置正确。

(3)检查继电器插片是否弯曲、间距是否相等，以免损坏继电器插座板格栅和簧片。插装时将继电器拿平垂直对准插座位置后，使鉴别销和鉴别孔吻合，感觉没有插片顶偏时，再左右用力推到位，然后挂上挂簧。

(4)施工完毕应清洁现场，包装物应妥善处置，防止造成环境污染。

2)发送器、接收器、衰耗器的安装

(1)发送器、接收器和衰耗盘安装按照设备布置图进行。

(2)安装前检查外观有无损坏，记录编号及安装位置。

(3)发送器、接收器插入对应的U形槽，并用专用工具锁闭。应注意发送器和接收器严禁带电插拔，以免损坏电子元件。

3)电缆网络模拟盘的安装

电缆网络模拟盘的位置安装应符合设计图纸要求。

每个组合插装8块电缆网络模拟盘单元，单元为盒体结构。网络模拟盘正面有3对测试插孔，分别为设备、防雷、电缆端的移频信号电压，以方便测试。

5. 区间模拟试验盘的制作

根据区间设备数量多少，选取尺寸适当的五合板进行制作。首先根据信号设备布置图将车站和所管控区间信号设备画在板子上（包括闭塞分区和通过信号机）。在每个轨道区段位置钻孔并安装双刀双掷钮子开关；在每架进站信号机处要设五个钮子开关，分别控制1DJF、LXJF、LUXJF、TXJF、ZXJF继电器；每架出站信号机的钮子开关用来控制LXJF继电器。在两端设4个钮子开关，模拟站间条件，控制（离去方向）分界点信号机显示。区间试验模拟盘如图4.32所示。

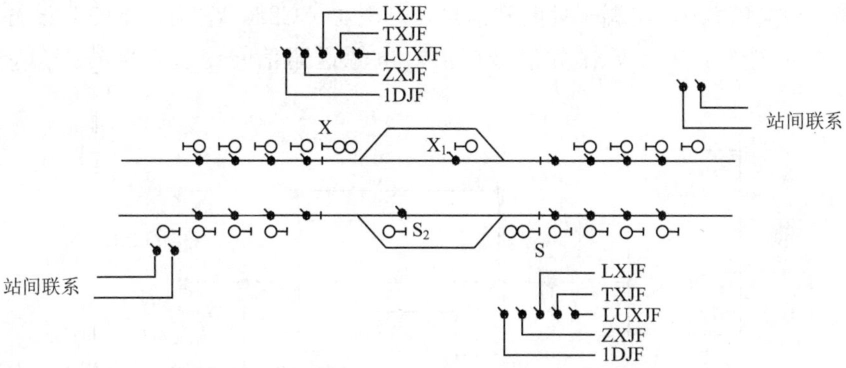

图4.32 区间试验模拟盘示意图

闭塞区段轨道电路和进、出站信号机各复示继电器模拟电路分别如图4.33和图4.34所示。

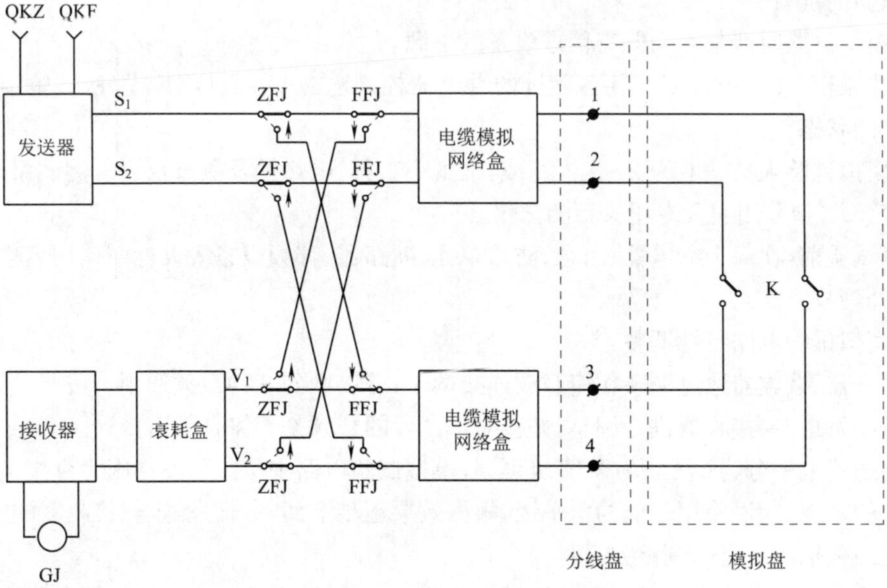

图4.33 闭塞区段轨道电路模拟电路

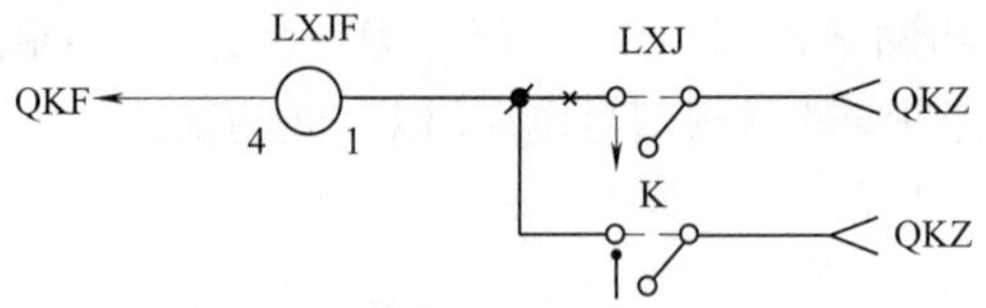

图 4.34　进、出站信号机务复示继电器模拟电路

为了对移频组合内信号点灯电路进行试验和在区间模拟试验中直观了解区间信号机的点灯情况,可制作区间信号机模拟表示器。方法是在模拟盘每架区间通过信号机上方适当位置安装固定三个发光二极管(二极管颜色采用和信号机相同的黄、绿、红三色)并在旁边标明信号机编号。用一根室内电缆将模拟信号机的控制条件引至分线盘和已拆掉室外电缆的分线柜端子相连,同时在电源屏的输出端子处断开信号点灯电源 AC220 V,接入一临时设置的变压器,将其输出电压调整为 AC12 V 作为信号机点灯电源送至信号组合。信号点灯模拟电路如图 4.35所示。

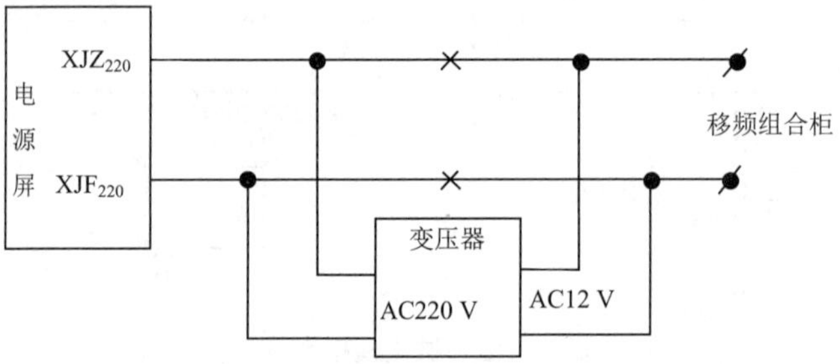

图 4.35　信号点灯模拟电路

6. 室内设备试验

1)试验前准备

(1)模拟试验时严禁使用既有信号设备的电源。

(2)移频柜中的 KZ、KF 可用区间屏的继电器控制电源 QKZ、QKF 代替,试验结束后,恢复为原来的状态。

(3)模拟试验人员一般为 2～4 人组成,准备小工具、电烙铁及测试仪表。测试仪表包括数字万用表、MF 型万用表及专用移频测试仪。

送电试验前,在每个继电器、组合、防雷单元、断路器、移频设备等处标明使用名称,便于分析电路、处理故障。

(4)模拟试验电路特性调整

①发送器、接收器通过调整相应载频连接端子,可以做到 8 种载频通用。按照设计图纸对每个区段的发送器、接收器进行调整,并核对该区段的载频是否符合频谱排列。

②发送器电平分为 37～170 V 多级可调,模拟试验电路中接收和发送因为直接连接,没有经过轨道的衰耗,所以使用较低的电平级,根据效果逐步上调,保证发送器、接收器的安全。

③电缆模拟网络盘的调整如下:

电缆模拟网络盘分为 6 段不同长度模拟电路,模拟试验电路中将 6 段模拟电路连接,总长度为 10 km。模拟试验结束后再按实际电路连接。

④调整主轨道接收电平为400 mV。

⑤小轨道模拟条件的制作如下：

小轨道信息是在实际运用中，接收相邻区段的发送信号经过调谐单元“零阻抗”隔离未完全阻断的信号。模拟试验电路中接收和发送是直接连接的，因此无法接入相邻区段发送信号。所以，应向所有区段(除第三接近区段)小轨道检查执行条件，提供临时电相＋24 V、－24 V。第三接近区段是因为进站口为电气－机械方式，没有小轨道接收，不能产生小轨道检查条件，所以在设计时已给固定有＋24 V、－24 V电源。

2)设备送电

(1)区间电源屏送电

区间电源屏送电按下列步骤进行：将区间电源屏输出开关置于“断开”位置；断开每个机柜上的断路器；合上电源引入防雷开关箱的开关，给区间电源屏送电。

(2)机柜送电

①机柜送电前应首先检查机柜内电源配线静态有无短路、混电现象，发现问题应及时处理。

②按照逐柜逐电源送电的原则给机柜逐一送上每一种电源。

③送电后测试每一种电源极性、电压值是否符合要求，并测量与其他电源端子有无混电现象。

(3)发送器送电

①按轨道区段逐一送电，插上对应区段的保险管(或接通断路器)。

②开启电源经过约5 s延迟，发送“工作”表示灯亮，FBJ励磁，表示发送盒工作正常。

③测量发送功出的电平、载频、低频。

(4)接收器送电

①按轨道区段逐一送电，接通断路器。

②开启电源经过约5 s延迟，接收“工作”表示灯亮，表示接收盒工作正常。

(5)信号机送电

①接通断路器，分别给每架信号机单独送电。

②观察灯丝继电器DJ是否励磁。

③检查信号继电器状态与信号机模拟表示器显示是否一致。

3)电路试验

(1)移频电路试验

① 首先逐个接通模拟盘的轨道区段钮子开关，观察对应区段的GJ是否吸起，若没有吸起，应查找原因予以处理。可按以下部位进行测量判断：

a. 发送器载频调整端子连接是否正确。

b. 发送器输出电平采用综合测试仪检测是否符合要求。

c. 模拟盘钮子开关是否接触良好。

d. 接收器载频调整是否正确。

e. 接收器电平调整主轨道连接是否正确，在衰耗器盘面测试插孔测主轨道输出是否在240～450 mV。

f. 检查区段模拟小轨道执行条件是否有＋24 V、－24 V电源。

② 操纵模拟盘S进站或X进站为正线接车、侧线接车,观察进站口发送器编码状态和测量相应移频信号的载频、低频,同时观察相关通过信号机的显示及测量移频信号。

③ 通过操纵模拟盘轨道区段钮子开关,观察相关通过信号机的显示及测量低频信号。

④ 操纵模拟盘钮子开关,模拟列车运行,观察各通过信号机显示状态是否正确,并做好测试记录。

⑤ 逐一切断通过信号机点灯电源,使DJ失磁,观察灯光转移及信号降级显示。

(2)移频报警试验

①所有轨道区段设备都正常时,移频报警继电器YBJ应在吸起状态。如果移频报警继电器不正常,应查找原因,予以处理。

②分别断开轨道区段发送器电源,使发送报警继电器FBJ失磁落下,从而使移频报警继电器YBJ失磁落下报警。

③分别断开轨道区段接收器电源,使移频报警继电器落下报警。

④移频报警时,显示屏上应有声光显示。

(3)发送器“$N+1$”系统试验

逐一断开发送器电源,检查发送器能否自动转换到备用发送器。并核对信号机显示及低频信息的频率。

(4)车站结合试验

①利用模拟盘模拟列车一接近、二接近、三接近运行,观察1JGJ、2JGJ、3JGJ相应状态,同时检查显示屏表示及接近电铃状态。

②利用模拟盘模拟列车一离去、二离去、三离去运行,观察1LQJ、2LQJ、3LQJ相应状态,同时检查显示屏表示状态。

③检查与车站计算机联锁结合条件。

(5)方向电路模拟试验

当移频电路模拟试验完成之后,每个闭塞分区的轨道区段都能正常工作,四线制方向电路的区间监督回路可以沟通,为方向电路试验创造了条件。

①将上、下行两条线路两端方向电路四线分别对接,模拟站与站之间操作。

②调整硅整流器输出电压,并确定极性,使其形成闭合回路后,$FJ_{1\text{-}4}$端电压为12~18 V,监督区间继电器$JQJ_{1\text{-}4}$端电压为21~24 V。

③在四线制方向电路中,使用模拟盘加入车站联锁条件。

④检查方向电路的各种条件都已满足,并且两站之间监督区间继电器JQJ已吸起,使用模拟盘进行改变方向试验。

⑤辅助改变方向:人为使方向电路转为双接或双发状态(点击接车辅助按钮),然后用辅助办理的方法改变到需要的运行方向。办理方法:发车站先点击发车辅助按钮,但不能松开,直到发车方向指示灯亮后为止,接车站后点击接车辅助按钮,当看到辅助办理表示灯亮时就放开,过2~3 s之后,接车表示灯亮,表示完成辅助办理改变方向。

⑥区间改变运行方向,反向按站间自动闭塞运行,检查接近区段移频信息正确。

⑦反向运行时,除接近区段外,其余区段应能测量到27.9 Hz低频信息。

(6)信号机联通试验

①拆除信号机的模拟电路,将信号机电缆芯线连接到分线柜相应端子上。

②对信号机进行调试及灯丝断丝报警试验。

③通过信号机的调整，使其满足灯端电压 11.0～11.5 V，室内测量点灯电流大于 140 mA 的要求。

(7)室内电源接地、混电、绝缘及电缆综合绝缘测试

室内各项试验完成后，应进行电源接地、混电、绝缘及电缆综合绝缘测试，发现故障应及时查找处理，以保证设备开通后能稳定可靠地运行。

①按图暂时断开有关防雷元件。

②用兆欧表或绝缘电阻测试仪测试所有电源的对地绝缘值，并做记录。

③用指针万用表测试电源之间有无混电。

④用兆欧表或绝缘电阻测试仪测量电缆的综合绝缘(注意不能带轨道防雷)。

7. 室外设备试验

相对室内试验来说，室外设备试验较简单、内容较少，可以和室内试验同时进行。试验的目的是检查室外设备有无故障；电缆通道是否导通及绝缘良好等。主要包括信号机点灯试验和调谐区设备的单独送电试验。

1)信号机点灯试验

(1)在分线柜处对室外有关电缆芯线进行导通及测试。

(2)检查室外信号机处点灯设备安装及接线是否正确，观察是否存在短路、断路现象；检查测试点灯灯座端子及软线是否良好，有无混线、断线，灯泡是否断丝等现象。

(3)在分线柜处准备一临时电源(AC 220 V)，作为信号机点灯试验电源。

(4)对每架信号机的红、黄、绿灯分别送电试验，核对灯光颜色和灯位正确。

(5)进行主、副灯丝转换试验，并检测本信号点报警条件是否正确。

2)调谐区内设备单独送电试验

(1)拆除相关区段模拟回路。导通分线柜中相应区段的电缆芯线，并连接到端子上。

(2)将调谐单元与匹配变压器连接。

(3)开启相应区段的发送器，测量匹配变压器的 V_1、V_2 间电压应为 500～1 500 mV。

(4)用铜芯塑料线将调谐单元与空芯线圈连接。

(5)测量匹配变压器的 V_1、V_2 间电压应上升 20%～30%，E_1、E_2 间电压应下降 20%～30%。

8. 设备的开通试验及调试

1)开通前的准备工作

(1)拆除全部模拟电路。

(2)室外信号机、轨道、站间联系等电缆线与分线柜相应端子连接。

(3)按照电缆补偿长度调整表和电缆的实际长度制作电缆模拟网络具体调整表，使每个轨道区段的电缆长度都调整至 10 km。

(4)按照发送器调整表调整发送器的输出电平预设值。

(5)按照接收器调整表调整主轨道接收电平预设值。

2)开通倒装及调试

(1)室外旧设备拆除、新设备安装就位、安装完成之后，与室内联系进行统调。

(2)室内配线修改、显示屏修改及电源倒接。

(3)进行站内区段调试。

(4)调整发送器输出电压。

(5)室内外轨道区段设备连接后，进行主轨道接收电压和小轨道接收电压调整。用综合测试仪在衰耗盘“主轨道输出”插孔测量电压值应不小于 240 mV；“小轨道输出”插孔电压应不小于 38 mV。GJ 插孔轨道继电器电压应不小于 20 V。XGJ 插孔小轨道执行条件电压应不小于 20 V，开路大于 30 V。将测试数据填入记录表。

(6)分路测残压：用 0.15 Ω 的分路线分别在轨道送端、受端及中间任何一点分路，接收器限入电压应小于 140 mV；继电器电压应小于 3.4 V，并可靠落下。小轨道接收端落下门限不小于 20.7 mV。将测试数据填表记录。

(7)所有轨道区段调整完毕，轨道继电器正常工作后，可随着列车实际运行，观察相应的信号显示和轨道占用情况。

3)进行开通验收试验

主要进行以下试验及测试：

(1)区间通过信号机和轨道区段联调试验及测试。

(2)主灯丝断丝报警试验。

(3)站间联系电路试验及测试。

(4)室内移频设备联调试验及测试。

(5)灯光转移试验。

(6)发送器“$N+1$”试验及测试。

(7)接收故障、移频报警试验。

(8)出站信号机开放显示试验。

(9)进站信号机各种开放显示试验及站口发码试验及测试。

(10)两站间方向电路试验及测试。

(11)区间电源屏试验及测试。

(12)多台机车压道及机车信号接收试验。

(13)反向运行试验。

项目小结

本项目主要介绍 ZPW-2000 系列移频自动闭塞设备的施工，包括自动闭塞施工的一般规定、施工安全注意事项、区间信号设备的安装、配线及调试等内容。任务 1 主要介绍室内设备的施工，包括室内设备安装的技术要求和安装方法、安装标准，室内设备配线的技术要求和配线方法；任务 2 是室外设备施工的内容，主要介绍室外设备安装的技术要求、安装方法和安装标准，包括电气绝缘节和机械绝缘节处的设备安装、补偿电容的施工方法、各种箱、盒的安装、设备的防雷及接地施工及标志牌的安装等内容；任务 3 介绍了区间信号设备的模拟试验及开通调试的基本方法，包括室内的电源屏调试、机柜试送电及插装设备、模拟电路制作、设备送电及各项电路试验等，室外设备试验包括信号机点灯试验和信号点设备的试验、设备的室内外联通试验及开通试验等。

复习思考题

1. 简述ZPW-2000系列移频自动闭塞室内设备安装的一般规定。
2. 电气绝缘节处设备安装的技术要求是什么?
3. 简述电气绝缘节处各设备的安装方法。
4. 简述机械绝缘节处的设备组成及各设备的安装标准。
5. 补偿电容器安装的技术条件有哪些?
6. 简述补偿电容器的安装步骤。
7. 信号点处变压器箱和分向电缆盒的安装标准分别是什么?
8. 贯通地线的作用是什么?其设置原则是什么?
9. 简述室外设备防雷及横向连接线的安装方法。
10. 信号机为什么要设安全地线?如何进行信号机安全地线的连接?
11. 简述轨道电路调谐区标志的安装位置及其安装标准和安装步骤。
12. 如何进行区间电源屏调试?
13. 区间模拟试验盘应如何制作?
14. 室内设备试验包括哪些内容?
15. 简述室内设备送电的基本步骤和方法。
16. 室内电路试验包括哪些主要内容?
17. 室外设备试验包括哪些内容?简述其试验方法。
18. 设备的开通试验及调试应如何进行?

参 考 文 献

[1] 中国铁路总公司．铁路技术管理规程(普速铁路部分)[S]. 北京:中国铁道出版社,2014.

[2] 中国铁路总公司．铁路技术管理规程(高速铁路部分)[S]. 北京:中国铁路出版社,2014.

[3] 国家铁路局．铁路信号设计规范[S]. 北京:中国铁道出版社,2017.

[4] 王永信．车站信号自动控制[M]. 北京:中国铁道出版社,2013.

[5] 林瑜筠．区间信号自动控制[M]. 北京:中国铁道出版社,2013.

[6] 林瑜筠．计算机联锁图册[M]. 2 版．北京:中国铁道出版社,2018.

[7] 林瑜筠．自动闭塞图册[M]. 2 版．北京:中国铁道出版社,2016.